顾颉刚和他的弟子们

〔增订本〕

王学典　李　梅　孙延杰　著

山东大学出版社
SHANDONG UNIVERSITY PRESS
·济南·

图书在版编目(CIP)数据

顾颉刚和他的弟子们 / 王学典，李梅，孙延杰著. 增订本. -- 济南 ：山东大学出版社，2025. 6. --（新史学丛书 / 谭徐锋主编）. -- ISBN 978-7-5607-8647-6

Ⅰ. K825.81

中国国家版本馆 CIP 数据核字第 2025KB1170 号

责任编辑　肖淑辉
封面设计　周伟伟

顾颉刚和他的弟子们
GU JIEGANG HE TA DE DIZIMEN

出版发行　山东大学出版社
社　　址　山东省济南市山大南路 20 号
邮政编码　250100
发行热线　(0531)88363008
经　　销　新华书店
印　　刷　山东新华印务有限公司
规　　格　880 毫米×1230 毫米　1/32
　　　　　17.625 印张　8 插页　430 千字
版　　次　2025 年 6 月第 1 版
印　　次　2025 年 6 月第 1 次印刷
定　　价　89.00 元

1924 年 9 月，与北京大学国学季刊编委会同人合影

左起：徐炳昶、沈兼士、马衡、胡适、顾颉刚、朱希祖、陈垣

1937 年 3 月于禹贡学会办公室

1937 年 3 月 14 日，禹贡学会全体同人合影

前排左二起：张子玉、吴志顺、张维华、冯家昇、顾颉刚、陈增敏、史念海、赵贞信；后排左二起：栾植新、冯世五、童书业、韩儒林、李秀洁、顾廷龙

1946年4月8日与北碚修志馆同人合影

左起:方诗铭、□□□、傅振伦、顾颉刚、史念海夫人郝紫云、李文实、史念海

何定生,1941 年

1956年9月与童书业夫妇于青岛

1957 年 8 月于青岛

左起:谭其骧、顾颉刚、侯仁之

1975年10月与刘起釪于干面胡同寓所合影

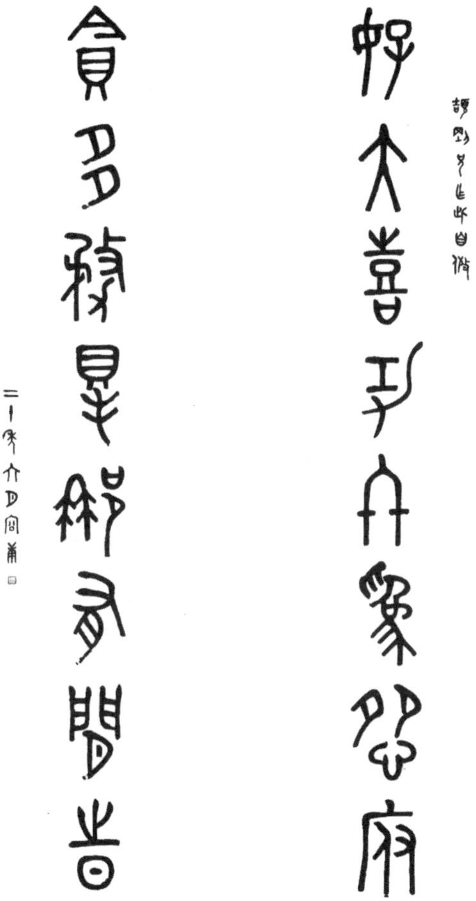

顾颉刚自儆联，容庚篆书

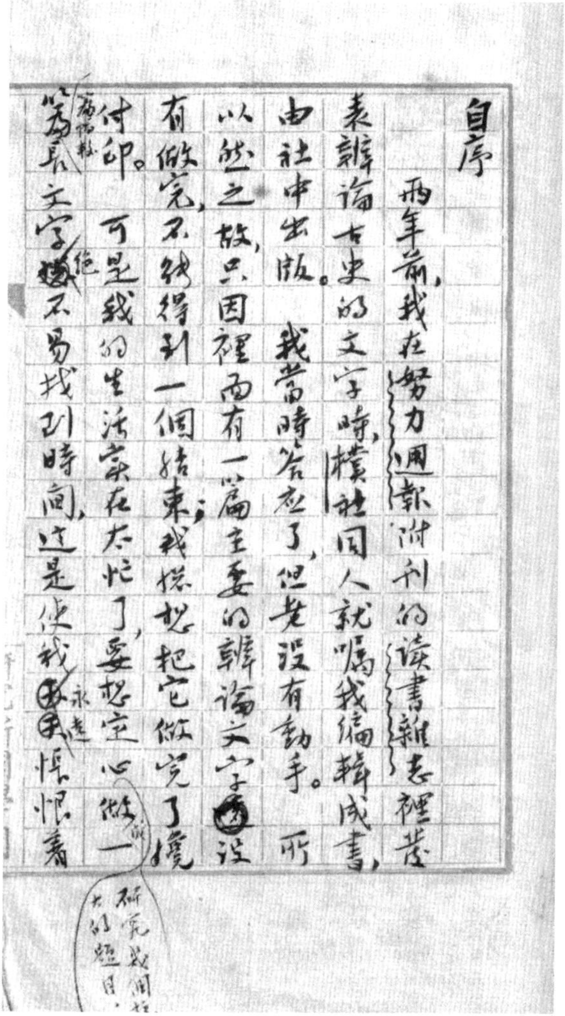
自序
兩年前，我在努力週刊的讀書雜誌裡發
表辯論古史的文字時，樸社同人就囑我編輯成書，
由社中出版。我當時答應了，但老沒有動手。所
以然之故，只因裡面有一篇主要的辯論文字還沒
有做完，不能得到一個結束；我總想把它做完了纔
付印。可是我的生活實在太忙了，要想空心做一
篇長文字絕不易找到時間，這是使我永遠悵恨着

《古史辨》第一册“自序”，1926 年

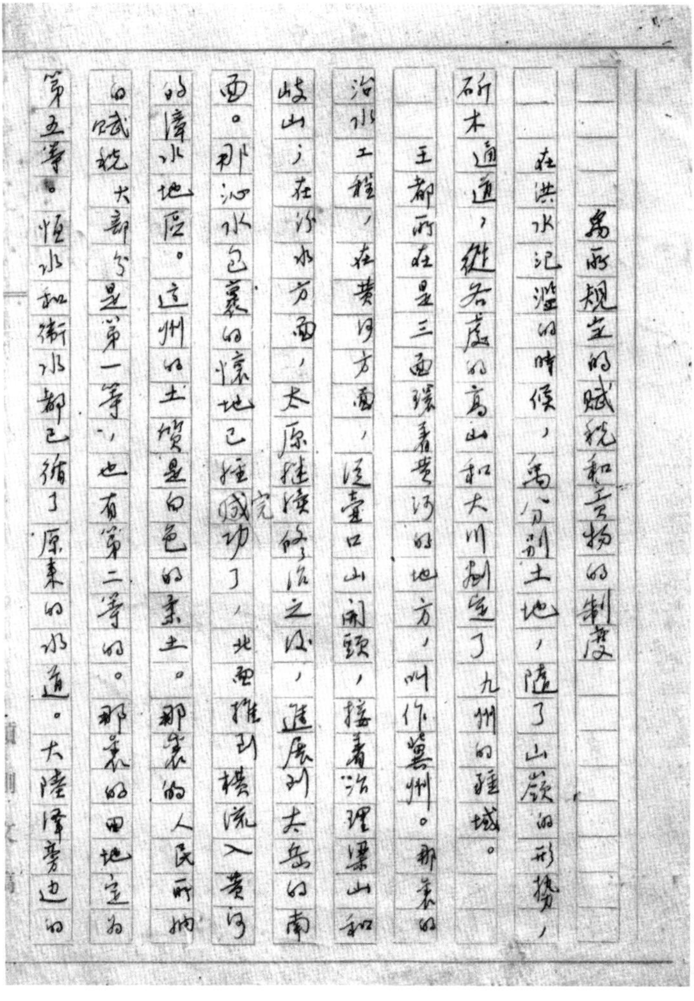
禹所规定的赋税和贡物的制度

在洪水泛滥的时候，禹分别土地，随了山岭的形势，砍木通道，从各处的高山和大川划定了九州的疆域。

王都所在是三面环着黄河的地方，叫作冀州。那里的治水工程，在黄河方面，从壶口山开头，接着治理梁山和岐山；在汾水方面，太原继续修治之后，进展到太岳的南面。那沁水包裹的怀地已经成功了，北面推到横流入黄河的漳水地区。这州的土质是白色的柔土。那里的人民所纳的赋税大部分是第一等，也有第二等的。那里的田地定为第五等。恒水和卫水都已循了原来的水道。大陆泽旁边的

《禹贡今释》手稿，1959 年

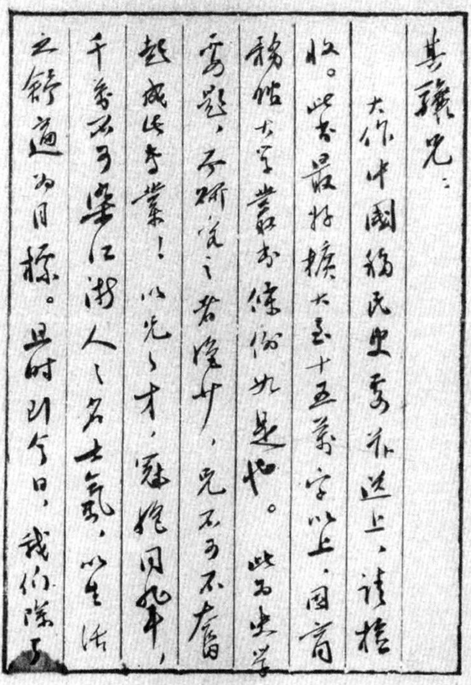
其驤兄：
大作中國移民史要稿送上，請檢
收。此書最好擴大至十五萬字以上，因商
務館大學叢書條例如是也。此為史學
要題，而研究之者甚少，兄不可不肩
起成此事業！以兄之才，環境順利，
千萬不可學江浙人之名士氣，以生活
之舒適為目標。且時至今日，我們除了

致谭其骧,1932 年 12 月 14 日

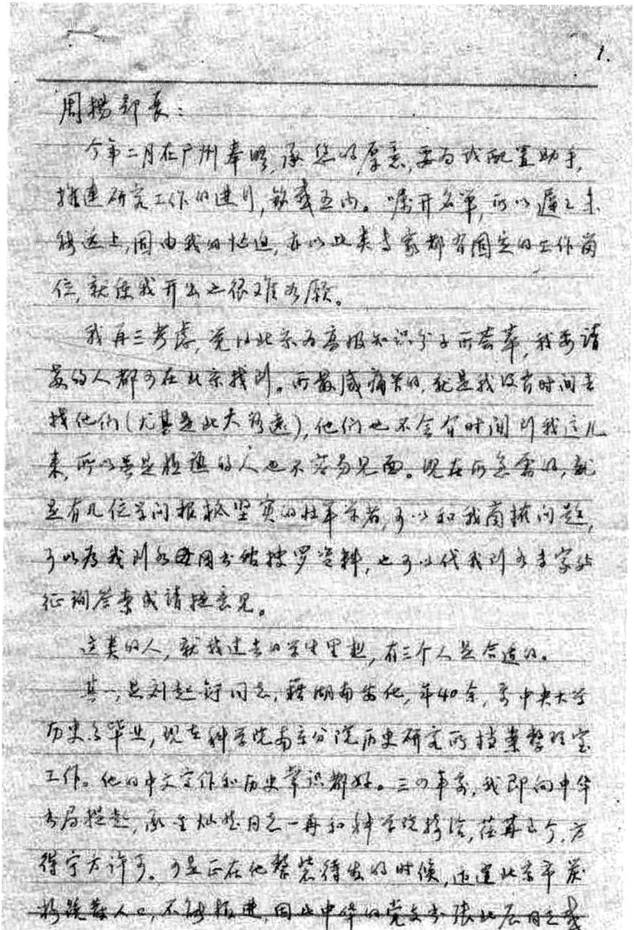
1.

周扬部长：

今年二月在广州奉晤，承您的厚意，要为我配置助手，推进研究工作的进行，感戴五内。嘱开名单，所以迟迟未能送上，固由我的拖延，亦以北来专家都有固定的工作岗位，就使我开出之很难[illegible]。

我再三考虑，觉得北京为高级知识分子所荟萃，我要请教的人都可在北京找到。所最感痛苦的，就是我没有时间去找他们（尤其是北大的远），他们也不会有时间到我这儿来，所以要是想接近的人也不容易见面。现在所急需的，就是有几位学问根柢坚实的壮年学者，可以和我商讨问题，可以为我到各图书馆搜罗资料，也可以代我到各专家处征询答案或请提意见。

这类的人，就我过去的学生里想，有三个人是合适的。

其一，是刘起釪同志，籍湖南安化，年40余，前中央大学历史系毕业，现在科学院南京分院历史研究所档案整理室工作。他的中文写作和历史常识都好。三四年前，我即向中华书局推荐，承金灿然同志一再和科学院接洽，荏苒三年，方得宁方许可。可是正在他整装待发的时候，适逢北京市严格限制人口，不能转进，因此中华的党支书张北辰同志我

致周扬，1962 年 6 月 12 日

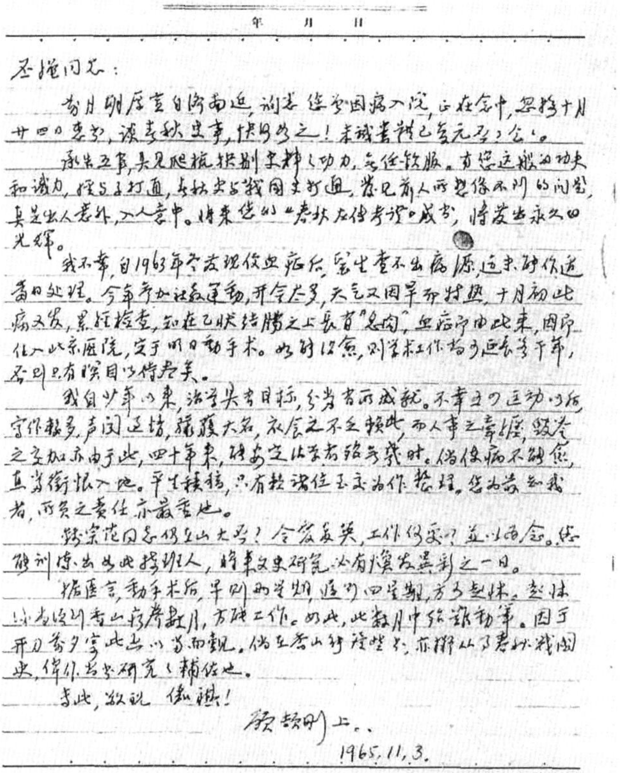
丕绳同志：

前月明扆来自济南返，询悉您曾因病入院，正在念中，忽接十月廿四日来书，谈春秋史事，快何如之！未识贵体已复元否？念念。

承告五事，具见爬梳抉剔史料之功力，无任钦服。有您这般的功夫和识力，经学可打通，春秋史与战国史可打通，发见前人所想像不到的问题，真是出人意外，入人意中。将来您的"春秋左传考证"成书，将发出永久的光辉。

我不幸，自1963年冬发现便血症后，虽也查不出病源，迄未能作适当的处理。今年参加社教运动，开会太多，天气又因旱而特热，十月初此病又发，累经检查，知在乙状结肠之上长有"息肉"，便血即由此来，因即住入北京医院，定于明日动手术。如能治愈，则学术工作尚可延长若干年，否则只有瞑目以待死矣。

我自少年以来，治学具有目标，亦当有所成就。不幸五四运动以后，写作较多，声闻过情，猎获大名，衣食之不全赖此，而人事之牵缠，毁誉之交加亦由于此，四十年来，静安定以学者殆无几时。倘使病不能愈，真当衔恨入地。平生积稿，只有赖诸位至交为作整理。您为最知我者，所负之责任亦最重也。

赵宗范同志仍在山大否？令爱长英，工作何处？并以为念。您能训练出如此接班人，将来文史研究必有灿发异彩之一日。

据医言，动手术后，早则两星期，迟则四星期，方可起床。起床以后尚须到香山疗养数月，方能工作。如此，此数月中绝难动笔。因于开刀前夕写此长函以当面觐。倘在香山能疗养好，亦拟从事春秋战国史，俾作为学研究之辅佐也。

专此，敬祝

健康！

顾颉刚上。

1965.11.3.

致童书业，1965年11月3日

新版序言

当笔者接到谭徐锋兄的来信，被告知将要推出本书新一版时，内心确实比较高兴。本书初版于 2000 年 7 月，距今已整整 25 年了。近 25 年来，学术史包括“古史辨派”研究堪称突飞猛进，涌现出一大批新成果，在这一背景下，此书还被出版界想着，当然令笔者感到欣慰。在此，感谢徐锋兄，感谢山东大学出版社。

比白驹过隙还快，从 1926 年到 2025 年，整整一个世纪于刹那间流逝了。时移世易，沧海桑田，今天看来，当年围绕着上古史所展开的论战，不仅仅具有学术史的意义，还带有突出的意识形态属性。这场论战实质上是实证和信仰之间的冲突。如同司马迁在《史记》中所昭示的，历史的确不仅仅关乎真相，关乎真实，关乎本体，还关乎价值。所谓的“三坟五典”，所谓的“八索九丘”，所谓的“四书五经”，几千年来如同中国人的“圣经”，其中承载着中国人的信仰、理念、梦想、情怀和追求，怎么能用一系列实证技术和现代概念工具去敲击和丈量呢？所以，“疑古”与“走出疑古”为此争议了一百年，而且短期内看来也不会终结。所有围绕着带有意识形态属性问题的论战，包括“古史辨”问题论战，可能永远都不会有结论。

关于这本书的成稿，我还要再次感谢我的两位忠实的合作者，一位是在司法岗位上的孙延杰，他是本人第一个研究生，现在已是一位资深检察官;另一位是李梅女史,她是我《文史哲》编辑部的同事,一位古籍修养深厚又颇具思辨能力的编辑。没有他们无私的付出,就不可能有本书的顺利结撰。

在本书再版面世之际,笔者特别怀念顾潮女士,当初是她成就了本书,特别痛心于她的不幸辞世!她所身具的那种"民国淑女"的遗风遗范,将永远活在笔者和众多朋友心中。如同历史不仅关乎真相一样,著作也不仅关乎学术,承载学术,更关乎情谊,承载情谊。

是为序。

王学典

2025 年春于山东大学

增订本引言

我是于1985年春，准备撰写硕士学位论文时，开始接触《古史辨》的。由于特别喜爱和为了随时翻阅的方便，顾颉刚先生的那篇《古史辨》第一册长序，当时被我复印下来并装订成册，至今还插在我的书架上；插在我书架上的还有顾先生的《当代中国史学》一书的复印本。这两个复印本由于已经过去了25年，许多字都已经自动消失了，保留下来的也有许多地方看不清楚了。

后来，刘起釪先生的《顾颉刚先生学述》一书出版，我立即购读。但我在这一时期并没有研究顾先生和"古史辨派"的打算，因为这时我的兴趣集中在对中国马克思主义历史学的历史和现状进行反思和审查上，当时我想借助这种反思和审查，参与到现实中正在展开的一系列思想论战中去。当时的确无暇也没有兴趣顾及这些所谓的"资产阶级学者"。

转变发生在我读了顾潮的《顾颉刚年谱》之后。应该承认，我被这部年谱所提供的诸多史实打动了，有非常强烈的按捺不住的写作冲动，于是在很短几天内，起草了《痛苦的人格分裂——五十年代初期的史界传统学人》一文，投寄给了当时如日中天的《读书》杂志，获沈昌文先生激赏，以最快的速度在显要位置推出。从文献上看，这篇文章也深获读书界老前辈何兆武先生和张中行先生的激赏。此文是我与古典学界结缘的开始，更是我与"古史辨派"结缘的发端,而《顾颉刚和他的弟子们》一书的撰写和出版则是此文一个合乎逻辑的发展。此书出版后可以说反响更大,用“好评如潮”来形容,恐怕并不过分。详情一查便知,此处不赘。

应该承认,本书初版印行于一个特殊的时期:2000 年 7 月,正是“走出疑古”思潮登峰造极之时,“夏商周断代工程”结束的前夜,《夏商周年表》公布在即,学术界的“伐顾”声浪此时甚嚣尘上。“物极必反”,是自然界的法则,也是学术界的法则。此后,顾学的命运慢慢好转,在这个过程中,自己在力所能及的范围内也略尽绵薄:支持并资助《古史考》的出版,在《文史哲》杂志上开辟并主持“疑古与释古”专栏,发起和组织了在山东大学召开的“上古史重建的新路向暨《古史辨》第一册出版八十周年国际学术研讨会”,在《光明日报》上发表《〈古史辨〉第一册出版八十周年感言》,等等。

对于顾先生和《古史辨》,我始终有一个不曾动摇的认知:作为中国的尼布尔,顾先生是现代中国史料批判运动的发起人和主要推动者;历史研究的一个铁则是“拿证据来!”只要这个铁则还不过时,只要历史研究还需要审查证据,顾颉刚和“古史辨派”的工作就不会过时。而中国历史上最需要严格审查的一批证据,就是关于上古史的文献,因这批文献全出自后人的追述和传说,其中几乎没有任何一手材料或原始文献可言。顾先生和“古史辨派”的巨大贡献,就是按照现代史学的规范,对这批文献启动了审查程序。严格说来,这一审查迄今并未完成,甚至还会一直进行下去。

正是基于上述理由,笔者坚信,顾颉刚先生和他所领导的“古史辨派”将永远为学术史所铭记!不仅如此,随着多达两千五百万字的《顾颉刚全集》的出版,一个顾学研究的热潮还可能会很快到来。在这一时刻,印行本书新版,大概能起到一点抛砖引玉的作用罢。

初版本小引

胡适曾经俏皮地说过，历史如同“实在”一样，是一个百依百顺、任人装扮的小姑娘。这样说当然有些夸大其辞，但却形象地道出了历史的不确定性质。历史的确不像砖头一样具有固定形状，它永远不停地被改写、重写。学术史是“历史”的一部分，当然也具有“历史”的不确定性质。近几十年来，民国时期的学术地图不断被改绘，在不同的学派手里，这张学术地图的边界也不同，就充分说明了这一点。

民国时期学术地图绘制中的最大问题，是如何确定唯物史观派与史料考订派所占比例。最先起来绘制民国学术地图的是顾颉刚，他在1945年主编出版的《当代中国史学》一书认为，鸦片战争以来的史学史就是史料考订的历史，所以，史料考订派在这张地图中应占据绝大部分版面，而唯物史观派则只能占有一个很不起眼的角落：除肯定了郭沫若外，其他唯物史观派学人没有进入著者的视野，有的章节甚至把唯物史观派看做是“宣传家”而非“学问家”。整整40年后的1985年，唯物史观派代表人物之一的尹达主编出版了《中国史学发展史》一书。在这本书里，民国时期的学术地图被重新绘制，唯物史观派几乎笼罩全图，史料考订派所占比例则被大大缩小:郭沫若史学设专章评述,傅斯年的名字仅一笔带过,陈寅恪、陈垣与吕思勉、邓之诚等被挤在“资产阶级史学中的爱国和进步倾向”一节里,顾颉刚及其学派被保留了一个专节。

进入1990年代,民国学术地图绘制中的最大问题已经转换为史料考订派内部史家的相对地位如何确定的问题,换句话说,是史料考订派这座梁山上的各路英雄如何排座次的问题。不少人认为,史界“二陈”陈寅恪、陈垣应居中心地位,而陈寅恪则为“龙头老大”、现代史学的第一人。另有人提出,这些“学术诸侯”应划为两路:一路为开风气创学派者,如梁启超、胡适、顾颉刚;另一路为社会影响小而学术影响大的实力派者,如王国维、陈寅恪、陈垣。诸如此类,不一而足。

依笔者浅见,不论民国学术地图如何绘制,都不应缺少或缩小顾颉刚及“古史辨派”所占比例。上古史专家、考古学家徐旭生(炳昶)1960年曾绘制过一幅民国学术地图:自蔡元培1917年执掌北京大学起迄1949年止,“疑古学派几乎笼罩了全中国的历史界……当日在各大学中的势力几乎全为疑古学派所把持”。这幅图景当然很难说确切,但是,虽不中亦不远。学术史资料显示,从20世纪20年代开始至新中国建立,学术界特别是史学界,真正创立了一个学派、扭转了一时学术风气的,可以说除胡适、顾颉刚外再无他人。在民国时期的史学界,事实上长期坐第一把交椅的是顾颉刚,这有大量资料佐证。顾颉刚不但以古史名世,更以善于识拔、奖掖、培养青年学人蜚声士林。顾颉刚本人是胡适的门生,他自己又带出了一大帮弟子,这帮弟子遍布学界,且又各自带出了自己的学生,支撑着当今的史坛。这就是现代学术的薪火相传。在培养学术传人方面，顾颉刚可以说是前有章太炎、胡适，后无来者。这一点将构成民国学术史上不可或缺的一章。

本书首叙顾颉刚的学术成就、影响和品格，次及他的育才之方，然后选择若干个案，具体再现学术授受的情景及顾氏师徒间的一些恩怨是非，旨在让人们看到：学术究竟是如何传承的。这一主旨到底能实现多少？只好祈求学界硕彦鸿儒，予以稽核！

目　录

第一章　为学而学　嗜学如命

——顾颉刚之学术与学品

要点提示：刘掞藜挖苦说：假如“大禹是一条虫”，那么虞舜就是一株“蔓草”——柳诒徵轻蔑道：顾颉刚“勇于疑古，疏于读书”——陈立夫调侃说：“禹的生日已由顾颉刚先生考出”——胡适说：颉刚的疑古是古史学界的“第二次革命”——傅斯年叹道：“颉刚是在史学上称王了”——蔡元培说：“层累地造成的中国古史”是颠扑不破的方法——郭沫若说：顾颉刚的古史观“的确是个卓识”——邓广铭说：“在新文化运动中，在哲学史、思想史方面，胡适开创了一个新时代；而在历史学方面，真正开创了一个时代、代表新思潮的，应当是顾颉刚”——胡适说：顾编《吴歌甲集》“真可说给中国文学史开一新纪元了”——刘半农说：《孟姜女故事的演变》使顾坐上了“中国民俗学上的第一把交椅”——江绍原说：“顾颉刚先生的妙峰山香会调查在邦人中只怕是绝无仅有的”——杨向奎说：中国现代历史地理学中的大家名家全部出身于顾氏家门——李石岑说：顾颉刚为“最富为学问而学问的趣味者”，而非“为生活而学问”“为功利而学问”者——“学问原是我的嗜好，我应当尊重它，不该把它做了我的生计的奴仆”——“在国家风雨飘摇之际依然埋头于学术上的问题原没有什么错处”——“承平之世，学术不急于求用……国势凌夷,踢天踏地之日,所学必求致用”——“江南第一读书人家”的后裔——“恨不能读尽天下图书”——“学问中有真实的美感”——许冠三说:“在现代史学家中”,顾颉刚“无疑是极少数的乐学的学者之一”

一、“禹”训为“蜥蜴”激起轩然大波

在20世纪前半期的中国学界,顾颉刚的声名可以说是如雷贯耳、无处不在。他的“层累地造成的古史观”,将宋代以来的疑古辨伪思潮推到了极致,从思想的最深处动摇甚至颠覆了流行了两千多年的古史观念,深刻地塑造了整整一代人的历史意识。以致有人说:“《古史辨》不胫走天下,疑禹为虫,信与不信,交相转述,三君者(胡适、钱玄同、顾颉刚——引者注)或仰之如日星之悬中天,或畏之如洪水猛兽之泛滥纵横于四野,要之凡识字之人几于无不知三君名。”[①]的确,顾颉刚的名字最初是随着“禹是一条虫”的“笑话”腾传一时而广为社会所知的。

1923年5月,顾颉刚在《读书杂志》上发表了《与钱玄同先生论古史书》一文,认为中国古史是层累地造成的,尧、舜、禹、稷的事迹都是靠不住的,甚至是虚构的。在推想禹的来源时,他附带地说到:“禹,《说文》云:‘虫也,从禸,象形。’禸,《说文》云:‘兽足蹂地也。’以虫而有足蹂地,大约是蜥蜴之类。我以为禹或是九鼎上铸的一种动物。”[②]

---

① 钱穆:《崔东壁遗书序》,顾颉刚编订:《崔东壁遗书》,上海:上海古籍出版社,1983年,第1046—1047页。

② 顾颉刚:《与钱玄同先生论古史书》,《古史辨》第一册,上海:上海古籍出版社,1982年,第63页。

顾颉刚发前人所未发，公然向素来被视为神圣的中国煌煌古史系统挑战，而假如"自从盘古开天地，三皇五帝到如今"的古史框架出自后人的捏造，那么后来筑立其上的政统、道统和学统便失去了存在的根据。这对当时许多精神上并未走出中世纪的士子来说，确是一件惊天动地的事。所以，顾氏此论一出，立时议者蜂起，一片哗然。拍手赞成者有之，痛心疾首者有之，讥笑讽刺者亦有之，而更多的人则把"禹为动物"这一说法看做笑话。

最先站出来为顾颉刚鼓掌叫好并给予真诚勉励的，是他的老师钱玄同。钱说："先生所说'层累地造成的中国古史'一个意见，真是精当绝伦。举尧、舜、禹、稷及三皇、五帝、三代相承的传说为证，我看了之后，惟有欢喜赞叹，希望先生用这方法，常常考查，多多发明，廓清云雾，斩尽葛藤，使后来学子不致再被一切伪史所蒙。"[①]但在谈及禹的来源时，钱玄同却提出了异议。他说："先生据《说文》云'（禹）从此厹'，而想到'厹'训'兽足蹂地'，以为大约是蜥蜴之类，窃谓不然。《说文》中从'厹'的字，甲文金文中均不从'厹'（如'禽''萬''畕''獸'诸字）。那'象形，九声'而义为'兽足蹂地'之'厹'字，殆汉人据讹文而杜撰的字。"[②]

对顾颉刚引《说文》字义假定禹为九鼎动物之说，反对者驳诘尤其严厉。刘掞藜说："这种《说文》迷，想入非非，任情臆造底附会，真是奇得骇人了！我骇了以后一想，或者顾君一时忘却古来名字假借之说。"[③]胡堇人也说："最奇妙的是先生因《说文》禹字训虫便以为禹不是人类，是九鼎上铸的一种动物……这般望文生义的

---

① 钱玄同：《答顾颉刚先生书》，《古史辨》第一册，第 67 页。

② 钱玄同：《答顾颉刚先生书》，《古史辨》第一册，第 69 页。

③ 刘掞藜：《读顾颉刚君〈与钱玄同先生论古史书〉的疑问》，《古史辨》第一册，第 87 页。

解释,如何叫人信服呢?若依这个例子,则舜字本义《说文》训作蔓草,难道帝舜就是一种植物吗?”[①]

顾颉刚接受了钱玄同的意见,立即放弃了“禹是一条虫”的断语,并在《讨论古史答刘胡二先生》一文中声明:“我上一文疑禹为动物,出于九鼎,这最引起两先生的反对,我于此并不抗辩,因为这原是一个假定。”[②]然后他又列举了自己所以有“禹为动物,出于九鼎”的假定的缘故,并正式宣称“对于这个假定的前半还以为不误,对于后半便承认有修正的必要了”。[③]

然而,反对者们并没有因顾颉刚有错即改的真诚态度而做丝毫的退让,而是抓住这一点继续作文章。柳诒徵在《论以说文证史必先知说文之谊例》一文中又旧案重提。他说:“比有某君谓古无夏禹其人;诸书所言之禹皆属子虚乌有。叩其所据,则以《说文》释‘禹’为虫而不指为夏代先王,因疑禹为九鼎所图之怪物,初非圆颅方趾之人。按《说文》固未释‘禹’为夏代先王……然本书固数举禹;如‘鼎’‘吕’之说,皆指禹为人,非虫也。……千数百年读《说文》者从未致疑及此,独某君始具明眼,发前人之所未发乎?以《说文》证经考史,必先明《说文》之谊例。不明《说文》之谊例,刺取一语,辄肆论断,虽曰勇于疑古,实属疏于读书。”[④]

面对柳诒徵言辞激烈、盛气凌人的批评,顾颉刚还是尊其为有成就的学界前辈而彬彬有礼地答复道:“柳先生未能了解我的主要理由,单是断章取义地截取了引《说文》的一段……言下似乎以为我的推翻禹的历史上的地位全由于《说文》一语。……我引《说文》

---

① 胡堇人:《读顾颉刚先生论古史书以后》,《古史辨》第一册,第94—95页。

② 顾颉刚:《讨论古史答刘胡二先生》,《古史辨》第一册,第118页。

③ 顾颉刚:《讨论古史答刘胡二先生》,《古史辨》第一册,第120页。

④ 柳诒徵:《论以说文证史必先知说文之谊例》,《古史辨》第一册,第218页。

的说禹为虫，正与我引《鲁语》和《吕览》而说夔为兽类，引《左传》和《楚词》而说鲧为水族一样。我只希望在这些材料之中能够漏出一点神话时代的古史模样的暗示，借了这一点暗示去建立几个假设，由了这几个假设再去搜集材料作确实的证明。如果没有确实的证明，假设终究是个假设。如果得到的材料足以否定我的假设，这个假设当然由我自己去推翻。……玄同先生给我复信……我看了这段，知道《说文》中的'禹'字的解释并不足以代表古义，也便将这个假设丢掉了。丢掉了这一个假设，我依然有旁的证据可以建立我的假设。"①

经过这样几次辩难，"顾颉刚说大禹是一条虫"的传言在社会上便不胫而走。反对者以此为讽刺揶揄的口实，旁观者甚至赞同者也常引以为茶余饭后的谈资，于是也有了鲁迅在小说中的挖苦与嘲讽。其实，这只是顾颉刚所提学说中作为补充论证的一个小假说，其成立与否并不影响他整个学术论断的正确性。当时关于古史的论争，还围绕着禹是上帝派下来的神还是人，禹以前有没有黄帝、尧、舜，禹和夏有无关系，《尧典》等是否出于《论语》之后等问题而展开。但许多人对这些并没有兴趣，却独独对"禹是一条虫"津津乐道，致使这一提法在社会上喧嚣了很长时间，令顾颉刚很是苦恼。到 1930 年，他在《古史辨》第二册《自序》中还说道："最使我惆怅的，是有许多人只记得我的'禹为动物，出于九鼎'的话，称赞我的就用这句话来称赞我，讥笑我的也就用这句话来讥笑我：似乎我辨论古史只提出了这一个问题，而这个问题是已经给我这样地解决了的。其实，这个假设，我早已自己放弃(见第一册 227 页)。就使不放弃，也是我的辨论的枝叶而不是本干；这一说的成立与否

---

① 顾颉刚：《答柳翼谋先生》，《古史辨》第一册，第 224、226、227 页。

和我的辨论的本干是没有什么大关系的。"①

顾颉刚从来不怕坦率承认自己的错误,但也不能不为他人对自己学术追求的误解而备感痛苦与焦虑。更令他愤怒的是,一些别有用心的人竟以此为缘由,又给他开了一个更大的玩笑,让他进退失据,颇失颜面。

开玩笑的人竟是大名鼎鼎的陈立夫。二人向来不熟,本无什么恩怨纠葛。陈立夫之所以经常攻击顾颉刚,其真正目标是当时的国民党中央组织部部长朱家骅。朱家骅一生从政,官运亨通。从1935年当选为国民党中央执行委员、中央政治会议委员时起,便一跃踏入了国民党的权力核心。抗战期间,朱家骅在国民党中的地位和影响更是扶摇直上,相继担任国民党中央党部秘书长、中央组织部部长兼调查统计局局长,一时炙手可热。这引起国民党中许多人的不满和妒忌,而陈果夫、陈立夫兄弟对他攻击最甚。顾颉刚由于与朱氏相熟并为之帮忙办刊物,影响越来越大,无形之中也提高了朱氏的地位,自然便成了陈氏的攻击对象。陈立夫在演讲时屡屡以讥讽的口吻提到"顾颉刚说大禹王是一条虫呢",以此来博得听众的一笑。1940年的一天晚上,教育部次长顾毓琇忽然前来拜访顾颉刚,闲谈中问起禹的生日可考不可考。顾颉刚回答说:"禹是神话中人物,尚不必有其人,何以考出他的生日。不过在川西羌人住居的松、理、茂、汶等地方,他们以六月六日为禹的生日,祭祀祷赛很热闹,这是见于地方志的。"顾毓琇问完这件事后便起身告辞了,顾颉刚也没有太在意。过了些时,顾颉刚看见政府于六月六日举行工程师节,报纸上出有特刊,内有陈立夫的一篇文章,说:"大禹治水是我国工程史上第一件事情,现在禹的生日已由

① 顾颉刚:《古史辨》第二册《自序》,第3页。

顾颉刚先生考出，是六月六日，所以我们就定这一天为工程师节。”直到这时，顾先生才恍然大悟，原来顾毓琇前些时的来访就是为了这件事。而这一消息传出后，立即招来许多人的指责。中央大学教授缪凤林便是其中之一。他是“南高派”在史学方面的最后一位大师，在学术上始终苦心维护传统的经学和史学体系。在此之前，缪凤林已不时地对顾先生进行驳诘，得知此消息后，更是大作文章，责难他前后矛盾，信口开河，“既说禹为虫，又考出他的生日来”。顾颉刚再也不愿受此事牵缠，只是黯然叹道：“实在，陈立夫正要借了缪凤林说出这番话来以压倒我的古史研究呢！”[①]

在1920年代的古史论战中，顾颉刚虽已放弃了以《说文》中“禹”字的解释为据而立的“禹为动物，出于九鼎”这一假设，但并没有停止对禹的神性的思考。1950年代初期，他在笔记中记下了孙诒让引司马相如的一些议论，指出“禹之为虫，又得一证”[②]。以后参观中央民族学院，见到台湾高山族的器物，在笔记中写道：“其族以蛇为图腾，其器物亦多蛇形之刻镂……以此可以推想禹为夏族之图腾，其器物刻镂亦必若此。……观殷周铜器，所有盘螭、盘虺纹者，疑即禹图腾之遗留也。”[③]顾颉刚对“禹”的怀疑实际上至死也没有放弃。

---

① 顾颉刚：《顾颉刚自述》，高增德、丁东编：《世纪学人自述》第一卷，北京：北京十月文艺出版社，2000年，第41页。

② 顾颉刚著，顾洪编：《顾颉刚学术文化随笔》，北京：中国青年出版社，1998年，第21页。

③ 顾颉刚著，顾洪编：《顾颉刚学术文化随笔》，第22页。

二、古史辨:一场伟大而深刻的"古史革命"的发动

1923 年开始的古史讨论,使得一个以"疑古"为旗帜的"古史辨派"在中国史坛迅速崛起,一场大规模的清算古史运动也随之轰轰烈烈地深入展开。

二三十年以后,在新中国知识分子思想改造的学习运动中,古史辨派遭到了无情的批判。而首当其冲的,无疑是这一学派的"掌门人"——顾颉刚。

迫于当时的形势,顾颉刚无法对自己所钟爱的学术进行公开申辩,但在他的读书笔记里却留下了这样一句耐人寻味的话:"《古史辨》是地主社会和官僚社会压迫下所创造出来的知识总汇发展的结果,其成也不是我的功,其败也不是我的罪。"[①]后来,他又质问当时担任中国科学院历史研究所副所长的尹达说:"我之学术思想悉由宋、清两代学人来,不过将其零碎文章组织成一系统而已。要批判我,是否先须批判宋、清两代之疑古思想?"[②]

古史辨派是随着《古史辨》的问世而得名,并逐渐为史学界所瞩目的。从这一学派的形成到发展,都深深地凝聚着顾颉刚的心血与追求。1923 年,是他率先发起关于古史的讨论,从而引起史学界的巨大震荡;1926 年,是他将所有赞成他的和对他强烈反对甚至冷嘲热讽的古史文章收入《古史辨》第一册,从而使古史辨派开始走向学界;自此以后,也一直是在他的引导和带领下,这一学派才能将思想的锋芒深入到中国古典学术的各个层面各个领域,从而成为当时最具影响力的学术派别。多达七册的皇皇巨著《古史辨》,是前后 20 年间这一学派在古史和古典文献的研究、考索、辨

---

① 顾颉刚著,顾洪编:《顾颉刚学术文化随笔》,第 244 页。

② 顾颉刚著,顾洪编:《顾颉刚学术文化随笔》,第 246 页。

伪方面所取得的巨大成绩的历史明证，在民国学术史上构筑起一个不可绕过的巨大存在。

所以，批判古史辨派，顾颉刚理所当然地成了所有火力集中的靶子。

面对种种责难甚至辱骂，这位传统学人的心中充满了悲凉与苦涩。他始终无法明白，自己为之献出毕生心血并视为安身立命基础的东西，为什么在1949年后竟然被批得鲜血淋漓，一钱不值？这个沉痛的问题，不仅深深地伤害着顾颉刚，也使他们这一代学人共受磨难。在现实中的备受冷落以及由此而引起的沉重的失落感，常常萦绕在顾颉刚的心头，使他产生难以排遣的惆怅，也勾起了他对昔日岁月的回忆与沉思。

1913年春，顾颉刚奉父命考入北京大学预科。4月，当这个刚满20岁的青年学子一路风尘抵达京城时，一个与他的故乡苏州迥然不同的世界立时展现在他的面前。

20世纪初的中国，动荡混乱。各种矛盾错综交织，东西方文明激烈冲撞，不同性质的运动风起云涌。历史仿佛一下子高度浓缩于这一时刻，并在竭力寻找机会以求瞬间释放。整个中国大地弥漫着沉闷而紧张的气氛，也弥漫着士人阶层的深深忧虑。

顾颉刚带着大变动时期的惶惑步入这个时代潮流涌荡的中心——北京。他此时此刻的心态，在数十年后的回忆中表露无遗。他说："我梦想进的是农科。……那时革命的兴奋过去了，放在面前的是愈来愈紧的袁世凯的虐政，使得我们这班青年大为失望，觉得不如隐居的好……学了农，既可自给自足，不靠人家吃饭，不浸入这恶浊的世界，又得啸傲云山，招邀风月，上与造物者为友。"[①]顾

① 顾颉刚：《我在北大》，《北大化讯》第10—12期，1945年9月—1946年1月。

颉刚自小便钟情于学问,却始终无法割弃传统士大夫式的政治情怀。在革命潮流的激荡下,他也毫不犹豫地参与其中。结果,他的书生意气,他的桀骜性情,处处与复杂的社会现实相抵牾,使他内心充满了种种苦恼和困惑,遂生隐居避世之念。他在进入北大预科后,放弃了自己素向喜爱的文科而选择了农科,个中原因我们便不难理解了。

北京,作为全国精英荟萃的文化圣地,始终以它浓郁的人文气息和丰富的历史意蕴,深深地吸引着青年学子们。对于心力交瘁的顾颉刚来说,北京更像一位慈祥的母亲,轻轻地抚平了他心中痛苦的褶皱。

顾颉刚很早便喜欢戏剧,常为之陶醉不已。到了北大预科后,由于心境不佳,同时戏剧的吸引力自然又远远胜过枯燥无味的功课,戏园子很快便成了顾颉刚的"正式课堂"。"每天上课,到第二堂退堂时,知道东安门外广告版上各戏园的戏报已经贴出,便在休息的十分钟内从译学馆(预科所在)跑去一瞧,选定了下午应看的戏。学校中的功课下午本来较少,就是有课我也不去请假。"[①]顾颉刚对戏剧是非常痴迷的,这虽然耽误了学校课业,但他也并非一无所得。他看戏大异于常人,不仅仅为了欣赏,更重要的是能够在欣赏的过程中进行思考。久而久之,他忽然认识到:故事从史书到小说又到戏剧的变迁是有一定规律的,其性质和格局虽是无稽之谈,原也有它的无稽的法则。这一项不经意的收获竟然为数年后的古史之辨作了准备,确是始料未及的。

1913 年冬,章太炎在化石桥共和党本部开国学会讲座。他是古文经派的大师,又是个提倡种族革命的学者。他主张整理国故,

---

① 顾颉刚:《古史辨》第一册《自序》,第 19 页。

倡导以治史眼光看六经，以哲人和学者的眼光认识孔子。对于章太炎，顾颉刚并不陌生。他在上小学时便曾在报纸上见到《国粹学报》的目录里有章太炎的文章，很觉新奇可喜。到了中学堂又千方百计托人到上海买了一个全份，翻读之后，立刻为章太炎的博洽所惊诧了。所以，当得知章太炎讲学的消息后，顾颉刚便冒着雪夜的凛冽寒风前去旁听。很快，这位自小便桀骜不驯、眼高于顶的年轻人渐渐地被折服了。以前，他也极爱读书，但只懂得陶醉于其中不能自拔，却不知书籍里的东西完全可以由自己的意志来主宰驱遣，完全可以作为客观审视的材料。章太炎学识的渊博系统，思想的独到深刻，使顾颉刚豁然开朗，顿觉旧日陶醉的东西都变成了自己腕下的材料。从此，顾颉刚深深地体悟到，只要有自己的建设，书籍是可备参考而不必作准绳的。

受章太炎的影响，顾颉刚一度认为今文家全是些妄人，并立志要在经学上做一个古文家。然而，当翻览了康有为的《新学伪经考》和《孔子改制考》之后，顾颉刚的思想发生了改变。他认为，康有为根据历史的证据揭出古文的来历有可疑之处无可厚非，他在《孔子改制考》中论述了上古事茫昧无稽更是惬心餍理；而古文家之所以诋毁今文家，大都是出于家派之成见。自此，顾颉刚对原来深信不疑的古文也产生了怀疑。

康有为对顾颉刚的影响并不亚于章太炎，他不仅直接启发了以后顾颉刚疑古的动机，而且更诱导顾颉刚以后去研究伪史的背景，走上辨伪的道路。但在当时，顾颉刚还没有能力去判别今古文两派的是非对错，不过上古史靠不住的观念已深植他的心中。数年后，顾颉刚得识胡适与钱玄同，对此才有了更加深刻的认识。

1916 年，顾颉刚以第五名的优异成绩考入北大文科中国哲学门。他之所以选择哲学，是因为辛亥革命以后的社会变动太剧烈了,使他精神上苦闷怅惘,摸不着一个人生的头路;同时,随着年龄渐长,见事稍多,他也感到世界上事物的繁杂离奇,酷想明了它们的关系,把所见的东西理出一个头绪来。而这些只有研究哲学才可以办得到。年轻的顾颉刚无法想到,正是他的这一决定,使他今后一生的命运都与胡适的名字紧密相连。

北大原是由前清的京师大学堂衍变而来的,仍然保留着很多旧习。据周策纵先生描述,北大在蔡元培入主以前,素以保守闻名,学生把大学看做是官场晋爵的跳板,而不是做学问的场所。对于大半是由官僚而变成的教授,评论的标准不是他们的教学和学问,而是官阶。他们被称为"中堂"或"大人",学生们则被称为"老爷"。教授和学生的道德风气败坏,常常聚赌和嫖妓。当时北大常被称为"探艳团""赌窟"和"浮艳剧评花丛趣事之策源地"等。[①] 这种暮气沉沉的腐败景象,使一心要在学业上求上进的顾颉刚非常苦恼。1917 年 1 月,随着蔡元培的出长,北大校风为之焕然一新,顾颉刚紧锁的眉头才逐渐得以舒展。

蔡元培,是一位清末翰林出身的宿儒,曾经留学欧洲,研究哲学、美学、教育学,是中国近现代著名的思想家、教育家。他入主北大之后,便锐意进行改革。据说,他每天进校门时,都对着向他敬礼的校警脱帽鞠躬回礼。这种令那些充满封建思想的北大师生惊诧莫名的做法一时传为美谈,使全校逐渐有了一种平等的观念。蔡元培抓住了北大校风腐败的根源,他到校后第一次演说就指出:"大学学生,当以研究学术为天职,不当以大学为升官发财之阶

---

① [美]周策纵:《五四运动:现代中国的思想革命》,周子平等译,南京:江苏人民出版社,1996 年,第 64 页。

梯。”[①]他认为要打破这些旧习惯,只有从聘请积学而热心的教员着手。于是,胡适作为“旧学邃密”而且“新知深沉”的一个人,开始以教授的身份登上北大讲坛。

胡适到北大时,还是一位年仅 27 岁的翩翩佳公子,他接替当时已经 50 岁的陈汉章讲授“中国哲学史”。陈汉章是章太炎的弟子,旧学渊博,《十三经注疏》、“二十四史”、“九通”读得烂熟。他讲课旁征博引,漫无边际。据冯友兰回忆:“他的诸子哲学,是从伏羲讲起。讲了一学期,才讲到周公。有一次有一个同学问:‘照这样讲,什么时候可以讲完?’他回答说:‘哲学无所谓讲完讲不完。若要讲完,一句话就可以讲完。若要讲不完,永远讲不完。’”[②]陈汉章虽然可以提供给学生无数材料,拓宽学生的知识面,但却使人不得要领。胡适与陈大相径庭,他运用西方的科学方法重编讲义,丢开唐、虞、夏、商,径从周宣王以后讲起。这种截断众流的改动,使头脑中充满了三皇五帝观念的一班学生产生巨大的震动,“骇得一堂中舌挢而不能下”[③]。由于胡适年纪轻轻,又是一位刚从美国回来的留学生,这一班一向自视甚高的学生很是看他不起,认为胡适是在思想造反,有的还举出他在《新青年》上发表的“两只黄蝴蝶,双双飞上天”的新诗来嘲笑他;但是,善于思考的顾颉刚却感到耳目一新,听了几堂课便被胡适的系统性和条理性吸引了。他劝告同学说:“他虽没有伯弢先生(陈汉章)读书多,但在裁断上是足以自立的。”他还对同宿舍的好友国文门学生傅斯年说:“胡先生讲得的

---

① 蔡元培:《我在五四运动时的回忆》,聂振武选注:《文明的呼唤:蔡元培文选》,天津:百花文艺出版社,2002 年,第 222 页。

② 冯友兰:《北大怀旧记》,《我的学术之路:冯友兰自传》,南京:江苏文艺出版社,2000 年,第 408 页。

③ 顾颉刚:《古史辨》第一册《自序》,第 36 页。

确不差,他有眼光,有胆量,有断制,确是一个有能力的历史家。他的议论处处合于我的理性,都是我想说而不知道怎样说才好的。你虽然不是哲学系,何妨去听一听呢?”①傅斯年在北大已是学生中的风云人物,他出身世家,旧学深厚,曾有“黄河流域第一才子”之美誉。平日感情炽烈,最敢放言高论,是顾颉刚“埙篪相应”的知己好友。在顾颉刚的怂恿下,傅斯年欣然前去。听了几堂课后就告诉别的同学说:“这个人书虽然读得不多,但他走的这一条路是对的。你们不能闹。”②以后,这位国文系教授黄侃的高足最终也走到了胡适的路子上,实在是于此已埋下了重要的契机。胡适晚年忆旧时曾说,他初进北大做教授之时,常常提心吊胆,加倍用功,因为他发现不少学生的学问比他强,“这一批年轻但是却相当成熟,而对传统学术又颇有训练”③的学生即包括傅斯年和顾颉刚在内。

胡适虽然只比顾颉刚大两岁,但顾颉刚对他的学问却是极服膺的。胡适留美时师从杜威,将其实验主义化约为“大胆的假设,小心的求证”,并在中国学术思想界大力鼓吹,风靡一时。1919 年,在新文化运动的高潮中,胡适又提出“整理国故”的主张,一大批青年学者在他的旗帜下走上了这条道路。顾颉刚对中国传统文化一贯持批判地继承的态度,胡适的主张很契合他的理性,他成为“整理国故”队伍中的积极分子自是理所当然之事。在以后相当长的时期内,顾颉刚一直处于胡适思想的浸润与影响之下。也正是胡适,使顾颉刚认识到最合自己性情的学问是史学。

---

① 顾颉刚:《古史辨》第一册《自序》,第 36 页。

② 胡适:《傅孟真先生的思想》,《胡适作品集》第 25 集,台北:远流出版事业股份有限公司,1986 年,第 55 页。

③ 葛懋春、李兴芝编:《胡适哲学思想资料选》(下),上海:华东师范大学出版社,1981 年,第 181 页。

1920年夏，顾颉刚由北大毕业了。其时，胡适与顾颉刚并没有什么深交，但对他的人格与学问早有耳闻。当顾颉刚正在为自己的去路焦虑、迷惘时，胡适受罗家伦之托向他伸出了援助之手。先是为他谋得北大图书馆编目员一职，后得知顾颉刚仅靠每月50元的薪水难以维持北京与苏州两处家用时，又慷慨解囊，答应每月资助他30元。胡适的关怀，使顾颉刚这个刚刚毕业的青年学子备感人世间的温暖。他在答谢胡适的信中写道："我的职事，承先生安排，使我求学与奉职融合为一，感不可言。薪水一事，承志希（罗家伦）说及先生的厚意，更是感激。但这三十元，借是必要的，送是必不要的。"①

顾颉刚在图书馆工作时，与胡适的交往逐渐密切起来。他常为胡适搜集作文的资料，并与胡适商榷学问，交流心得。在此过程中，顾颉刚不仅深切地领受研究历史的方法，更感受到一向希望的辩论学问的乐趣，从中获益匪浅。

这年秋天，胡适发表了《水浒传考证》。在这篇文章中，他以研究历史的眼光和方法，勾勒出《水浒传》故事由流传、演变到成书的大致轮廓，为中国古典小说的研究提供了一个运用历史演进法的新范式。胡适的方法点燃了顾颉刚思想的火花，联想到以前看戏时所受的启发，同时又想起此前胡适在《建设》上发表的辩论井田的文字，他对古史传说产生了顿悟。既然可以用研究历史的眼光和方法去研究故事，不是也可以反其道而行之，用研究故事的眼光和方法去研究历史吗？只要用角色的眼光去看古史中的人物，不是完全可以领略他们所受的颂誉和诋毁的积累的层次吗？自此，顾颉刚骤然得到一种新的眼光，对于古史有了特殊的了解。他以

---

① 顾颉刚：《致胡适》一，《顾颉刚全集·顾颉刚书信集》卷一，北京：中华书局，2010年，第278页。

后提出的“层累地造成的古史观”,实与此有着绝大的关系。

11 月,胡适写信给顾颉刚,询问姚际恒的著述。本来顾颉刚 14 岁时就看过姚际恒的《古今伪书考》,对他不但敢批判宋代的学术权威朱熹,而且还敢批判汉代学术权威郑玄,非常敬佩。现经胡适的这一询问,便又查找了有关姚的资料,把所知的情况函告胡适。次日,胡适便兴冲冲地来函,嘱他标点《古今伪书考》。对于顾颉刚来说,这项工作并非难事,但他觉得这样做未免太草率了,应该替它加上注解。顾颉刚远未料到,这本薄薄几十页的书竟然牵涉到无数的书,一两个月的时间悄然消逝,注解工作却依然未成。然而,顾颉刚的收获却是颇大的。他不仅弄清了古往今来造伪和辨伪的人物事迹,知道了在现代以前学术界已经断断续续地兴起了多少次攻击伪书的运动,更重要的是由此激发了他推翻伪史的雄心壮志。可以说,点校《古今伪书考》,是顾颉刚一生学术事业的一个重要起点,同时深深注定了他毕生治学的命运。

在点校《古今伪书考》的过程中,顾颉刚还从胡适那里得到了《崔东壁遗书》。顾颉刚读后颇感痛快,他原先所作的辨伪工作,有许多是自以为创获的,在此书中已经辨正得明明白白。更重要的是,崔东壁指出的“世益晚则其采择益杂”“世愈后则其传闻愈繁”的现象,在不久便成了顾颉刚“层累说”的起点。

为了把前人的辨伪成绩算一个总账,顾颉刚向胡适提议编辑《辨伪丛刊》。就是在这时,顾颉刚与钱玄同相识了。钱玄同是章太炎的高足,后师从今文派的崔适,因而今古文兼通。他为人坦率,性情激烈,好走偏锋。以前,他脑袋中有很强的复古倾向,并且直接由行动表现出来。钱回忆说:“一九一二年三月,我到浙江教育司中当一名小小的科员,曾经戴上‘玄冠’,穿上‘深衣’,系上‘大带'上办公所去，赢得大家笑一场，朋友们从此传为话柄！"[1]而在新文化运动中，他又大骂"选学妖孽""桐城谬种"，成为一名文学革命和思想革命的闯将。1925年他则把钱姓改为"疑古"，曰"疑古玄同"。钱玄同对顾颉刚的影响是很大的。他不止一次地对顾颉刚说，应该用古文家的话来批评今文家，用今文家的话再来批评古文家，把他们的假面目一齐撕破，方好显露出他们的真相。顾颉刚觉得这是一个极锐利、极彻底的批评，是一个击碎玉连环的解决方法。"我的眼前仿佛已经打开了一座门，让我们进去对这个二千余年来学术史上的一件大公案作最后的判断了。"[2]在钱玄同的影响下，顾颉刚的视野变得更加开阔起来，将辨伪思想的触角由伪史和伪书扩展到经部方面。

1923年2月，钱玄同给顾颉刚一封讨论经部辨伪的长信。顾颉刚接读后，顿感痛快淋漓，兴奋异常，多年来积聚在胸中的关于古史的见解泉涌而出。于是，一封后来引起史坛轩然大波的书信在短短的一天之内诞生了！此信在5月6日《读书杂志》第9期发表时，顾颉刚又加了个"按语"，申明自己的主要观点：

> 我很想做一篇"层累地造成的中国古史"，把传说中的古史的经历详细一说。这有三个意思：第一，可以说明"时代愈后，传说的古史期愈长"……第二，可以说明"时代愈后，传说中的中心人物愈放愈大"……第三，我们在这上，即不能知道某一件事的真确的状况，但可以知道某一件事在传说中的最

---

① 钱玄同：《三十年来我对于"满清"的态度底变迁》，《语丝》第八期，1925年1月5日。

② 曹聚仁：《顾颉刚之言》，《中国学术思想史随笔》，北京：生活·读书·新知三联书店，2005年，第33页。

早的状况。[①]

在顾颉刚看来,“自从盘古开天地,三皇五帝到于今”的古史系统是到汉代才被层累伪造出来的。他说,西周人心目中最古老的历史人物是禹,那时的人还不知道在禹之前还有尧、舜。尧、舜两人最早出现在孔子的《论语》中。而到了战国年间,在尧、舜之前又多出来三个人物:尧之前出现了黄帝,黄帝之前又出现了神农,神农之前则有庖牺氏。降至秦代,在庖牺氏之上,三皇又出现了,而最古老的开天辟地的盘古是到了汉代才产生的。总之,“越是起得后,越是排在前面”。古史人物在传说中出现的迟早与后人安排他们的先后秩序“恰是一个反背”。这就是中国史前史酝酿炮制的过程。著名的《与钱玄同先生论古史书》,是轰炸三皇五帝古史体系的第一篇战斗檄文。顾颉刚从此开始了用理性的利剑劈开古史迷雾的艰难跋涉,他充满了悲苦与喜乐的人生也因此更加绚烂地展开。

顾颉刚凿破鸿蒙的言论一出,立即在本不宁静的学术界掀起了更大的波澜,很多人纷纷著文进行辩难:随着讨论的层层深入,顾颉刚的思想也在不断地深化。在《答刘胡两先生书》中,顾颉刚又进一步提出推翻非信史的四项标准:(一)打破民族出于一元的观念;(二)打破地域向来一统的观念;(三)打破古史人化的观念;(四)打破古代为黄金世界的观念。[②] 这四条原则,是顾颉刚“层累地造成的中国古史”假说的延伸和发展,使他试图建立真实上古史的新学说更加圆满。

1926 年,顾颉刚把讨论古史的所有文章汇集起来,又加上一篇

① 顾颉刚:《与钱玄同先生论古史书》,《古史辨》第一册,第 60 页。

② 顾颉刚:《答刘胡两先生书》,《古史辨》第一册,第 99—101 页。

洋洋洒洒数万言的长序，编成了《古史辨》一册。胡适在介绍此书时说："这是中国史学界的一部革命的书，又是一部讨论史学方法的书。此书可以解放人的思想，可以指示做学问的途径，可以提倡那'深澈猛烈的真实'的精神。""颉刚的'层累地造成的中国古史'一个中心学说已替中国史学界开了一个新纪元了。""在中国古史学上，崔述是第一次革命，顾颉刚是第二次革命，这是不须辩护的事实。"[①]傅斯年也从国外来信说："史学的中央题目，就是你这'累层地造成的中国古史'"，"你这一个题目，乃是一切经传子家的总锁钥，一部中国古代方术思想史的真线索，一个周汉思想的摄镜，一个古史学的新大成。""你在这个学问中的地位，便恰如牛顿之在力学，达尔文之在生物学。"傅斯年还感叹道："颉刚是在史学上称王了。"[②]胡适和傅斯年都是顾颉刚当时声应气求的师友，他们的赞誉很有党同阿好之嫌，但其他许多学者也对此书倍加推崇。蔡元培说"层累地造成的中国古史"是颠扑不破的方法。王伯祥也认为《古史辨》为研究古史的换了一个新的方向，开了一条新的道路。后来，郭沫若在《中国古代社会研究・第三版书后》里写道："顾颉刚的'层累地造成的古史'，的确是个卓识……他所提出的夏禹的问题，在前曾哄传一时，我当时耳食之余，还曾加以讥笑。到现在自己研究了一番过来，觉得他的识见是有先见之明。在现在新的史料尚未充足之前，他的论辨自然并未能成为定论，不过在旧史料中凡作伪之点大体是被他道破了。"[③]许多国外学者也对顾颉刚交口称赞，认为他是当时中国历史学界起领导作用的历史学家，为现代中国史学的奠基人。"在中国，以西方历史学和社会科学的概念

---

① 胡适：《介绍几部新出的史学书》，《古史辨》第二册，第334、338页。

② 傅斯年：《谈两件〈努力周报〉上的物事》，《古史辨》第二册，第297—298页。

③ 郭沫若：《中国古代社会研究》，北京：中国华侨出版社，2008年，第234页。

和方法为基础,扭转历史研究的方向,则以顾颉刚这位中国历史学家的名字为标志。”①

《古史辨》第一册一经问世,立即风靡学界,一年里多次重印,其影响难以估量。据说,20世纪二三十年代各大学纷纷设立历史系、国学研究所,历史研究人员和历史系学生剧增,原因之一就是这场历史大讨论的影响。也正是在这本书的推动下,一些学者纷纷加入疑古辨伪的行列,如罗根泽、刘节、童书业、杨宽等人,甚至包括老一辈的吕思勉先生,他们很快便成为其中的骨干。一个以疑古辨伪为旗帜,以“层累地造成的中国古史”为基本理论的“古史辨派”就这样登上了中国的学坛。

从诞生之日起,一直到20世纪40年代末,乃至世纪末——“走出疑古时代”仍是20世纪90年代喊得最响的口号,“古史辨派”可以说一直都深深地影响着左右着中国学术界的走向。如邓广铭先生所说,“五四以来,史学界有许多大明星,但都没有建立一种学派、学风;真正建立学派、学风的是顾先生,是古史辨学派、学风”;邓先生还说,“在新文化运动中,在哲学史、思想史方面,胡适开创了一个新时代;而在历史学方面,真正开创了一个时代、代表新思潮的,应当是顾颉刚”。② 今天看来,“古史辨派”之所以产生了世纪影响,就在于这一学派实现了源远流长的中国古典学术的结构性转换或改造,从“汉学”到“宋学”,从“乾嘉学派”到“古史辨派”,在现代中国学界没有任何一个其他的学派像“古史辨派”一样能成为整个中国学术演进过程中一个大段落、大环节的标识。由顾颉刚

---

① [英]杰弗里·巴勒克拉夫:《当代史学主要趋势》,杨豫译,北京:北京大学出版社,2006年,第121页。

② 邓广铭:《顾先生在历史学方面开创了一个新时代》,王煦华编:《顾颉刚先生学行录》,北京:中华书局,2006年,第448—449页。

和“古史辨派”所实现的中国古典学术的结构性改造的实质，是在文献学上成就了“一个综合性的新创造”。[①] 如果说，乾嘉学派所从事的是汉代之后又一次规模巨大的“古典文献整理”运动，那么，“古史辨”的事业则是继乾嘉学派之后一次更大规模的更深刻的“古典文献整理”运动，而且，这次“整理”与乾嘉不同，因为“乾嘉学派”的整理仍然是在“传统”的范畴之内，而“古史辨”则是在“现代”范畴之中，从而给今天所有的古典和古史研究奠定了基础。[②] 正是在这一意义上，齐思和先生说：“古史辨运动在中国近世史学史上的地位与十九世纪初年西洋史家如尼泊（Niebuhr）等人同垂不朽。”[③]“古史辨派”肯定将如“乾嘉学派”一样，会永远载入中国古典学术史中。

三、“邃于经学”：古典学研究新天地的开拓者

20世纪初发端并成长的中国现代学术体系，深受西方学科分类的影响，在这个分类体系中，曾经是中国古典学术核心的经学失去了存身之地，不再具有独立地位，科举的废止、学制的变革，则使经学教育不可避免地走向式微。然而，经学并没有消失，而是化入史学、哲学、文学乃至伦理学、政治学等现代学科之中。“化经为史”，既是中国现代学术的发端，更是中国现代学术的伟大使命，而顾颉刚，则是“化经为史”过程中最为自觉的推动者。1949年4月8日，顾颉刚在写给吴敬轩的回信中，明确以“经学之结束者”与“古史学之开创者”自任：

---

① 余英时：《顾颉刚、洪业与中国现代史学》，（香港）《明镜月报》1981年5月号。

② 王学典、陈峰：《二十世纪中国历史学》，北京：北京大学出版社，2009年，第43—44页。

③ 齐思和：《近百年来中国史学的发展》，《燕京社会科学》1949年第2期。

> 盖战国、秦、汉之世化古史料为经典,今日使命则复化经典为古史料耳。我辈生于今日,其所担之任务,乃经学之结束者而古史学之开创者。①

同时,顾先生指出,经学之结束与史学之开创,是学术发展的必然趋势:

> 此非吾人之故意立异,乃自宋至清八百年中积微成著之一洪流,加以西洋科学之助力,遂成一必然之趋势也。必将经典弄清,中国文化史方能写作,否则识其外层而不能解其核心,于事仍无益也。②

任何"新"的学术思想与学术潮流,都不可能是无因之果、无源之水。中国近现代学术思潮的演进,固然在很多方面受到西方学术的影响,究其本根,却深植于传统学术的土壤。就"化经为史"来说,确实源于"科学"观念、实验主义等西方学术思想的催化,但从根本上说,却是植根于清代学术乃至整个古典学术之中。作为"新史学"的开创者与"旧经学"的终结者,顾颉刚先生清醒地认识到旧有的思想对于现代学术思想的作用,他在1919年所作《中国近来学术思想界的变迁观》中说:

> 吾从前以为近三十年的中国学术思想界是由旧趋新、易旧为新的时期;是用欧变华的时期。但现在看来,实不尽然。第一,古今学术思想的进化,只是一整然的活动。无论如何见得突兀,既然你思想里能够容纳,这容纳的根源,就是已在意识界伏着。这伏着的东西,便是旧的;容纳的东西,便是新的。

---

① 顾颉刚:《沪楼日札》,《顾颉刚读书笔记》第四卷,台北:联经出版事业公司,1990年,第2411页。

② 顾颉刚:《沪楼日札》,《顾颉刚读书笔记》第四卷,第2411页。

> 新的呈现，定然为旧的汲引而出；断不会凭空无因而至。所以说“由旧趋新”则可，说“易旧为新”则不可。第二，中国到了现在的境界，说他专受了欧化的鼓动，可有些冤枉；现在事物的外观上面，确是触处可见欧式；至于内部的精神，多半是盲从的新思想，同牢不可破的旧思想。

旧有的学术思想以经学为主体。不仅顾颉刚“层累说”的提出与他对《诗经》《尚书》的认识有关，他的全部史学研究都可以说奠基于他的经学研究，尤其与他对清代今古文经学的认识有关。在1946年6月所作的《纯熙堂笔记》中，顾颉刚曾用一张示意图来表现自孔子以来经学发展大势，在这张示意图的最末端，也就是经学发展的最后阶段，顾先生写做“(古史辨派)今日的经学(经学结束期)”[①]，正可见顾先生目“今日的经学”为“经学结束期”，而“古史辨派”又与这一时代任务息息相关。

学术界对于疑古思想与清末今文经学之间的关系，已多有认识，顾先生自己在《古史辨》第一册《自序》中对这一点也并不讳言。1952年在批胡适思想时，杨向奎先生作《“古史辨派”的学术思想批判》，就主要从顾先生与今文经学的关系着力：

> 顾颉刚教授治学的方面相当广……最主要的还是古史学和经学。他不愿意人家称道他是“经师”，而喜欢说自己是史学家，事实上他是“通经治史”，走的是“公羊学派”的老路，并不是干干脆脆的史学家。如今我批判他也就这一方面来说，因为这是他学术思想的主流……[②]

而王汎森先生在《古史辨运动的兴起——一个思想史的分析》一书

---

① 顾颉刚：《纯熙堂笔记》，《顾颉刚读书笔记》第四卷，第2304页。

② 杨向奎：《“古史辨派”的学术思想批判》，《文史哲》1952年第3期。

中,也“主要是探讨清季今文家的历史解释与‘古史辨’的重要因果关联”①。的确,在“古史辨”时代,无论是在学术理路上(如以“上古茫昧无稽”为理论出发点),还是就具体的学术成果而言(如接受“刘歆遍伪群经”的说法),顾颉刚先生都不讳言清代今文家,尤其是康有为对自己的影响,但我们在强调顾颉刚与清代今文学关系的同时,还应看到清代古文经学对于“疑古思想”所起的重要作用。

如前所述,在顾颉刚学术思想形成初期,章太炎是对他影响最大的学者之一。顾颉刚出生于苏州一个“很老的读书人家”。苏州为清末汉学吴派中心,吴派以“崇汉信古”为旗帜,推崇东汉古文家经说,以文献考辨之学见长。顾先生自幼读经,在汉学吴派熏陶中打下的学术基础,使他在 1914 年听章太炎在国学会的演讲时,立即被章太炎的学说吸引,他曾回忆这段经历说:

> 我从蒙学到大学,一向是把教师瞧不上眼的,所以上了一二百个教师的课,总没有一个能够完全摄住我的心神。到这时听了太炎先生的演讲,觉得他的话既是渊博,又有系统,又有宗旨和批评,我从来没有碰见过这样的教师,我佩服极了。子水对我说:“他这种话只是给初学的人说的,是最浅近的一个门径呢”,这便使我更醉心了。我自愿实心实意地做他的学徒,从他的言论中认识学问的伟大。②

章太炎先生的学识令尚在北京大学预科学习的顾颉刚折服,更重要的是,顾颉刚在章太炎那里,接受了古文家的“六经皆史”的主张,认为:

---

① 王汎森:《古史辨运动的兴起——一个思想史的分析》,台北:允晨文化实业股份有限公司,1987 年,第 7 页。

② 顾颉刚:《古史辨》第一册《自序》,第 23—24 页。

> 古文家主张“六经”皆史，把孔子当作哲学家和史学家看待，我深信这是极合理的。我愿意随从太炎先生之风，用了看史书的眼光去认识“六经”，用了看哲人和学者的眼光去认识孔子。[①]

以“六经”为“史”，渊源有自，隋王通，宋陈傅良，元郝经，明宋濂、王守仁、王世贞、李贽，清袁枚等对此都有论说，却以清代章学诚《文史通义·内篇·易教上》中“六经皆史也”[②]最为著名。这一观点，得到了龚自珍、章太炎等人的支持，成为清代古文经学派的核心主张。顾颉刚对于经史关系的思考，如果仅止于前人所论，或许他真的会成为一位古文家，如他所说，当时他也正是“愿意在经学上做一个古文家，只因听了太炎先生的话，以为古文家是合理的”[③]。

然而，章太炎对今文经学“通经致用”的严厉批评，引发了顾颉刚关于“真”与“用”的思考。顾颉刚思考的结果是“在学问上则只当问真不真，不当问用不用”，“求真”的意识，对于顾颉刚终生的学术研究都至关紧要。他说：“这一个觉悟，真是我的生命中最可纪念的；我将来如能在学问上有所建树，这一个觉悟决是成功的根源。”[④]这一觉悟“最有力的启发”虽来自章太炎先生，但当“求真”的追求，落到“六经皆史”观念上时，却产生了与古文家完全不同的观点。虽然“六经皆史”说对于经学在古代社会中的神圣地位，构成了打击或至少潜在的打击，但按照章学诚的说法，“古人不著书，古人未尝离事而言理，六经皆先王之政典也”，“古之所谓经，乃三代

---

① 顾颉刚：《古史辨》第一册《自序》，第24页。

② 章学诚：《文史通义》，仓修良编注，杭州：浙江古籍出版社，2005年，第1页。

③ 顾颉刚：《古史辨》第一册《自序》，第26页。

④ 顾颉刚：《古史辨》第一册《自序》，第25—26页。

盛时,典章法度,见于政教行事之实,而非圣人有意作为文字以传后世也”①,在此,虽然自宋代以来疑经辨伪的传统不绝如缕,“六经”却依然拥有取消“真”这一史学标准审查的特权,“六经”记录了三代典章法度、政教行事,是王官档案,是史实记载。孔子为良史,“六经”皆信史。因此,当顾颉刚用“求真”的眼光来考察经学时,实际上不仅将经学彻底拉下神坛,还要将经学置于“真”之标准下进行审查,这一层却是古文经学家们所不愿意看到的。正是基于此点,顾颉刚虽终生以经学为主要研究对象,却绝非“经师”,而是一位现代意义上的“历史学者”。就太炎先生来说,他虽也“薄致用而重求是”,所薄之“致用”却主要是今文经学以“六经”为圣人“垂教立言”的“通经致用”,所重之“求是”则往往以东汉古文经学家之是非为是非。顾颉刚在作于1926年的《古史辨》第一册《自序》中,已指出太炎先生本质上是一位“纯粹的古文家”,这也正是顾颉刚与章太炎的根本分歧之处:

> 又过了数年,我对于太炎先生的爱敬之心更低落了。他薄致用而重求是,这个主义我始终信守,但他自己却不胜正统观念的压迫而屡屡动摇了这个基本信念。他在经学上,是一个纯粹的古文家,所以有许多在现在已经站不住的汉代古文家之说,也还要替他们弥缝。……他的信古之情比较求是的信念强烈得多,所以他看家派重于真理,看书本重于实物。他只是一个从经师改装的学者!②

顾颉刚在成为学界领袖后,依然很关心太炎先生对自己学说的评价,表现了对这位“引路人”的某种眷恋。1946年6月,顾颉刚所作

---

① 章学诚:《文史通义》,仓修良编注,第1、77页。

② 顾颉刚:《古史辨》第一册《自序》,第26—27页。

《纯熙堂笔记》中，抄有吕思勉《从章太炎说到康长素、梁任公》一文中对章太炎先生的一段议论，现转录吕思勉文如下：

> 如近人所说，以禹为古代的一个动物，并无其人，这固然近于怪诞。然其发明《禹贡》不但非禹时书，所述的并非禹时事，乃后人据其时的疆域附会，则不可谓非一大发明。所以狭义的材料（按：史官大夫所记）也是要用种种的新方法去剥落其中不可信的部分的。而广义的材料（按：神话、传说），其中也有许多很宝贵的，有待于搜求洗炼。章太炎于此不甚了解，他认为根据神话传说而否认古代史官所记或士大夫之所传，就是把中国古代的历史抹杀了，把中国古代的历史抹杀就是把中国古代的文化抹杀了，所以竭力反对这一派议论。[①]

顾颉刚抄录吕思勉文，固然如他所说，是因为此文"对清末思想界有极透辟的议论"，恐怕还因为此段中所透露出的章太炎对顾颉刚学术的态度正是顾所关心的，在抄录完这段文字之后，顾颉刚又写道："这几句话把章先生和吕先生对我的态度写得很明显。"顾颉刚不满于章太炎的矛盾和不彻底，而由吕思勉的议论中，也可见章太炎对于顾颉刚"疑古"思想基本持否定态度。有意思的是，在这段笔记的末尾中，顾颉刚提到，以古文家名世的章太炎，早期也曾服膺今文经学："章先生早年有《论学会有大益于黄人，亟宜保护》一文，载《时务报》十九期，主以革政挽革命，与康氏见解差同。此文中亦以汉今文说立论。"[②]

古文经学之"求是"，无法满足顾颉刚的"求真"诉求，而今文经学之"辨伪"，却为顾颉刚之"求真"理想提示了方向。最初顾颉刚

---

① 顾颉刚：《纯熙堂笔记》，《顾颉刚读书笔记》第四卷，第 2335 页。

② 顾颉刚：《纯熙堂笔记》，《顾颉刚读书笔记》第四卷，第 2335 页。

在听章太炎讲了王闿运、廖平、康有为等今文家对于经书的种种随意解释,以及他们奉孔子为教主"通经致用"的意图之后,想到的是:"我听了这些话真气极了,想不到今文家竟是这类的妄人!"但他在读过《新学伪经考》后,看法却大大改观,认为"它的论辨的基础完全建立于历史的证据上,要是古文的来历确有可疑之点,那么,康长素先生把这些疑点列举出来也是应有之事"。[①]《新学伪经考》中刘歆遍伪群经的观点,为顾颉刚所接受,这在顾颉刚《秦汉的方士与儒生》等著作中都有所体现,也正是这一点,遭到了不少学者的微词与批评。直到 1973 年,顾颉刚在《与徐仁甫书》中,虽不说刘歆遍伪群经,却仍坚持刘歆淆乱史籍的观点:"刘歆表彰《左氏》,保存春秋一代史事,固一大功绩,而其附莽以造伪史,淆乱当时史官之记载,则为千古罪人,功罪自当分别论之。"[②]

《新学伪经考》中"刘歆遍伪群经说",只是在具体的研究成果上给顾颉刚以借鉴,影响到顾颉刚对于学术史上的具体问题的结论,而《孔子改制考》则给予了顾颉刚"化经为史"方向性的指导,并给予中国史学的转变以最大的推动。如果说"给予中国史学以转变的动力的却是经今文学"[③],那么《孔子改制考》就是这一动力的核心。顾颉刚说,《孔子改制考》"第一篇论上古事茫昧无稽,说孔子时夏、殷的文献已苦于不足,何况三皇五帝的史事,此说即极惬心餍理"[④],上古事既"茫昧无稽","六经"也就不可能是信史,经书的真实性既受到质疑,神圣性也只能随之荡然无存。

---

① 顾颉刚:《古史辨》第一册《自序》,第 24 页。

② 顾颉刚:《与徐仁甫书》,钱谷融、印永清:《顾颉刚书话》,杭州:浙江人民出版社,1998 年,第 274 页。

③ 齐思和:《晚清史学的发展》,《齐思和史学概论讲义》,天津:天津古籍出版社,2007 年,第 237 页。

④ 顾颉刚:《古史辨》第一册《自序》,第 26 页。

由崔述而至康有为，清季今文家们虽动机、路径有别，本意“尊孔”却是一致的，然而今文家的“尊孔”，却结出了“疑经”这样一个意外的果实。[①] 崔述为了“尊圣”而疑经书中与孔子“圣人”地位不相符合的记载，康有为则为了政治目的奉孔子为教主，将经书视为孔子“托古改制”之作。不仅他们“疑经”的态度，给予顾颉刚“疑古”及四个“打破”以动力，他们“疑经”的具体操作与成果，顾颉刚也多有吸纳与借鉴，然而，今文经学也同样不能令顾颉刚满意：

> 我的推翻古史的动机固是受了《孔子改制考》的明白指出上古茫昧无稽的启发，到这时而更倾心于长素先生的卓识，但我对于今文家的态度总不能佩服。我觉得他们拿辨伪做手段，把改制做目的，是为运用政策而非研究学问。他们的政策，是：第一步先推翻了上古，然后第二步说孔子托古作《六经》以改制，更进而为第三步把自己的改制引援孔子为先例。因为他们的目的只在运用政策作自己的方便，所以虽是极鄙陋的谶纬也要假借了做自己的武器而不肯丢去。因为他们把政策与学问混而为一，所以在学问上也就肯轻易地屈抑自己的理性于怪妄之说的下面。[②]

尽管顾颉刚很早就认识到康有为尊孔、疑经的政治意图与自己“只当问真不真”的学问目的有天壤之别，但对这位直接给予他“疑古”启示的政治家，他还是怀着更多的期待与尊崇。康有为去世后，顾颉刚通过丁文江等人，与康有为的女儿康同薇、康同璧等商谈康有为遗稿的整理事宜。1929 年 11 月 19 日的《顾颉刚日记》

---

① 对于清末今文派“本意尊圣，乃至疑经”这一点，学者们多有认识。参见王汎森：《古史辨运动的兴起——一个思想史的分析》，第 49—109 页。

② 顾颉刚：《古史辨》第一册《自序》，第 43 页。

记："与冼女士到康同璧女士家，并见同薇女士，取长素先生经史稿两包归，四点半登车，至七时乃到家。休息。康氏遗稿竟会给我取到，真是'天下无难事，只怕有心人'。"[①]此后大约两年的时间里，于顾颉刚日记中，陆续可见他整理遗稿并为每札遗稿撰写提要的记录，然而与顾颉刚初得遗稿时的兴奋不相称的是，不仅从遗著中，顾颉刚似乎并没有得到符合他期望的学术之谈，而且这一年多的整理也没能使康有为遗著得以出版，顾颉刚关注康有为遗稿的最大收获，或许倒是后来赵丰田先生对康有为年谱的整理。1930 年 11 月 13 日，赵丰田出现在顾颉刚日记里，是因为《康长素年谱》[②]，直到 1979 年 4 月 22 日，顾颉刚在日记里再次提到赵丰田的《康氏年谱》时，提起当时整理康有为遗稿而在学术方面无所获一事：

> 约一九二九年，予初到燕大任教，从冼玉清认识康同璧，从其家取出康有为稿件一箱，以其但有政治性文件，便交赵丰田君整理，渠作《康氏年谱》一篇，发表于《史学年报》中。继而丁文江作《梁启超年谱》未成，嘱予介绍工作人员，予遂以丰田介，渠有恒性，在五十年来之动荡生活中竟成百万字之《康梁合谱》，可慰也。[③]

1979 年 6 月 26 日，顾颉刚受上海人民出版社之托，为赵丰田遗著所作"小引"，将他的"希望"和"失望"说得更加清楚：

> 一九二九秋，予晤冼玉清女士于燕大，由其介绍，得识罗夫人康同璧，渠以康长素遗稿贻我，归而检之，大抵政治零稿，非学术文字，但可作年谱资料。班上学生赵丰田，诚实可托，

---

① 《顾颉刚日记》第二卷，台北：联经出版事业公司，2007 年，第 344 页。

② 《顾颉刚日记》第二卷，第 458 页。

③ 《顾颉刚日记》第十一卷，第 649 页。

因以康氏年谱托之，渠以一年之力成此一文，未见有大出色处，因付《史学年报》发表。为丁文江先生所见，适梁任公一生信札，其家尽捐入北平图书馆，欲为作一详尽之年谱，而手头工作忙，无力为之，托予觅人排比为长编，予因以赵君荐，两方均惬意。及卢沟桥事变起，彼此奔驰道路，不相闻问。不期越五十年，此稿复现，竟得出版，不禁喜极而涕也。[①]

顾颉刚很可能期待着在《新学伪经考》《孔子改制考》之外找到康有为更多的“学术”论著，但康有为毕竟是政治家，而非专门的学问家，因此，顾颉刚在康有为遗稿中没能找到他想象中的“学术文字”，也是相当正常。这些并未减低顾颉刚对康有为的爱敬推重之情。1956 年开始，顾颉刚一直断断续续与康同璧女士一起，筹备康有为百岁诞辰纪念会，虽然后来被告知“康有为固为戊戌政变之发动人物，但其后主复辟，过于倒退”，1958 年，尽管他本人已遭受批评，却还是应康同璧女士的邀请，在康有为百年祭上围绕《伪经》《改制》“二考”做了发言。[②]

传统经学发展到清末民初，以“今文经学”与“古文经学”分裂与论争的形式，预示了现代史学与哲学、伦理学，乃至政治学现代学科的必然分野。刘咸炘在《中书・认经论》中说：“书籍虽多，不外子、史两种。集乃子之流，不能并立，经乃子史之源，而今文家认为子，古文家认为史，所以纷争。”按照刘咸炘的说法来分，章太炎是以经为史，康有为则是以经为子。在传统经学被现代学科体系分解的时期，学术渊源、个人性格、后天际遇等种种因素集合起来，顾颉刚发现了最合他性情的学问乃是史学[③]，选择做一位历史学

---

① 《顾颉刚日记》第十一卷，第 719 页。

② 参见《顾颉刚日记》第八卷，第 136、140、141、361 页。

③ 参见顾颉刚：《古史辨》第一册《自序》，第 40 页。

者。如此，章太炎等古文经学家的“以经为史”以及他们扎实的文献考订之学，才是顾颉刚原有的学术底色，而康有为等今文经学家“以经为子”的意义，则在于带给顾颉刚“疑经”的勇气、“读经”的新眼光和“辨伪”的新方法，从而促使顾颉刚变古文经学家的“以经为史”为“化经为史”。经书还是原来的经书，文献还是原来的文献，但有了康有为等今文家言所启示的“新眼光”①，一切旧材料都具有了新的意义。举一个不恰当的比方，在“点石成金”的神奇过程中，很显然“点石”的金手指比石头本身，更引人关注。通常情况下，学者对自己原本就有的学术底色、学术修养的重视程度，远远低于那如闪电般带给自己瞬时启发的学术思想，何况在一个亟需打破旧思想的牢笼、亟需粉碎经学神圣性的时代，这怎能不使顾颉刚振奋，并因振奋而对康有为等人生出亲近之情呢？或许，这种亲近之情，跟顾颉刚对康有为“刘歆遍伪群经”观点的接受也不无关系。一直到1961年12月，顾颉刚在与童书业谈话中，也还提到康有为对自己的影响：

> 予询丕绳：“我所受之影响孰为最：郑樵、朱熹、阎若璩、姚际恒、崔述、康有为、胡适？”丕绳答曰：“康有为。”予亦首肯，盖少年时代读夏曾佑书，青年时代上崔适课，壮年时代交钱玄同，三人皆宣传康学者也。至胡适，仅进化论之一点皮毛耳。②

在《古史辨》第一册《自序》和《秦汉的方士与儒生·序》中，顾颉刚都曾提到过钱玄同在经今古文学问题上给予他的启发，这个启发就是“用古文家的话来批评今文家，又该用今文家的话来批评古文家，把他们的假面目一齐撕破，方好显露出他们的真相”，这种

---

① “新眼光”的形成，当然也跟顾颉刚由戏剧中得到的启示有直接关联。

② 《顾颉刚日记》第九卷，第372页。

方法被他称做“击碎玉连环”。[1] 事实上，这只是站在粉碎经学神圣性的“疑经”方向来说的，综合顾颉刚一生的学术，与其说他对于今古文经学是“一齐撕破”，不如说他以“求真”为指向，取今文经学的“疑经”与古文经学的“反孔”，熔铸今古文经学而为现代意义上的史学。

顾颉刚“化经为史”的学术实践，大致可以分为两个方向：一是揭出经学中包括“伪书”与“伪事”在内的“伪”来，将高踞于神殿之上的经学，置于“科学”与理性的审查之下，将经书的伦理、政教色彩与经书中的史观、史实剥离，以史学意识取代经学信仰，这个方向，我们可以称之为“化经学为史学”，其着力点在于“破坏”；二是寻出经学中可以用为史料的“真”来，在剥掉经书、经解的伦理性之后，试图借助传统文籍考订之学、现代考古学以及天文学、农学、土壤学等现代科学的发展，从经学中尽可能还原上古史面貌，我们可以称之为“化经书为史料”，其着力点在于“建设”。

20 世纪前半期，以“四个打破”和推翻帝系、王制、道统、经学四偶像为目标，顾颉刚的“化经为史”，主要表现为第一个方向——“化经学为史学”。此时，他对于经学研究的注意力，主要集中在“疑古”和“辨伪”，在朴社印行的《辨伪丛刊》中，经学或与经学相关的辨伪占了很大的比例。以《尚书》学为例，1926 年 9 月 28 日，顾颉刚在厦门大学开课，至次年 1 月 6 日课程结束，历时近 4 个月，共讲课 21 次，42 小时，“所讲的内容都是关于伪古文《尚书》的”[2]。1927 年 1 月，顾颉刚为这门课程所出的试题，共 16 道题目，其中除了第一、二题是与经学研究总论有关系外，第三至第十六题，都围

① 顾颉刚：《秦汉的方士与儒生》，上海：上海古籍出版社，2005 年，“序”第 3—4 页。

② 王煦华整理：《顾颉刚先生遗稿三篇》，《中文自学指导》1998 年第 2 期。

绕伪古文《尚书》展开。由这份试题,可以见出顾颉刚对待经学研究的态度以及当时他对于经学研究的关注点,并且,在"国学热"的当下,近百年前顾颉刚在这份试题中所表现出来的对于经学的思考,依然能给我们带来某种启发,故将试题的前5道题转录如下:

> 一,我们要使得经书成为圣人专有的东西呢?还是把它看成了古代的历史的好?如其要使它成为圣人专有的东西,我们应当怎样办?如其要使它成为古代的历史,我们又应当怎样办?
>
> 二,我们应该如何对付伪书,是注目于它的好坏呢?还是注目于它的真伪呢?如果注目于它的好坏,为的是什么?如果注目于它的真伪,我们研究它的方法应该怎样?
>
> 三,我们既知道伪古文《尚书》的伪,还值得去研究它吗?如说值得,那为的是什么道理?
>
> 四,将伪古文《尚书》的成立和失败的历史作一个系统的叙述。
>
> 五,读了伪古文《尚书》以后对于中国学术史上发生了哪些感想?[①]

由《顾颉刚日记》可以看到,在中山大学、燕京大学等地,顾颉刚讲授的《尚书》,也往往以蔡沈《辨书序》、龚自珍《说中古文》、康有为《书序辨伪》《古文尚书辨伪》、刘师培《中古文考》等对《尚书》的考辨文章为教授材料,姚际恒、阎若璩等、历代学人对于伪古文《尚书》的考辨,是他讲课的重点。在面临内忧外患,社会意识发生剧变之际,"打破"与"推翻"才是时代关键词,打破封闭的旧思想,推翻"吃人"的旧礼教,这是时代的呐喊。此时,顾颉刚以"破坏"为己

① 王煦华整理:《顾颉刚先生遗稿三篇》,《中文自学指导》1998年第2期。

任，恰也正是时代的需求。

当然，致力于“化经学为史学”方向，并不是说就没有对古史的“建设”，变经学意识为史学意识造成的也不全是“破坏”。此期顾先生对于古史也不是没有“建设”，只是这个“建设”往往以“破坏”为绝对前提，以“不立一真，唯穷流变”为“建设”的方向。这一阶段，顾颉刚理想中的成就，如他所说，“只是作成一个战国秦汉史家；但我所自任的也不是普通的战国秦汉史，乃是战国秦汉的思想史和学术史，要在这一时期的人们的思想和学术中寻出他们的上古史观念及其所造作的历史来”，他希望做的是“‘中古期的上古史说’的专门家”[①]，如果说顾颉刚在“化经学为史学”方向上的实践对于“古史”有建设的话，那么，这个“建设”更多表现为“思想史”的建设。[②]

分离经学中的伦理性与历史性，也可视为“古史辨派”对于经学神圣性破坏的主要表现。正如顾颉刚在《古史辨》第四册序言中所说，“要使古人只成为古人而不成为现代的领导者，要使古史只成为古史而不成为现代的伦理教条，要使古书只成为古书而不成为现代的皇皇法典”，这不啻顾颉刚对神殿上的经学发布的檄书，也是“化经学为史学”的宣言。就整个“古史辨派”“化经为史”的学术实践来说，剥除经学伦理性，可视为“破坏”，而伦理性的去除，是为了历史性的凸显，这又可视为“建设”，“古史辨”将经书伦理性与历史性分离，开启了经学研究的全新面貌，不仅带来了相当规模的“建设”性成绩，还对后来的经史研究形成深远的影响。《古史辨》七册的经学研究，主要集中于《诗经》《周易》和《春秋》。《诗经》方

---

① 顾颉刚：《古史辨》第二册《自序》，第6页。

② 顾颉刚对于“思想史”的建设，参见李扬眉：《颠覆后如何重建：作为思想史家的顾颉刚及其困境》，《学术月刊》2008年第9期。

面的主要议题，是将为“伦理”服务的《诗序》与《诗经》分离，还原《诗经》乐歌的原貌；《周易》方面，则主要为对富于伦理性的《易传》的批判与考察，还原《易经》卜筮书的原貌；《春秋》研究所关注的核心问题为《春秋》之性质、《左传》是否传《春秋》及《左传》与《国语》的关系[①]，其焦点实质上还是经书中“伦理性”与“历史性”的冲突。经学伦理性与历史性的剥离之战，还牵涉到与经学关系密切的小学，古文派的重要堡垒《说文解字》的价值也成为一时的论争焦点。

新中国成立，打碎王制、道统等旧偶像，否定“封建”思想与礼教，乃至砸碎一切“旧”的东西，都已不是问题，此时再提经学研究，似乎有某种逆潮流而动的意味，甚至隐含着某种不合时宜的可能性。然而也正是顾颉刚这位昔日将经学赶下神殿的猛将，反倒重提经学研究的重要性，而且在特殊的政治环境中继续进行《尚书》学研究。顾颉刚在 1957 年 3 月 5 日《文汇报》以《在古书里做学问》为题的专访中，坦言自己“今后想着重研究经学”。这次专访一年多之后，顾颉刚在 1958 年 6 月 20 号的日记里记了这样一件事：

> 谷城由上海来，谓上海史学会开会，许多人谈及予，均云：可惜顾先生一肚皮学问，不曾有马列主义作发酵药，盖在今日实不当抱残守缺也。
>
> 谷城此来，系毛主席所召。日前已谈过一次，主席论及予，谓在卅余年前敢推翻禹，实是不易，并谓予之学问由看戏来，知《古史辨》自序为其所熟览。问及予近状，谷城云：治经学。主席云：搁一搁亦不妨。知所望予改造者深矣。[②]

由日记中同样可以看到，“搁一搁亦不妨”的最高指示，并没有

① 参见王汎森：《古史辨运动的兴起——一个思想史的分析》，第 241—273 页。

② 《顾颉刚日记》第八卷，第 447 页。

影响到顾颉刚的经学研究计划，经学中的《尚书》学研究，成为他1949年之后的研究重心之一。在1957年3月5号《文汇报》以《在古书里做学问》为题的专访中，他说："'经学'是旧文化的核心，不恢复它的真面目，要研究中国思想史、政治史是很困难的。现在历史学者的任务就是把孔子这个偶像和历史分家，把'经学'变为古代历史资料的一部分。"将"孔子这个偶像和历史分家"，即将经学的伦理性与历史性分家，"化经学为史学"，是顾颉刚前半生的任务与功绩；"把'经学'变为古代历史资料的一部分"，即寻找经书中可用作历史资料的那一部分，"化经书为史料"，这是顾颉刚后半生所致力的工作。而这一工作又主要集中在他对《尚书》的整理与研究上。

20世纪50年代之后，顾颉刚《尚书》学研究的关注点，由伪古文《尚书》转移到了今文《尚书》，尤其是被认为史料最可靠的《周书》，这一转移与他"化经书为史料"的转向相对应。1961年，他对周初民族大迁徙做了细致的研究，又为《尚书・大诰译证》做了大量周密的工作。此时，他不再是"不立一真"，而是要借助文字学、音韵学、训诂学、辨伪学、校勘学、版本学、目录学、金石学，乃至考古学、天文学、土壤学、农学、科技史，从经书中寻绎出史实，这便是他对于古史的"建设"。

与顾颉刚工作重点的转移相关的，是他对王国维看法的细微变化。顾颉刚与王国维的交谊，以及顾对王愿"追随杖履"、请托门下的敬重与推崇，早已成为学林佳话，早在1926年做《古史辨》第一册《自序》时，顾颉刚已看到，"要建设真实的古史，只有从实物上着手的一条路是大路，我的现在的研究仅仅在破坏伪古史的系统上面致力罢了。我很愿意向这一方面做些工作，使得破坏之后得有新建设，同时也可以用了建设的材料做破坏的工具"，罗振玉、王国维则以“求真的精神,客观的态度,丰富的材料,博洽的论辨”,“为我们开出一条研究的大路”。但顾颉刚对王国维在推崇之外,也并非没有批评。同样在《古史辨》第一册《自序》中,顾颉刚对王国维“不能大胆辨伪”,引用《帝系姓》的说法做《殷周制度论》而感到“不满意”。始作于1949年1月的《沪楼日札》中,有一条题为“古史与经学之关系”的笔记,提到辨析经学家派与整理古史的关系,又以王国维为例,对“化经为史”过程中欲忽略经学派别而直接整理古史的做法提出批评:

> 现代学者,无论治考古学、古文字学、社会史、民族学,皆欲跳过经学的一重关,直接从经中整理出古史来(如王静安先生即其最显著之一例)。此实存舍难趋易之心,以经学纠纷太多,不易了解,更不易处理也。然此不可能。盖如不从辨别经学家派入手,结果仍必陷于家派的迷妄。必从家派中求出其条理,乃可各还其本来面目。还了他们的本来面目,始可以见古史之真相。所以,这番工夫虽苦,却不是劳而无功的。惟有做了经学的工作,方知真正古史存在的稀少,同时也知道现有的古史中经学家学说的丰富。[①]

新中国成立之后,当他由“破坏伪古史的系统”转而欲“建设真实的古史”时,他向王国维的学术路径靠拢得更近,而距康有为的疑古路径离得则相对较远了,或许也正是因“化经为史”的不同取向之间的差别,使顾颉刚在《古史辨》第一册《自序》中,对于康有为多有推崇,而到了晚年作《我是怎样编写〈古史辨〉的?》时,却对王国维予以浓墨重彩。

由“破坏伪古史系统”而“建设真实的古史”,由“化经学为史

① 顾颉刚:《沪楼日札》,《顾颉刚读书笔记》第四卷,第2406页。

学”而“化经书为史料”，顾颉刚的一生，始终纠缠在经学的命题里。“破坏”与“建设”，这两个看似相反方向的路径，完美地结合于顾颉刚“化经为史”的学术实践中。唯有打碎经学的神圣性，才能将史学家的理性解放，唯有摧毁“伪古史系统”，才可以为现代史学研究扫清观念上的障碍，也正是在此意义上，“破坏”成为“建设”的必要前提，而顾颉刚则成为近现代由经学向史学的结构性转换中的关键人物。

四、中国现代民俗学的奠基人

顾颉刚以“古史辨派”的创始人及在古史学领域的影响而名闻学界，他嗜学如命的性格、为学问而学问的毕生追求更为世人津津乐道。但是，顾颉刚的成就又绝非仅限于此，他多方面的学术兴趣使他在将古史研究作为终生之业的同时，还旁骛及于民俗学、历史地理、边疆地理和少数民族史等方面的研究，并成为许多学术领域的开拓者。

顾颉刚的诞生地是素有“人文渊薮”之称的苏州。这里不仅风景优美清雅，而且有着丰厚的文化积淀，是清代著名的汉学中心，清代学术史上占有重要地位的学派“吴派”就产生于此。这一学派强调“好学尊闻”，注重博览群书，善于搜罗材料，钩稽异同。顾颉刚自小受这种学术氛围的熏陶，自然承受了吴派务求渊博的治学风格。加上他天生好奇心强，遇事总爱“打碎乌盆问到底”，所以日后能够具有多方面的学术兴趣，又能在别人见惯不怪的地方发现问题，开垦出许多新的学术园地。

顾颉刚对民俗学发生兴趣，是因在北京大学观赏京戏与采集民间歌谣而起，后因孟姜女故事研究而扩大，但他与民俗学的最初渊源却可以追溯到童年时代。

从顾颉刚很小的时候起,祖父便常给他讲"苏州徐文长"式的滑稽故事,嗣祖母则常给他讲诸如"老虎外婆"之类的神话故事,家中的仆人也常给他讲《山海经》中的神奇传说。民间故事的曲折动人、平易有趣,深深地吸引着顾颉刚充满好奇与憧憬的幼小心灵,即使二三十年后每每想起,也时常感到一种很可眷恋的温煦。六七岁时,顾颉刚即已开始读些唱本小说。1913 年到了北京后,他又很快对戏剧发生了浓厚的兴趣,留意起角色、剧情和故事的变化,心中生出许多问题。通过深思,顾颉刚认识到,民间故事是会变迁的,表面看来"虽是无稽之谈",但细察起来,"原也有它的无稽的法则"①。

顾颉刚到北京求学之时,恰逢新文化运动蓬勃开展,人们的思想观念发生了急剧的转变,许多人开始注重对民众文化的研究。1918 年,由刘半农、沈尹默、沈兼士、钱玄同四教授组成北京大学歌谣征集处,开始在全国范围内征集歌谣。这是中国民俗学史上的一件大事,它宣告了中国的民俗学运动从此揭开了序幕。刘半农在 1927 年《国外民歌译》自序中回忆说:

> 这已是九年以前的事了。那天正是大雪之后,我和尹默在北河沿闲走着,我忽然说:"歌谣中也有很好的文章,我们何妨征集一下呢?"尹默说:"你这个意思很好。你去拟个办法,我们请蔡先生用北大的名义征集就是了。"第二天我将章程拟好,蔡先生看了一看,随即批交文牍处印刷五千份,分寄各省官厅、学校。中国歌谣的事业,就从此开场了。②

---

① 顾颉刚:《古史辨》第一册《自序》,第 5—6、19—22 页。

② 刘半农:《〈国外民歌译〉自序》,刘半农著,徐瑞岳编:《刘半农文选》,北京:人民文学出版社,1986 年,第 180 页。

当时，顾颉刚由于发妻初逝，心情抑郁，精神颓废，便索性按自己的兴趣开始搜集歌谣，聊以遣日。结果一年下来，已有两百首。顾颉刚搜集吴歌的事很快传了出去，许多人要求他把这些材料发表。征得他的同意后，郭绍虞每天代为抄出几首，在《晨报》上连续登载了三个月。当时报纸上登载歌谣尚属创举，而《晨报》又是学界所看的报纸，于是顾颉刚很快就以搜集歌谣出了名，被誉为研究歌谣的专家。后来，他从搜集的歌谣中选出一百首编为《吴歌甲集》，在《歌谣》周刊上连续登载，并于 1926 年 7 月由北大歌谣研究会印成专书出版。

顾颉刚做事一向严肃认真，他整理的《吴歌甲集》再次向世人证明了这一点。书中不仅有详细的注释，而且在附录中有对其中的某些问题的理论探讨。此书出版后，立时受到学术界的推崇。胡适称赞该书是"独立的吴语文学的第一部"，他还说："颉刚收集之功，校注之勤，我们都很敬佩。他的《写歌杂记》里有许多很有趣味又很有价值的讨论（如论'起兴'等章），可以使我们增添不少关于《诗经》的见识。……这部书的出世真可说是给中国文学史开一新纪元了。"[①]刘半农也为之作序说："现在编出这部《吴歌集》，更是咱们'歌谣店'开张七八年以来第一件大事，不得不大书特书的。"[②]60 年后，著名的民俗学家钟敬文还在《孟姜女故事论文集・序》中称赞道："在民间文艺学的另一个重要方面——歌谣学，他（顾颉刚）也作出了卓著的贡献。它就是那部在二十世纪二十年代中刊行的《吴歌甲集》。……这个在'五四'新文化运动后出版比较早

---

① 胡适：《吴歌甲集・胡序》，顾颉刚：《吴歌甲集》，北京大学研究所国学门歌谣研究会编印，1926 年，第 5—6 页。

② 刘半农：《吴歌甲集・序五》，北京大学研究所国学门歌谣研究会编印，1926 年，第 2 页。

的、地区性的歌谣集子,有比较详细的注释、解说,和对篇中所涉及的某些问题作了理论探索(《写歌杂记》,并附有编者师友的专门性的研究、讨论文章)。这些文章,使它不只是个一般性的歌谣资料集,而是具有较高的科学价值的歌谣学著述了。”①

顾颉刚以治吴歌作为研究历史的辅助,他在《古史辨》第一册《自序》中说:“我搜集苏州歌谣而编刊出来,乃是正要供给歌谣专家以研究的材料,并不是公布我的研究歌谣的结果。”②他真诚地希望有专门研究吴歌的歌谣专家出世。但事实并非如他所愿。就与顾颉刚同时的研究吴歌的文章来看,或增订他的缺失,或发挥他的看法,都或多或少地受到他的影响,无法卓然自成一家,更谈不上超越顾颉刚。这使《吴歌甲集》在 1918 年以后的 30 年里,当之无愧地成了这一时期歌谣学的代表作。

顾颉刚在搜集吴歌的过程中,看到了歌谣也和小说、戏剧中的故事一样,会随时随地变化。这一发现激起了他在这个领域中拓地万里的雄心。但可惜的是,顾颉刚限于以后的条件,并没有继续深入研究下去,更没有写出像《孟姜女故事的转变》和《孟姜女故事研究》那样颇具分量的佳作。

孟姜女的故事,广泛流传于中国各地,其情节凄惨动人。但很少有人知道,这个故事从春秋开始已有两千五百多年的历史了。顾颉刚对这一故事发生兴趣并从事有关材料的搜集和研究,是受宋代的郑樵和清代的姚际恒的启发。郑樵说:“杞梁之妻,于经传

① 钟敬文:《孟姜女故事论文集·序》,北京:中国民间文艺出版社,1983 年,第 2 页。

② 顾颉刚:《古史辨》第一册《自序》,第 77 页。

所言者，数十言耳，彼则演成万千言。”[1]姚际恒则指出未有杞梁妻故事时，“孟姜”一名已成为美女的通称，在《诗经通论·郑风·有女同车》中说：“是必当时齐国有长女美而贤，故诗人多以‘孟姜’称之耳。”[2]顾颉刚惊讶于这一故事历年的久远，遂引动了探寻这件故事的好奇心。后来，他将所得的材料略加梳理，竟然排出了一个极为明晰的变迁线索：“她（孟姜女）起初是却君郊吊，后来变为善哭其夫，后来变为哭夫崩城，最后变为万里寻夫。”[3]于是在1924年冬，《歌谣》周刊发表了顾颉刚的《孟姜女故事的转变》，旋即引起学术界的轰动。

远在巴黎留学的刘半农来信说：“在《歌谣》六十九号中看见你的《孟姜女》一文的前半篇，真教我佩服得五体投地。你用第一等史学家的眼光与手段来研究这故事；这故事是二千五百年来一个有价值的故事，你那文章也是二千五百年来一篇有价值的文章。”[4]并帮忙抄回伯希和拿走的敦煌卷子里唐人《云谣集》《虞美人》词中有关孟姜女的资料。后来，在《吴歌甲集·序》中，这位“为我国民俗学、俗文学、民间文学运动开辟了道路”的学者由衷地说：“颉刚做出孟姜女考证来，我就羡慕得眼睛里喷火，写信给他说：‘中国民俗学上的第一把交椅，给你抢去坐稳了。’”[5]顾颉刚的这一工作得到很多人的热情支持和积极响应，或帮助收集歌谣、唱本、鼓词、宝卷和图画、碑版的，或通讯分析讨论故事内容的，一时成了好几十位学者

① 郑樵：《通志略·乐略第一》，上海：世界书局，1936年，第357页。“彼”谓“稗官”者流。

② 姚际恒：《诗经通论》，北京：中华书局，1958年，第106页。

③ 顾颉刚：《答李玄伯先生》，《古史辨》第一册，第273页。

④ 刘半农：《敦煌写本中之孟姜女小唱》，顾颉刚：《孟姜女故事研究集》，上海：上海古籍出版社，1984年，第185页。

⑤ 刘半农：《吴歌甲集·序五》，第2页。

共同的课题。魏建功在《〈歌谣〉四十年》一文中热情洋溢地描述了这一现象,并称它是"最典型地体现了人们自发自愿、肯想肯干、互相启发、不断影响的范例"。[①]

《歌谣》停刊后,顾颉刚继续在《北京大学研究所国学门周刊》中编刊《孟姜女故事研究》,引发了对这个故事更为热烈的讨论和研究,与他的通讯竟达38篇。1926年春,顾颉刚将两年来搜集到的孟姜女的故事分时分地开一篇总账,把两千多年来的文献记录和遍布全国各地的各种民间传说、文学、艺术材料,整理出历史和地理两个系统,题为《孟姜女故事研究》发表了。这篇文章一改清代学者从历史事实的角度来研究故事传说的方法,而是从故事传说的本身进行研究,从而在清代学者所追寻到的演变踪迹的基础上,作出更详尽精确的分析和论述,为孟姜女故事的研究作出了划时代的贡献。钟敬文在《孟姜女故事论文集·序》中说:孟姜女故事的研究,是使顾先生"取得世界声名的科学业绩",其成果不但"为我们学界建立了一种崭新的传说科学,而且给从长期封建社会的古旧学术传统中开始觉醒过来的青年学者,开辟了一条新的学术道路,形成一种新的学术风气。当时有不少人是跟他走上这条路的。用不着讳言,我自己也正是其中的一员"[②]。钟敬文对顾颉刚的钦佩之心一直未减,以至在70年后,他仍然坚持认为,自己的文章在成熟程度上,"还比不上顾先生在20年代中期所作的那篇《孟姜女故事研究》。这可见顾颉刚先生在民间文学等领域的非凡成就,也说明他在学术进程上的早熟情况"[③]。

---

① 魏建功:《〈歌谣〉四十年》,《民间文学》1962年第2期。

② 钟敬文:《孟姜女故事论文集·序》,第2—3页。

③ 在顾颉刚先生诞生一百周年纪念会上的发言,刊《中国文化研究》1994年第3期。

顾颉刚收集孟姜女故事资料历时半个多世纪，花费了相当大的心血和精力。新中国成立后，姜又安曾帮助他整理达十年之久，贺次君又为之作注。可惜，十年动乱中，这批丰富、珍贵的资料散失了。1966 年 11 月 16 日，顾颉刚在日记里留下了这样的记载："得又安信，知其所整理《孟姜女资料集》放在雁秋家，当雁秋家被抄，人被驱逐时，稿件堆在院里，当作废纸，及今两月，已不堪问。当此搜集五十年，整理十载，共约百万字之稿废于俄顷，可胜叹惜。"①无可奈何的话语，让人分明感到他的心在流血。1978 年以来，顾颉刚还常常同他的学生谈起此事，每每感叹不已，其伤心、悲愤之情溢于言表。

顾颉刚是一个极喜游历的人，他研究神道的兴趣就是游历了苏州和北京两处的东岳庙引起的。在《东岳庙游记》中，他说："我近年来为了古史的研究，觉得同时有研究神话的必要。其一，古史的本身本来是神话，至少可以说它是带着神话性的，所以必得先了解了神话的意义，然后可以了解古史的意义。其二，古代的史书与神话本是一物，后来渐渐的分开来了；分开之后，神话依然发展，它的深入人心始终和古人的古史观念一样，不过因为不见采于史书，仿佛像衰歇似的；我们要了解古代神话的去处，要了解现代神话的由来，应当对于古今的神话为一贯的研究。"②顾颉刚为此制定了详细的计划。但由于作这样的研究必须亲自到各地调查考察，搜集材料，顾颉刚后来的境遇并不具备这样的条件，他也只写出了《东岳庙七十二司》和《东岳庙游记》两篇文章。在《东岳庙游记》中，顾颉刚对近代人心目中的神话作了简明的历史解释。他把神道分做

---

① 《顾颉刚日记》第十卷，第 563 页。

② 顾颉刚：《东岳庙游记》，顾颉刚著，钱小柏编：《顾颉刚民俗学论集》，上海：上海文艺出版社，1998 年，第 399 页。

五部分:中国古代原有的神(如玉皇、日神、月神、土地和灶君)、被民众神话化的真人(如姜太公、孔圣人、关爷、诸葛亮)、本国中边远的民族传进来的(如盘古等)、随了佛教而传进来的(如观音菩萨、哪吒太子、四金刚)、本国后起的神(如赵玄坛、和合、申公豹、八仙)。他认为,若能做一番详细的考察,一一寻出他们的出处,再排出他们的先后,完全可以帮助我们了解古人的古史观念。顾颉刚这个历史解释对研究我国神道的起源和发展的历史是开创性的,对以后我国神道的研究起着启蒙的作用。

北京的东岳庙诱发了顾先生对神道的兴趣,而北京的妙峰山更成就了他对社会(祭祀社神的集会)研究的业绩。妙峰山位于北京城西北约 80 里,不仅风景优美,而且还是北方有名的香主。每年阴历四月初一至十五的进香期,这里的游客络绎不绝,甚为热闹。届时妙峰山上香烟缭绕,鼓声阵阵,完全笼罩在一片神秘的气氛之中。

1925 年 4 月 30 日,妙峰山上来了一群不同寻常的游客,他们是顾颉刚、容庚、容肇祖、庄严、孙伏园等。这些人是受北大研究所国学门风俗调查会的嘱托,前来调查妙峰山的进香风俗的。三天过后,他们就带着详细的调查记录匆匆离去了。不久,《京报副刊》上陆续刊出了《妙峰山进香专号》。

妙峰山香会调查,是中国学界第一次有目的、有计划、有组织的民俗学田野作业,因而备受学术界的关注。在所有的调查报告中,最为引人注目的是顾颉刚的《妙峰山的香会》。该文对香会的来源、组织及明清两代和本年的香会情况都有极详尽的记录,一经登出,立即好评如潮。著名的民俗学家和比较宗教学家江绍原把妙峰山香会的调查报告视为调查的样板,认为顾颉刚的调查报告更是绝无仅有的有价值的材料。他说:"现今的民众宗教的研究,则顾颉刚先生的妙峰山香会调查,在邦人中只怕是绝无仅有的。……

如果顾颉刚早生几千年，而且多托生中国若干次，由他调查记载古中国的民礼民教像他此刻的调查记载妙峰山香会，则我们写中国法术宗教史的人，真不知可以多出多少有价值的材料，真不知可以省多少心思也。”[①]傅彦长甚至认为顾颉刚的调查报告其功绩更在《古史辨》之上。他说：“顾先生以研究古史著名，然而他的伟大在古史方面的还在其次，而在研究民族的艺术文化方面，其伟大的力量，在现代中国我还没有见过第二个人可与他相比。他不怕辛苦，亲自到民间去调查，用最热烈的同情心与最恳切的了解力来报告我们，使向来不受圣贤之徒所抬举的民众增高他们的地位，其功实在他所著的《古史辨》之上。”[②]何思敬则称誉顾颉刚代表了时代精神，他说：“颉刚先生在我们中国学术界中确是一个霹雳，这想是大家皆都感到的。”“(妙峰山专号)不特关于民间宗教，科学的调查是第一次，并且这第一次的调查已经得到很好的成绩。这全靠此专号作者们的同心协力，尤其颉刚先生的精敏周到。他在专号中确是一个最忠实的调查者。”“颉刚先生的精神不独我一个人，想大皆都承认是一个时代的所谓时代精神(Zeitgeist)，而他便是这个精神的代表选手。”[③]

从1920年代开始，顾颉刚就一直对民俗学抱有极大的兴趣。1926年，他在厦门大学国学研究院执教不足一年，竟花了半年时间在厦门、泉州、福州等地搜集风俗物品。1927年，到广州中山大学后，他又立即发起成立了中国第一个正式的民俗学会，极力主张把收到的材料多多刊印。于是民俗学会不久即有《民俗周刊》和《民

---

① 江绍原：《北大风俗调查会〈妙峰山进香专号〉书后》，顾颉刚编著：《妙峰山》，上海：上海文艺出版社，1988年，第234、247页。

② 傅彦长：《中华民族有艺术文化的时候》，顾颉刚编著：《妙峰山》，第244页。

③ 何思敬：《读妙峰山进香专号》，顾颉刚编著：《妙峰山》，第249—250页。

俗小丛书》的印行,从而“把发端于北京大学的我国民俗学运动进一步推向高潮,对以后我国民俗学事业的发展有着深远的影响”①。1936 年,他在北京发起组织了“风谣学会”。抗战爆发后,他又和娄子匡合编了《采风》《风土杂志》和《风物志集刊》。直到 1960 年代,他在民俗学方面的兴趣,仍活现于《史林杂识》一书之中。1978 年秋,他又与钟敬文、容肇祖、杨成志、杨堃、白寿彝、罗致平一起,向中国社会科学院递交了《建立民俗学及有关研究机构的倡议书》。虽然,对于顾颉刚来说,民俗研究自始至终都是治古史的辅助学科而非正业,但他对其浓厚的兴味至死未衰。无怪乎杨向奎说他是“中国讲授民俗、民谣的第一人”②,七十年前国外学术界认为,“即使说中国民俗学的研究是顾先生首创和培育起来的,恐怕也不过分”③。顾颉刚确是“我国民俗学运动中涌现出来的一位杰出的民俗学研究家、组织者和领导者”④,是中国现代“民俗研究的开路人”⑤,无论从哪方面来看,他都堪称“中国现代民俗学之父”。

五、主编《禹贡》,首开现代历史地理学研究的先河

相对于民俗学来说,顾颉刚与历史地理的结缘似乎更在情理之中。如所周知,顾颉刚是古史学研究的名家,很早便以此蜚声于学界。地理包括在古史之中,自然也很快进入了他的学术视野。

顾颉刚对历史地理的注重,实际上是在研究《尚书》的过程中开始的。《尚书》是我国幸获保存下来的最早的一部历史文献汇

---

① 王文宝:《中国民俗学史》,成都:巴蜀书社,1995 年,第 322 页。

② 杨向奎:《五四时代的胡适、傅斯年、顾颉刚三位先生》,《文史哲》1989 年第 3 期。

③ [日]平冈武夫:《古史辨自序》日译本《译者前言》,东京:创元社,1940 年。

④ 王文宝:《中国民俗学史》,第 322 页。

⑤ 魏建功:《〈歌谣〉四十年》,《民间文学》1962 年第 2 期。

编，是维护旧系统古史的帝系、王制、道统、经学四方面偶像的总堡垒。要攻破这座堡垒，到处遍布着困难与艰辛。连造诣之深如王国维，也不得不承认它"于六艺中最难读"，"所不能解者殆十之五"。[①] 顾颉刚于1922年开始注意这部儒家经典，1923年5月胡适来信论古史时又提醒他"关于古文，最重要的是重提《尚书》的公案，指出《今文尚书》的不可深信"。从此，《尚书》研究成了顾颉刚毕生用力的重点之一，晚年更以《尚书》专家而著称于世。在研究《尚书》的《尧典》和《禹贡》时，顾颉刚就感到所遇问题很复杂，几乎要牵涉到中国古代全部地理。本来，在我国很早便有研究地理沿革的学术传统，有关地理的撰述都列于史部诸书之中。到了清朝，研究地理沿革的风气还曾盛极一时。但是，自进入民国以来，这种研究却衰落到极点，甚至连学历史的人也往往不知道《禹贡》九州、汉十三部是什么，唐十道、宋十五路又为何物。顾颉刚对此忧虑至重。他在大学开设"古代地理研究"和"《尚书》研究"时，更加体会到人们对历史地理知之甚少。1932年，为了加深自己对历史地理的研究，同时也为了培养一批这方面的人才，顾颉刚在北大、燕大两校改开了"中国古代地理沿革史"。

当时，燕大研究生谭其骧毕业后，恰巧也在辅仁大学开了"中国地理沿革史"。这师生二人曾因研究《尧典》中的十二州与汉武十三部的关系问题展开过热烈的讨论，并深有收获，颇得教学相长之乐趣，一时传为学界的佳话。鉴于以往的经验，他们觉得，如果燕大、北大、辅仁三校学习地理沿革史的学生能联合起来，彼此交流，相互切磋，必能促进学业的进步。于是，在1934年2月，顾颉刚与谭其骧商定，以三校学生们的习作为主要稿源，创办《禹贡》半月

① 王国维：《与友人论〈诗〉〈书〉中成语书》，《观堂集林（外二种）》，石家庄：河北教育出版社，2001年，第40页。

刊。随后又组织起禹贡学会,会址就设在燕京大学旁成府蒋家胡同3号顾颉刚家中。一个以中国最早的系统描述自然、人文地理的著作——《禹贡》为名称、以研究中国沿革地理和相关学科为宗旨的学会就这样诞生了!

在《禹贡》半月刊《发刊词》中,顾颉刚申述创刊的缘起:“我们是一群学历史的人,也是对于地理很有兴趣的人,为了不忍坐视这样有悠久历史的民族没有一部像样的历史书,所以立志要从根本做起。《禹贡》是中国地理沿革史的第一篇,用来表现我们工作的意义最简单而清楚,所以就借了这个题目来称呼我们的学会和这个刊物。我们要使一般学历史的人,转换一部分注意力到地理沿革这方面去,使我们的史学逐渐建筑在稳固的基础之上。……我们一方面要恢复清代学者治《禹贡》《汉书》《水经》等书的刻苦耐劳而谨严的精神,一方面要利用今日更进步的方法——科学方法,以求博得更广大的效果。”其工作态度是:“只希望聚集若干肯作苦工的人,穷年累月去钻研,用平凡的力量,合作的精神,来造成伟大的事业”,“在这个团体中的个人是平等的,我们的团体和其它的团体也是平等的”,“绝对不需要‘是丹是素’的成见,更无所谓‘独树一帜’的虚声”。

禹贡学会的创立,本来只是顾、谭等人力求推进自己专业领域的学术发展而作的一种努力。可以说,《禹贡》半月刊是“古史辨”在地理方面的推展,是“古史辨”的延续。如史念海所言:“禹贡学会的组成实为顾颉刚先生从事古史辨的余波。辩论古史必然会涉及许多与地理有关的问题,而且亟须解决,这是组成禹贡学会的由起。”[1]此为顾颉刚等倡办禹贡学会、发动历史地理研究的学术

---

[1] 史念海:《顾颉刚创立禹贡学会之后的二三事》,顾潮编:《顾颉刚学记》,北京:生活·读书·新知三联书店,2002年,第368页。

因由。

但是，学会诞生之日，恰值日本侵略者肆虐中国大地之时。所以，为挽救民族危机尽一份学者的责任，也是禹贡学会创立的原始动力。《禹贡》半月刊《发刊词》即坦言："这数十年中，我们受帝国主义者的压迫真是够受了，因此，民族意识激发得非常高，在这种意识之下，大家希望有一部《中国通史》出来，好看看我们民族的成分怎样，到底有哪些地方是应当归我们的。但这件工作的困难实在远出于一般人的想象。民族与地理是不可分割的两件事，我们的地理学既不发达，民族史的研究又怎样可以取得根据呢？不必说别的，试看我们的东邻蓄意侵略我们，造了'本部'一名来称呼我们的十八省，暗示我们边陲之地不是原有的；我们这群傻子居然承受了他们的麻醉，任何地理教科书上都这样地叫起来了。这不是我们的耻辱？"《禹贡学会募集基金启》中则指出："救国之道千端万绪，而致力于地理，由认识国家民族之内涵，进而谋改造之方术，以求与他国方驾驰骋于世界，固为其最主要之一端也。"1935 年 10 月 23 日顾颉刚在致傅斯年的信中说："弟所以创办禹贡学会，发行《禹贡》半月刊，即是你们编'东北史纲'的扩大，希望兴起读者们收复故土的观念，为民族主义的鼓吹打一坚实的基础。"[①]到 1937 年中日之战一触即发之际，其《本会此后三年中工作计画》中更明确表示："本会同仁感念国是日非，惧民族衰亡之无日，深知抱为学问而学问之态度实未可以应目前之急，亦非学人以学术救国所应出之一途，爰纠集同志从事于吾国地理之研究，窃愿借此以激起海内外同胞爱国之热诚，使于吾国疆域之演变有所认识，而坚持其爱护国土之意向。"[②]禹贡学会从最初的由古代地理的学术研究入手，到后

---

① 顾颉刚：《致胡适》一六，《顾颉刚全集·顾颉刚书信集》卷二，第 211 页。

② 《本会此后三年中工作计画》，《禹贡》半月刊第 7 卷第 1、2、3 合期，1937 年。

来的向民族史与边疆学研究的转移,正是顾颉刚们以学者的身份报效国家的明证![1]

在顾颉刚的主持下(谭其骧于1935年前往广东执教,由冯家昇协助编辑《禹贡》),《禹贡》半月刊办得日益出色。最初每期仅二三万言,从事撰稿者还不过二十余人;不到两年,会员即增至二百人,篇幅扩至七八万言。1936年禹贡学会正式成立时,会员竟达四百多人。当时专业研究员有冯家昇、张维华、白寿彝、赵泉澄、韩儒林、史念海等,后来杨向奎、童书业又加入进来。随着学会和杂志规模的扩大与会员数目的增加,学会的活动已由单纯的编印《禹贡》半月刊扩展到组织边疆地理考察,编刊《边疆丛书》《游记丛书》以及绘制历史地图等活动。到学会创办三周年时,半月刊每期字数已增至十四万,每期印数也从起初的五百册增至一千五百册,内容涉及历代史地、边疆史地、本国地志、内地民族与宗教、地方志、历史地图、中外关系、外国史地、地理古籍、地理书目、地理学家事迹等方面。《禹贡》半月刊还相继出版"利玛窦地图专号""西北研究专号""东北研究专号""回教与回族专号""后套水利调查专号""南洋研究专号""康藏专号""本会成立三周年纪念专号""回教专号""古代地理专号""察绥专号"11种研究专号。《禹贡》半月刊自1934年3月1日创刊,到1937年7月16日出至第7卷第10期停刊,共刊载文章732篇,堪称1930年代历史地理学研究的总汇。

禹贡学人"在前人基础上提出了新的课题,开辟了新的领域,把中国地理沿革的研究工作,大大地提高了一步,这是清人所不能比拟的"[2]。禹贡学会的沿革地理研究不仅接续了传统的路数和模式,对历代地理志书进行考订与校补,还在此基础上加以扩充和拓

① 参见彭明辉:《历史地理学与现代中国史学》,台北:东大图书公司,1995年。

② 徐兆奎:《"禹贡学会"的历史地理研究工作》,《历史地理》1981年第1期。

延，以“提倡沿革地理与人文地理之研究”为宗旨。禹贡学会组织的调查团对边疆等地的考察活动不仅已经使用了现代历史地理学的野外考察方法，而且其考察范围包括边疆状况、民族教育状况、经济状况、文化状况等，已突破了沿革地理范围，而出现了历史自然地理、历史经济地理、历史政区地理、历史人口地理、历史文化地理等现代历史地理学的内容。[①] 因此，《禹贡》半月刊从第 3 卷第 1 期开始，其英文刊名由 *The Evolution of Chinese Geography* 改为 *The Chinese Historical Geography*，以“中国历史地理”取代了“中国沿革地理”。虽然当时顾颉刚等禹贡学人眼中的历史地理学与现代历史地理学尚有不小的距离，但他们毕竟已经认识到沿革地理不同于历史地理，这就迈出了重要的一步，为历史地理学成为一门独立的学科做了重要铺垫。

禹贡学会胜友如云，成果卓著，还引起了日本学界的注意，他们将顾颉刚们称为“禹贡学派的人们”[②]。另有日本人歪曲事实，声称中国研究历史地理之风复燃，乃是受到王国维的影响，而王国维乃是“由日本史学培养成熟者”[③]。当即遭到中国学者的痛驳，并明白指出：“禹贡学会的成立，从它两年来的工作和成绩所昭示，也就知道它是怎样一个科学研究机关了。”时隔 30 年后的 1971 年，日本的地理学者成立了一个“《禹贡》目录编辑会”，出版《禹贡》的《总目次 · 索引》。其中除按卷期排列的目录外，还有各期“国内地理消息”“通讯一束”集中排列的目录，最后是“著者名索引”“项目索引

---

① 参见吴宏岐：《中国历史地理学的历史、现状和发展趋势》，《河北师范大学学报》(哲学社会科学版)1994 年第 4 期。

② [日]森鹿三：《禹贡学派的人们》，《东洋史研究》第 1 卷第 2 号，1935 年 12 月。转引自侯甬坚：《历史地理学探索》，北京：中国社会科学出版社，2004 年，第 215 页。

③ 韩儒林：《回忆禹贡学会——纪念顾颉刚先生》，《历史地理》1982 年第 2 期。

目次”和“项目索引”。[①] 由此可见日本汉学界对《禹贡》的看重。

顾颉刚创办《禹贡》半月刊和禹贡学会,不仅受到当时学术界的积极关注,而且对日后的影响亦极为深远。今日中国历史地理学的中坚分子多是当年的会员。例如,1981 年创刊的《历史地理》(中国历史地理学会机关刊物)共有两位副主编,其中侯仁之是顾颉刚讲授“中国古代地理沿革史”班上的学生,学会最早的会员之一;史念海亦是当年直接受过他鼓励与指导的会员之一。至于主编谭其骧,不但是他在燕大研究院时的学生,且是他创办《禹贡》半月刊的副手。

顾颉刚本人在《禹贡》半月刊上发表论文近 20 篇,有关于《尚书·禹贡》一文的研究,也有古代地理、民族、史事的研究,还有当时边疆与民族问题的研究,在当时产生很大反响。同时,作为《禹贡》半月刊的首脑,顾颉刚负责为杂志约稿、编辑稿件、把握办刊方向、作《校后》和《编后》、为作者的文章写序言、联络会员以及为杂志筹款等。《禹贡》半月刊的《禹贡学会简章》《禹贡半月刊登载广告章程》《禹贡学会启示》《本刊特别启示》《本会纪事》《禹贡学会募集基金启》《赠书志谢》以及“通讯一束”中的诸多按语中,都灌注着顾颉刚的心血,凝结了顾颉刚的思考。而作为禹贡学会的创始人和领导者,顾颉刚不仅制定学会的研究计划,还主持编印《地图底本》,这也成为学会“最值得注意的”学术活动之一。他还亲自赴河套地区考察,开现代古史学者从事田野研究的先例。

顾颉刚在历史地理方面的卓越成就和深远影响,赢得当今学术界的一致公认。20 世纪 80 年代创刊的《历史地理》杂志的编者认为:“我国当代的历史地理研究,是在先生倡导下开展起来的。”

---

① 侯仁之:《师承小记——忆我师顾颉刚教授》,《中国历史地理论丛》1989 年第 4 辑。

“更重要的”是，他为亟需专才的中国“培养了一批历史地理学的专门研究”者，“为建立、发展这一科学扎下了基础”。① 杨向奎说：中国现代历史地理学中的大家名家全部出身于顾氏家门。在1993年顾颉刚百年诞辰之时，他的一名学生的话颇令人感动：“在以前悠久的时期里，地理沿革一直作为历史学的附庸。而今已由附庸蔚为大国，侧身于现代科学之列。今后新人辈出，历史地理之学当更能发扬光大。饮水思源，颉刚先生当年倡导之功，当永铭于研究此学的学人心中。”

六、学问：情感和生命的存在方式

1920年代初，有人称顾颉刚为“最富于为学问而学问的趣味者”，而非“为生活而学问”“为功利而学问”者。顾颉刚回书作答说：

> 先生许我为“最富于为学问而学问的趣味者”，实为知我之言，我决不谦让。别人颂扬我的，每说我学问好，那是我最怕听的话……我自知我的学问实在浅薄幼稚得很……但学问是我的嗜好，我愿意用全力去研究它。②

顾颉刚自小接受的是传统的儒学教育，头脑中灌输的是与之相适应的“通经致用”的学术观念。在这种观念的支配下，学术仅仅被作为“入仕”的敲门砖或“明道”的工具，而非以文化的传承与发展为目的，顾颉刚受此熏染与浸淫，也一度认为学问是指导人生的，“学了没用，那么费了气力去学为的是什么！”但是，在听了章太

---

① 《历史地理》创刊号(1981年)卷首。

② 顾颉刚:《答李石岑书》,张凤岗编:《现代名家随笔》,上海:新群书店,1941年,第123页。

炎的课后,顾颉刚的心灵产生了巨大的震动,深深地为章太炎的重求真薄致用的精神所倾倒。他说:

> 经过长期的考虑,始感到学的范围原比人生的范围大得多,如果我们要求真知,我们便不能不离开了人生的约束而前进。所以在应用上虽是该作有用与无用的区别,但在学问上则只当问真不真,不需问用不用。学问固然可以应用,但应用只是学问的自然的结果,而不是着手做学问时的目的。从此以后,我敢于大胆作无用的研究,不为一班人的势利观念所笼罩了。这一个觉悟,真是我的生命中最可纪念的;我将来如能在学问上有所建树,这一个觉悟决是成功的根源。追寻最有力的启发就在太炎先生攻击今文家的"通经致用"上。[①]

顾颉刚之所以选择了一条"为学问而学问"的崎岖之路,也是他随应自己性情的主动选择。在中学时代,他曾经加入过中国社会党,并很快成为一个最热心的党员,为了办理公务,常常深夜不眠。但不久他便发现,一班同党渐渐不成样子了。他们开会演讲时固然慷慨激昂,但散会之后就把热情丢入无何有之乡,谁也不想把口头的主义作事实的研究。更令顾颉刚难以容忍的是,他们每天踏进支部就像踏入了茶馆,"大家尽说些闲谈笑话来消遣时间,早把社会主义丢向脑后;有些人竟放手同女党员们打情骂俏"[②]。有些人甚至还赌钱、喝酒、逛窑子。顾颉刚自小便受到严厉的家庭教育和私塾教育,外表虽然柔顺、随和,但内心却桀骜不驯。同党

---

① 顾颉刚:《古史辨》第一册《自序》,第25—26页。

② 顾颉刚等:《中国社会党和陈翼龙的死》,政协全国委员会文史资料研究委员会编:《辛亥革命回忆录》第6册,北京:中华书局,1963年,第501页。又见顾潮:《顾颉刚年谱》,北京:中国社会科学出版社,1993年,第29页。

的轻浮举动和对革命的敷衍态度自然令洁身自好的顾颉刚颇为苦恼和难堪，他更不愿意做别人的应声虫和小喽啰，所以断然脱离了“社会党”，从此再不敢轻易加入哪个党会了。

政治活动的失败，并没有使顾颉刚对改造政治和社会的希望歇绝，他知道这种改造的职责是应当由政治家、教育家和社会运动家去担负的，自己是一个没有这方面才力的人，但有自己能够做的事情，即在学术研究中尽自己的职责。他也曾经对自己的性格、才情做了深刻的剖析，认为在处理世务上，虽然显得平庸、疲乏、急躁、慌张、优柔寡断，但到了研究学问的时候，人格便非常强固，有兴趣，有宗旨，有鉴别力，有自信力，有鉴定力，有虚心和忍耐。所以顾颉刚决定：“为发展我的特长计，愿意把我的全生命倾注于学问生活之内，不再旁及它种事务。”①

1920 年夏，顾颉刚处于大学毕业前的彷徨与迷惑之中。在那个时代，毕业就等于失业。一个青年学子要想在北京找一个适合自己的职业，谈何容易！在与妻子殷履安的信中，顾颉刚倾吐了自己的期望与顾虑。“倘使得到职业以后，不能有自修的时间，或鼓不起自修的意志，那么，我这个人就完了。”“虽然活着，竟然是个‘行尸走肉’了！”“我所求的职业，乃是于我学问上可以进步的职业。”“我想到我最适宜的事情，便是图书馆。”为了实现自己的愿望，一向不愿求人的顾颉刚极不好意思地请好友罗家伦代为设法。罗家伦非常了解顾颉刚，深知他素怀治学之志，便极力向胡适推荐：“颉刚的旧学根底，和他的忍耐心与人格，都是孟真（傅斯年）和我平素极佩服的。所以使他有个做书的机会，其结果决不只完成

① 顾颉刚：《古史辨》第一册《自序》，第 82 页。

他个人求学的志愿,而且可以为中国的旧学找出一部分条理来。”[1]

胡适果然为顾颉刚谋得北大图书馆编目员一职,使得这个一心在学问上求发展的青年人欣喜若狂。他在给胡适的答谢信中颇为动情地说:“我的职事,承先生安排,使我求学与奉职,融合为一,感不可言。”[2]顾颉刚也没有辜负师友们的殷殷期望,很短的时间内便获得相当大的成就,成为胡适最得意、最早有成就的学生。

1920 年代初,顾颉刚以各种研究所得,和由胡适介绍的为商务印书馆编纂中学本国史教科书,预支些酬金来维持生计。在此期间,他还就聘北大新成立的国学研究所,后又兼任北大预科国文讲师。对于这些大部分工作,顾颉刚都不喜欢,认为白白浪费自己的时间太不值得,不久便辞职。唯有研究所对顾颉刚具有很大的吸引力。一方面,在那里有比较多的自由时间,很少有人管制;另一方面,那里藏书丰富,很利于从事学术研究。顾颉刚可以随着自己的性情与趣味,徜徉于书海之中。“我这也弄弄,那也翻翻,不觉夜色已深,在黑暗的巨厦中往往扶墙摸壁而出。人家说我办公认真,哪知我只是为了自己!”[3]当时北大研究所的薪水很少,但顾颉刚为了学术研究的便利,宁愿在经济上拮据一点。

1925 年,由于时局的动荡与混乱,中央政府的财政已濒临绝境。因此,北大屡屡欠薪,有时数月不发,就是发出也是“一成二,二成三”地敷衍。顾颉刚连淡泊的生活也难以维持了,整个下半年都靠借钱艰难度日。面临如此困境,许多学者迫于生计,都以卖文救急。顾颉刚当时已很有名气,卖稿绝非难事。但他“虽困穷到了

---

① 中国社会科学院近代史研究所中华民国史组编:《胡适来往书信选》上册,北京:中华书局,1979 年,第 54 页。

② 顾颉刚:《致胡适》一,《顾颉刚全集·顾颉刚书信集》卷一,第 278 页。

③ 顾颉刚:《古史辨》第一册《自序》,第 50 页。

极端，卖稿的事情却始终没有做过几回”。他说：“学问原是我的嗜好，我应当尊重它，不该把它屈做了我的生计的奴仆，以至有不忠实的倾向而生内疚。……与其对于学问负疚，还不如熬着困苦：这是我的意志的最后决定。”①

顾颉刚曾说：“我要过的生活，只有两种，一种是监禁式的，一种是充军式的。监禁式的生活是把我关在图书馆和研究室里，没有一点人事的纷扰；充军式的生活则是许我到各处地方去搜集材料，开辟学问的疆土。”②在顾颉刚的心中，已自觉地将人生的跋涉与对学术的追求融为一体，学术追求成了他生命的目的。为此，他一直渴求一份自由平和的治学环境。1928 年 8 月 20 日，在致胡适的信中，顾倾述了自己的苦闷与追求：

> 我这几年的烦闷、愤怒、希望、奋斗，我有一中心问题，便是想得到一个研究的境地。除了这件事，什么名，什么利，都不在我心上。（我有时也要一点名，也要一点利，但这是要求达到我的目的时的手段，并不是我的目的。手段可以改变，可以牺牲；目的则不能改变，不能牺牲。假使我轻易丢掉这一点信仰和希望，我做人再有什么意义呢，再有什么趣味呢！）前年出京时，负了二千元的债，觉得肩上重的很，现在预算到今年年底可以还清了，从此我也不要多金了。至于名位，我没有兴趣，我自审现在也不配居此名位，所以得卸去时即以卸去，决不留恋。这研究的境地……如果有一个地方能够供给我，我便用整月整年的功夫研究我心中蓄积的几个问题，并按日程

① 顾颉刚：《古史辨》第一册《自序》，第 97 页。

② 张荣芳：《顾颉刚先生与中山大学》，中国社会科学院历史研究所、中山大学历史系合编：《纪念顾颉刚先生诞辰 110 周年论文集》，北京：中华书局，2004 年，第 38 页。

> 功的读书,增加我的常识。如果有人毁坏我,我也不管。我深信如果能构成我理想中之作品,一定抵得过种种毁坏的损失。[①]

然而,自从顾颉刚暴得大名后,各种社会活动便接踵而至,使他应接不暇。平淡宁静的生活变得更加不可企及,他也就无法专心于自己的学术研究。这对于顾颉刚来说,是何等的痛苦和悲哀啊!

1936年,在为《禹贡》半月刊作《通讯一束》时,顾颉刚倾诉了自己的苦恼:

> 颉刚所不幸者,为早岁知名;此固亦有其便利之处,但所得决不足以偿所失,如开会也,筵宴也,庆吊也,通信也,会谈也,无一非剥夺我时间之法术,虽欲读书,势实有所不可。前数年在燕京大学,地处郊野,人事尚少,然一日工作时间最多半天。……然而一到城中,人事更排解不开,向之可以托辞郊居而不赴者,今则无所借口矣。以是之故,心中虽有许多待研究之问题,又有若干酝酿已近成熟之文字,如《五服考》《五岳考》等,皆归停顿……[②]

从踏入学术领域之后,顾颉刚便对当时社会缺乏良好的治学风气感到悲哀。1924年,在给友人的信中,他抱怨道:"我现在所有的烦闷完全是志愿与生活的冲突。我自问在学问上是一个可以有为的人,只是社会上不能顺了我的性情用我,几乎把我的才具放在

① 顾颉刚:《致胡适》一一七,《顾颉刚全集·顾颉刚书信集》卷一,第458页。

② [马来西亚]郑良树:《顾颉刚学术年谱简编》,北京:中国友谊出版公司,1987年,第179页。(原载《禹贡》半月刊第四卷第十期)

铁匣里封锁了。”[①]以后在很多场合下，顾颉刚还曾发泄过类似的不满，流露出因生活忙乱无暇专心治学的苦闷。

如果说社会事务的纷扰和牵缠，使顾颉刚感到万分苦恼，那么世人对他学术追求的误解，却使他备感愤怒。1926 年，顾颉刚在《北京大学国学门周刊发刊词》中为自己的学术态度进行了公开辩护。

他重申了自己的一贯立场，即学问是目的而非手段，是为了求真而非致用。“凡是真实的学问，都是不受制于时代的古今，阶级的尊卑，价格的贵贱，应用的好坏的。研究的人只该问这是不是一件事实，他既不该支配事物的用途，也不该为事物的用途所支配。”“我们所要得到的是事实，我们愿意做的是研究；我们并不要把我们的机关改做教育的宣讲所，也不要把自己造成‘劝人为善’的老道士。”他还说：“学问必须脱离了应用的束缚才可望自由的发展，这是我信仰的第一义。”顾颉刚认为，研究学问应当一切从事实下手，更把事实作为研究的归结。这样所得到的结果也许可以致用，但这是研究学问的意外收获而不是研究时的目的。对于世人将学术作为救世安民的工具，顾颉刚表示了极大的愤慨。他指出，我们的学术社会因为没有求真理的知识欲而单有实际应用的政治欲，所以只知道宣传救世的方法，驱使种种才性不同的人都去救世，弄到今日反而思想学问一切空虚，社会国家一例衰败，足见这种徒知“以有用为用”的谬见影响之坏。顾颉刚不禁满怀忧虑地感叹道：“尚不能知道科学的基础是建筑于事实上而不是建筑于应用上的，依然要把应用看做一切的学问的标准，这种人的愚昧也着实可悲了！”救世是政治家和社会改造家的任务，在学术机关中是只认得

---

① 顾颉刚：《答李石岑书》，张凤岗编：《现代名家随笔》，第 129 页。

学问,不认得政见与道德主张的。“如果承认学术机关是确以提倡学术为专责的,学术机关的个人是确以研究学术为他的专门的工作的,那么,他们就在国家风雨飘摇之际依然埋头于学术上的问题原没有什么错处。”“就是外面炮声连天,铅子满地,我们的机关里依然可以做大家认为无用的考据的工作。为什么?考据的工作原是我们这个学术机关的生命,只要我们这个机关有一天的存在就该做一天的本分的工作。”①

也许是为了验证自己的誓言,著名的《古史辨》第一册《自序》就是在一种非常特殊的情况下写成的。他说:

> 这篇序文的起草,适在北方军事紧张之际,北京长日处于恐怖的空气之中:上午看飞机投弹,晚上则饱听炮声。我的寓所在北海与景山之间,高耸的峰和塔平时颇喜其风景的秀美,到这时竟成了飞机投弹的目标。当弹丸落到北海的时候,池中碧水激涌得像白塔一般的高,我家的窗棂也像地震一般的振动了。每天飞机来到时,大家只觉得死神在自己的头上盘旋不去。家人惊恐之余,连水缸盖和门户的开阖的声浪也变成了弹声炮声的幻觉……北京大学的薪金,这两个多月之中只领到一个月的一成五厘,而且不知道再领几成时要在哪一月了……在这又危险又困穷的境界里,和我有关系的活动一时都停止了;就是印刷所中,也因交通阻绝,纸张缺乏,不来向我催稿子。我乐得其所,终日埋头在书房里,一天一天的从容不迫地做下去,心中想到什么就写什么,实足写了两个月,成了这篇长文——我有生以来的最长最畅的文。胸中郁勃之气

---

① 顾颉刚:《一九二六年始刊词》,《北京大学研究所国学门周刊》第2卷第13期,1926年1月。

借此一吐，很使我高兴。[1]

这该是一幅怎样惊心动魄的人生画卷啊？外面炮火连天，生命时刻面临着危险，而顾颉刚却依然镇定自若，奋笔疾书。学术与生命已然融为一体。

顾颉刚是带着为学问而学问的追求步入学术领域的，他真诚地期望能够在文化创造方面贡献自己毕生的力量。然而，危机重重的近代中国却使他的这种追求步履维艰。

自鸦片战争以来，救亡图存一直是摆在中国人面前最紧迫的任务。随着科举制的废除，中国知识分子逐渐由位居权力中心的传统士大夫下降为平民阶层，其文化观念也相应地发生了明显的转变。在步入学术研究之始，他们大多明确地意识到文化创造是自己的本分，因而一般都以不参与政治作为自己最初的价值取向和文化选择。但是，近代中国沉重的民族危机和社会危机，迫使这些刚刚具有文化自觉的知识分子又不得不走向政治，艰难地承担起救亡图存的重任。胡适是一个很典型的例子。1917 年刚回国时，他宣称“二十年不谈政治，二十年不干政治”[2]。但实际上，他却始终对政治抱有一种“不感兴趣的兴趣”。抗战开始后，他甚至将一向钟情的学术抛置一边而当上了驻美大使，完全投身于政治的怀抱。在政治与学术之间徘徊，也许是近代中国知识分子所面临的共同命运。胡适等以学者的身份参与政治，是在近代政治风云冲击下的一种痛苦抉择，学人和政治家两种角色的冲突常常使他们陷入无穷的苦恼和困惑。

顾颉刚所承受的痛苦似乎更为深沉。

---

① 顾颉刚：《古史辨》第一册《自序》，第 101—102 页。

② 胡适：《胡适全集》第十二卷，合肥：安徽教育出版社，2003 年，第 224 页。

他很早便清醒地认识到自己的性情不适于从事政治活动,在学术天地中倒可以有所作为,从而立志将自己的一生献给学术事业。为了自己的学术追求,顾颉刚对于生活的困苦和忙乱,社会的过多责望与世人的误解,都能够容忍。甚至五四运动爆发,中国又开始掀起新的改造运动,也没有使他走出书斋,投入现实的政治活动之中。但是,随着民族危机的不断加剧,积淀在顾颉刚内心深处的爱国热情开始膨胀乃至最终爆发了。

1925 年,五卅惨案发生后,激起了全国人民的抗议活动。顾颉刚鉴于以往革命的教训,“要把这次兴奋的感情变为持久的意志,要把一时的群众运动变为永久的救国运动”[①],特地在《京报副刊》上开辟四个月的《救国特刊》专栏,用浅近的文字向民众宣传。但事与愿违,五卅运动没多久便失败了。这对顾颉刚触动很大,使他在研究学问之余,开始思考“中国民族是否确为衰老抑尚少壮”的问题。他说:

> 我生于离乱之际,感触所及,自然和他人一样地有志救国;但是我既没有政治的兴趣,又没有社会活动的才能,我不能和他人合作。我很想就用了这个问题的研究做我的唯一的救国事业,尽我国民一份子责任。我在研究别种问题时,都不愿与实用发生关系;惟有这一个问题,却希望供给政治家,教育家,社会改造家的参考,而获得一点效果。[②]

1929 年,顾颉刚应聘燕京大学。当时聘请他的还有北大和清华,但他却选择了燕京,理由很简单,“只为燕京是一个教会学校,我既非教徒,也非校友,不至叫我办事,便可一心一意地读书写作,

---

① 顾颉刚:《〈救国特刊〉发刊词》,《京报副刊·救国特刊(1)》1925 年 6 月 17 日。

② 顾颉刚:《古史辨》第一册《自序》,第 90 页。

实现我最企望的生活"[①]。到了燕京之后，顾颉刚果然如鱼得水，文思泉涌，一年里竟做出七十余万字的论文。十年来积蓄在心头的问题，看在眼里的材料，终于得以梳理和系统化，顾颉刚的内心充满了激动和喜悦。然而，由于用功太过分，顾颉刚染上了怔忡病，"一构思，一动笔，心旌摇摇，好像要跳出腔子似的"[②]。于是顾颉刚只好向学校当局请求，于1931年的春天到河北、河南、陕西、山东四省旅行，考察国民革命后各地古物古迹的情况。顾颉刚没有料到，正是这次旅行，使他再也无法安心于书斋了。

1930年代的中国，到处都是一片触目惊心的残败与萧条。内地民众生活愁惨暗淡，还停留在纪元前20世纪的水平，"除了一把切菜刀是铁器时代的东西之外，其他差不多全是石器时代的"[③]。又有鸦片、白面、梅毒等横行肆虐，严重侵蚀着百姓的肌体，腐蚀着他们的心灵。在农村，家破身亡的惨剧屡屡发生，"三分不像人，七分倒像鬼"的不计其数。而城市里却是另一番景象：酒绿灯红，金迷纸醉，上下都在颓废酣嬉之中，浑然不觉亡国灭种的危机正悄悄地逼近。面对此情此景，顾颉刚禁不住潸然泪下，他那颗挚爱祖国的心被深深地刺痛了。"本来我的精神是集中在学问上的，从此以后，总觉得在研究学问之外，应当做些救国救民的事，我要学范仲淹'以天下为己任'了。"[④]不久，九一八事变发生，顾颉刚积极参加抗日宣传活动，征求大鼓词和剧本，创办"三户书社"，后改为"通俗读物编刊社"，印行大量廉价抗日小册子。后来又创办《禹贡》《文史杂志》等，为民族大业摇旗呐喊。

---

① 顾颉刚：《顾颉刚自述》，高增德、丁东编：《世纪学人自述》第一卷，第9—11页。

② 顾颉刚：《顾颉刚自述》，高增德、丁东编：《世纪学人自述》第一卷，第9—11页。

③ 顾颉刚：《顾颉刚自述》，高增德、丁东编：《世纪学人自述》第一卷，第9—11页。

④ 顾颉刚：《顾颉刚自述》，高增德、丁东编：《世纪学人自述》第一卷，第9—11页。

顾颉刚虽然参与了救亡图存的政治活动,但他所走的路依然显示出他独特的风格。与当时许多知识分子没有独立人格和本分意识,为自己个人前途不惜依附于某一党某一集团的实利主义态度不同,顾颉刚自始至终保持着人格独立和精神自由。由于他的影响日渐扩大,很多党派企图拉他入伙,但都遭到断然拒绝。在动荡与战乱中,顾颉刚更加珍视自己的学术使命。"我辈生于今日,其所担之任务,乃经学之结束者而古史学之开创者。""如果我们不把这一星星的火焰传衍下去,说不定我们的后人竟会因此而度着一个长期的黑暗生涯。"[①]施耐德对于顾颉刚的这段生活给予了非常中肯的评价:

> 在日本侵入华北时,他同时致力于抗日宣传和正常的学术活动。在日本人占领时期,他的大部分论文都写的"人民的历史",即以历史论著形式来宣传国家统一和在危机中求生存的道理。他不伪称这种宣传活动是严肃的学术著作,他从不声称他已否定了原来的立场。即使在这些活动中,他也仍然超然于党争之外。

顾颉刚诞生于一个动荡的时代,一个救亡图存压倒一切的时代,一个新旧文化交替转换的时代,这就注定了他"为学问而学问"的文化选择将充满了曲折和坎坷。但他却在动乱中经受住了考验,为世人提供了一个立身学术、忠心报国的近代知识分子范本。

---

① 顾潮:《我的父亲顾颉刚》,胡平、晓山编:《冤案与名人2:中国知识界名人冤案实录》,北京:群众出版社,2001年,第329页。

七、以有涯之生追无涯之知

顾颉刚出生在典型的书香门第。据清光绪年间的《重修顾氏家谱》记载，从明朝成化年间起，顾氏家族就一直是世代耕读传家。到了清朝初年，家族中凸现出一位锋芒毕露、才华横溢的杰出人物——松交公。当顺治皇帝初次举行会试时，松交公便以举人的资格前去应试，结果金榜题名，取得进士身份，以后历任浙江山阴知县、山西灵寿知县和吏部考功员外郎诸职。自此，顾氏家族开始步入仕宦之途，并很快达到了家族史上最显耀隆盛的时期。当时产业人丁的兴旺，文风豪气的充溢，颇令顾氏子弟自赞。松交公不仅为政贤能，而且素好文学，常与吴梅村、龚芝麓等名士交游，公余从事于韩昌黎、温飞卿诗集的注释，后被收入《四库全书》。松交公诸子之中以迂客公和秀野公最为风流儒雅，均擅刻印书文。秀野公印有《元诗集选》和洋洋大观的《秀野草堂集》，前者亦被收入《四库全书》。康熙下江南时，风闻苏州顾家文风兴盛，人才辈出，乃誉之为"江南第一读书人家"。得此崇誉后，顾氏家族大有不可一世的气概，不但在大厅上高高悬挂着"江南第一读书人家"的大匾，凡与亲友交往的名片、礼券、礼匣上都印着这一句话，以示荣崇。

在中国，一个家族的荣辱兴衰往往取决于它在政治地位上的升降沉浮。顾氏家族在传至列圃公时，因受布政使王亶望监赈案的牵连，累代世宦之途突遭中断，家族遂告衰颓。虽然顾氏子弟几经努力，但终不能恢复昔日的繁华与荣耀。

当往日的浮华逐渐消尽时，顾氏家族世代相传的读书家风并没有随之丧失，依然保持了"江南第一读书人家"的文化底蕴。顾颉刚的祖父专治小学，喜金石、篆刻，父亲爱好文史，擅长诗文，叔父也是一位喜治近代史的读书人。1893 年 5 月 8 日，伴随着一阵清脆的婴儿啼哭声，顾颉刚诞生于苏州顾氏宅门，从而给这个曾经享有盛名的家族带来了新的希望。

顾颉刚从小便具有读书的天赋。据说他六岁时，便开始读“四书”“五经”，六七岁时，就能阅读唱本小说和简明古书。更令人惊讶的是，八岁那年，顾颉刚曾独立写成一篇约有五页的古史，起自开辟，讫于《滕文公篇》的“孔子没……子夏、子张、子游以有若似圣人，欲以所事孔子事之；强曾子。曾子曰不可”的一段事。可惜他将这篇文章藏于母亲的镜匣里，后来丢失了。

早在私塾上学之时，顾颉刚每天放学一回家就偷看家中藏书。他说：“我的翻看书籍，并不是要功课做得好，得着长辈的赞许，只觉得书籍里的世界比我日常所处的世界大得多，我遏不住我好奇的欲望，要伸首到这个大世界里探看一回。”[①]由于常把尊长的书籍弄乱，引起他们的厌恶和不满。他的叔父就曾在书架上贴一张纸条，上写“双庆(顾颉刚的小名)不许翻动”。后来，顾颉刚的胃口越来越大，家中藏书已无法满足他旺盛的知识欲，就将长辈给的压岁钱和平时的零花钱积攒下来去买书。十一二岁时，顾颉刚便成了苏州观前街新旧二十余家书肆的常客。进了中学以后，兴趣更浓。每天一下课，立刻向书肆里跑，不是翻看架上的书，就是向掌柜们讨教版本的知识。久而久之，顾颉刚积累了丰富的目录学知识，对《四库总目》《汇刻书目》《书目答问》一类书都非常熟悉，十余年以后，随便拿起一册书来，何时何地刻的还可以估得一个约略。顾颉刚后来在回忆这些往事时，言语之中流露出喜悦与自豪。他说：“我对于学问上的野心的收不住，自幼就是这般……到这时，天天游逛书肆，就恨不能把什么学问都装进了我的肚子。我的痴心妄

---

① 顾颉刚：《答李石岑书》，张凤岗编：《现代名家随笔》，第123页。

想，以为要尽通各种学问，只须把各种书籍都买了来，放在架上，随心翻览，久而久之自然会得明白通晓。我的父亲戒我买书不必像买菜一般的求益，我的祖母笑我买书好像瞎猫拖死鸡一般的不求拣择，但我的心中坚强的执拗，总以为宁可不精，不可不博。”[①]顾颉刚还曾作一题为《恨不能》的自述，其中有一条是“恨不能读尽天下图书”，酣畅淋漓地表达出他对知识的渴求和对学问的野心。

1908年，顾颉刚进入苏州公立第一中学堂，接受新式教育。在中学二年级时，顾颉刚在祖父的指导下读《尚书》。一个偶然的机会，他翻阅了《国朝先正事略》，发现阎若璩早已辨明古文《尚书》是魏晋间人伪造的。由于当时没有找到阎的《尚书古文疏证》，为安慰自己的渴望计，顾颉刚就不厌其烦地从各家书说中辑出驳辨“伪古文”的说法。他还趁与同学到上海参观的机会，独自一人到国学保存会翻阅了龚自珍的《泰誓答问》和胡秉虔的《尚书序录》，加深了对《尚书》的了解。

到了大学以后，在师友的指导、诱掖以及新文化运动的鼓舞下，顾颉刚逐渐萌生了自觉治学的意志。以前读书的兴味是被动的，只懂得陶醉其中，浑然忘我，但现在忽然明白，书籍里的东西是可以由自己的意志自由驱遣的。从此，顾颉刚更加勤学苦读、博涉兼采，对学问孜孜以求。有一段时间由于用功过度，常常弄到深夜二时就寝，以致辗转反侧，难以入眠。后来时常困扰、折磨他的失眠症就是在这时预伏了根基。在北大哲学系时，顾颉刚对学问的渴求异常惊人，“只觉得我必须把宇宙和人生一起弄明白，把前人未解决的问题由我的手中一起解决，方才可以解除我的饥渴”[②]。

顾颉刚曾经说过：“我所以特别爱好学问，只因学问中有真实

---

① 顾颉刚：《古史辨》第一册《自序》，第15—16页。

② 顾颉刚：《古史辨》第一册《自序》，第33页。

的美感,可以生出我的丰富的兴味之故。"[①]学问确实给他带来了无尽的快乐,几乎成了他生命中唯一的精神寄托和灵魂慰藉。在他的文章、书信和日记中,关于对这种感受的生动描述触目皆是。1921年,读了久求方得的《崔东壁遗书》后,立感"大痛快","高兴极了";1925年,无意之中获得一些有关杞梁妻哭崩梁山的记载,更感到极度的快乐,"这一喜真把我弄得'喜而不寐',好久没有饮酒而眠,这一夜竟又逼得使用老方法了!"[②]1923年春夏间,由于不适应上海的环境,顾颉刚不仅生了一身湿疮,痛痒交作,脓血沾濡,而且患上了咳嗽,几乎成了肺病,只好回老家休养。在休养期间,他整日闭门读书作笔记,从而收获颇丰。顾颉刚不无幽默地说:"生病乃是纳税。盖以数日之病换得一年之工作也。"由于用功过度,顾颉刚在三十多岁时,头发已经几成斑白。与他年龄相差无几的胡适曾经开玩笑地问道:"颉刚,是你大还是我大?"顾颉刚一向对胡适执礼甚恭,虽然自己要显得比胡适年长许多,但他依然老实地回答说:"还是先生大,我比先生小两岁。"胡适说:"唉呀,你的头发可全白了!"顾颉刚黯然叹道:"唉,等闲白了少年头!"胡适忙说:"不等闲,不等闲。"[③]

还是在学生时期,顾颉刚就发了一个私愿,要编纂《国学志》一书。这部书计划分七种:学览、学术文钞、学人传、著述考、群书学录、学术名词解诂、学术年表。这个计划的庞大显然是极为惊人的,任何人穷尽一生的心血也绝无可能做到,顾颉刚后来也认识到

① 顾颉刚:《古史辨》第一册《自序》,第98页。

② 顾颉刚:《杞梁妻的哭崩梁山》,顾颉刚、钟敬文:《孟姜女故事论文集》,第29页。

③ 杨向奎:《五四时代的胡适、傅斯年、顾颉刚三位先生》,《文史哲》1989年第3期。

这一点，他说："这是学术团体中的工作，应当有许多人分工做的，不是我一个人可以担当的责任了。"[①]然而，当时意气风发的顾颉刚却立即动手忙碌起来，还花钱雇人帮忙抄写，最后只完成了《著述考》。

1924年，在古史论战暂告一段落时，顾颉刚写了篇《我的研究古史的计划》，准备把自己的一生分为六个学程：(1)自1925年到1930年，读魏晋以前史书，"将汉人的经注、经说和其他著作统读一过，指出他们的作伪和传说的种种事实，并把今古文的黑幕一齐揭破，划绝汉学捣鬼的根芽"；(2)自1931年至1933年，作春秋战国秦汉经籍考，"把古书的时代与地域统考一过"；(3)1934年，"依据考定的经籍的时代和地域，抽出古史料，排比起来，以见一时代或一地域对于古史的观念"；(4)自1935到1937年，研究古器物学，"把传世的古器的时代厘正一过，使得他们与经籍相印证时，可以减少许多错误"；(5)自1938年至1940年，研究民俗学，"把汉以后民众心中的古史钩稽出来，直到现在家家悬挂的'神轴'为止，看出他们继续发展的次序。这个研究如能得到一个结果，古史在古代的地位更可确定了"；(6)最后一个学程自1941年至1945年，"把以前十六年中所得的古史材料重新整理，著成专书"。[②] 这个计划更加庞大，经籍整理、古器物学和民俗学，都是专门的大学问。仅用几年的时间如何可以完成？制订庞大的计划，是顾颉刚治学的一大特色。傅斯年曾笑他说："你老是规划终身的大计，我觉得你定一件也做不成的！"[③]顾颉刚虽然也为计划的庞大、事情的永远做不完而深感烦闷和痛苦，但他认为，能有计划，则一个人的生命永远是充

---

① 顾颉刚：《古史辨》第一册《自序》，第30页。

② 顾颉刚：《我的研究古史的计划》，《古史辨》第一册，第211—216页。

③ 陈光中：《侯仁之》，北京：生活·读书·新知三联书店，2005年，第113页。

实的,不会因外界的诱惑而变志,也不会因外界的摧残而灰心,而当努力使事实有一分接近计划时,便会有两分的高兴。在顾颉刚的一生中,虽然没有一个计划是完全兑现的,但是,正如其女公子顾潮所说,“先生一生所取得的卓越成就却无一不是由这些计划中产生出来的;它们寄托着他的全部希望,也耗尽了他的全部心血”。

顾颉刚好订计划,但他更深深地懂得,学者的本分就像农夫和土工一样,须一粒一粒地播种,一篑一篑地畚土,绝不能存丝毫侥幸取巧之心。面对学术界许多人企望“速成”或“不劳而获”的浮躁风气,顾颉刚常以“宁可劳而不获,不可不劳而获”自勉或勉人。他坚信,天下事只有做不做,没有小不小,只要你“肯做”①,便无论什么小问题都会有极丰富的材料,只要大家努力从事于小问题的研究而得出结论,则将来不怕没有一个总结论出来。心怀大问题而又不放弃对小问题的精雕细琢,正是顾颉刚独具的治学风格。且不说每作成一文常数易其稿,即使已发表的文章部分或全部重写也屡见不鲜。他曾在寓舍中挂一“晚成堂”的匾额借以自警,认为“倘使我活七十岁,就以七十岁为小成;活八十岁,就以八十岁为小成。若是八十以后还不死,而且还能工作,那么,七十、八十时提出的问题和写出的论文又不成了”②。这种好求完备的癖性,贯穿了他治学的始终。1920 年,受胡适之嘱托,顾颉刚标点《古今伪书考》。本来,这项工作对他来说并非难事,只要费上一二天工夫即可完成。但顾颉刚耐不住自己的嗜好,想对此书征引的书注明卷帙、版本,对征引的人注明生卒、地域。不曾想,这本薄薄的书一下牵涉到无

① 俞平伯先生在怀念顾颉刚时说:兄尝以吴语语我夫妇云,“吾弗是会做,吾是肯做”。参见俞平伯:《追怀顾颉刚先生五绝句附跋语》,王煦华编:《顾颉刚先生学行录》,第 15 页。

② 顾颉刚:《我是怎样编写〈古史辨〉的?》,《古史辨》第一册,第 27 页。

数资料，引发了许多问题。如此一来，不仅他自己的书不够用，连北京大学图书馆的书也不够用了，只好天天上京师图书馆去。结果，一二个月的时间在紧张与忙碌中悄然流逝，注解工作依然未成。而在标点《崔东壁遗书》时，顾又总想把有关的材料辑出，作为论世知人之一助，结果历时 15 年方得印行。1936 年 6 月，在该书出版时，胡适作序说："这部大书出版期所以延搁到今日……最重要的原因当然是顾先生不肯苟且的治学精神。他要搜罗的最完备，不料材料越搜越多，十几年的耽搁竟使这部书的内容比任何《东壁遗书》加添了四分之一……[崔东壁]这样一位'好求完备'的学者的遗著，在一百多年后居然得着一位同样'好求完备'的学者顾颉刚先生费了十多年的精力来搜求整理，这真是近世学术史上最可喜的一段佳话！"①

对顾颉刚嗜学如命的性格，香港许冠三先生给予极高的评价，认为"从更长的观点看，最值得人怀念的，恐怕还是他那嗜学如命的性格，探索真理的豪情和开拓门径的兴味……在现代史学家中，他无疑是极少数乐学的学者之一"②。顾颉刚则自谦这是"贪多务得"的毛病，他在 1936 年 6 月 26 日日记中云：

> 归车中想得一联曰："只会开山，未能善后；但求立业，不望兴家"，自谓颇见予之个性。③

顾先生自始至终都保持着对学问的嗜好，从未因为任何事情而有丝毫的懈怠，他的晚年为此提供了最为生动的诠释。

---

① 胡适：《〈崔东壁遗书〉序》，《胡适书评序跋集》，长沙：岳麓书社，1987 年，第 341 页。

② 许冠三：《新史学九十年》上册，香港：香港中文大学出版社，1986 年，第 197 页。

③ 《顾颉刚日记》第三卷，第 489 页。

顾颉刚晚年主要从事《尚书》整理工作。《尚书》虽然文字不多,但其中所牵缠的问题却错综复杂。要整理此书,不仅需要丰富的知识储备,而且要爬梳数量惊人的材料。从1959年开始,顾便应历史所、中华书局之命开始整理《尚书》,这项浩大的工程一直绵延到他生命的最后一刻。在作《尚书·大诰》译证时,搜集材料的范围愈扩愈大,由古书而及《说文》、汉简,更及甲骨文、金文。其文作成后,又三易其稿。往往改动一点就要连带改动其他许多地方,在修改中又会提出新问题,再增加资料和阐说,分量是越来越大。至1966年7月份,此稿就已从1962年的30万字增至70万字,而且顾颉刚尚嫌不完善,仍欲增补。其辛苦程度可想而知,但他却认为:"改一次深入一次,其精湛处有想像不到者,真一乐也。"①1965年,正值"文化大革命"前夕,当时的形势极为紧张,但顾颉刚日思夜想的仍是自己的《尚书》工作。在参加民进党学习会时,他有点"心不在焉",遭到批评。他恳求道:"我不知道再能活几天呢,让我做完了《尚书》研究工作吧!"②肉体与精神的极度紧张,使脆弱的身体越来越难以承受工作的重负,各种疾病也使他痛苦不堪。1967年8月,顾颉刚自觉精神恍惚,睡眠益难,"恐不久人间"。此刻萦绕他心头、令他难以释怀的仍是自己未竟的学术事业。他在日记中写道:"所惜者,埋头七载的《尚书》工作未作一结束,五十年之笔记未整理,有负于人民为我服务而我终无以报之也。一旦奄忽,惟有寄其望于童书业、张政烺、胡厚宣、刘起釪诸同志之为我补苴成编耳。书此,以当遗嘱。"③

① 《顾颉刚日记》第十卷,第72页。

② 顾潮:《我的父亲顾颉刚》,胡平、晓山编:《冤案与名人2:中国知识界名人冤案实录》,第395页。

③ 《顾颉刚日记》第十卷,第734页。

1970 年,已近 80 岁的顾颉刚,不仅承受着巨大的精神折磨(不停地写检讨、外调材料),还遭受着百病缠身的痛苦。这一年,他心绞痛常犯,气管炎亦大发,成肺气肿,病胃也开始出血。但他依然坚持读古书,著书之念仍存。“予百骸皆衰,存日无几,而心头总有欲著之书,此非好名,乃不能自已之创造欲也。”①第二年,顾颉刚心绞痛加剧。在经医院检查知道是非常严重的心脏病后,他黯然叹道:“著述之事从此结束,成为废人。少年以来一片著述雄心不可复现,悲哉!此皆五年来日夜在惊风骇浪之中所造成者也。”②无论经受多么沉重的打击,顾颉刚以往从未发出如此绝望的哀叹。当意识到自己学术生命极可能终结时,这位桀骜的老人内心又该是怎样的哀痛呀!他常对人说:“生老病死是人生的规律,我并不怕死,只是胸中还有数篇文章未能写出。倘使能把它们都写出来,我死而无怨。”③本着这样强烈的生存信念,只要生命中尚余一丝光阴,顾颉刚便不放弃自己的学术追求。1973 年他在笔记中写道:“予今八十,手颤不易写小字,然每有所见非录于册不快。肆中已无毛边纸装成册者可买,则惟有寻取旧本之尚有空页者记下之耳。人生易尽,嗜好难除……”④

1980 年 12 月 25 日晚 9 时,这位 20 世纪中国古典学统的伟大传人离世而去。

---

① 《顾颉刚日记》第十一卷,第 206 页。

② 《顾颉刚日记》第十一卷,第 295 页。

③ 顾潮:《我的父亲顾颉刚》,胡平、晓山编:《冤案与名人 2:中国知识界名人冤案实录》,第 420 页。

④ 顾颉刚:《耄学丛记序》,《顾颉刚读书笔记》第十卷,第 7783 页。

第二章 “望之俨然，即之也温，听其言也厉”

——播种学术的顾颉刚

要点提示：“名盛则附之者众”，“名高则毁之者亦众”——“学问比我好，地位比我高的人也来妒忌我，以为我要抢他的领袖地位”——胡适、傅斯年、顾颉刚：“北平学界的三大老板”——傅斯年挖苦说：“哪一个青年只要同颉刚一接近，就封了‘一字平天王’了”——顾颉刚自白：“我受人家的攻击也是由于他们（学生）的牵累。所以然之故，就是我太过爱才，太过希望他们好”——学生们说：顾颉刚“接待学生最诚挚，热情就如一团火”——“拼命发讲义”——勤做读书笔记、随手写札记，乃文史学者成材的必由之路——“他不放弃一般的学生，但对成绩优良的学生特别喜爱”——“周济穷学生”，师恩何浩荡——“天下惟有对于有人格的敌人才有真实的钦慕”——“若为自己成名计，自可专做文章，不办刊物；若知天地生才之不易……便不得不办刊物”——“谨慎的前辈常常告诫我们：发表文字不可太早……但我敢切劝青年不要受他们的麻醉”

一、爱徒高足遍被学林

1951年，在批判自己的业师以示彻底告别不合时宜的“古史辨派”时，杨向奎曾说：“在晚近中国半封建半殖民地的社会内，顾颉刚教授的学术思想曾起了一定的作用，他曾经直接和间接地引导着一部分青年走向他曾经走过的路。”[①]诚哉斯言！顾颉刚在旧中国的学术界，声名实在太高太盛了，以致“附之者众”，“追随者夥”。民国以降，因一篇文章、一项主张、一个论点的发表而暴得大名者，可以说，前有胡适的《文学改良刍议》，后有顾颉刚的《与钱玄同先生论古史书》。而且，顾颉刚也像乃师胡适一样，在短时内，对各个学术领域接连实施地毯式轰炸。1923年4月，疑古学派的奠基之作《与钱玄同先生论古史书》在发行广泛的《努力周报》上刊出，这“竟成了轰炸中国古史的一个原子弹”[②]，整个学术界“不禁哗然起来”，如同时人所言“颉刚先生在我们中国学术界确是一个霹雷，这想是大家都感到的”[③]。顾颉刚的大名顿时广为人知。“大禹是一条虫”所引起的波澜未平，1924年11月的《孟姜女故事的转变》一文在学术界又掀高潮，此文被誉为“是二千五百年来一篇有价值的文章”[④]，从而开启现代孟姜女故事研究的先河。1925年9月，所编《妙峰山进香专号》一问世，顾颉刚在民间宗教研究中又另起一波。紧接着，1926年6月，《古史辨》第一册的出版，把顾颉刚的声名推到他一生中的顶峰上去。陆懋德认为，《古史辨》第一册“实为近年吾国史学界极有关系之著作；因其影响于青年心理者甚大，且足以

① 杨向奎：《“古史辨派”的学术思想批判》，《文史哲》1952年第3期。

② 顾颉刚：《我是怎样编写〈古史辨〉的？》，《古史辨》第一册，第17页。

③ 何思敬：《读妙峰山进香专号》，顾颉刚：《妙峰山》，第249页。

④ 刘半农：《敦煌写本中之孟姜女小唱》，顾颉刚：《孟姜女故事研究集》，第185页。

使我国史学发生革命之举动也”[①]。远在德国的傅斯年致信顾颉刚,认为当今“史学的中央题目,就是你这‘层累地造成的中国古史’”[②]。连顾颉刚的老师胡适,也拱手把他让到古史学第一把交椅上去。“在中国古史学上,崔述是第一次革命,顾颉刚是第二次革命,这是不须辨护的事实。”[③]顾颉刚在古史学界、民俗学界、民间文学,稍后又在历史地理学界的地位就这样奠定了。

盛名之下,追随者众。顾颉刚自己说:“我不善表达,虽是教了三十年书还不是一个好教员,教的东西又是古老的典籍,不易吸引现代青年的兴趣,然而竟有许多青年来依附我,我能做成几件事是靠着他们的帮助。”[④]他还说:我的性情过于爱才,只要一个人有些长处,我总希望他肯竭尽其才,做出些有价值的工作;我常常顺了学生们的才性给些题目让他们做,他们是很高兴的,所以我每到一处,这一处的学生就有许多归向到我一边来。于是激起一班同事的妒忌心,说我利用青年结合党徒。甚至学问比我好,地位比我高的人也来妒忌我,以为我要抢他的领袖的地位。近年执教燕大,在我已竭力疏远学生,而我所给予学生之温情,终比其他教员为多,他们一样地来接近我。于是在燕大又形成一股力量。

顾颉刚也像乃师胡适一样,在不同的学术领域各培养出一批人才,这批人才后来大都成为该学科的骨干和尖子。古史学界和历史地理学界尤其如此。有人认为,自 1917 年蔡元培执掌北京大学时起至 1949 年止,“疑古学派几乎笼罩了全中国的历史学界……当日在

---

① 陆懋德:《评顾颉刚古史辨》,《古史辨》第二册,第 369 页。

② 傅斯年:《谈两件〈努力周报〉上的物事》,《古史辨》第二册,第 297 页。

③ 胡适:《介绍几部新出的史学书》,《古史辨》第二册,第 338 页。

④ 顾颉刚:《顾颉刚自述》,高增德、丁东编:《世纪学人自述》第一卷,第 58 页。

各大学中的势力几乎全为疑古派所把持”[①]。这话当然有点言过其实，但也确实反映了疑古学派在古史学界势力之大、影响之广。现代的历史地理研究，始于顾颉刚，特别是始于他所创办的《禹贡》杂志。当代历史地理学界几乎所有著名学者，如谭其骧、侯仁之、史念海、韩儒林、张维华等，全都是顾颉刚的学生，全都是当年《禹贡》学会的成员。顾氏门生可以说遍布各个学术领域，其中当然尤以古史领域和历史地理领域为最，但在民俗学、民族学、文献学、图书馆学、方志学和目录学诸领域，也各有一批追随者。由于顾颉刚爱才如命，他周围的确一时英才荟萃，胜友如云。他当时的人马至少有三套：燕大历史系(1936 年他出任主任)一套，北平研究院(1935 年他出任历史组主任，任用了一大批门生)一套，禹贡学会一套，以致人们常称他为“顾老板”。顾颉刚自己说：“不少师友以为我有个人野心，想做‘学阀’来和别人唱对台戏，于是对我侧目而视，我成了众矢之的。抗战前，北平流行着一句话：‘北平城里有三个老板，一个是胡老板胡适，一个是傅老板傅斯年，一个是顾老板顾颉刚。’从形式上看，各拥有一班人马，好像是势均力敌的三派。其实，胡适是北大文学院院长，他握有中华教育文化基金董事会(美庚款)，当然有力量网罗许多人；傅斯年是中央研究院历史语言研究所所长，他一手抓住美庚款，一手抓住英庚款，可以为所欲为。我呢，只是燕大教授，北平研究院历史组主任，除了自己薪金外没有钱，我这个老板是没有一点经济基础的。”

---

① 徐旭生：《中国古史的传说时代》，北京：文物出版社，1961 年，第 23、26—27 页。

二、泛滥成"灾"的惜才之心

顾颉刚是在胡适一点一滴指引之下,一步一步走到疑古辨伪的道路上来而后一举成名的。他深知一个人学养再丰厚,读的书再多,若无名师指点与提携,成名成材也很难。所以,他自己在学术界取得地位后,就把培养、发现人才当做自己事业的组成部分。他深感,作为一个已享大名的学者、有影响的教授,通过自己的努力,能"使许多有志有为的人,都得到他的适当的名誉和地位,岂不是人生一乐"[①]。因此,他对比他年轻的人,总有下面这种感觉:我理该奖进他、指导他,使他达到成功的境界;凡有一长可取的人,我理该介绍他到一个适宜的岗位上,使他能发展他的长处,为社会服务。顾颉刚的最高愿望是想让每个人都顺着自己的才性自由发展。他认为:一个大学生已有相当的程度,只要有人指点,他又肯学习,当然进步是很快的,所以我指导的学生,往往费了两三年工夫即已取得学术上的地位。傅斯年因此挖苦说:"哪一个青年只要同颉刚一接近,就封了'一字平天王'了!"顾颉刚对曰:"倒没有这样容易。凡是和我接近的青年,我时时逼他们工作,必须肯工作、能工作的人才有封王的希望呢。"[②]他1934年9月25日致胡适一信,在主要谈论其他事务涉及谭其骧时,就顺便向胡适竭力推荐他的这个学生:"谭君实在是将来极有希望的人,他对于地理的熟悉,真可使人咋舌。任何一省,问他有几县,县名什么,位置怎样,都能不假思索地背出。对于地理沿革史,夙有研究兴趣,且眼光亦甚锐利,看《禹贡》半月刊、《史学年报》、《燕京学报》诸刊物所载可知。他在燕大研究院毕业生中应列第一。今年我所以敢办《禹贡》半月刊,就为

---

① 顾颉刚:《致谭其骧》三,《顾颉刚全集·顾颉刚书信集》卷二,第557页。

② 顾颉刚:《顾颉刚自述》,高增德、丁东编:《世纪学人自述》第一卷,第59页。

有了他，否则我一个是吃不住的。”[①]顾颉刚写这封信时，胡适居住在北京地安门内米粮库四号，傅斯年则住米粮库一号，而且常到胡家来，坐在胡适的书桌旁讨论问题。傅斯年说“哪一个青年只要同颉刚一接近，就封了‘一字平天王’了”这句话，很可能是在读了这封给胡适的信之后。的确，任何人读了这封信后也会有同样的感觉。问题是，谭君后来的发展被当年的顾颉刚“不幸而言中”。假如傅斯年不是英年早逝，而是看到了谭君后来的成就，我想他是会像他当年盛赞“层累地造成的中国古史”说一样，佩服顾颉刚发现人才的眼力的。

顾颉刚在暮年写的自传中，对自己由于同情心的泛滥而导致人际关系紧张进行检讨时说：我之有所成是因为有学生们的帮助，“我受人家的攻击也是由于他们的牵累。所以然之故，就是我太过爱才，太过希望他们好”[②]。“太过爱才，太过希望他们好”这句自我表白而且略带沉痛和反悔之意的话，确是顾氏一生爱才实践的真实写照。之所以如此，看来主要源于顾氏对青年学生的“理解之同情”。他认为：“学生，年纪轻，身家关系小……他的是非观念总是超过了利害的观念的，所以说的话也许鲁莽一点，做的事也许激烈一点，但是这颗心总是纯洁的。”“我们明知他们的学问不及许多专家，他们的经验不及许多职业者，但是他们认得清楚，走得勇敢，是一班专家和职业者所及不来的。”[③]所以他对学生总是爱护、提携有加。学生们自己则感叹道：“他接待学生最诚挚，热情就如一团火，燃烧了他自己，也燃烧了和他接触的每一个学生。”与他“课外的攀谈，学生得益最多”。顾颉刚爱学生，一方面是出于天性——同情

① 顾颉刚：《致胡适》一四六，《顾颉刚全集·顾颉刚书信集》卷一，第486页。

② 顾颉刚：《顾颉刚自述》，高增德、丁东编：《世纪学人自述》第一卷，第58页。

③ 顾潮：《顾颉刚年谱》，第259页。

心太强烈:“颉刚备位大学有年,每见可以深造之士,毕业以后即为生活所驱使,纷投于不近性情之职业以堕废其前途者”,故主张“以特种考试选拔真才,给以若干年之优闲,顺其志,遂其情,以观其成”。他甚至愿为一班“最有希望之青年”的成材计而牺牲自己优裕的生活、治学条件。1935年3月,北平研究院欲聘他为该院史学研究会历史组主任,条件甚厚。当时顾颉刚已任燕大历史系主任,事业如日中天。他答复说:“刚为个人研究计,燕京之环境已极好。惟为提拔人材,奖掖后进,倡导文化计,则燕京殊无发展之可能。”因为“在燕大办事……不但我等无权,即诸西籍教员亦同样无权,每印一书,必向美国请示,得其答复须越半年,幸而批准实行,又须俟下届预算之订入。又以窘于经费,致最有希望之青年,研究院毕业后无法留校任助教等职,以继续其学问工作。刚为此辈优秀青年计,不得不别觅出路”[①]。于是以燕京大学历史系主任职应聘北平研究院。当年7月1日一到任,他就聘吴丰培、张江裁、吴世昌、刘厚滋等任编辑,常惠、许道龄、刘师仪、石兆厚等任助理,孙海波、徐文珊、冯家昇、白寿彝、王守真、邝平章、杨向奎、顾廷龙、王振铎、童书业、杨效曾、王育伊等任名誉编辑。这些人绝大多数是他的学生,日后绝大多数都以一项专业成就知名于世。而顾却因此失去了最好的治学环境。另一方面,他之爱学生是出于对学问本身的钟爱:要为学术的传承发现真才、选拔真才。他素来主张,学术研究作为一种神圣事业,不是任何一个人可以包办了的,必须分工合作,必须聚集同志。为此,必须首先在大学生中寻找可造之才,以及早培养、及早引导,使其尽快进入学术研究的前沿阵地。如同他所言:“我们要明白自己的学问是学问的全体中的一小部分,不要

① 顾颉刚:《致李书华》,《顾颉刚全集·顾颉刚书信集》卷三,第26、27页。

作正统派,所以不希望全国的青年都归附到我们的旗帜下,只希望对于这方面有兴趣有能力的青年肯和我们联合工作。"[①]因此,顾颉刚每到一所大学都留意学生的水平。1928年6月15日他在给胡适的信中,兴奋地汇报他在中山大学的教学情况,其中说:"学生很有几个好的。我深信这一年中已为广东学界造成一个新风气。"[②]后来又说:"中山大学一班学生,实有可造之材。"抗战前夕主持燕京大学历史系期间,他仍为可造之材多而兴奋:"以此间研究院学生及大学高材生之多,加以材料之富,必可在历史地理学上开一新境界。"他之所以到处网罗人才,当然也和他下面这点认识有关:"学问也同征战,固然需要将帅,但尤需要的是兵丁。有了健全的兵丁,自然会酝酿出好的将帅。""在中国,北平无疑是一个文化中心。……在北平各大学读历史的同学们,如果他只会读课本凑分数,或只会喊口号发空议论,那真是世界上最没有出息,因为他入了宝山尚且空手而归,哪里可以希望他拿了锄头去开发地下的宝藏呢。""北平的史料这么多,但北平的空气够沉寂了,你们应当集合同志来打破这沉闷。"

三、寻求学术传人的教学方法

不是仅为传授确定知识主要是为寻求学术的传人而授课,是顾颉刚执教杏坛所始终抱定的宗旨。所以,他的教学方法与此相应,独具一格:一切以发现、训练、培养人才为中心。对此,顾颉刚的高足杨向奎晚年在他的《学述》中作了描述:"进了大学后,研究入门很重要,不高明的老师,他本身就不会研究,更不会把金针度与人。"

---

① 顾颉刚:《中山大学语言历史学研究所年报序》,引自顾潮:《顾颉刚年谱》,第170页。

② 顾颉刚:《致胡适》一一四,《顾颉刚全集·顾颉刚书信集》卷一,第451页。

而当年北京大学的老师,“多是有名的学者,他们各有一套治学方法,我看过他们的‘绣取鸳鸯’,也了解他们的‘金针法术’”。其中,顾先生最“能把治学的方法、研究的方法教给学生”。[①] 领导学生研读原始资料是顾颉刚“金针度人”的主要“法术”之一。1927 年年底至 1929 年年初在中山大学这一段,顾先后主讲“中国上古史”“书经研究”“古代地理研究”“《春秋》研究”和“孔子研究”等课,他所编写、使用、下发的讲义,全是有关的原始材料。他所做的工作,则是把这些材料分门别类,在卷首写上研究性的按语。如其中的《中国上古史讲义》,所印的材料分为五种:甲种——上古史的旧系统,以《史记》秦以前的本纪、世家为代表;乙种——《史记》本纪、世家所根据的材料及其他真实的古文材料;丙种——虚伪的古史材料,古代的神话传说与宗教活动的记载;丁种——古史材料的评论;戊种——预备建立上古史新系统的研究文字。这五个系统共拢集材料 158 种,其中 37 种作了按语。《尚书学讲义》所收材料,正文凡 113 篇,其中《尚书》28 篇,《逸周书》60 篇,《伪古文尚书》25 篇;参考材料凡 62 篇,加上附录,列为 14 卷。《古代地理研究讲义》分甲乙两种:甲种为旧系统的参考材料 19 篇,全都写了按语;乙种为新系统的材料 13 篇,写了 9 篇按语。《春秋研究讲义》分甲乙丙丁四种。甲种为《春秋》本经的参考材料 10 篇,乙种为《春秋三传》参考材料 24 篇,丙种为经的《春秋》参考材料 1 篇,丁种为史的《春秋》参考材料 6 篇,总共 41 篇,全都写了按语。在给胡适的两封信中,顾颉刚谈到了自己上述印发讲义的情况,一说“这一年中,我拼命发讲义,现在已有千余张了”,又说“上古史和《尚书》两课讲义拼命发”。[②] 顾颉刚大量给学生发讲义,目的当然是希望学生从中发现

---

① 杨向奎:《杨向奎自述》,高增德、丁东编:《世纪学人自述》第三卷,第 421 页。

② 顾颉刚:《致胡适》一一四,《顾颉刚全集·顾颉刚书信集》卷一,第 451 页。

问题,进而思考和解决问题,从而在不知不觉中引发学生的研究兴趣,训练学生的研究能力。为了实现这个目的,顾颉刚特别重视他所出的试题。他所出的试题都是需要研究的课题,具有较高的学术价值。他告知学生“题目纸请带回和讲义钉在一起”,又说:“此等题目皆为研究上古史者所必当思索或必当编录者,故即不作,亦应时时悬诸心目中,使见到此类材料之后,可以随手加以分析及综合,则问题虽困难必有解决之一日,即不能全部解决,至少亦必有一部分可以解决,研究学问之方法即在于是,幸留意焉!”[①]在所出孔子研究课试题的前记中,顾颉刚要求学生:“此次考试未选作之题目,希望于寒假中都去想一想,能作笔记最好,因为写笔记是引入自己研究一条路。”[②]顾颉刚1929年初离开中山大学前写的一封《离粤时与诸同学书》,最能使人感受到他时刻想把学生引上研究之路、提高他们的研究能力的一片苦心。信中说:在他请假赴平期间,除一门课由人代教外,其他三门他所承担的课仍由他编好讲义,寄粤付印。希望选“古代地理研究”的同学,把《左传》《战国策》《史记》三书中关于地理的部分细看一下,比较春秋、战国时代的疆域大小,再把《禹贡》《山海经》《职方解》三篇,同这些材料比较着看,看这三篇与何时代的疆域相符以判定其著作时代。选修《春秋》研究的同学要把“三传”细读,记出它们在意义和形式上的种种同异之点;并把《春秋》经文和“三传”比较,看经文中哪些事情是幸赖传文而明白的,哪些事情是给“三传”一讲反而弄糊涂的,哪些事情是终于失传了,作“三传”的人一点不知道。选修“孔子研究”的

---

① 张荣芳:《顾颉刚先生与中山大学》,中国社会科学院历史研究所、中山大学历史系合编:《纪念顾颉刚先生诞辰110周年论文集》,第34页。

② 顾颉刚:《孔子研究讲义按语》,《中国典籍与文化》编辑部:《中国典籍与文化论丛》第七辑,北京:北京大学出版社,2002年,第47页。

同学要把《汉书》《春秋繁露》《古微书》《白虎通德论》等书翻一遍,看孔子的偶像是如何给汉人抬起来的;再把《宋元学案》《明儒学案》等书翻一遍,看理学家心目中的孔子是怎样的,他们把汉朝人制造的孔子变得怎么样了。选修"上古史实习"的同学,要把《史记》130篇统统研究完。这部书在古代史和学术史上所牵涉的问题有许多是可由我们解决了,有许多不是一时间内可以解决的问题也可由我们提出了,《史记》的糊涂账我们可以担任结算的义务了……[①]什么叫"循循善诱",什么叫"名师指点",什么叫"与君一席话,胜读十年书",读了顾颉刚此信后,在笔者看来,都可了然于胸。这封信充溢着对学生的爱暂且不说,最主要的这是一篇言简意赅的治学经验谈,顾颉刚平时就是这样去读书、去发现问题的,他的"层累地造成的中国古史"说,就是这样在边读边比较的过程中形成的。顾颉刚内心是多么渴望学生们走上他所走过的疑古辨伪之路!

顾颉刚以造就、训练、培养人才为中心的"金针法术"的另一特点,就是在下发大量原始资料的基础上,在一个学期甚至一个学年里,集中而深入地只讲一个专题。杨向奎对顾的这一做法至为赞赏和怀念。譬如顾讲"《尚书》研究"课,就不是一篇篇地均衡地讲,而是"一年只讲一篇《尧典》""一字一句地讲",对其中"每个问题都有深入研究"。杨说,由于"深入",所以"五十年过去了,我至今都还记得。顾先生口才不好,但教学方法好,带出了许多名家"。[②] 杨由此有针对性地发挥道:"我们讲书,不必均衡地讲,一章讲一个礼拜,十章讲十个礼拜,这一节讲一点钟,不到一点钟的课强凑一点钟,过一点钟的压缩到一点钟。"在杨看来,"均衡地讲给学生一个

---

① 《顾颉刚全集·顾颉刚书信集》卷二,第347—348页。

② 拱辰:《史学漫谈》,《文史哲》编辑部编:《治学之道》,济南:齐鲁书社,1983年,第151页。

普遍的常识是好的，但是否影响深远，却不一定。发挥长处，在某一节上尽量发挥，比方一年只讲一个《禹贡》，一年只讲一个《尧典》，当时人是承认这个方法的。大多数大家全这样，比如马叙伦讲《庄子》一年只讲一个'天下篇'，人家叫他'马天下'，讲'齐物论'，往往一年讲不完一个'齐物论'。当时有这个风气。……你有某一方面长处，你可尽量发挥，这样子学生不但不反对，而且一定受欢迎，因为学生真正有所得。"[①]杨说："我们不必把一个小问题讲上一年，我的意见主要是说有重点地深入地讲一个问题，比平均地刻板地讲好得多。……上顾先生课的多得很……恐怕……各有各的体会。我的体会是这样，他那种深入研究某一个问题，印象深，影响大。是给学生'度金针'。"[②]

顾颉刚教书还有一个特点，就是"总是出练习题，做好后印出来，再发给同学"。杨向奎晚年对这一特点也念念不忘。他说，顾先生的讲义有好多种，其中"有一种就是从学生论文中选出来的。这是个好方法。文科学生必须平时做札记、论文。不经过这方面的训练，就不能提高"。"文科做题就等于理科做实验。……理科不做实验是空的，文科不做题照样空。"[③]勤做读书笔记、随手写札记、写小论文，既储存记忆，又训练行文能力，在顾颉刚看来，这是文史学者成材的必由之路！在这种认识之下，他总是让学生做笔记，或由他出题目，命题作文。他印发原始材料的主要用意在此。顾颉刚1980年逝世之初，他当年的三位优秀学生撰文悼念，都不约而同地谈到了顾的这一做法在促人成才方面的巨大功用。王树民说：我在北大读书时，顾先生正开设《尚书》研究课，1932年起讲

① 拱辰：《史学漫谈》，《文史哲》编辑部编：《治学之道》，第152页。

② 拱辰：《史学漫谈》，《文史哲》编辑部编：《治学之道》，第153页。

③ 拱辰：《史学漫谈》，《文史哲》编辑部编：《治学之道》，第151、153页。

《禹贡》,引起了同学们很大的兴趣。《尚书》向来被视为是最枯燥难懂的古书,《禹贡》尤不同于其他各篇,其中随处都是可以讨论的问题。于是顾先生鼓励同学们做读书笔记,同学们都高兴去写,我也写了几篇。不料其中有些篇竟选作讲义附录,印发给全班同学。后来还选刊在《禹贡》半月刊上。王强调:那些札记虽不足道,但从学术研究工作来说却是条正路。行远必自迩,登高必自卑,当时已不自觉地迈出了可喜的第一步。① 杨向奎回忆道:在北大本科四年,我始终选读了顾先生的课。第一第二两年他的"《尚书》研究"主要讲《尧典》和《禹贡》。顾先生授课是认真的,他对学生的要求也很严格。我选课时,助教余逊先生对我说:"选他的课是要作题的。"果然,当我们上第一堂课的时候,他就给每一个学生发下一道题,我得到的是"共工问题","共工"是《尧典》中的"四凶"之一,也就是触不周山的那位英雄。我足足用了一个学期的时间来考查这位"共工"。杨认为,这是他做学问的开始。② 侯仁之也回忆说:"在上顾先生课的时候,他亲自为我们每一个人拟定写作的题目,我也分到了一个。此题目的做成,大大激励了我,我决心去钻研古籍,就是从这时开始的。"③

四、因材施教

因材施教,精心指点,也是顾颉刚培养学术传人的重要方法。每一个人在有可能选择自己的职业或研究方向时,总要尽可能做到性之所近、心之所安、力之能至。因为兴趣、才情、性格、气质人各不同,适合于干什么,不适合于干什么,一般说来是可以推断的,

---

① 王树民:《纪念禹贡学会》,《历史地理》1981 年第 1 期。

② 杨向奎:《回忆〈禹贡〉》,《历史地理》1981 年第 1 期。

③ 侯仁之:《回忆与希望》,《历史地理》1981 年第 1 期。

勉为人难总是不行的。普通的职业选择是这样，人才尤其是文史人才的培养，尤其如此。他不是颗读书的种子，你硬让他读书，那无异于对他的折磨与惩罚；他天生是个学问中人，你偏让他闯荡江湖、混迹官场，也无异于资源浪费。即使同样适合于做学问，但适合于做哪种性质、哪种方向上的学问，也与才性密切相关。所以，这其中的不二法门，就是因材施教。1950 年代初，顾的另一高足、当年禹贡学会的骨干成员张维华，在检讨、批判自己在旧中国的"封建、买办思想"时说：在旧中国的讲坛上，我犯了严重的"天才教育"和"收揽爱徒"的错误。具体表现是，我到任何地方教学，总要寻找几个天资聪慧和根柢较好的学生，特别培养或提拔造就一番。至于一般的学生，就采取马马虎虎敷衍塞责的态度。不但课不好好地教，他们的答卷也不好好地看，甚至不看，不愿同他们接近，认为是麻烦。对他们提出的疑问，不是高傲不理，就是斥责他们提的肤浅，从没想到对他们要负责任。这种作风，实际上是宗派思想在作祟，认为培植了几个得意的门生，就是为自己培植羽翼，可在教育界构成自己的系统，制造自己的势力。他的这番话，毫无疑问，是在"臭骂过去，以求过关"的心态下写出的，不实之处肯定所在多有。但其中的"天才教育"与"收揽爱徒"的做法，在旧中国的文史教育界可以说十分普遍。即使"收揽爱徒"的动机确是在教育界"制造自己的势力"，也并非是在做什么见不得人的丑事，不值得大惊小怪，因为这毕竟还是在培养人才，并使自己的学术思想得以传承和发展。学术研究带有强烈的个体性质，学术传承不是某种"手艺""技艺"的纯功夫活的传承，严格地讲，学术的传承是在师生之间的气质、人品、境界、才情和个性相投相谐的气氛、背景下，不知不觉地完成的。所谓"因材施教"，就是考虑到上述因素之后所施之教。在这方面，顾颉刚的做法耐人寻味。

“不放弃一般的学生,但对成绩优良的学生特别喜爱”是顾的一贯做法。一旦他喜爱上了某位生徒,就会根据这位生徒的特点、禀性、学力,指派任务,加重负担,引导各人向自己所长的方面深入进取,逼他往前走,促使他尽快成材,以取得他的学术地位。这方面的例子简直不胜枚举。吴丰培是当代边疆史地研究方面的权威,他走上后来的研究道路,就是顾颉刚指引的结果。吴丰培1935年毕业于北京大学国学门研究所,师从孟森攻读明史,并且学有小成。其父吴燕绍从事于蒙古、西藏、新疆等民族史地研究四十余年,收集数百万字的蒙藏史料。根据这种其他人所无法具备的家学渊源的特点,加上当时的边疆危机,顾颉刚果断请吴丰培暂停明史研究,将精力集中在当务之急的西藏研究。吴丰培于是广泛收集资料,仅用两年时间,即编成《清代西藏史料丛刊》第一集及《清代筹藏奏牍》三册并出版,还协助禹贡学会工作,主编《禹贡·康藏专号》,又与顾廷龙合编《边疆丛书》。吴后来回忆说:在顾先生手下工作,能够学到许多东西,确是愉快,但承担的任务也是繁重的。我初出校门,毫无工作经验,顾先生即让专攻西藏史料,限令我在半月之内,编十余万字的“康藏专号”,像我这样的新手,确感手忙脚乱,顾此失彼。此外,还为本组选购边疆图书,后来又加上禹贡学会、蒙藏委员会、新亚细亚学会的购买边疆书籍工作,都压在我一人身上,以至于每日上午书商盈庭,应接不暇。其他工作,并不能稍减,感到十分紧张。但通过这样压重担,却使每个人得到了锻炼。故当时有人作打油诗云“短衣射虎顾先生”,这是把顾喻为西汉名将李广,在李将军指挥下,是能人自为战、独当一面的。[①] 吴丰培就这样从此放弃了明史研究,走上了边疆史地的专攻之路。当

① 吴丰培:《顾颉刚先生的“人生一乐”》,《人物》1984年第4期。

代历史地理研究方面的权威谭其骧，是顾颉刚逼人成材的另一典型，他们之间的故事将有专章评述，此处从略。被谭其骧誉为“顾门弟子，兄当为翘楚”的刘起釪，其成材也可以说是顾逼迫的结果。刘是国内外享有盛誉的《尚书》研究专家，他踏上此路，缘于大学一年级时顾让他标点《尚书》，刘自述说：我有些古籍的根柢，很得顾先生赏识，根据这个特点，大学一年级时，他让我标点《尚书》一遍。标点好，上交顾先生时，他问我有什么问题没有，我说都按《孔氏传》把它标点通了，没什么问题。他笑了，知道我没有深入，就语我以文籍考辨之学，要善于发现问题，尤重从传统的学术观点中解放出来。我才知道这是顾先生在精心地教我治学，我辜负了他叫我标点的深刻用意。当年胡适先生叫顾先生标点《古今伪书考》，结果诱发他由辨伪而疑古，成就了他辉煌的古史业绩，我却直接就书本标点了事，不知穷其究竟，虚抛了顾先生一片深心。[①] 这就是刘起釪后来治“《尚书》学”的机缘。可以说，作为“《尚书》学”专家的刘起釪是顾造就的。刘也果然没有辜负师望，接过了源远流长的“《尚书》学”的薪火，把它发扬光大，再传递下去。

逼人成材，固然可嘉，因势利导，尤为不易。著名方志学专家朱士嘉是顾颉刚在燕京大学的学生，他在回忆自己如何走上方志学研究之路时写道：30 年代初期，我在燕京大学倾听顾老师讲授中国地理沿革史，使我感受最深的，是顾老师认真标点、校释《禹贡》，以此作讲义送给我们；他仔细讲解此书著作的背景、内容、价值，并提供历代特别是清代研究此书的名著以及各种书目对此书的评述，作为学生的参考。他督促我细读《史记》《汉书》《后汉书》和《三国志》；指导我选读清代著名史学家的著作，增加史地学知识。当

---

① 刘起釪：《永不能忘的春风化雨》，王煦华编：《顾颉刚先生学行录》，第 281 页。

他发现我的国学基础差,写作能力差,就亲自动手修改我的作业,吩咐我选读《史记》《汉书》中一部分传记和著名唐宋文学家的文章,能背诵更好。我每天遵嘱朗诵文史名著两小时,坚持半年,果然收到良好效果。当我向他汇报《四库提要》中著录有一部分方志时,他立刻指出:“方志材料至丰富,且甚翔实也。然其藏弃常散漫而不可稽,其卷帙又繁重而不便览,故关系甚巨,学者犹惮之,用之以治史者殊寥寥。”他主动把章学诚的《文史通义》借给我看,要我学习、研治方志学。他还和我联名起草《研究中国地方志的计划》,发表于《社会问题》杂志第1卷第4期。在他的认真教育和热忱帮助下,我一面编写《中国地方志综录》,一面以方志为题材进行钻研。我之对于地方志,从不知到知,从知之不多,到知之较多;从“食桑的蚕”到“吐出丝来”,以微薄的研究成果贡献给学界,都是顾老师循循善诱和谆谆教导的结果。[①]《中国地方志综录》出版时,顾颉刚为之作序,其中说:“史书之中,固有未辟之山林,未鉴之金锡在:家谱与方志是也。”“四年前,予尝与士嘉同草《研究地方志计划》一篇,载于燕京大学《社会问题》杂志。其中主张,以编辑《总目》与《篇目》为研究之先决问题,以编辑《索引》为研究之方法之一。今士嘉独力成此《总目》,是向日之大愿已实现其一端。”[②]

顾颉刚因势利导的育才之方在张福庆(字季善)身上也表现得非常明显。张福庆是顾在北京大学史学系时的学生,与杨向奎一起听顾讲授“《尚书》学”。开学不久,顾听说张福庆根据研究汉代思想史的需要而有志整理谶纬,十分高兴,于是告诉他说:这工作我也在做,而且已叫人将相关资料分条抄书。但我事忙,说不准哪

---

① 朱士嘉:《顾颉刚先生与〈禹贡〉半月刊》,《晋阳学刊》1984年第4期。

② 顾颉刚:《〈中国地方志综录〉序》,李泽主编:《朱士嘉方志文集》,北京:燕山出版社,1991年,第15页。

天才能整理完工，你既有心做，我就把稿子交给你吧。遂将明代孙瑴《古微书》、清殿本的《易纬八种》、赵在翰的《七纬》、殷元正的《集纬》、乔松年的《纬攟》、马国翰的《玉函山房辑佚书》和《经编纬书类》、黄奭的《逸书考》和《通纬》、袁钧的《郑氏佚书》和《尚书中候注》以及张惠言的《易纬略义》、全祖望的《读易别录》、蒋清翊的《纬序源流兴废改》等书，一一点给张福庆看，并指点：若能把这些辑本互相勘校，勒为一编，再把他们所根据的原书如《十三经注疏》《太平御览》之类校对一遍，便可成为一个定本。还特意交代：这是研究谶纬的基本工作。张福庆将顾颉刚搜集到的资料携去，并依据他的指点加以整理。不久，张福庆不幸于 1933 年去世，遗作集为《张季善遗著》。1935 年，顾先生为此书作序，指出："张季善君死了两足年了！在这两年之前，我对于他的期望是怎么样厚……所以他的死亡所给予我的伤害也特别深。"遗著中的《谶纬集录》一稿"是他校对过的，不少的地方还遗存着他的墨迹。我必使这一部书早日出版，作他的永久的纪念。"[①]受惠于顾颉刚这种提携、指点的何止张福庆？燕大研究院学生郑侃嬨女士也是顾颉刚想因势利导加以重点扶持的人才。九一八事变后，顾目睹时艰，发愿要编出一部中国通史演义，以激发民众的爱国热情，但苦于教务太忙，无法遂愿，因此，久欲寻觅一位能担当此任的助手。1933 年初，他在《燕大月刊》上读到郑侃嬨所作的《西游记补》的讽刺小说，写得非常生动，觉得此文文笔极清利，且有民众气而无学生腔，最适于民众教育。于是，请人介绍，与她相识。接着作《试拟工作大纲》，计划"为作中国通史之准备，先编各时期之史谈"，并制订出郑所应选读的书籍材料，次年，首先将他的汉代史讲义改编为秦汉史谈。[②] 郑后

① 顾潮：《顾颉刚年谱》，第 236 页。

② 顾潮：《顾颉刚年谱》，第 208 页。

来被邀入顾主持的通俗读物编刊社工作,写出了《勾践报吴》《子产治郑》《张季直》等大众作品,陆续刊于《大公报·史地周刊》和《申报·通俗讲座》等有影响的报栏内。不久,顾颉刚又将郑代作之《黄宗羲》《顾炎武》《王夫之》等作品,交《中学生》杂志刊发。郑的作品文字清健流畅,描写人物栩栩如生,颇得一般读者的好评,赢得了一些社会声誉。这鼓舞了顾颉刚,那时他便"打算先由个别人物写起,将来再加工整理,改写通史演义"。不料,"七七事变"突发,通俗读物编刊社辗转流徙,以至停办。郑侃嬨也仓促南下。1938 年 10 月,顾颉刚从西北辗转到昆明,当他从吴晗处得知郑已于 8 月初病殁于香港时,为之痛哭不已,感到"我失去了一个最良好的同志","编写通史演义的梦想也只得暂时中断"。后来,顾颉刚又约吕叔达继续这一工作,吕心无旁骛地费了七年工夫,从上古直写到太平天国,写了 150 万字,但还没有全部完成。1949 年后,顾颉刚仍感到"通俗历史小说是全国人民十分需要的读物",于是,再约他的原燕京大学的学生陈稺常(懋恒)女士改写,将上古史部分扩写为《中国上古史演义》(30 多万字),于 1955 年出版。顾颉刚觉得,由郑侃嬨开端的通俗历史读物的编写,他这个"二十多年的愿望到这时才算有了一小部分结果"。①

五、经济资助

顾颉刚 1920 年致信罗家伦,陈述自己的志向和毕业后的打算,同时给他算了一笔经济账:在京用度和买书每月须 30 元;妻子的用度和子女的教育费、长辈的赡养费,每月至少也得 20 元;此外,来往的盘缠,平均每月也得 10 元多;临时的费用如医药费尚未计划

① 顾颉刚:《中国上古史演义序》,陈稺常:《中国上古史演义》,上海:上海文化出版社,1955 年,第 2—3 页。

在内，加上实行储蓄买地的志愿。总之，每月大约需得 80 元的收入才够用。毕业后，顾颉刚如愿被北大聘为助教，到校图书馆任编目员。工资不敷日用，加上北大欠薪，不得不靠借钱度日。向谁借呢？因“继母嫌我上学时费钱多，故宁向朋友借钱，不向父亲伸手”。当时，胡适答应每月借给他 30 元贴补家用。他在给妻子殷履安的信中说：“我没有他卅元一月的津贴，我便不能在京立脚，我的学问，我的希望，都消散了。”“我便不能不在家里俯首听命了。”从后来顾颉刚给何定生的信中得知，胡适前后接济顾颉刚共 500 多元。胡适 1920 年还借给顾颉刚资料，让他标点姚际恒的《古今伪书考》，在顾看来，“这一来是顺从我的兴趣，二来也是知道我的生计不宽裕，希望我标点书籍出版，得到一点报酬”。[①] 胡适对顾可谓师恩浩荡。顾颉刚从自己的切身经历中，痛感经济状况对一个学生的重要。所以他对那些他赏识的、有才华的且苦无门路的学子，总是尽最大可能给予资助和扶持，一如当年的胡适帮助他一样。海内外著名的民族史学家、语言学家冯家昇，在燕京大学读书时，即已显示了出众的才华，但因家庭困难，交不起学费、买不起书，面临失学的困境。顾得知后，立即给他 100 元钱，支持他渡过难关，完成学业。功成名就之后，冯仍常常说，没有顾先生的帮助，就没有我的今天。杨向奎是顾当年在北京大学兼职时的学生，深受顾的赏识。“九一八”后，日本策划冀东 22 县“独立”，杨家在河北丰润，因交通中断，担心家庭可能无法寄款而打算退学。顾这时答应每月给他 30 元钱的资助以继续学业。虽然最后因交通很快恢复，家中及时汇款，杨没有再要顾的钱，但当他听了顾要给他援助时，慌乱的心情顿时得以安定。后来，杨毕业后一度赴日，生活没有着落，就是

① 顾颉刚：《古史辨》第一册《自序》，第 42 页。

靠顾寄钱给他,才度过一段艰难时光的。

陈槃是1928年中山大学中文系一年级学生,听顾颉刚讲“中国上古史”课。开课不久,可能给顾写过一封信。顾于3月25日复信给他:“接读来书,快悉一切。兄着手作‘黄帝事迹演变考’,极好。”[①]对于如何作好此考,顾在信中给予详细指点,并应邀开列了书目。还指出:“古史的著作年代不可定者多。我常想编一种‘古书著录表’,以书名为经,以各代目录为纬。例如见于《汉书·艺文志》的,便可知是西汉以前书;见于《隋书·经籍志》的,便可知是唐以前书。人事纷扰,迄未能就,兄有意乎?”接着又交代:“写笔记是读书最好的办法,只要做一二年就可有很大功效。能永远做下去,就会引起无数问题,得到无数材料。”[②]“广州暴动”失败后,6月15日,陈槃被国民党抓捕。次日,顾颉刚得知后,上午即“到文史科,与孟真商”。16日,他在日记中写下:“陈槃昨日为公安局捕去,为有共产嫌疑。此事甚怪,因与孟真谋保。”[③]在当时的白色恐怖中,站出来保释有“共产嫌疑”的学生,风险是很大的。但陈槃终于三日之后保释出狱。顾在这年10月4日的日记中说:“陈槃贫甚,借与五元,并为写一学费保证信。”次日又记:“《清代著述考》由陈槃接编。”[④]这显然是为了在经济上接济陈槃。《顾颉刚年谱》在当年3月份记道:是年顾颉刚与马太玄、陈槃合编《清代著述考》,将旧作加以补正、编排,依了著者生卒次第陆续刊于《国立中山大学图书馆周刊》,前后共刊清代著者72人。[⑤]《清代著述考》一书,顾颉刚于1916年

---

① 《顾颉刚全集·顾颉刚书信集》卷二,第330页。

② 《顾颉刚全集·顾颉刚书信集》卷二,第331页。

③ 《顾颉刚日记》第二卷,第173页。

④ 《顾颉刚日记》第二卷,第211页。

⑤ 顾潮:《顾颉刚年谱》,第150页。

始编，粗成20册，1920年交给胡适参考，胡适认为此书抓住了有清300年学术研究的中心思想，因此长期留在手头使用，现在终由陈槃帮助编定并刊布于世。陈槃后服务于中央研究院，1936年著成《左氏春秋义例辨》一书。陈在自序中曰："往槃读书中山大学，尝从颉刚师受《春秋》，窃闻绪论，颇疑三传之说不可尽信，而思所以辨之。"此书"得顾师苦费精心，为之是正（诸所启示，书中注明，不没其实也）"①。顾受中央研究院委托审订此书，为此书《〈春秋〉"公矢鱼于棠"说》一章作附记曰："槃庵此文，以射鱼为宗庙之事，泮宫为习射之地，搜罗证据至富，其说明亦至详，古礼灿然复明，为之称快不已。"②还答应为此书作序，并已开始执笔。但直到1940年6月，此书已公开出版，顾序尚未完成。这一年，顾在复陈氏信中说：

> 槃厂兄：
>
> 刚万分对不起！大箸作序，相许数年，则以生活不安，迄未能下笔。累承将大稿见贻，燕吴川滇，无所不投，而刚之不作如故。今大箸已出版，而刚生活得稍安定，只要一年中不再迁徙，不再大病，则必有以酬此愿。即不能立即补入，然先在《集刊》上发表，待此书之再版，固亦可也。……《春秋》一书，刚数年来所蓄意用功者，俟一切布置就绪后，当每日抄写《左传》一年，八月而毕，然后再为尊箸作序，则语有原本，非临时獭祭者比矣。③

---

① 陈槃：《左氏春秋义例辨》，上海：上海古籍出版社，2009年，第3页。

② 张荣芳：《顾颉刚先生与中山大学》，中国社会科学院历史研究所、中山大学历史系合编：《纪念顾颉刚先生诞辰110周年论文集》，第37页。

③ 《顾颉刚全集·顾颉刚书信集》卷二，第332页。

陈槃对顾序的渴盼、对乃师的感戴,顾氏对学生所表达的歉疚,对作序的慎重不苟且,都使人印象深刻。陈槃 1949 年后赴台,1962 年评为台湾“中央研究院”人文组院士。

徐文珊是顾颉刚一手培养起来的《史记》研究专家。他是顾 1929 年来燕京大学执教时的学生,听顾氏讲授“中国上古史研究”课。徐在 1993 年顾颉刚诞辰百年时,在台撰《用历史眼光看旷代史学大师顾颉刚先生》文,指出:遥忆恩师之于后学,非比寻常。无论于学业,于就业,乃至于生活,种种栽培、教育、提携,无微不至。可谓受恩深重,获益无穷。溯自 1929 年在北平燕京大学,选修顾师“中国上古史研究”课。以一年级新生选读“研究”课,有丈二金刚摸不着头脑之感。恶性补习之外,靠老师循循善诱,苦口婆心,共同或个别教导,得获门径。有时即在师家上课,五间正厅作大书房,构成小型图书馆。讲书、查书、翻书,三翻两翻,找到问题根源,指与学生看。书是那么熟,记忆力那么强,涉猎那么广,哪个学生不目瞪口呆,暗暗惊叹叫绝!同时也了解成学之难!期中考试,出题课外作。有人先交卷,挨了骂:你所答是我所讲,不是你的“研究心得”,不予通过。好严厉!到这时我才懂得《论语》中“望之俨然,即之也温,听其言也厉”是什么意思。在学业上是这样不留情面。一席话给我一个机会,拿在手中的答卷尚未交出,恰好也犯同样毛病。我这个笨学生乖巧起来,偷偷带回,三把两把扯碎,重新来。读书、查书、思想,鸡蛋里头挑骨头,居然有收获。交了卷,老师欠安,叫我到家去。心想不好,要挨骂,硬着头皮去。出我意料之外,老师笑眯眯地说,你的卷子我看了,很好,学问就是这样做成的,好好努力。自此欣赏我这个笨学生,这也成为顾师栽培我的契机。①

① 徐文珊:《沐春风,沾化雨》,王煦华编:《顾颉刚先生学行录》,第 95 页。

顾颉刚对徐文珊的栽培，主要是让徐参加对《史记》本文与注释的整理工作，这项工作从1930年开始持续了七年之久。顾自任本文标点，徐文珊抄点《史记三家注》。从这年10月起，顾每月付给徐15元钱，作为此项工作的报酬。通过这种形式解决了徐的生活困难，又把他引向《史记》研究之路。1931年，《史记》本文的标点也交给徐文珊接任，由顾的另一位学生赵澄担任校勘，每月也付给赵15元，徐同时仍抄点注解。1932年，《史记》本文由徐点校完毕，后因徐、赵两人先后毕业，加上时局恶化，《史记三家注》的抄点中止。徐毕业后，大概曾在后来成立的"禹贡学会"工作，因为1935年5月他曾写有《平绥路旅行归来》一文，经顾颉刚修改并加按语刊在《禹贡》半月刊上。1935年7月，顾颉刚出任当时北平研究院历史组主任，徐文珊立即作为名誉编辑应邀在该机构工作。于是继续先前中断的《史记》整理。《顾颉刚年谱》在1936年"是年"条记：校《史记》(白文本)毕。此乃与徐文珊共同点校，并有赵澄、黎光明、孙海波、赵贞信等相助，历七年而成之。12月，此书由顾颉刚作序出版。[①] 直到二十多年后，顾重新标点《史记》时，还在笔记中回忆说："予二十年前与徐文珊君等合力标点《史记》，出版《史记白文》三册。"[②]顾颉刚就这样手把手地把徐文珊栽培成为《史记》研究专家。

顾颉刚不但对直接受业于自己的青年给予各种形式的资助和扶持，以便让他们能维持学业，对其他一些经济困难又好学上进的青年学生，也千方百计提供帮助，甚至安排到自己所在的机关、自己家里帮忙抄写资料文献，协助自己研究，以使他们能免失学失业之虑，得以坚持史地研究。郭敬辉是当代地理学研究的名家。他幼年

① 顾潮：《顾颉刚年谱》，第263页。

② 顾颉刚：《汤山小记(十七)・现代〈史记〉工作；泷川资言简史》，《顾颉刚读书笔记》第七卷下，第5496页。

即喜欢地理,因家贫无力供养,小学毕业后只好就读于天津师范学校。就读期间,为《禹贡》投稿见用。后来,因与当时地理学界的权威张其昀辩论中国自然区划为人所知。但当时人们并不知其是学生。顾颉刚当时给他写了亲笔信,邀他参加禹贡学会。1936年,他来到北京,打算靠打工来读中学。顾颉刚约见了他,得知他的困境,带他去餐馆吃饭,并再次邀他加入禹贡学会。当他以自己仅相当于初中三年级水平相辞时,顾告诉他:填表吧,没什么,你写的文章还不错,一个大学毕业生也不见得写出你这样水平的学术论文。当他告诉顾欲到图书馆搜集资料写稿子以补助学习费用时,只见顾皱着眉头说:这不是办法,又写文章又念书,要影响身体。顾答应另给他设法。几天后他被告知:顾先生参与主持的《大公报·史地周刊》,稿费由该报定额发出,每年有一些节余。过去这笔钱大都被大家在一起开会讨论工作时吃掉了。现在经先生提议,节余的稿费不再用作餐费,而是给郭敬辉当奖学金,每年给100元。这就基本上解决了郭的生活问题。顾颉刚还让郭帮禹贡学会审校地图,付给一定报酬。[①] 当时,郭也搬到禹贡学会去住,同仁们待他非常好。1981年,郭在《历史地理(创刊号)》上著文指出:当时的顾先生已是全国知名的教授,而我却是穿着土制粗布的农村青年,顾先生不但不嫌弃我,还如此厚待我,现在回忆起来,还每每为之感动。[②]

"顾颉刚稿约甚多,他一般有求必应,但他往往找人代笔,有时讲一些观点,有时就让人家照题目写,有时他修改一下,有时连看也来不及看,所以直到现在,有些署名顾颉刚的文章还不知究竟出

---

① 《顾颉刚年谱》1937年6月记:《地图底本》之甲种图56种全部绘竣,其校订者改为侯仁之、郭敬辉。

② 郭敬辉:《继承和发扬〈禹贡〉精神》,《历史地理》1981年第1期。

于何人之手。"[①]这里所言看来均属实情。顾潮编著的《年谱》,对署名顾颉刚的几乎每篇文章的撰写情况都尽可能地作了交代:与人合写的,注明合作者所撰写的章节;请人代写的,注明代写者为谁,代写者不清楚的也注明"他人代作"。至于顾颉刚为什么"往往找人代笔",情形颇为复杂,难作详论。这里只指出一点:这也是顾颉刚资助贫困学生的方式之一。顾颉刚1979年7月22日的日记,对1930年代初请人代笔的情况作了追述:"我撰文向不取稿费。《东方杂志》索余文,谓一般人投稿,每千字酬二元,若我文则可得五元。予遂以之周济穷学生,是时李晋华、黎光明、杨向奎等皆贫,乃令作文,署我名以投稿。"[②]发表在《东方杂志》上的与黎光明合写的《明末清初之四川》、与杨向奎合写的《中国古代车战考略》和李晋华代作的《明代文字狱祸考略》等文,大概就是直接出于"周济穷学生"的动机。顾颉刚用这种方式对当时的"穷学生"帮助有多大,这不是今天的人们所能体会得到的。而且可以推测,以顾颉刚的名义发表在其他众多刊物上的代作文章,其中不少可能也带有资助性质。从大量的"他人代作"的文章中,我们所看到的不是学风不正、沽名钓誉,而是乐善好施的侠骨柔肠。至于顾与他人联名发表的文章,一部分确是合作的产物,另一部分则确是为了帮助别人。要知道,20世纪二三十年代的顾颉刚,早享大名,多发或少发一些文章对他来说早已无足轻重,而对他的合作者来说,与顾颉刚联名恐怕就不是可有可无的问题了。童书业、杨向奎、史念海等学术地位的获得与奠定,大概与顾的着意提携不无关系。谭其骧1980年回忆自己当年与顾联合主编《禹贡》时说:顾先生当时"不是一位普通的

---

① 葛剑雄:《〈禹贡〉与顾谭二先生》,王元化主编:《学术集林》卷二,上海:上海远东出版社,1994年,第265页。

② 《顾颉刚日记》第十一卷,第673页。

教师,而是一位誉满宇内的名教授,举世钦仰的史学界权威!"[①]与这样一位"誉满宇内的名教授,举世钦仰的史学界权威"联名发表文章、联名主编刊物,对这些学术新手的成长来说,绝不是一件小事。而且,顾颉刚对署自己名的文章"有时连看也来不及看"就拿去发表,就不仅是高风亮节的问题,简直带有冒险的性质。由此可见,他为提携、资助后辈,是不计较个人得失的。

六、学术胸襟

顾颉刚学术胸襟之开阔有两方面的表现:一是他毫无"大师""权威"的架子,鼓励学生向他发难、批评他,与学生平等地讨论问题,引导学生迈上问学之路;二是识拔、奖掖、荐举、推崇自己的论敌,而且达到不遗余力的地步。这里我们先从后一个方面谈起。

国学大师钱穆,可以说是1930年代顾颉刚"层累地造成的中国古史"说的"劲敌"。但钱的成名与命运的改变,与顾颉刚慧眼识拔密不可分。1929年春,顾颉刚离开中山大学赴燕京大学执教途中,在老家苏州小住。当时,钱穆在省立苏州中学任教。钱穆这时大概已写出了"对先秦诸子的学术渊源与生卒年代有了全盘的交待,同时也把幽晦了两千年的战国史的真象发掘出来"[②]的《先秦诸子系年》一书,顾颉刚阅读之后极为赞赏,感到该书具有很高的学术价值,因而对钱说:"君之《系年》稿仅匆匆翻阅,君似不宜长在中学中教国文,宜去大学中教历史。"[③]遂把钱穆推荐到中山大学(钱后来未应中大之聘)。顾颉刚同时约请钱穆为自己主持的《燕京学

---

① 谭其骧:《关于汉武帝十三州问题讨论书后》,《复旦学报》1980年第3期。

② 陈勇:《钱穆传》,北京:人民出版社,2001年,第81页。

③ 钱穆:《八十忆双亲·师友杂忆》,北京:生活·读书·新知三联书店,2005年,第141页。

报》撰稿。钱很快写出轰动学界、一举成名的《刘向歆父子年谱》，由顾编发在1930年6月《燕京学报》第七期上。这篇文字系统地驳斥并进而推翻了康有为的《新学伪经考》，而《新学伪经考》正是顾颉刚疑古辨伪的出发点。钱穆此文表面上针对康有为，实际上矛头直指"古史辨派"，特别是直指顾颉刚，而且出言相当不客气："余于康氏，非好为诋訾也。能深读康氏书，心通其曲折，因以识其疵病而不忍不力辨，康氏有知，当喜不当怒也。其他诸家不能一一及，康氏之说破，则诸家如秋叶矣。"[①]这个"如秋叶矣"的"其他诸家"当然首先包括顾颉刚。在钱穆看来，他的文章对"古史辨派"来说，就是釜底抽薪，不攻自破，秋风扫落叶。这一点，不仅钱顾两人各自心中十分清楚，当时的学界中人可以说无不知晓。尽管这样，顾颉刚不但编发了此文，而且在此文刊出的同时，向燕京大学推荐钱穆来做讲师。这年9月，钱穆应聘来到燕园，成为顾的同事。钱穆从此如鱼得水，如虎归山，学术地位扶摇直上。对于顾颉刚这种泱泱君子之风，晚年的钱穆仍感念不已。在《师友杂忆》中，他述及此事时曰："（颉刚）促余第二约，为《燕京学报》撰文。余自在后宅，即读康有为《新学伪经考》而心疑，又因颉刚方主讲康有为，乃特草《刘向歆父子年谱》一文与之。然此文不啻特与颉刚争议，颉刚不介意，既刊余文，又特推荐余至燕京任教。此种胸怀，尤为余特所欣赏。固非专为余私人之感知遇而已。"[②]与《刘向歆父子年谱》在《燕京学报》上刊出的同时，顾颉刚自己的另一篇捍卫"层累地造成的中国古史"观的论文《五德终始说下的政治和历史》也在《清华学报》上发表，这也是一篇震撼学界的雄辩之作。这两篇论文研究同一时期的历史，但结论完全相反。对此，顾坚邀钱穆对自己的论点

---

① 钱穆：《刘向歆父子年谱·自序》，《古史辨》第五册，第106页。

② 钱穆：《八十忆双亲·师友杂忆》，第145页。

给予批评,钱因而写出《评顾颉刚〈五德终始说下的政治和历史〉》一文。文中说:顾颉刚先生屡次要我批评他的这一近著,因为我在他的这篇文章之前,曾写有《向歆年谱》,和他的议论正好相反,我读了他的文章之后,自然有一些不同的见解。然后就认真地批评起来:“顾先生传说演进的古史观,一时新起,自不免有几许罅漏,自不免要招几许怀疑和批评。顾先生在此上,对晚清今文学家那种辨伪疑古的态度和精神,自不免要引为知己同调。所以《古史辨》和今文学,虽则尽不妨分为两事,而在一般的见解,常认其为一流,而顾先生也时时不免根据今文学派的态度和议论来为自己的古史观张目。这一点,似乎在《古史辨》发展的途程上,要横添许多无谓的不必的迂回而歧迷。”而“《五德终始说下的政治和历史》那篇论文,便是一个例子”。在这篇文章中,“顾先生和今文学家同样主张”在刘歆、王莽时“定有一番盛大的伪造和突异的改换”。[①] 应该说,在婉转的、温和的辞旨背后,钱穆对顾的批评是严厉的。因为他实际上把顾看做今文学家了,而顾对这一点是最忌讳的。早在《古史辨》第一册《自序》包括后来的《古史辨》第四册《自序》中,顾就一再声明:虽然他接受《新学伪经考》的基本观点,但他绝不是康有为那样的“经师”,他是站在史学家的立场上而不是站在“经学家立场”来从事疑古辨伪的。尽管这样,顾还是将钱穆此文与他的文章一起收入《古史辨》第五册。只是,他又写了一篇《跋钱穆评〈五德终始说下的政治和历史〉》,为自己作了进一步辩护并对钱穆进行了反批评,同时还再一次声称自己不是今文学家。钱穆则在顾“跋”后加了一个“附注”,对自己的观点有所澄清,又指出顾颉刚“跋”中的论点“与我说并无碍”。顾颉刚在自己主持的《燕京学报》

---

① 钱穆:《评顾颉刚〈五德终始说下的政治和历史〉》,《古史辨》第五册,第621页。

中刊发了钱穆的《刘向歆父子年谱》之后，接着又推出了钱穆的《周官著作时代考》，此文也是针对顾说而来的。由于钱穆在“附注”中提到此文，顾颉刚又不厌其烦地在钱穆“附注”后再加“颉刚按”，批评《周官著作时代考》。真是唇枪舌剑，短兵相接。但是，顾钱之间的友谊如故。后来，顾颉刚又把钱穆推荐到北京大学去做教授。抗战期间，顾钱均在昆明，当顾应邀出长设在成都的齐鲁大学国学研究所时，邀钱一同前往。不久顾辞去国学研究所主任职，荐钱穆接任。一个“古史辨派”的劲敌，却屡屡成为“古史辨派”掌门人提携的对象，顾颉刚博大的学术胸襟于此可见一斑。顾的这种胸襟并不是专对钱穆一个人的，对几乎所有他认为“有人格的论敌”，他都以这种胸襟待之。如他对另一个“古史辨派”的“旗鼓相当”的论敌刘掞藜的尊重与同情，也足以让后人肃然起敬。

1923 年 5 月，《与钱玄同先生论古史书》在《读书杂志》上发表之后，刘掞藜、胡堇人“就来书痛驳”。刘掞藜的文章为《读顾颉刚君〈与钱玄同先生论古史书〉的疑问》，其中在批驳顾颉刚引《说文解字》把“禹”训释为一条虫子时说：“这种《说文》迷，想入非非，任情臆造底附会，真是奇得骇人！”[①]然后依照顾颉刚训禹为虫的逻辑，通过把“后稷”训为植物，对顾颉刚此文给予痛快淋漓的“痛驳”。此文至今读来，仍使人感到扑面而来的盛气。但顾却谦逊地认为：对刘掞藜等人的“痛驳”，“我很高兴地收受，我觉得这是给与我修正自己思想和增进自己学问的一个好机会，只当作好意的商榷而不当以盛气相胜的”。因此，当即写出《答刘胡两先生书》，文中说：“由‘努力社’转到两位先生的质问，披读一过，真使我高兴得

---

① 刘掞藜：《读顾颉刚君〈与钱玄同先生论古史书〉的疑问》，《古史辨》第一册，第 87 页。

很。”又说:我的文章“证据不充,无以满两位先生之意,甚以为愧”。① 接着,进一步申述了自己的见解。至于训禹为虫的观点,声明放弃。但仍强调“禹具有天神说”,是“传说中的人物”。刘掞藜读后,又撰《讨论古史再质顾先生》在《读书杂志》上发表。此文一如上文,仍以“盛气相胜”,通篇“痛驳”顾颉刚说话“随便”“臆测”“无根据”“凭空说”“牵强附会”“穿凿附会”等,又说顾颉刚与钱玄同,对经书与子书,“闭着眼睛,一笔抹煞”,“因一事不可信,便随便说他事俱不可信;因一书一篇不可信,便随便说他书他篇皆不可信”。“以此疑古,不是笑话么?”还认为顾“这种翻案的议论,这种怀疑的精神,很有影响于我国的人心与史界”,因而感到十分不安。结语则是“觉得先生所说俱不能成立”。② 对此,顾颉刚在随后刊出的《启事三则》中开头即说:“读刘掞藜先生《再质》一文,使我非常欣喜。我久要寻觅这样的一个伴侣而不可得,现在竟得到了!”又说:“中国的古史全是一篇糊涂账。二千余年来随口编造,其中不知有多少罅漏,可以看得出它是假造的。但经过了二千余年的编造,能够成立一个系统,自然随处也有它的自卫的理由。现在我尽寻它的罅漏,刘先生尽寻它的自卫的理由,这是一件很好的事。即使不能遽得结论,但经过了长时间的讨论,至少可以指出一个公认的信信和疑疑的限度来,这是无疑的。多辩论一回,总可多少得些成绩,这也是无疑的。所以我们应该各照着自己的信仰,向前走去,看到底可以走到那么远才歇脚。”③顾颉刚是一位学问至上、真理至上的学者,他没有那种学者特有的虚荣心、脆弱的面子和不容拂逆的脾气。不管批评来自何方、来自什么人,也不管批评的火气

---

① 顾颉刚:《讨论古史答刘胡二先生》,《古史辨》第一册,第 105 页。

② 刘掞藜:《讨论古史再质顾先生》,《古史辨》第一册,第 164—186 页。

③ 顾颉刚:《启事三则》,《古史辨》第一册,第 187 页。

有多么大，只要有助于追求真理，他都虚怀若谷，乐于接受。1935 年 10 月 7 日，他接到刘掞藜病逝的讣告，深感沉痛，为此“不怡累日”，并在日记中记道：“学未能成，可悲也。胡堇人君亦于前年死矣。十余年间，遂零落至此。”[①]1936 年年初，为悼念刘掞藜的逝世，《禹贡》半月刊特登载其遗作《晋惠帝时代汉族之流徙》一文，顾颉刚为之作“前言”曰：

> 这样一个在贫穷中奋斗，在疾病中支撑的有志之士，哪知只活得三十六岁！老天爷只让优游无为的人去享长寿，真把时间和饮食糜费得太过分了！我们二人，大家知道是辨论古史的论敌，但天下惟有对于有人格的敌人才有真实的钦慕。我们虽从没有见过面，但颉刚等发起的朴社，刘先生就是一个社员。五六年前，我们通过几次信，后来我因事忙，他又多病，音信遂尔断绝。但信虽不通，每逢河南、湖南、四川来的朋友，我总要探听他的行踪。……我想我们总有握手的一天，我想将来我们该再来打古史的官司，直到把我们心头的问题打出一个结果为止，哪知道到了现在只断定是一个虚愿呢！[②]

对“旗鼓相当”的论敌给予人格上的尊重，对来自学生辈的批评与商榷，顾颉刚何止接受，简直是在鼓励、怂恿他们站出来批评自己，从而通过这种方式来培养人才。谭其骧与他“关于汉武帝的十三州问题讨论”就是一例。1931 年，谭就读燕京大学研究院，旁听顾的“《尚书》研究”课。他认为顾讲义中所讲的“十三州”不是西汉的制度，而是东汉的制度，并于课下向顾提出了自己的疑问。按

---

① 《顾颉刚日记》第三卷，第 398 页。

② 顾颉刚：《晋惠帝时代汉族之流徙・前言》，载《禹贡》半月刊第四卷第十一期，转引自[马来西亚]郑良树：《顾颉刚学术年谱简编》，第 182 页。

照谭1980年代初的说法,他那时不过是一个“二十岁刚出头的毛头小伙子”,而顾先生“这位老师还不是一位普通的教师,而是一位誉满宇内的名教授,举世钦仰的史学界权威!”[①]没想到的是,这样一位权威竟鼓励他将看法写成文字。于是谭致信顾,论证了自己的意见。顾接信后,以一天的时间写了一封六七千字的答辩信,第二天就交给了谭。谭接着又致信顾,继续争辩;顾再致信谭,反复讨论。后来,顾将这四封信并在一起又写了一个“附说”,加上一个“关于《尚书》研究讲义的讨论”的名目,印发全班同学。对此,谭晚年感叹道:

> 我两次去信,他两次回信,都肯定了我一部分意见,又否定了我另一部分意见。同意时就直率承认自己原来的看法错了,不同意时就详尽地陈述自己的论据,指出我的错误。信中的措辞是那么谦虚诚恳,绝不以权威自居,完全把我当作一个平等的对手看待。这是何等真挚动人的气度!他不仅对我这个讨论对手承认自己有一部分看法是错误的,并又还要在通信结束之后把来往信件全部印发给全班同学,公诸于众,这又是何等宽宏博大的胸襟。[②]

谭其骧的弟子与助手葛剑雄,1982年在评价他们尊师的学术行程与贡献时说:

> 对谭其骧来说,这次讨论则成为他进入历史地理研究领域的开端。假如不是顾先生如此热心地奖掖后学,那么谭先生可能不会如此迅速地崭露头角,或许也不可能选择历史地理学作为自己的终身事业。

---

① 谭其骧:《关于汉武帝十三州问题讨论书后》,《复旦学报》1980年第3期。

② 谭其骧:《关于汉武帝十三州问题讨论书后》,《复旦学报》1980年第3期。

在谭的传记中，葛剑雄记叙了这件事之后又说：“这场讨论决定了谭其骧此后 61 年的学术方向，也给他留下了终生难忘的印象。”①

这种“宽宏博大的胸襟”，顾颉刚直到晚年依然保持着。1962 年 7 月，南开大学王玉哲将其研究生李民的毕业论文《〈尚书·盘庚篇〉的研究》寄给顾颉刚审阅，顾很快回复了批语，对此文所述《盘庚篇》的制作时代为西周初年的论点甚为注意，同时邀李民来京面谈。李民如约来京，面询《尚书》问题。后来李民回忆说：刚开始接触时，我心里忐忑不安，觉得我是一个初学《尚书》的青年学生，顾先生早已是闻名遐迩、载誉全国的著名的史学专家和《尚书》学大家，恰恰我又提出了一个与他不相同的意见。出乎我的意料，顾先生却是极为热诚地帮助我、鼓励我，并能虚怀若谷地倾听我的陈述。他语重心长地对我说：《盘庚篇》制作于西周初年的说法不是不可能成立的。并且一再告诉我：千万不要因为他是持东周说而改变我的看法。他要我继续按照我的想法写下去，甚至要写成和他辩论的文章，由他向有关杂志推荐发表，更使我感动的是，他还帮我找了几条有利于说明我的观点的材料。② 在“文化大革命”后期开始与顾颉刚交往的汪宁生，曾写出一篇题为《释“武王伐纣前歌后舞”》的稿子，寄顾先生审阅，作者认为，顾先生“是不太赞同我这份稿子的基本观点的……但尽管如此，他还是把它向有关刊物推荐了，因为他认为‘可备一说，不宜埋没’。这种真正的学者风度使我感动。正是在这些地方，显示出顾先生高尚的道德品质，永远

① 葛剑雄：《悠悠长水：谭其骧前传》，上海：华东师范大学出版社，1997 年，第 32—33 页。

② 李民：《学习这样的治学精神》，王煦华编：《顾颉刚先生学行录》，第 386—387 页。

值得我们这一代人学习。这和有些‘权威’对与自己不同观点的文章便横加指责甚至压制,真不能同日而语”[1]。

七、编杂志:甘为青年作嫁衣裳

“刚所擅长者为编辑出版之事,胸中颇有几个编辑出版计划,且亦有人材与物材可用,如能容我发展,当可对于学术界作一切实之贡献。”编杂志,办刊物,确实是顾颉刚的拿手好戏,也是他的特殊偏好。从20世纪20年代到40年代的近30年间,顾颉刚走到哪里,就把杂志办到哪里。1920年代初在北京大学,他主持编辑《国学季刊》《国学门周刊》《歌谣》周刊;1926年到厦门大学,主持编辑《国学研究院周刊》;1927年到广州中山大学后,主编《国立中山大学语言历史学研究所周刊》、《民俗》周刊和《国立中山大学图书馆周刊》;1929年回北平,执教于燕京大学,遂主持《燕京学报》的编辑工作,直至“七七事变”爆发;1939年赴昆明后,则在昆明《益世报》主编《边疆》周刊和《史学》周刊;1940年任职于迁至大后方的齐鲁大学国学研究所,创办并主编《责善》半月刊和《齐大国学季刊》,同时与校外诸名家合编《史学季刊》;1942年离齐大,接手主编《文史杂志》,又创办《中国边疆》杂志;接着进入出版界,直至1950年代初。

顾颉刚对办杂志抱有如此大的兴趣,肯花费如此多的精力,这同他“太过爱才”、同情心泛滥的癖性有关。顾颉刚实在不能容忍社会对于人才的浪费与淹没。对于一个手中既无权又无钱的学者来说,与之抗争的最好办法,就是勉为其难办杂志了,只有这样,才能“使许多有志有为的都得到他的适当的名誉和地位”,当时有人

---

① 汪宁生:《多所见闻以证古史:记顾颉刚先生对我的启迪和帮助》,《社会科学战线》1984年第3期。

批评他：办杂志是终日为他人忙、为他人作嫁衣裳，弄得自己学问毫无进步，写不出多少文章。在顾颉刚看来，“我们若为自己成名计，自可专做文章，不办刊物；若知天地生才之不易，与国家社会之不爱重人才，而欲弥补这个缺憾，我们便不得不办刊物。我们不能单为自己打算，而要为某一项学术的全部打算”[①]。刊物是培养文史人才的苗圃，在《责善》半月刊的《发刊词》中，顾颉刚表达了这层意思：齐大国学研究所刚开始起步，“从学者初至，恒谓志学未逮，只缘不知所以入门……惮于个别指点之烦，鉴于借题示范之急，故为此刊以诱导之”[②]。顾颉刚究竟通过办刊物发现培养造就了多少人才，无从统计。这里仅以《禹贡》为例，看一下他在这方面的良苦用心与不朽业绩。

《禹贡》是顾颉刚所经手主办的众多杂志中最具特色的一种。从1934年2月出版第1期，到1937年7月被卢沟桥炮声打断，《禹贡》半月刊在不到三年半的时间内共出版7卷82期。扶植、培养青年学子，是《禹贡》一创刊就向学界申明的宗旨。当时，顾颉刚在燕京大学和北京大学两校教授“中国古代地理沿革史”课，他感到，两校的同学都对此课兴趣浓厚，“肯和我切磋琢磨，每次课作都做得很精细，又很能提出自己的见解，使我感觉到我们这个课程有极远大的前途”。《禹贡》的另一主编谭其骧则在辅仁大学承担“中国地理沿革史”课。在创刊号上，他们表示：“顾谭二君担任此课，于学生课卷中屡睹佳文，而惜其无出版之机会，不获公诸同好。”而“我们觉得研究学问的兴趣是应当在公开讨论上养成的，我们三校的同学如能联合起来，大家把看得见的材料，想得到的问题，彼此传

---

① 顾颉刚：《致谭其骧》三，《顾颉刚全集·顾颉刚书信集》卷二，第557页。

② 顾颉刚：《责善半月刊》创刊号《发刊词》，转引自[马来西亚]郑良树：《顾颉刚学术年谱简编》，第214—215页。

告,学业的进步一定很快速”。于是,“我们决定办这个半月刊。这个刊物是以三校同学的课艺作基础的”。顾颉刚在第1期《编后》中因而强调:“这个刊物是我们练习作研究工作的一个机关,所以希望读者不要用很严格的眼光来看,也不要对于我们最近的成就有太苛的责望。……现在我们所祈望于社会的,是多给我们培植和保护。我们现在是一群小孩,小孩时能受好教育,长成了才可任大事业咧!”[①]1981年,侯仁之在《历史地理》创刊号上著文曰:“四十六年前当《禹贡》半月刊创刊的时候,我正在大学二年级学习,是顾颉刚教授主讲的‘中国古代地理沿革史’班上的学生……一次在上课的时候颉刚老师告诉我们说,《禹贡》半月刊的出版给我们提供了一个练习写作的园地。他还亲自为我们每一个人拟定了写作的题目。我分到的题目是:《汉书地理志中所释之职方山川泽浸》。当时我们每个人都很兴奋,跃跃欲试。但是我自己的旧学根底很差,分到这个题目,还得去参考一些前人的著作……好在这一写作的要求,乃是以辑录为主,最便初学,因此我还是努力按期交卷了,至于是否能够发表,却没有什么信心。出乎意料的是这样一篇习作,很快就在《禹贡》半月刊上登载出来。尤其使我惊异的是这篇文章的绪论和结语,都经过了颉刚老师的修改、补充和润饰,竟使我难于辨认是我自己的写作了。这件事大大激励了我,我决心去钻研古籍,就是从这时开始的。”发表在《禹贡》半月刊上的三校同学的课艺之作,大概都不同程度地经过顾谭二先生的修改、补充和润饰,也都由此而“唤起他们对学问的热心”。[②]

青年人过早地发表作品,尤其是把课艺之作公诸学界好不好?

---

① 顾颉刚:《〈禹贡〉半月刊第一卷第一期编后》,见史学史研究资料室:《顾颉刚先生和禹贡学会》,《史学史研究》1981年第1期。

② 侯仁之:《回忆与希望》,《历史地理》1981年第1期。

这在学术界尤其是在那些学术大师那里可能也是个仁智互见的问题。喜好“今是而昨非”、不惜以今日之我来否定昨日之我的梁启超主张：学术乃天下之公器，学者不得窃而为私，因此有意思可先发表出来，供学界讨论，以求学术的推进，没有必要自己求不朽。1921年，胡适致信梁启超，对梁启超的这一态度作了回应。当时梁劝胡尽早出版《墨辩新诂》，胡在信中说：“先生劝我早日整理出版，这话极是。我常说，我们著书作事，但求‘空前’，不妄想‘绝后’。但近年颇中清代学者的毒，每得一题，不敢轻易下笔。将来当力改之，要以不十分对不住读者的期望为标准。”[①]胡适原是好发议论的，不然的话不会有《文学改良刍议》，至于他1920年代后“每得一题不敢轻易下笔”的原因，据唐德刚说，并非都是“近年颇中清代学者的毒”的结果，很重要的原因“是受了他底盛名之累”。“胡氏治学的态度原是最谨严的。成了大名之后，众目所视，那就使他益发小心。”为了反衬胡适的谨严，唐氏说到了冯友兰与顾颉刚：胡先生治学的态度是和冯友兰、顾颉刚诸先生不同的。冯、顾诸先生是举一反三，有点证据，就先把议论发了再说。冯著《中国哲学史》的第一版就错误百出，到第二三版再慢慢改正。唐德刚认为，胡氏则不然。第一，他是受了他自己所倡的口号限制，坚守有论必有据的原则。第二，他也是受了他的盛名之累。他出的书第一版就不能有大错。胡适之治学，让人抓住小辫子，那还了得?! 所以他不得不特别谨慎。但唐德刚接着调侃道：“好多与胡适接近的后辈，在这方面都上了他底大当。在他底影响之下，大家不把问题搞清楚，就不敢献丑。但是此事阎王可做，小鬼不能做，也不必做。尤其是所谓‘留美学人’，在这个‘不出版，就殒灭’(Publish or Perish)，以学

---

① 胡适：《答(梁任公)书》，《胡适文存二集》一，上海：亚东图书馆，1924年，第253页。

问为商品的社会里,读三本书就应该写五本书。……所以胡适那一套也是害尽苍生,他地下有知真应该饮恨黄泉。"[①]

说胡适"不把问题彻底弄清楚就不敢动笔"的治学原则"害尽苍生",显系愤激之辞,但上边的调侃却也道出了部分实情:那些精雕细琢藏诸名山之作,的确是"阎王可做,小鬼不能做"。前曾指出,顾颉刚是靠《与钱玄同先生论古史书》一举成名。老实说,此文的确属于"有点证据,就先把议论发了再说"那一类,证据薄弱及行文中的漏洞所在多有,乃至闹出"禹为动物,出于九鼎"的笑话。胡堇人、刘掞藜对顾的批评不能说未击中要害。"古史辨派"一开始"毁多于誉",不为无由。但是,顾颉刚在批评声中成熟起来、严谨起来,最后奠定了自己在史学界的权威地位。问题在于,顾颉刚成为权威后,可能并未有意忘记《与钱玄同先生论古史书》一文对自己成名的刺激与推动,但由此还可能想到青年人较早地发表作品乃至把自己的课艺之作公诸学界利大于弊,对他自己来说,没有《与钱玄同先生论古史书》这篇近乎课艺之作的半封通信,就没有作为"古史辨派"领袖的顾颉刚。为此他怂恿、鼓励、提倡青年学子勇敢地把自己不成熟的"课艺之作"拿出来"公诸同好"。在《禹贡》第2期《编后》语中,顾颉刚对"青年人过早地发表作品好不好"的问题作了热情洋溢的肯定表态。他说:

> 谨慎的前辈常常警戒我们:发表文字不可太早,为的是青年作品总多草率和幼稚,年长后重看要懊悔。这话固然有一部分理由,但我敢切劝青年不要受他们的麻醉。在学术上,本没有"十成之见",个人也必没有及身的成功。学术的见解与成就,就全体言是一条长途,古人走到那里停下了,后人就从

① [美]唐德刚:《胡适杂忆》,台北:传记文学出版社,1980年,第38页。

他停止的地方走下去；这样一代一代往前走，自然永有新境界。就个人言也是一条长途，所谓少年，青年，壮年，老年，都是这长途中的一个阶段，你要进步，就得向前走。所谓“走”，是心中有问题，眼中有材料，从问题去寻材料，更从材料去增加问题，逼得你“欲罢不能”，一定要这样才有真正的研究可言。但是最难的一件事就是心中有问题。一般大学生，对于各种学科的内容都有些门径了，学术的系统和研究的方法也明白了。然而心中有问题的能有几个？毕业之后不做留声机的又有几个？材料是死的，你成天读书，读熟一部《图书集成》，至矣尽矣，然而你也不过做了一部《图书集成》，只有四百元的代价，算得了什么！如果问我：如何可以得到问题呢？我将答说：就在你肯随处留心别人的意见，同时敢把自己的意思对人发表，更容纳别人的讨论。只要你自己错了肯承认，肯屈伏于别人的意见之下，那就是你自己的进步。自己不错而别人错，你会用了自己的理由说得他屈伏，那就是你督促别人进步。如此相摩，相荡，相冲突，相抵御，相吸收，相竞胜，然后各人心中怀着急切待解的问题，眼中也尽看见和这个问题有关的材料了。

这件事情看来虽易，实做却难。假使你在青年期没有练习发表意见，你到了壮年以后就不会发表意见。假使你在青年期没有练习容纳别人的意见，你到了壮年以后就不能容纳别人的意见。你的胸中在青年期没有几个问题，壮年以后，脑筋越来越僵化，思想越来越枯涩，更没有发生问题的希望了。

在我们的团体中，大多数是大学生，我希望大家能有这样的认识，捉住这个练习的机会，一步一步的往前走，使得这些

> "少作"无负于现在的年龄，更使得将来的年龄对得起这些"少作"。[1]

60年的历史，证明了顾颉刚的眼力、判断力，谭其骧、侯仁之、史念海、杨向奎等人的成功，说明了《禹贡》杂志的成功，说明了顾颉刚办刊旨趣的成功。一个成功的杂志不是靠名人来支撑，不能以吸引名人文章的多少来衡量，相反，而是要看它通过自己的努力造就出多少名人。以此而论，《禹贡》可以说是中国现代学术史上办得最成功的杂志之一。杨向奎晚年满怀深情地指出：

> 顾先生成立禹贡学会，出版《禹贡》半月刊，造就了许多人。现在历史地理学中的大家名家全是那时出来的，像谭其骧、侯仁之、史念海、杭州陈桥驿……现在又有第三代。顾先生不仅在学术思想方面有贡献，而且在造就人材方面也有很多贡献，恐怕比学问方面贡献更多。历史地理学不仅研究沿革地理，而且与现代政治关系很密切，比如国界，往外划一点，人家不让；往里划一点，我国吃亏。对国内说，问题更多。谭(其骧)先生主持作的历史地图，基本上是正确的，这若是没有顾先生的开创和后人的几十年的努力是办不到的。所以，顾先生不仅在古代史、民俗学上有伟大的贡献，在培养人材上更有了不起的贡献。[2]

---

① 顾颉刚：《禹贡》半月刊第1卷第2期《编后》。

② 杨向奎：《回忆顾先生的几件往事及对我的影响》，中国社会科学院历史研究所、中山大学历史系合编：《纪念顾颉刚先生诞辰110周年论文集》，第281页。

第三章　始于爱而终于离

——顾颉刚与何定生

要点提示：离开迅师，走向顾师——得顾师的指点，“如听半空里一个霹雷，一切所作想，至此完全廓清”——顾对何说：“你，在天资方面，在外国文方面，在文学的文方面，都比我强得多”——“顾师教督之殷，安能恝然！师越问，我越不敢怠慢，则枷锁越重，而我的心，乃完全会失自由”——胡适对何定生说：“玄同和劭西（黎锦熙）都注意你这篇东西”——顾致信何：教授们“是如此阻遏学术的生机，你应当炼好你的身体振起你的精神，努力学术，把这班腐化的分子打倒”——胡适反省“整理国故”运动：“一班少年人跟着我们向故纸堆里去乱钻，这是最可悲叹的现状。……这条故纸的路是死路”——何定生不以为然：胡适不是站在治学的立场上说话，而是立在“责任”上“忏悔”——何编《关于胡适之与顾颉刚》一书出版。王伯祥致信顾：“在上海看见了这本书，中间对于胡顾颇有优劣异同之论”，将“造为胡顾分裂之论乎”——顾颉刚说：我已失去“傅孟真先生这一个良友”，不能再失去适之先生“这一个良师”——顾对何失望至极：“你已经亲手把我一颗爱你的心打碎了”——面对“城堡重重，剑戟森森的北平学界”，顾颉刚不寒而栗——为生之道：何定生与罗尔纲的比较——曾志雄评述《〈尚书〉

的文法及其年代》:“不管从甚么角度看,何定生师的《〈尚书〉的文法及其年代》都是一篇奇文”——台大学生眼中的何定生:“他神情肃穆、忧郁而不带一丝笑容”——不久于人世的何定生喃喃自语:“唉,顾老师啊! 甚么时候能见您呢? 老师啊! 能见到我的书,那多好啊!”——何定生对自己的《诗经》研究深具信心:“(二十世纪)三十年代是《诗经》的 Koo's Age(顾颉刚时代),现在是《诗经》的 Ho's Age(何定生时代)”——86 岁高龄的顾颉刚在病榻上读到了《定生论学集》:“其所论《诗经》与孔学,实为我论学诸文之发展。惜哉此人,如此早逝,真可悲也!”

何定生是顾颉刚最早的学生之一。顾于 1920 年在北大毕业留校后,并未立即执掌教鞭,而是先任图书馆编目员,后调至文科研究所编杂志。1926 年,应林语堂之邀,顾至厦门大学,但也似乎未登堂授课。顾颉刚的教书生涯实始于中山大学,正是在这里,产生了他的最早的追随者,何定生是其中比较出色的一个。但他们师徒二人善始却未善终。年幼无知、涉世未深的何定生虽然造成了这一切,但其中所包含的故事却是意味深长的。

一、《山海经》把何定生带到了顾的身边

1927 年 4 月,顾颉刚来到了广州。顾颉刚是受好友傅斯年之邀,前来广州中山大学出任史学系教授兼主任的。顾傅二人在北大读书时,曾在一个宿舍里共同生活了几年,尽管彼此性情差异较大,但由于志趣相近,意气相投,遂成为“埙篪相应”的知己好友。1926 年冬,傅斯年自德学成归国,不久便应聘出任广州中山大学文科学长(后改称文学院长)暨国文、史学两系主任。当时,顾颉刚正在厦门大学任教,因为不善处理人事关系而受排挤,精神不快,学

问也做不下去。傅斯年闻讯后,便热情邀顾前来中大执教。

顾颉刚到了广州中山大学后,为广州学界带来了一种新的风气。在主持语言历史学研究所工作时,发起组织了民俗学会,创办了三种刊物,在广州轰轰烈烈地开展了多种民俗学活动,把发轫于北京大学的中国民俗学运动推向高潮。在开辟民俗学研究新领域的同时,继续从事古史考辨活动,他所笃信的"疑古辨伪"的治史方法和治史路数,使许多青年学生深受影响,从中获益匪浅。正如当时中大学生何之所说:"顾先生等前来,于是语言历史的研究,民俗的研究,应运而生,各种周刊按时而出,国文的声浪,竟风靡一时了。""两年来眼见各同学醉心国学和勇于疑古,不能不叹顾先生的伟力,与众士之善于师法啊!本来国学既受多人的唾骂,但疑古却仍旧一样地滋长……"[①]

顾颉刚在 1928 年给胡适的信中称:这里"学生很有几个好的"[②]。在顾提及的几个好学生中,广东揭阳人何定生是最受他青睐的一个。何定生,1911 年 4 月 22 日出生于揭阳西门何家祠,父亲何子因是晚清秀才,同盟会会员,曾任揭阳县保卫团总局局长、高雷镇守使署秘书。[③] 1926 年,何定生 15 岁,考入了国立中山大学国文系。1927 年 10 月,当顾在中大开设"中国上古史""书经研究""书目指南"及文史导课(《诗经》、三百年思想史)时,何定生已是国文系二年级的学生。他和陈槃、黎光明、葛毅卿、李晋华、李光信、林超等一起选了顾的课。顾讲课时口才虽然差强人意,但所传授的内容和治学方法,却使这般年轻学生耳目一新,颇感震动。在他

---

① 何之:《顾颉刚先生的怀疑精神》,定生编著:《治学的方法与材料及其它》,北平:景山书社,1929 年,第 91 页。

② 顾颉刚:《致胡适》一一四,《顾颉刚全集・顾颉刚书信集》卷一,第 451 页。

③ 参见杨晋龙:《何定生教授年表初稿》,《中国文哲研究通讯》第二十卷第二期。

的启发和指引下,许多学生开始对学术研究发生兴趣,不断向他问难质疑。何定生在这方面表现得尤为突出,因而也最为顾所赏识。

1928 年 3 月 8 日,顾颉刚收到了何定生的一封来信,请教有关《山海经》的几个问题及《论衡》中《乱龙》一文的信实价值。《山海经》曾被《四库全书总目提要》称为"小说之最古者",其中记载了诸如精卫填海、夸父追日、女娲补天、刑天舞干戚等大量流传甚广、美丽动人的神话传说。它可以说是中国古代神话、故事、巫术、地理观念、博物观念的一大结集,从中不难发掘出许多秦以前古老社会先民的信仰、祭祀、崇拜、医药等珍贵的民俗材料。作为我国最早的有关民俗信仰的专著,《山海经》具有相当大的学术价值。十多天后,顾颉刚回书一封,针对何定生所询问的《山海经》的著作时代、《山海经》的性质和批评以及解释《山海经》的书籍、《山海经》在学术上之价值等四个问题详加作答。他认为,古代的书,著作时代之所以不能确定,盖因其随时有增减也。也许《山经》作于战国前,《海经》《大荒经》次之,这还须待与《楚辞》《吕氏春秋》《淮南子》《逸周书》《禹贡》《五帝德》所述地域之大小作一比较后方可说定。顾还指出,《山海经》是古代地理书兼巫书,以前很多人鄙弃它,现在观点已变,应好好地研究它,表露它真正的学术价值。关于《论衡》中《乱龙》一文的信实价值,顾认为只要把全部的《论衡》看一过,有无与《乱龙》篇类似的话,如其无之,则此篇确是可疑,也许抄书的人从别的书里误抄在《论衡》的;如其还有,则王充生在迷信思想盛行的汉代,受些时代影响,也是可能的。[1]

何定生收到信后,便按照顾的建议,重新将《论衡》翻阅一遍。

---

① 顾颉刚:《致何定生》一,《顾颉刚全集·顾颉刚书信集》卷二,第 313—315 页。此信连同何定生原信刊于《国立中山大学语言历史学研究所周刊》第 2 集第 20 期。

最后,他肯定了顾的后一种假设。他认为,王充在《乱龙》篇中引十五条证据论证土龙亦可致雨,颇有迷信色彩,但不能像胡适之先生那样据此视其为伪作。因为王充处在迷信思想盛行的汉代,是无法摆脱这种时代思想的影响的,所以“我人也不能便说这是与王充的思想矛盾。其所以有十五条迷信色彩之说话者,则正是王氏之不彻底使之”。在信的结尾,何定生诚恳地说道:“这是生个人的见解。读只一遍的二十万言书,而且文字冗长,内容繁复,难保不无弄错之处。这回写此,尤为仿佛,惟师指点耳。”[①]

一个初入学问界的人,最缺乏的恐怕就是学术自信。在这时候,如果没有师友的诱导和鼓励,就很难产生在艰深的学术路上继续前行的毅力和勇气。顾颉刚之所以能够很快创出自己的名声并终生无悔地在学术路上走了下去,实与胡适、钱玄同、傅斯年等一批师友的指引与激励分不开的。而何定生一步步地走上学术之路,也正得益于顾颉刚的循循善诱。

在与顾讨论《乱龙》篇的真伪之时,何定生还在顾的建议下从事古代文法的研究,后写成《汉以前的文法研究》一文,在《中大周刊》发表。5 月 25 日,何定生又给顾去了一信,打算用英文句子的分析法去分析《盘庚》全篇,并表示自己想要对整个古代文法加以研究。在这封信中,何定生将已经完成、正在进行、将要开始的研究工作,一一向顾汇报。最后他说:

> 这是我这回觉得到的写出来给先生看。详细的报告,仍当于一一分析之后。
>
> 生想便以这一回的兴趣,索性写十万字来结束古代整个的文法,师以为可否?这种工作,会值得做否?

---

① 此信刊于《国立中山大学语言历史学研究所周刊》第 3 集第 30 期。

尤望时时加以指导,督促,俾生了这一个小案也。[1]

顾颉刚对何定生的想法颇为赞赏,他为此信加了按语,刊于《中大周刊》。按语曰:

此函所言确是研究古文辞最好的方法;用了这个方法去研究,一定可以打破许多模棱的解释而得到新的确实的解释。至于真正不能明白的句子,有了这一番甄别之后,也可说一声"不懂"而不去强作解释了。以前人说"气"说"韵",原是得到了这一种感觉而没有工具可以达出它,所以成了虚浮的分析。现在定生兄有了文法的工具,而又有时代观念去运用这个工具,不致如马氏《文通》之混合三千年文句作一种的解剖,必定可以有很大的成功。[2]

二、《〈尚书〉的文法及其年代》

何定生果然没有辜负顾的殷殷期望。10月17日,《中大周刊·〈尚书〉的文法研究专号》出版,全文刊出何定生的《〈尚书〉的文法及其年代》。这篇洋洋洒洒数万言的雄文,可以说是何定生的成名之作。一经刊出,立即受到学术界的关注。当时蒋荫楼、辛树帜两位先生看到此文后,对何的才气与学力颇为赞赏,私下里同顾谈及何定生时,都表示十分佩服。顾颉刚也暗暗称好,他在1928年11月6日的日记中写道:"此自有研究所以来之第一篇成绩也!"[3]《〈尚书〉的文法及其年代》在很大程度上成就了何定生,但比此更为重

---

① 何定生:《致顾颉刚》,《国立中山大学语言历史学研究所周刊》第3集第32期。

② 附何定生《致顾颉刚》文后。

③ 《顾颉刚日记》第二卷,第220页。

要的，却是它凝聚着顾颉刚与何定生二人真挚、浓厚的师生情谊。

何定生最初对《尚书》发生兴趣，实在是和鲁迅有着很大关系。鲁迅曾于 1927 年春天始任中大文学系主任兼教务主任，开设了“文艺论”“中国文学史”和“中国小说史”。他的课很受学生们的欢迎，其中“文艺论”一课，因选修者达 204 人之多，只好把时间排在晚上，在大礼堂讲授。与许多年轻人一样，何定生亦被深深地吸引了。

鲁迅讲授文学史时，曾于古代文学取《尚书·尧典》中的尧叫鲧治水的一段做例子。何定生听后，颇感新奇与震动，事后，他是这样描述当时的感受的：“我听了他讲这一段文章之后，如入火星世界，不知道更有人间，人间哪有怪奇诡谲之文至于此极者！”然而，出乎何定生的意料，鲁迅教授文学史还没有半个学期便匆匆离去了，这使他颇感惆怅。[①]

鲁迅之所以要离开中山大学，其主要原因是顾颉刚的到来，在得知顾欲来中大时，鲁迅当即怫然作色道：“顾某若来，我便离开！”他们二人积怨甚深，实起因于一桩文字公案。顾曾说鲁迅的《中国小说史略》剽窃了日本人盐谷温的成果，鲁迅对此耿耿于怀，在小说《理水》中即还以颜色，对顾大加嘲讽。1926 年 5 月，林语堂以在北京无法立足，而往厦门大学任文科学长。是时，北京欠薪愈剧，且张作霖入关，通缉进步分子。因此，林语堂便邀顾颉刚、鲁迅、沈兼士、张星烺、陈万里等前往厦门同办厦大国学研究院。8 月，顾抵达厦门后，得知自己已由原来的研究所导师、国文系教授改聘为史学研究教授，不必上课。49 年后，即 1975 年 3 月，顾颉刚追记此事道：“我于本年七月一日接厦大聘书，本是研究所导师与大学教授，

---

① 何定生：《〈尚书〉的文法及其年代·作者的自白》，《国立中山大学语言历史学研究所周刊》第 5 集第 49—51 期合刊。

今日玉堂嘱换聘书，乃是研究教授，予骇问其故，则谓自《古史辨》出版后，学术地位突高，故称谓亦须改变。”[①]然而此事却激起一同前来的潘家洵的不满。据顾1973年7月追记，潘并没得到厦大的延聘，因与顾同住十年，彼此相熟，就随同顾一起来到了厦大。顾性格宽和，轻易不愿拒绝他人，到了厦门后，便向林语堂介绍，使潘被聘为讲师。“这一来就使得他火高三千丈，与我争名夺利起来，称我曰‘天才’，又曰‘超人’，逢人就揭我的短。”[②]当时鲁迅已经对顾心存芥蒂，听了潘的话后，认为顾的熟人尚且对他如此不满，则顾必为一阴谋家，惯于翻云覆雨。再加上另有他人从旁挑拨，鲁迅对顾的印象益发变坏。后来，由于一些误会和他人的造谣，鲁顾二人的关系更加恶化。

鲁迅到厦大，原来准备教两年，后来改为一年，又改为半年，最后不足四个月就辞职了。之所以如此快便辞职，原因是多方面的，但主要是对厦大环境的绝望：不仅工作不如意，生活上也屡遭刁难。当地报纸的副刊上就曾说，鲁迅“到校二三月，挨饿三四顿，包饭五六家，还要等一等”。在鲁迅辞职后，校长林文庆两次设宴饯行。有一次，酒过三巡，双方都借着三分酒意发牢骚。林介绍一个参加宴会的资本家，说：“某某先生是学校的董事。我们私立大学不管别的，谁捐钱谁就可以作董事。”鲁迅毫不犹豫地从口袋里掏出两毛钱来往桌上一拍，说：“我捐两毛钱也可以作董事吗？”[③]可见，鲁迅对校方的意见是很大的，因此他在1927年初便决然离开厦门前往广州，就任中山大学文学系主任兼教务主任。

---

① 《顾颉刚日记》第一卷，第784页。

② 《顾颉刚日记》第一卷，第786页。

③ 罗常培：《从厦门解放引起的感想——为鲁迅逝世十三周年纪念作》，茅盾、巴金等：《忆鲁迅》，北京：人民文学出版社，1956年，第70页。

当时,担任中山大学文科学长的是顾的好友傅斯年。在顾来中大之前,鲁傅二人经常在一起吃饭、交谈,过从甚为密切。然而,当傅斯年提出要聘顾来中大时,鲁迅表示坚决反对。傅斯年也毫不退让,声称若不让顾就中大职,自己也要辞职。副校长朱家骅不得不出面调停,一方面许鲁迅请假离校,一方面派顾到江浙一带为校中图书馆购书。但最终鲁迅还是拒绝校方的多次挽留,离开中大去了上海,顾则受聘为史学系教授兼主任。

何定生因鲁迅而对《尚书》发生兴趣,但这种兴趣还只是源于对其中所载典故的好奇,并没有萌生对《尚书》进行研究的念头。顾到了中大之后,何定生毫不犹豫地选了顾开设的"书经研究"课,也仍然是好奇心强于研究的兴味。然而,《尚书》作为最古的一部文献史料,学问精深如王国维者也不得不承认它"于六艺中最难读",自己"于《书》所不能解者殆十之五"。[①] 对于一个初学者来说,光是其文字之艰涩,内容之难解,就足以让他望而却步。因此,何定生原来强烈的好奇心渐趋平庸化了,一个学期将完,所读《尚书》还不到全书的三分之一。世上的事情往往就是这样,开始常因好奇而萌发兴趣,后来又因了解其深奥而顿生沮丧之意。何定生此时的心态,也许正是如此。但他并没有立即退却,第二年春天又继续听了下去。何定生对语言文字具有很强的感悟能力,他常因一两个句子不很平常,整天玩味。他此时所得于《尚书》的趣味,似乎仍离不了在它的文字之诘屈聱牙。但是,事情在不久之后出现了转机。

在一次偶然的机会里,何定生读了《胡适文存》中的《汝尔篇》,觉得好像和《尚书》有不甚合拍的地方。这一发现,令何定生欣喜

① 王国维:《与友人论〈诗〉〈书〉中成语书》,《观堂集林(外二种)》,第40页。

若狂,他立即全身心地投入到对《尚书》的"汝尔"的研究之中。结果,竭了三天及半天挨饿的精力,何定生写就了一篇《从胡适的〈汝尔篇〉到〈尚书〉去》的文章,随后,他兴冲冲地三脚两步来到大学研究所,将它交给了顾颉刚。他以为,用不了多久,就可以在周刊上见到自己的文章了。在接下来的日子里,他是在激动与紧张、兴奋与忐忑之中等待着老师的评价的。

隔了两天,顾颉刚遇到了何定生,他很温和地对何说:"你的文很好,只是须得改一下,因为有误会的地方。"随后将稿子交给了他。由于自己热切的期望没有得到如期的实现,何定生的心中泛起些许的失望。但是,当他看了顾在稿子上的批示时,不禁面红耳赤,颇感愧疚。原来,何定生连今古文还没有弄清。在经学史上,《尚书》有今文《尚书》与古文《尚书》之分,早属常识。今古文《尚书》不但文本注释不同,连篇目也不一样,而且古文《尚书》早被乾嘉时期的考据大师判为伪书。天下哪有于《尚书》的今古文还弄不清而能够作《尚书》研究的!何定生也不禁为自己的天真而哑然失笑。于是,他决定不再将那篇文章修改了,因为顾颉刚建议他不如作全部代词的研究,可以得个结果。这引发了何定生的极大兴趣,他认为,既要研究《尚书》代词,则势必比较它书的代词,不如索性作更大规模研究。顾颉刚对他的想法非常赞同,他说:"那末,汉以前都研究之更好吧。"这成了何定生的《汉以前的文法研究》的开端。①

何定生在研究过程中,逐渐感到,在古代文法中,代词固然有个很有趣的轨道,但这与整个的古今文法之变没有什么大的关系。自己如果只研究代词,结果固然可以看出一个字的转变,但对古今

---

① 何定生:《〈尚书〉的文法及其年代·作者的自白》,《国立中山大学语言历史学研究所周刊》第5集第49—51期合刊。

文章的异点好像还未致答。于是,何定生的胸中激起了万丈雄心,他已不满足于仅仅研究古代的代词,而是要用英文句子的分析法去研究整个古代文法了。这一想法一旦萌生,何便匆匆写信给顾,征询意见。顾的评价有点使何欣喜若狂,他认为何的分析方法是研究古文辞最好的方法,用它去研究古代文法必定可以有很大的成功。正是在顾的详加指点和热情鼓励下,何定生的《汉以前的文法研究》得以最终完成,为他进一步研究《尚书》的文法打下了坚实的基础。

在顾的循循善诱下,何定生一步一步地深入到学术中去,他对学术研究的兴趣充分地激发出来了:"兴趣是最好的老师",有了兴趣,再苦的事情也能从中领略到无比的乐趣。于是,以往备感艰深难懂的《尚书》,至今"真的读完一遍";阎百诗的《古文尚书疏证》"亦很快活的读完";顾颉刚借给他的《助字辨略》《经传释词》《经词衍释》和俞樾的《古书疑义举例》,也"很快很快的都把它读完";接着,又去看一遍《尔雅》,翻一回《马氏文通》,居然还看了百十个钟鼎文和语言历史学研究所所有的商代文字。然后,他又去图书馆,将《庄子》《荀子》《墨子》《韩非子》《吕氏春秋》等全部浏览一遍,并重新温习了《论语》《易系辞》《礼记》和《孟子》等。后来,何定生在回忆起这段废寝忘食的读书生活时,内心充满了自豪与喜悦。他说:"我的所谓读书,没有同这时一样的勇猛的了。""因为秦代及以前的作品,都能看过,我当时在写前论①,虽用不着它们作材料,而说话则比较舒展不致嗫嚅疑虑也。"

由于材料准备得比较充分,何定生在动笔作文之始非常顺利,洋洋洒洒三万言几乎一气呵成。但就在这时,他突然搁笔了。原

① 指《汉以前的文法研究》的"前论"。

来,《尚书》的《盘庚》究竟应置于何代,使他大伤脑筋。何定生只好停下来,与顾颉刚进行讨论。顾认为,《盘庚》其文较《大诰》《康诰》等为易晓,且与《吕刑》为近,似出于西周及东周之间。有一天,他在研究所偶然遇到何,便将自己的想法简单相告,然后因事匆匆离去。当时,何一直为此疑难所牵缠,正处于彷徨闷索之中,经顾这样一说,"如听半空里一个霹雷,一切所作想,至此完全廓清"。回宿舍后,马上拿来《盘庚》《吕刑》,细细读之,结果却得出了不同的结论。于是马上洋洋洒洒作一信,通过对《盘庚》和《吕刑》文字结构的比较,力驳《盘庚》出于西周与东周之间,其文近《吕刑》之说。

何定生之所以能够对《盘庚》的时代进行极详尽的分析,主要得益于顾颉刚的提示,使他能够从终日纷乱无绪的苦思冥想中豁然发现一条可行的道路来。这种关键性的点拨对于一个人学术思路的展开是至关重要的。明史专家吴晗早年曾问学于胡适,胡在1931年9月12日的信中详细地启之以治明史的方法和门径,使吴晗"恍如在无边的旷野中,夜黑人孤,骤然得着一颗天际明星,光耀所及,四面八方都是坦途"①。吴晗的这种愉悦,何定生也深深地领悟到,他在给顾的信后说道:"生以为凡研究一个问题,若有一种新的提醒,不论其于结论为合为反,都是绝有利益,如此类是也。生此论《盘庚》,即(使)全误,仍甚愉快。愿先生永以此教告之。"

何定生本打算将《盘庚》列为西周初叶的作品进行分析,但却被《尚书》中的"予"字给问住了。后来,经过较深入的比较研究,他逐渐觉得《盘庚》与《汤誓》——《商书》——是同时所作。"大概《尚书》是这样的:原只有《大诰》等,后来加《商书》,又后来加《夏书》。此亦层累地之说也。"于是便将自己的想法写信告于顾,并说:"前

---

① 吴晗:《吴晗自传书信文集》,北京:中国人事出版社,1993年,第76页。

者还有以《盘庚》置之初周之意。师疑其出东周，我初颇不以为然；天天所搜索，思有以让我说，今其结果，则又以师说最近了。”就在这封信中，我们发现，对于艰深的学术研究，何定生已经深入其中，并自得其乐。他说：“生几天来，一面在细读《尚书》：因为古代文法写到《尚书》，便发生大的岔路，不将此部奇妙之书弄个头绪，终是写不下的。乃一细心读，越困难——差不多使我的意识搅昏了——而亦越有趣。……生起初想，我既有了法宝——分析——就那怕你‘七十二变’，也是假的。那知一下手，由清楚而入混沌，终至于一阵方块字在白——不是，黄纸上摇晃。法宝的力量固然终是有力量，然而乌烟的邪道也厉害哟！哈哈，我师，你别急，现在却又转觉得有趣了！且不说‘时代’，《尚书》里有很好的‘文章’哩！”

这年暑假，顾颉刚因要编上古史讲义而留在了广州，开始编辑《中大周刊》。当时，何定生因无法确定《盘庚》的时代，文章也没写下去。有一天，顾对何说：“现在周刊很需要稿子，你以前对《尚书》曾一度提出好些问题，如今何不将《尚书》的问题都提出来，作为一文在周刊上发表？”何答道：“我很想将《尚书》的文法作一独立的研究，不知如何？”顾认为这个想法很好，便叫何回去写了。

由于曾对《尚书》的代词有过研究，何定生便首先完成了这一部分，交给了顾。结果一排版，竟占 50 页的篇幅。顾说：“此非独立不可矣。”又问何：“下文尚有多少？”何答道：“可倍此量。”于是，顾决定以第 49、50、51 期合刊而为专号专载此文，并催促何抓紧时间，尽快将文章完成。自此，何定生“遂为披枷带锁之人”，“坐，站，跑，无论到什么地方，我的心都不会轻松”。

1928 年的这个夏天，也许是何一生中最难以忘怀的日子。“有生以来的我，没有一个像一九二八年之夏天的纠缠，悲哀，苦闷，灰败的！接着普通的一封信，会使我淌泪；听见隔室的拉弦之音，会使我伤感；丢掉书，装在藤丝圈手椅里，会使我深深地埋浸在生的幻灭的迷蒙里；听是某人的某件消息，和我没有直接的关系，会刺激到自家干哭了一阵；听见激越的喇叭之声，又要淌泪。”何定生是一个感情极为丰富、细腻之人，富有诗人般的浪漫情怀，往往放任自己的感情自由奔流，在那些充满烦躁、伤感与苦闷的日子里，有好几次，他几乎要放弃《尚书》文法的写作。这当然是感情在作祟，而《尚书》研究的艰难，更加深了他的忧郁和愁闷。在写代词时，他还觉得很容易，情绪也蛮高涨。但接着要写连词时，便几乎一筹莫展，屡欲动笔却无法下手。强烈的创作欲望没有得到如期的实现，反而更加重了感情的低落。何定生对自己几近绝望。在这时，是顾颉刚给予了他亲切的鼓励和热情的支持。“时顾师又常问我的文写到什么地方。顾师的问，是一种忻悦的，鼓励的，希望的，所以我又越不敢怠慢。”“顾师教督之殷，安能恝然！师越问，我越不敢怠慢，则枷锁越重，而我的心，乃完全丧失自由！”一名真正的为人师者，是绝不会用严厉的批评代替一切的，他往往以自己伟大的人格魅力，同时加以对学生真诚的爱护与热切的期望，吸引督导着他们不断在学问上求上进。以何定生感情之奔放，行事之无羁，却能在顾的诱导下一步步地潜入枯燥的学术研究中去，正为此提供了一个有力的证明！每当遇到顾颉刚，何定生总是倾诉自己的苦闷，说：“不不，我从此再不敢妄想了！我要改我的生活方针了！”顾颉刚则微笑着慰藉他说：“好罢，好好地写完再说罢。”[①]

很难想象，如果没有顾颉刚，何定生是否就会从此消沉下去。但至少，《〈尚书〉的文法及其年代》要完成则是绝无可能的。

---

① 何定生：《〈尚书〉的文法及其年代·作者的自白》，《国立中山大学语言历史学研究所周刊》第5集第49—51期合刊。

《〈尚书〉的文法及其年代》的最终完成，还得益于何定生的好友郑楚生。每当何在写不下去时，他总是说："快点写罢，又在想什么?"何往往在他这样的话下接写下去的。所以，何定生后来充满感激地说道："我学力既完全没有，聪明又有限，心境又不安静，这样勉强写得有个段落，成文之力宜属之顾师及我友楚生。"①

文章发表时，虽然何定生认为并不曾将所欲表达的发挥到极致，顾也对他说："你要是以为还未详尽，将来尽可再作第二次的研究。"但他还是颇为自得的，"我终可以相信，我这文许于想从事《尚书》文法研究者不无帮助而已"②。

一个时代的文章，必然渗透着这个时代的意识。因为时代意识潜移默化地制约着写作者，即使他有意作伪，也无法抹去时代意识的痕迹。而所谓时代意识，往往可以通过其普遍的文法表现出来。所以，何定生断言："我们要求古代文法，我们要从文法上发见时间性，我们捉住此意识之流，什么假把戏都是逃不了的。"③

早在《汉以前的文法研究》在《中大周刊》发表之时，卫聚贤就曾从数千里之外致书何定生，鼓励他将此工作继续下去。他认为，将先秦文法研究清楚，求出进化的程序，若某一时代的出产物与此进化的文法不类，就知道它是伪造的；若某一书籍的文法与某时期同，就知道它是某时代的产物。因此，卫聚贤在信中对何定生寄予极高的期望："先生这种工作，如能继续实现，实给古书辨伪，有莫大的帮助，这是弟所庆祝和希望的。"何定生果然不负其望，《〈尚

---

① 何定生：《〈尚书〉的文法及其年代·作者的自白》，《国立中山大学语言历史学研究所周刊》第5集第49—51期合刊。

② 何定生：《〈尚书〉的文法及其年代·作者的自白》，《国立中山大学语言历史学研究所周刊》第5集第49—51期合刊。

③ 何定生：《〈尚书〉的文法及其年代·作者的自白》，《国立中山大学语言历史学研究所周刊》第5集第49—51期合刊。

书〉的文法及其年代》的面世，表明他对文法的研究更加深入。此文一出，不仅获得广东学界的好评，还曾引起胡适、钱玄同等学界名流的注意。顾颉刚曾带何前往上海，有意将他向学术界推荐。在拜访胡适时，胡适对何亲切地说道："玄同和劭西都注意你这篇东西。"[①]胡适1932年10月7日在日记中记道：

> 今天看见两篇很有价值的文章。……何定生的《〈尚书〉的文法及其年代》(《中山大学语言历史学研究所周刊》第49—51)。何君是顾颉刚的学生，方法很细致。……他只认西周的正确作品只有《大诰》，东周的正确作品只有《费誓》《秦誓》，其余都是凑上去的。何君有《汉以前的文法研究》一文，见《周刊》31—33期，《尚书文法》一篇乃是其中的一部分，而变为长篇。[②]

《〈尚书〉的文法及其年代》发表近82年之后，也就是2010年6月，何定生后来在台湾大学的学生曾志雄撰写"述评"，全面论述了何文的学术价值：

> 不管从甚么角度看，何定生师的《〈尚书〉的文法及其年代》都是一篇奇文。除了定生师是当时写这类论文最年轻的学者之外，论文还有以下特别之处：
>
> 我国最早的专书语法论文。
>
> 以最短时间完成的最深奥的文本研究。
>
> 以最感性的笔触写最理性的文章。
>
> 第一次采用图解法分析古汉语句子。
>
> 第一篇汉语语法史论文。

---

① 顾颉刚：《致何定生》六，《顾颉刚全集·顾颉刚书信集》卷二，第327页。

② 《胡适日记全集》第5册，台北：联经出版事业公司，2004年，第397—399页。

提供详尽的语言统计资料。

分析过程逻辑非常严密。[①]

在另一篇纪念文章中，曾志雄还结合自己的治学经历和当代考古发现成果，论证了何定生这篇“奇文”的价值：

全文对连词“而”字分析所得到的时代特征非常鲜明，文中“‘而’是东周以后字，盛于春秋战国，用此字者，决非西周时代”几句的论断，直接明快，就像老吏断狱，毫不含糊。……在1990年我写《侯马盟书》博士论文的时候，研究的材料里头又有大量用作连词的“而”字。《侯马盟书》是1965年在山西省侯马市出土的手写书体文物，到1976年才有全面的考古报告。考古报告出版的时候，离开何老师写《〈尚书〉的文法及其年代》快半个世纪了，但盟书上无论文字字形、人名、事件，或伴随出土的其他文物，无一不指证这是春秋后期晋国的东西（相当于孔子的时代）。里头“而”字的古文字和古语法的时代特征属于春秋后期，都是今天学者所确认。何老师“‘而’是东周以后字，盛于春秋战国”的论断，竟然得到出土古文字实物的有力证实，谁也料想不到。[②]

这就难怪顾在日记里将此文推为“自有研究所以来之第一篇成绩”。

---

① 曾志雄：《〈尚书的文法及其年代〉述评》，《中国文哲研究通讯》第二十卷第二期。

② 曾志雄：《永远的怀念——纪念何定生教授逝世四十周年》，《中国文哲研究通讯》第二十卷第二期。

三、奖学金风波

《〈尚书〉的文法及其年代》在当时以及对后世的影响究竟如何,我们无法妄加评论。但是,在此文的背后,却蕴藏了一幅师生之间知识授受与文化传递的生动画卷,给我们留下悠长的回味,而在此文发表之后所发生的一系列故事也许更发人深思。

何定生是一名做事富有激情、才华横溢的年轻人,他从事学术研究的能力和潜力深受顾颉刚的欣赏,因此顾对他推爱甚挚,期许甚殷。顾曾说:"你,在天资方面,在外国文方面,在文学的文方面,都比我强得多","你若致力,我深信自己要退避三舍。我深愿你做得比我好,使我因了自己的落后而更益奋勉"。[①] 为了使何定生更好地从事学术研究,顾颉刚以《〈尚书〉的文法及其年代》一文替何向学校当局申请奖学金,并详细诉说何的苦学情况,提议免除何的学费。

当时,浙江吴兴人朱家骅担任广州中山大学副校长,负责整顿校务。他在外出时曾告诉顾,其申请已批交文科教授会议决办理。然而,很长时间过去了,会议却迟迟未开。顾颉刚心中颇为着急,便前去询问。连续跑了几个部门,确切原因仍不得而知。后来顾颉刚终于弄明白了,原来是文书部的延搁。文书部主任是由当时中山大学事务管理处主任和校组织委员会主任沈鹏飞兼任的。沈鹏飞对经费的控制甚严,尤其对加薪的事情更为苛刻。顾曾暗笑他"爱金成癖,已成老例之故"[②]。

12 月 18 日,文科教授会会议终于召开了。但会议情况却令顾颉刚极为失望。也许是由于开会通函中写明"议如何奖何定生",

---

① 顾颉刚:《致何定生》三,《顾颉刚全集·顾颉刚书信集》卷二,第 320 页。

② 顾颉刚:《致何定生》二,《顾颉刚全集·顾颉刚书信集》卷二,第 315 页。

所以到会的人并不多，只有刘某、罗常培、伍叔傥、陈功甫和顾颉刚。而在到会的这些人中，意见也产生了很大的分歧。

罗、伍认为，不足法定人数，能否开议，开议能否有效，这都是问题。而当有人指出前开教授会议有只到三四人者，议案亦有效时，他们又举出其他理由反对开议。后来，在刘的极力主张下，会议在拖延了35分钟后终得以进行。但从一开始，会议便充满了紧张的气氛，给顾颉刚的心头笼上了一层阴影。

开议时，罗、伍二人用种种方法力图使议案延宕，如提出请主席再派人审查，候得报告后再决定，等等。但刘却不以为然，遂商奖金数目，刘提出奖二百元，陈功甫亦赞同，而罗、伍却不置可否，目顾左右而言他。顾颉刚心中非常着急，这时不得不出来说话了："我是主张给三百元的，今为急于求解决计，亦同刘先生意，奖二百元。"由于到会五人中有三人主张二百元，按照惯例，此议遂决定了。接下来讨论免除何定生学费一事时，遇到了更大的麻烦。顾颉刚将何定生的苦学情形如实相告后，刘主张免除，但罗、伍二人只是缄默不语。4点钟时，何思敬和罗鸿诏来开教务会议。由于他们是文科教授，所以也请他们加入讨论。何思敬们的到来，使会议紧张的气氛马上升级。他说："要是一个学生做了一篇论文，学校中就给他几百元的奖，学校那能供给得起，况且这篇文章我也看过，其中引某夫人的话，她是文学家，如何可以引用她的话。"顾颉刚也有点生气地说道："这是校长交议的，而且文科教授会议议决的。你倘使反对，还是同两位校长去说罢。"何思敬仍不依不饶，口气更为强硬："不行，今天开教务会议，我就要提出，根本打销此案。"顾何二人越吵越凶，持续了大约15分钟。最后顾颉刚一气之下,拂袖而去。[①]

为一年轻学生之事,一向为人随和、处事谨慎的顾颉刚竟与同事吵翻,从中我们不难看出他对年轻人的一片呵护之心。就在此事前两三个月,何思敬还对顾颉刚大加赞扬,说他"在我们中国学术界中确是一个霹雳",认为"他的事业已经有许多高名之士在那儿赞仰,学术的历史自不会忘记此人的贡献",更将他誉为"时代精神的代表选手"。而如今,何思敬以及其他人之所以对顾所提之事百般刁难,恐怕是起因于他们对顾培养年轻人的一些做法的误解。顾颉刚素以爱惜人才为史学界所共知,他对有才华之人的奖掖和提拔从来都是不遗余力。他认为,对于年轻人,"我理该奖进他、指导他,使他达到成功的境界,凡有一长可取的人,我理该介绍他到一个适宜的岗位上,使他能发展他的长处,为社会服务"[②]。顾颉刚将此归结为是出于自己天生的同情心,而实际上也源自他强烈的责任心。在那个战乱不断的年代里,文化的传承和发展显得尤为艰难。为了维系学术的薪火相传,顾颉刚把培养年轻一代也作为自己学术事业的一部分。对于年轻人,他往往有求必应,从研究课题的选择到相关材料的搜集,他都详加指点,甚至连他们做文章词不达意的地方都一一改过。中大曾经有一个最喜打扮的女学生,其他教师以为没有法子训练,但在顾的指导下居然也上了路,一时被人称为奇迹。更有甚者,顾对于年轻学生,"穷困的往往给予经济补助,毕业的往往代他们谋职业",而经他指导的学生进步是很快的,一般费了两三年工夫即已取得学术上的地位。傅斯年曾开

① 顾颉刚为何定生争取奖学金的经过,参见顾颉刚:《致何定生》二,《顾颉刚全集·顾颉刚书信集》卷二,第315—318页。

② 顾颉刚:《顾颉刚自述》,高增德、丁东编:《世纪学人自述》第一卷,第59页。

玩笑说:“哪一个青年只要同颉刚一接近,就封了‘一字平天王’了!”[①]顾颉刚的人格和学术品格自然赢得了许多年轻人的爱戴,他们纷纷前来投奔,使顾周围聚集了大批人才。而在外界看来,似乎是顾在有意培植自己的私人势力,一提到他,常以“顾老板”相称。何思敬们对顾的刁难,也许正导源于此。

顾颉刚当天便书信一封,将会议的前前后后告诉了何定生,他说:“我写此信,并不是只向你叹气,我要你知道社会这样的黑暗,大约教授是如此阻遏学术的生机,你应当炼好你的身体,振起你的精神,努力学术,把这班腐化的分子打倒。我对于你,是很爱敬的,但我总觉你渐有颓废的倾向。固然是你的饮食男女之欲不得满足,使你如此,但我总希望你爱惜自己创造力之强,用长期的精力来做若干大工作,给与后人以深巨的影响。”[②]

何定生在收到此信的第二天,便回书作答道:“请看定生一显其好身手!”[③]其感激之情,振奋之心溢于言表。一个月之后,在顾颉刚的竭力争取下,学校当局终于批准给予何定生奖学金 200 元。结果,“一时忌者蜂起,谣诼纷来,致使何定生难安于位”[④]。

四、追随恩师到北平

1920 年代末的广州,与北京、上海等文化重镇相比,学术空气尚很淡薄,文化相对落后。顾颉刚曾流露出自己对广州的不满:“参考书籍不够,学术团体也没有”,“天气又太热,事情又太忙,要

---

① 顾颉刚:《顾颉刚自述》,高增德、丁东编:《世纪学人自述》第一卷,第 59 页。

② 顾颉刚:《致何定生》二,《顾颉刚全集 · 顾颉刚书信集》卷二,第 317 页。

③ 顾颉刚:《致何定生》四,《顾颉刚全集 · 顾颉刚书信集》卷二,第 321 页。

④ 《顾颉刚日记》第十一卷,第 710 页。

定心研究和作文,真无从说起”。[1] 于是自从他到了此地以后,便购书,出刊物,创办研究所,“在粤中,你要有研究工作,但处处无此环境,不得不自己造环境”。辨古史,从事民俗学活动,并悉心培育、奖进青年学生,使广州学界呈现出一片新的气象。在给商承祚的信中,顾说:“此次弟到沪苏杭各地,知本所(语史所)名誉甚好,向往者甚多,在国内学术界中已有地位,此则皆发刊两周刊之功也。”[2]广州能在全国学界中占有一席之地,实与顾颉刚的努力息息相关。随着成果的接叠涌现,顾颉刚的名声日隆,手中的权力也逐渐增高,不禁引得许多同事侧目而视,有人竟愤愤地说道:“中山大学难道是顾颉刚一个人的天下!”而顾素有爱较真的脾性,不作事则已,一作事则必用全力为之。这在外人看来,仿佛顾极热衷自己手中的权力,于是便对他屡屡有所攻击和排挤。顾颉刚之所以萌生去意,这是其中原因之一。而更为重要的是,顾颉刚一向将学术视为自己的第一生命,但在广州既做教授又担任一些行政事务,为了应付功课和其他事务而终日无暇,这使他极为烦恼。在致周予同的信中,他抱怨说:“自到粤以来,教了三种功课,兼了三个主任,办了两种刊物,理了十间屋子的书,惫矣,惫矣,即一刻之闲亦不可得矣!”[3]在给胡适的信中,他说:“照现在这样的做下去,不到五年,我是一个落伍者了,我完了,我除了做学阀之外,再没有别的路了。”[4]顾急欲离开中大,而到最令他魂牵梦绕的北京去。他说:“我所以想到北京去,实因我的东西统统在北京,非到老窠里去便不能使生活安定,不能使研究有成绩。……我到无论那个地方(连苏州

① 顾颉刚:《致中山大学同学》,《顾颉刚全集·顾颉刚书信集》卷二,第 349 页。
② 顾颉刚:《致商承祚》一,《顾颉刚全集·顾颉刚书信集》卷二,第 358 页。
③ 顾颉刚:《致周予同》,《顾颉刚全集·顾颉刚书信集》卷二,第 295 页。
④ 顾颉刚:《致胡适》一一七,《顾颉刚全集·顾颉刚书信集》卷一,第 460 页。

也在内)总觉得是作客,偶尔住几时是可以的,永远住便决不愿。"①傅斯年曾将他的这种北京情结戏言为"颉刚望北京以求狐死首丘"。顾对北京的思念日益迫切,曾决定1928年暑假"不管北伐成功与否,不管张作霖之窃踞与否,必到京矣"。不久顾先后接到燕京大学和中央研究院的聘书,他觉得与自己的宿志相合,准备离开中大。但校方和学生坚决挽留,顾只好答应再留半年。为了不再因办事耗费精力,也可堵住许多人拨弄是非的嘴,顾决定除教学之外,研究所和史学系的事一概不问。但是,秋季开学之后,朱家骅因研究所和史学系无人主持,坚邀他去做。顾颉刚"辞书十上,终不报可",没奈何只得勉强应允。后来也是同样在不得已的情况下继傅斯年之后接任了中大语史研究所主任之职。这下,顾颉刚更加苦恼了,他在致戴季陶、朱家骅的信中说道:

(这半年)真是经过了毕生未有之忙,几乎连眠食也没有工夫。嫉忌者又日多,甚至十余年之老友亦因此无形中绝了交。作文,是作的,但只替别人的书作序。看书,是看的,为的是编讲义,但一字不曾入肚。在这一种的生活中,真使我悲愁万状。我理想中的天国,只是北大当年的助教生活。那时地位虽低,薪金虽寡,但方寸是安定的,学问是日有进步的。现在地位高了,薪金多了,但得到的是什么呢?只有忙,只有乱!有人说,"你的苦是自己弄出来的,别人尽有比你教书多,办事多的,但那有这样忙的!"但我为责任心所驱迫,自己也没有法子。②

---

① 顾颉刚:《致胡适》一一三,《顾颉刚全集·顾颉刚书信集》卷一,第450页。

② 顾颉刚:《致戴传贤、朱家骅》一五,《顾颉刚全集·顾颉刚书信集》卷二,第311页。

顾颉刚之所以迟迟没有离开中大,是由于“校长的坚留”“研究所的前途危险”[①],但更重要的恐怕是对中大学生的不舍。顾在到达广州之后,颇为这里的学术空气的淡薄而不满,但却很快与中大的学生产生了精神上的共鸣。广东人有信仰,肯干,肯吃苦的精神,很得顾的好感。他认为,“这是无论做什么事情的基本条件,而不幸长江、黄河两流域的人都缺少了它,使得具有这种精神的我在这敷衍因循的社会中成了一个特殊的人,旁人都笑我,而我则以之自傲。但到了广东以后,我就觉得此道不孤,我明白广东人的势力所以远被的缘故,我祝颂广东能成为将来的文化中心”。因此,他离开广州,“别的没有什么恋恋,单单念着你们一班人,以不能和你们在学术上努力为恨”。[②]

1929年2月,顾颉刚趁戴季陶、朱家骅两位校长不在校之时,以请假为名,挈眷离开了广州。何定生因奖学金一事颇遭非议,又感于顾的知遇之恩,遂决然退学,跟随顾颉刚北上。在到达南京后,顾看见戴季陶,便提出辞职一事。戴惊问其故,顾以不能定心研究学问相告。戴说:“我们这辈人,像树木一样,只能斫了当柴烧了。如果我们不肯被烧,则比我们要矮小的树木就不免了。只要烧了我们,使得现在矮小的树木都能成长,这就是好事。”戴的一席话,颇契合顾的一贯主张,为了下一代的成长,他是很愿意将自己“斫了当柴烧”的。在给中大文史两系同学书中,他述及了当时的感受:“我听了这几句话很为感动,因为我自己学问虽极浅薄,但我懂得我们要研究学问应采取何种方法,研究一种学问应取得哪几种常识。在这举国兴办大学而大学教授大都不悦学或自己有了某种学问即排斥他种学问之时,我如能多留中大数年,必可使诸君增

① 顾颉刚:《致胡适》一二〇,《顾颉刚全集·顾颉刚书信集》卷一,第462页。
② 顾颉刚:《致中山大学同学》,《顾颉刚全集·顾颉刚书信集》卷二,第349页。

高些知识热，能作专门的研究而又能宽容他种学问，如此则我自己虽毁弃了而能使诸君成就，亦属得失相抵。”[①]

然而，对于一个视学术研究为生命的人来说，求知、作学问的欲望远超过其他一切。顾颉刚一踏入北平（是时北京改名为北平），便如同见到了自己久违的朋友，亲切、安定、激动、兴奋，多种情感交织在一起，充溢着他的心胸。他实在不忍再走了。在给中大的同学的信中，他表示非常抱歉：“诸君，这不是我的自私自利，甘于和你们分离，只因北平的许多东西是我的精神所寄托的。我失去了三年的灵魂到这时又找着了，我如何舍得把他丢掉了呢。”[②]

顾颉刚终于离开了那个令他心酸但又有点留恋的地方。在那里，留下了他的痛苦，留下了他的烦恼，也留下了他奋斗的足迹。多年以后，中大的学生回忆起那段难忘的时光都觉得是一个黄金时代，但他们也许并不知道，顾颉刚为了创造这个黄金时代却受了无数的明枪暗箭以致遍体鳞伤。

顾何师生二人带着身心的疲惫离开了中大。1929 年 5 月，在燕京大学的盛情相邀下，顾终于应聘。当时，顾在国内学术界的名气已经相当大了，聘请他的还有北大和清华两校。顾之所以最终选择了燕京，是因为在这所教会学校里，他可以将全部精力用于学术研究，实现自己最企望的生活。在致戴、朱的信中他说：“我所计较者只在生活上安定与学问进步。燕大既在北平乡间，甚为僻静，又一星期只有三小时功课，不担任事务，我可以依我六年前所定的计画，将应读的书读着，应研究的问题研究着。我无所爱于燕京大

① 顾颉刚：《致中山大学同学》，《顾颉刚全集·顾颉刚书信集》卷二，第 349—350 页。

② 顾颉刚：《致中山大学同学》，《顾颉刚全集·顾颉刚书信集》卷二，第 349—350 页。

学,我所爱的是自己的学业。”[①]到了燕京之后,顾沉下心来,把十年来蓄在心头的问题和所得的材料进行了一番系统化的研究,一年里就做了七十余万字的论文。《中国上古史研究讲义》、《古史辨》第二册、《五德终始说下的政治和历史》等就是在这一时期里最终完成的。另外,这年7至8月,顾、何为商务印书馆同编《元杂剧选》十二万字,主要由何代编,而顾为之校改。这也许是顾、何二人仅有的一次合作,只可惜当时不知因何故而未刊,后来就佚失了。

五、《关于胡适之与顾颉刚》导致胡顾关系危机

1919年9月,何定生编著的《关于胡适之与顾颉刚》一书由朴社出版了。这本不足200页的薄薄的小册子,收录了何定生、陈槃、何子恒、赵简子等人讨论“国学”的几篇文章。而这次讨论完全是围绕着胡适的《治学的方法与材料》一文展开的。

从1919年胡适把“整理国故”作为一个口号正式提出后,中国学术界便掀起了“整理国故”的运动,并取得了辉煌的成就。但是也有许多人因此陷身于故纸堆,完全脱离国计民生和社会实际。鲁迅在1925年批评说:“前三四年有一派思潮,毁了事情颇不少。学者多劝人踱进研究室,文人说最好是搬入艺术之宫,直到现在都还不大出来,不知道他们在那里情形怎样。这虽然是自己愿意,但一大半也因新思想而仍中了‘老法子’的计。我新近才看出这圈套。”[②]其实,这种现象也有违胡适的本意。1926年,他在北京大学研究所国学门第四次的恳亲会上还是将此归咎于自己。他说:“说到整理国故……因为这事我大约总得负点责任,所以不得不忏悔……”但此

① 顾颉刚:《致戴传贤、朱家骅》一五,《顾颉刚全集·顾颉刚书信集》卷二,第311—312页。

② 鲁迅:《华盖集·通讯》,北京:人民文学出版社,2006年,第24页。

时他仍认为:“整理国故,是重在‘整理’两个字。‘国故’是过去的文物,是历史,是文化史;‘整理’是无成见的态度,精密的科学方法,去寻求那以往的文化变迁沿革的条理线索,去组成全部或局部的中国文化史。”[①]到了1928年,他又在《新月》第一卷第九期发表了《治学的方法与材料》,认为近三百年中西学术虽使用的方法相同,但因使用的材料不一样,却产生了迥然不同的文化效应:中国陷入了故纸堆里,西方人却创造了近代实验科学。于是他谆谆告诫青年:“我们要希望一班有志做学问的青年人及早回头想想。单学得一个方法是不够的,最要紧的关键是你用什么材料。现在一班少年人跟着我们向故纸堆里钻,这是最可悲叹的现状。我们希望他们及早回头,多学一点自然科学的知识与技术,那条路是活路,这条故纸的路是死路。”[②]

胡适作为当时中国学界的领袖,其一行一动都关涉着整个学术界的发展,其学术态度的改变更引起人们的纷纷议论。《现代青年》的编辑何子恒在《因胡适的治学方法与材料问到西洋科学发达的背景》一文中认为,“中国三百年来的治学态度,是中世纪非科学的态度”。“英国数理哲学家怀德海与社会学家霍布斯说我们中国人没有做到为学问而学问的地步,没有达到产生抽象科学的阶级。”他的全部意思是说中国的治学根本谈不上科学方法,与西方不可同日而语。在一个偶然的机会里,何子恒与何定生相遇。当时何定生因为何子恒的文章去找了胡适的文读过,正感到彷徨苦闷,何子恒开口第一句话便是“胡适之的态度又变了”,“是的,你的

---

① 《恳亲会纪事》,《北京大学研究所国学门月刊》第1卷第1号,台北:文海出版社影印本,第143—144页。

② 胡适:《治学的方法与材料》,《胡适全集》第3卷,合肥:安徽教育出版社,2003年,第143页。

文和胡先生的我都看过了”,何定生应道。“胡先生是当今学术界的权威,他的态度是会给予人家以大影响的”,他申说一句。“我很注意胡先生这文”,何定生接着说。于是何子恒说:“你如有意见,请你给《现代青年》发表罢。”何定生回来后,结合胡适前后态度的变化,作成《愿胡适之先生更进一步》一文。他认为:胡适不是站在治学的立场上说话,而是站在“责任”上“忏悔”。他通过从逻辑上驳辨胡适的主张,从而表达了自己对国学的意见。在这篇文章中,何定生表示同意何子恒关于中国治学谈不上科学方法的见解,但是他却不同意何子恒将梁启超、胡适之和顾颉刚相提并论。他认为:“这分明是对于新近治国学的新方向——非三百年来的朴学所能够会有的——不尝加以认清。”“其实治国学而像顾颉刚所持的方法和态度,已有更达于科学之倾向。”何定生对顾的治学方法和态度极力推崇,他说:“顾颉刚不是造一本《古史辨》,便唬倒了许多大人君子,圣人之徒么!传统思想且因为他的新贡献而根本动摇,此不是很光荣的一道新的亮光,不是很威猛的一种新的力量!适之先生说方法跟材料而死,这何尝会死!适之先生说,‘于人生有什么利益’这不是于思想上辟了新纪元!论方法,这不是由于会用‘假设’,会‘创造’证据?”[1]何定生的文章发表十多天后,同为中大学生的陈槃在给傅斯年的信中曾顺便提及此事,后与友人林超谈及此问题,意见不谋而合。陈槃对傅说:“胡适之想以狭隘的功利主义统一学术界,我不赞同。我固赞成科学(自然科学)救国的。然而,我反对凡不是实用科学范围内的学术,统统取消。至于定生要替语言历史学撑持门面,拿朴学家的科学方法、态度和成就追踪于牛顿、哥白尼、瓦特,这未免过火了。”陈槃认为:“研究自然科学

---

① 何定生:《愿胡适之先生勿“忏悔”》,定生编著:《治学的方法与材料及其它》,第25—28、44—45页。

的人和语言历史学者因其对象不同，结果定完全两样。历史语言学者所用的只是科学家给与的工具，你只能说得上有科学的精神，却不能造出自然科学者的货色。”站在顾新主张的“分工合作”的原则和立场上，陈槃又反对“胡适之只好玩机器而抹煞人类精神的效用”。和何定生一样，陈槃也对顾的主张及治学方法颇为推崇，认为顾“已经把中国史的研究带到一条新生命的方向了”。[①] 但不久，一位署名何之的中大学生在《顾颉刚先生的怀疑精神》一文中，对顾治国学的方法是否科学提出异议。他认为，自从顾先生来到广州，国学的声浪便日益高涨，但顾先生的怀疑精神并不合科学的方法。何之的观点，立即引起陈槃和赵简子的反对。陈说：“何之先生写这篇文字的动机，是想跟着胡适之提倡自然科学(?)。这的确是好意”，但“何先生用尽种种方法去攻击怀疑精神，谓其如何不合科学，竟不知道怀疑精神之于科学，实有十分重要之关系”。[②] 赵认为顾以怀疑精神治学所取得的成绩有目共睹，“要说他是非科学的，这是有些得罪吧，或未免信口雌黄之无聊吧”[③]。

由胡适的《治学的方法与材料》一文而在广州引发的一场关于国学的讨论，在当时的学界并没有引起多大的震动。但在何定生随顾颉刚到达北平后，他将这次讨论的文章收录汇集起来，并略加修补，遂成了《关于胡适之与顾颉刚》一书。书的序文是以《又来“骂”胡适之先生》为题目，开头何定生便说道：“我真是想了六个月，仍想不出这道理：何以在逻辑(logic)上胡适之先生会写得出这

---

① 陈槃：《书呆子篇寄定生北平》，定生编著：《治学的方法与材料及其它》，第52、56、64、70页。

② 陈槃：《为怀疑精神等等质何之》，定生编著：《治学的方法与材料及其它》，第108、110页。

③ 赵简子：《我对于国学的见解》，定生编著：《治学的方法与材料及其它》，第132页。

样的文章,而编《小说月报》出名的编出文学史的郑振铎先生,中山大学的'预备'研语言历史学的学生陈槃先生会相信这样不合逻辑的文章——《治学的方法与材料》! 这真是气死人,气到死去仍是剩颗欲哭的酸酸的心,剩一对欲哭的大大的眼!"[①]何定生在恣意批评胡适的时候,怎么也没料到,这本书将给顾颉刚带来多大的麻烦,使他在学界陷入多么尴尬的境地!

《关于胡适之与顾颉刚》一书出版后,旋即在北平、上海学界引起一片哗然。在《治学的方法与材料》一文中,胡适曾批评了《古史辨》派的工作。"从梅鷟的《古文尚书考异》到顾颉刚的《古史辨》……方法虽然是科学的,材料却始终是文学的。科学的方法居然能使故纸堆里大放光明,然而故纸的材料终究限死科学的方法,故这三百年的学术也只不过是文字的学术,三百年光明也只不过故纸堆里的火焰而已。"而《关于胡适之与顾颉刚》一书的内容,恰恰正是针对《治学的方法与材料》而展开,这不能不让人生疑。更何况,这本书是由顾颉刚任总干事的朴社出版,作者又是与其关系甚为特殊的何定生! 顾何二人在中大之事已经闹得沸沸扬扬,此书一出,人们更把怀疑的目光集中到顾颉刚身上,并坚信此中必暗含极深长的意味。傅斯年见了顾颉刚,就笑道:"想不到颉刚会出这样的书!"王伯祥也来信说:"在上海看见了这本书,中间对于胡顾颇有优劣异同之论,察视出版处所,则为朴社。弟意在此年头,遇事生风者太多,一朝偶为所弄,不将执此区区,造为胡顾分裂之论乎?"[②]

然而,《关于胡适之与顾颉刚》一书的出版,顾颉刚确实不知其事。6月27日,顾颉刚就已南下苏州,为父作寿,直到9月12日方

---

① 何定生:《又来"骂"胡适之先生》,定生编著:《治学的方法与材料及其它》,第9页。

② 顾颉刚:《致何定生》三,《顾颉刚全集·顾颉刚书信集》卷二,第318页。

返回北平。一到北平,便风闻此事,这对他来说,不啻是当头一棒,赶忙前去问冯友兰。冯说:"金先生讲,《关于胡适之与顾颉刚》这本书的付印,所以不给我看,为的是何定生说:'这本书已给顾先生看过了。'"顾颉刚始知此事的真相,他对何定生用这种话去蒙金松岑感到极为不满。在9月28日给何定生的信中,他说:"这样付印书,在金先生方面固然手续未合,但你用了我看过的话来蒙他,也实在不合。当你拟出的砾小丛书目录的时候,其中有'国学问题'一种,这是我所知道的,但我没有看见你做《又来骂胡适之先生》一文,更没有想到你要改用这一个书名。我是朴社总干事,尚且自己要出的书都给冯先生审查,为什么你倒要用了我的名义来逃过冯先生审查这一关?你前函所云,'我在朴社无自由印书的权利,不负这方面的责任'。从金先生的话看来,岂不是说诳话吗?"在这封信的最后,顾提出:"现在我觉得我们之间只有两条路可走:1.我给你盘费,请你回去。从此以后,你如何捧我或如何骂我,我都不管。2.你在北平,生计由你自己设法,不要来问我。我和你维持极简单的友谊,彼此不要相批评。"①10月3日,顾颉刚又急急写信致胡适,为此事详作解释,惶恐之心溢于言表。② 在当天的日记里,顾写道:"定生出了一册《关于胡适之与顾颉刚》,趁予在苏时印成。此次予来,见之大骇。恐小人借此挑拨,或造谣言,即请朴社停止发行,且函告适之先生,请其勿疑及我。"③

顾颉刚之所以如此紧张,是与他当时的处境与心态分不开的。从中山大学归京后,顾终于觅到了自己所向往的学术环境,心情不禁为之一畅。然而,中大以及厦大给他带来的心灵创伤却一时无

---

① 顾颉刚:《致何定生》三,《顾颉刚全集·顾颉刚书信集》卷二,第318、320页。

② 顾颉刚:《致胡适》一二五,《顾颉刚全集·顾颉刚书信集》卷一,第466—467页。

③ 《顾颉刚日记》第二卷,第329页。

法随之化为乌有,特别是在中大与好友傅斯年的分裂,更使他的心头始终笼着一层挥之不去的阴影。顾颉刚和傅斯年于1913年一起考入北京大学预科乙部,三年后又双双升入北大本科,不久又同拜于胡适的门下,后来均成为胡适的得意门生。尽管二人性格迥异:傅斯年生性直爽,有豪侠气度,颇具山东人的粗犷风格;顾颉刚认真倔强,感情细腻,是典型的南方流派,但对学问的共同爱好与追求却将他们紧紧地联系在一起,成为彼此相知甚深的挚友。私下里的高谈阔论,新潮社的并肩作战,辨古史中的声应气求,处处都体现着这两位学人之间的相互理解、相互砥砺、相互关照。甚至在鲁迅与顾颉刚的冲突中,傅斯年始终与顾共进退,为顾事竟不惜辞中大职。然而,有谁能够料到,这对知己好友却在中大共事时分道扬镳。

顾颉刚到了中大后,也将以北大征集歌谣为开端的民俗学运动传到了广州:创办民俗学会,出版民俗丛书,组织民俗学传习班,很快将民俗学运动推到一个高潮;傅斯年因留学欧洲六年多,未参加北大的民俗学工作,对大众文化不免隔膜,特别是对顾颉刚拼命地出民俗学会的丛书更不以为然。他一向认为,大学出书应当是积年研究的结果,因此,经常批评这本无聊,那本浅薄,而顾颉刚却认为傅的观点在治世说是对的,在乱世说是不对的。“我们不出版,一班可以继续我们工作的青年便得不到诱掖引导的力量而要走到别方面去了,他的这一方面的才力便不克发展了。”[①]所以他主张只要有材料便可开印。顾傅二人之间出现裂痕,也许正是由此开始。顾是一个知识欲极强的人,但自从到了中大以后,便陷入了繁忙的事务工作和教学工作中不能自拔,这使他极为苦恼。在给

---

① 顾颉刚:《致胡适》一一七,《顾颉刚全集·顾颉刚书信集》卷一,第456页。

许多人的信中，顾屡屡抱怨自己因事务繁忙而无法从事学术研究，并流露出要脱离中大，到一个“要把所有的时间供我从容地研究”的地方。1928年春，燕京大学来书见聘，顾觉得很合自己的宿志，便答应了。傅得知后，认为在中山大学师资缺乏的情况下，顾要离去是故意拆他的台，于是一怒之下竟说出了“忘恩负义”，“你若脱离中大，我便到处毁坏你，使得你无处去”[①]之类不理智伤感情的话。此时由于中央研究院寄来聘书，请顾傅二人参与筹备历史语言研究所，顾最终辞了燕京大学，但从此以后，二人的裂痕越来越大，直到因筹办史语所的主张不同而最终走向决裂。傅在欧洲留学六年有余，甚欲步法国汉学的后尘，且与之争胜，故其旨在提高；而顾则认为欲与人争胜，非一二人独特之钻研可成，必先培育一批人，积叠无数材料加以整理，然后此一二人者方有所凭借。二人各执一词，互不相让，最终竟至破口相骂，幸赖杨振声等人劝解方止。后来，顾颉刚退出了史语所，离开中大，到燕京大学做教授了。顾傅二人从此再也没有合作过。

在这期间，胡适曾想为顾傅二人调解，他劝顾不要因骄傲而树敌。在给胡适的回信中，顾直陈两年中之痛苦，并提到与傅斯年分裂的原因。他说：“我和孟真，本是好友，但我们俩实在不能在同一机关作事，为的是我们俩的性质太相同了：(1)自信力太强，各人有各人的主张而又不肯放弃；(2)急躁到极度，不能容忍。又有不同的性质亦足相拂戾的，是我办事太欢喜有轨道，什么事情都欢喜画了表格来办；而孟真则言不必信，行不必果，太无轨道。又我的责功之心甚强，要使办事的人都有一艺之长，都能够一天一天的加功下去而成就一件事业，孟真则但责人服从，爱才之心没有使令之心

① 顾颉刚：《致胡适》一一七，《顾颉刚全集·顾颉刚书信集》卷一，第458页。

强,所以在用人方面,两人的意见时相抵触。”[①]顾颉刚的这段话,基本上概括出二人分裂的原因。从性格上说,他们的自信力极强,在日常工作中往往各执己见,互不相让。在用人方面,顾希望每个人都能随应自己的性情自由发展,而傅作为一个领导,自然有一定之规,不可能任由每个人自行其是。在办事方面,顾仍无法摆脱书呆子气,凡事爱做计划,太喜有轨道,而傅却极善办事,原则性与灵活性掌握得很好。他经营北大与中央研究院的成功,足可见其能力之超群。顾傅二人最终没有因胡适的调解而重新走到一起,但顾颉刚一直为此事懊悔不已。晚年在写《我是怎样编写〈古史辨〉的?》一文时,仍以“埙篪相应”来形容与傅斯年在大学时代的真挚情谊。

何定生的《关于胡适之与顾颉刚》一书出版时,顾颉刚尚处在与傅斯年决裂的悲伤之中,他决不愿意在失去好友之后再与自己一生都视为恩师的胡适走向分裂。在 9 月 28 日致何定生的信中,顾说道:“我对于适之先生感情甚好,今你出了这本书,使得爱我的人惧二人交情之分裂,足征‘优劣异同之论’的可怕。”“你这本书出了两星期,平沪两地看见的不多,已有这些反响,那么出了几个月之后,我在此间更不知要中了多少明枪暗箭呢。最使我恐怖的,是我和适之先生关系的恶化。我觉得再要寻到像适之先生这样待我的人已不可得了,若因这书的出版,而经旁人加以煽惑,使我失去这一个良师,如经罗常培们的挑拨而使失去傅孟真先生这一个良友一样。我真是痛心极了。”[②]此时胡顾二人确实也出现了一些分歧。1928 年 9 月胡适在《治学的方法与材料》一文中公然批评了顾颉刚的《古史辨》,说他“方法虽然是科学的,材料却始终是文学

① 顾颉刚:《致胡适》一一七,《顾颉刚全集·顾颉刚书信集》卷一,第 456 页。

② 顾颉刚:《致何定生》三,《顾颉刚全集·顾颉刚书信集》卷二,第 318、319 页。

的”。1929年3月，顾颉刚在上海去拜访胡适时，胡又对顾说：“现在我的思想变了，我不疑古了，要信古了！”[①]这种种迹象表明，随着胡适思想的改变，胡顾二人先前牢不可破的师生情谊开始有点动摇。在这时再出现“对于胡顾颇有优劣异同之论”的言论，不啻是火上浇油。由于何定生与顾颉刚的特殊关系，即使是胡适也难免有所怀疑了。他曾写信给顾，说：“空谈方法无效，最好自己作出成绩来给人看。”[②]

对于何定生来说，也并非故意捧顾贬胡。自从师事顾颉刚，他便对顾的治史方法和献身于学术的精神极感敬佩，甚至在顾离开中大时竟不惜退学相随。从当时他发表的一些文章来看，处处闪烁着顾的思想，奉行的也是一条疑古辨伪的治史路数。正是受顾的影响，何定生也真诚地认为：“学问是和价值不相容的”，“要是真是求‘知’，求‘真相’，求‘真理’，正正当当，不许问及价值。论价值，并不是学问。”他也正是由此出发，去批评胡适思想与态度的转变的。《关于胡适之与顾颉刚》一书出版后，何定生仍天真地认为，顾在朴社无自由印书的权利，不负这方面的责任，出了什么事情由他自己承担。[③] 然而，社会的复杂远非一个不到20岁的单纯青年所可想象。在中大时，顾颉刚为了何定生不惜与同事对骂；离开中大时，何定生毅然退学追随顾颉刚；到了北平，顾又为何定生提供膳宿，并给予多方面的关照：以二人这种特殊关系，又恰恰是在顾主持下的朴社出版《关于胡适之与顾颉刚》一书，他人自不免怀疑是顾养了何专作自己的宣传，提高自己的地位的。在致何定生的信中，顾既指出社会的复杂，又坦陈自己的一贯追求。他说道：“你

---

① 顾颉刚：《我是怎样编写〈古史辨〉的？》，《古史辨》第一册，第13页。

② 顾颉刚：《致何定生》五，《顾颉刚全集·顾颉刚书信集》卷二，第322页。

③ 顾颉刚：《致何定生》三，《顾颉刚全集·顾颉刚书信集》卷二，第318页。

是自认傻的,只凭了你的直觉说话,但社会上一班人原不能知道你的心,只看见一班人的挑拨长技,自然也用了挑拨的眼光来看你,自然也用了结党的眼光来看我。我倘使对于自己的学问已满足,而要结成一个党派,则鲁迅们的攻击和你的捧场,都用得到;甚而至于对于适之先生的分裂的局面也须有意造成。但我深感自己学识的浅薄,也无意做领袖,我只愿低着头在研究室中做工作,为什么要有这一大堆无聊的毁誉堆在我的面前?别人妒我忌我,随时随处寻求攻击之点,使得我到处不得宁居以专心学问,而你却随时随处把我的名字抬出,更替我造成许多和别人冲突的机会,好使别人认清这一目标,像枪靶子一样,天天给人打靶。"在这封信中,顾颉刚再次提到自己所受爱才之累。他说:"我一生所受的累,不是自己的好名好利,而是爱别人的才。凡是有才干的人,无论在学问方面,在艺术方面,在办事方面,我都爱,我总希望他能顺遂地发展他的个性,我在可能范围之内总想帮助他。……不料因此一癖,来了许多麻烦。"[1]顾的这番话虽是对何定生说的,但当时的感叹也是针对钟敬文而发的。钟敬文是著名的民俗学家,早在顾在北大编歌谣周刊时便常常投稿,后来又不断写信讨论,给顾留下了很好的印象,顾到了中大后,便极力推荐他,希望他能够在民俗学方面努力下去。然而,钟到了中大后,不仅在民俗学方面用力,还将兴趣转移到文艺方面,做了很多文学的文章,这有点使顾感到失望。1928 年顾的《孟姜女故事研究集》出版,钟在跋中将顾极力称赞一番,同时也流露出对傅斯年不支持民俗学的不满。在为《孟姜女故事研究集》所做的广告中,钟又说道:"此书,为国立中山大学史学系主任顾颉刚先生所著。顾先生为当今史学界泰斗,其对于孟姜

---

① 顾颉刚:《致何定生》三,《顾颉刚全集·顾颉刚书信集》卷二,第 318—319 页。

女故事的探讨，乃他研究古史工作的一部分，而成绩之佳，不但在中国得到许多学者的钦佩，便是日本许多民族学家、史学家及民俗学家，也很为赞识。……诚为现代出版界中一个不很易得的产品。”这广告在校报及周刊上大登特登，一时激起中大同事一片反对之声。顾因事务教务的烦忙，事先并不知晓，到发表后要想取消已是来不及了。在这些话中，除了“顾先生为当今史学界泰斗”一句较为刺目外，其它均符事实。五十多年后，钟敬文已是学界知名的民俗学专家，他仍然认为：“顾先生在我们近代民间文艺学上的重要贡献中首屈一指的，还是他那著名的孟姜女故事的研究。”①“孟姜女故事的研究，自然是使他取得世界声名的科学业绩。”②“顾先生这个研究成果，不但本身为我们学界建立了一种崭新的传说科学，而且给从长期封建社会的古旧学术传统中开始醒觉过来的青年学者，开辟了一条新的学术道路，形成了一种新的学术风气。当时有不少的人是跟他走上这条路的。用不着讳言，我自己也正是其中的一员，尽管后来我渐渐摸索出自己的新路。”③钟敬文怎么也没想到，他的一些话在当年给顾招惹了多大麻烦，以至于顾在给何定生的信中提起此事不禁感叹道：“爱才一念所感召者，无非陷自己于罗网而已！哀哉！”④

然而，使顾颉刚最伤心的，却并非因爱才所招致的牵累，而是他所关心、所期望、所着力奖掖之人的颓废消沉与不思进取。何定生正是因此将顾颉刚一颗爱才之心击得粉碎。

---

① 钟敬文：《钟敬文民间文学论集》（上），上海：上海文艺出版社，1982年，第453页。

② 钟敬文：《新的驿程》，北京：中国民间文艺出版社，1987年，第298页。

③ 钟敬文：《钟敬文民间文学论集》（上），第454页。

④ 顾颉刚：《致何定生》三，《顾颉刚全集·顾颉刚书信集》卷二，第319页。

六、恨铁不成钢　挥泪逐爱徒

在广州中山大学的奖学金风波之中,何定生曾信誓旦旦地要在学术上发愤进取,以自己的实绩回报顾颉刚对他的推爱与期许,但不幸,当他于杭州邂逅了一漂亮女子之后,情况发生了改变。何定生是一个感情极为强烈之人,一旦陷入感情的漩涡,便难以自拔。特别是当他得知此女不能独独钟情于自己时,更感万念俱灰几欲萌生自杀的念头,昔日的誓言早已抛到九霄云外,整日陷入烦躁、消沉、惘然之中,顾颉刚的屡次劝说也无法使他从痛苦中挣扎出来,重新鼓起振作的精神。而此时又出版了《关于胡适之与顾颉刚》一书,给顾招致了许多冷嘲热讽。在1929年9月28日给何定生的信中,顾颇为失望地说道:"为了你的天真,你的欢喜批评人,害得我受了多少闲气。别人看着,总以为是我养了你专作自己的宣传的。这还不管,要是你的生命力强,事业心重,你能够专心学问,努力干去,像去年暑假中研究《尚书》一样的勇敢精进,我就是为了你受些闲气也还值得,但是,你的前途是怎样呢?你的脸这样黄,你的手这样冰冷,你的精神这样衰颓,甚而至于期望丧失灵性,我还希望着什么呢。我给你钱,无论是借也罢,赠也罢,而所得的结果只有看你一天到晚的颓废,自己走进坟墓里去,而出其余力则为我制造被人攻击的资料,我为什么要帮助你呢?唉,写到这儿真把我气死了!"顾颉刚对何定生是相当欣赏的,特别是何在写作《〈尚书〉的文法及其年代》时,他的天资,他的才华,他的毅力,都深深地打动了顾颉刚。然而,何定生感情太强,一遇挫折便终日消沉颓废,这又怎能不令顾备感焦虑与失望呢?在信中,顾又说道:"可叹你甘弃了自己的天才,荒了自己的园地,以求返于寂灭之乡,那么我同你的人生观既绝不同,有什么法子再可以集合在一起?唉,本来是我看不见你的成功的，现在竟你看不见我的成功了！两两相较，我何以能如此善用自己，你何以如此不善用自己？”[①]12天后，顾又书信一封，更加黯然地说道：“我爱你的有志气，能用功，所以我带你北来；现在呢……定生所显的好身手在哪里呢？早知如此，我何必同何思敬对骂呢？唉，说到这上我的心碎了！定生，从此以后你不要向我诉苦吧，你已经亲手把我一颗爱你的心打碎了！”[②]在极度的失望中，顾还于9月28日写信给何定生远在广州的姐姐何峻机，请她将何带回。信中说道：“令弟定生，资质聪颖，文笔婉曲，又向刚问业时对于课业极端用功，故此次欲与刚同行北来，刚即允之，并供给其膳宿，盖甚愿发展其所长，在学术界中得占一席地也。不幸渠在杭州晤一女士，其后即时相通问，而此女友人甚多，不能独钟情于定生，彼乃大悲，无复人生之乐。到北平五个月，精神日就销沉，体力亦寖衰弱，至今不独将由粤北行时之志愿完全丢弃，且以丧失灵性、入于寂灭为其想像之乐事。刚既已挈之北来，对于彼之行动不能不负责，故劝其就学，俾以学校规律生活救济其颓唐之精神，彼又不愿。嘱其继续研究学问，彼亦不肯。长此以往，作何了局！颇欲令其回粤，彼又不表同情。且刚等眷属均已在此，令其一人独行，亦不放心。应如何办理，乞与尊大人商定见告是幸。”[③]

顾颉刚提出与何定生分手，实在是不得已而为之。社会上的风言风语已令他非常难堪，何的不思进取更伤透了他的心！他在9月28日的信中说道：“定生，我假使对你有一些办法，我决不肯如此决绝地对你的。我不敢求你的原谅，但我也希望你想一想我的

---

① 顾颉刚：《致何定生》三，《顾颉刚全集·顾颉刚书信集》卷二，第318、319页。

② 顾颉刚：《致何定生》四，《顾颉刚全集·顾颉刚书信集》卷二，第321页。

③ 顾颉刚：《致何峻机》，《顾颉刚全集·顾颉刚书信集》卷二，第372页。

苦处。我更希望你想一想,照这样子下去,于你有什么益处？于我有什么益处？与其在一种大家苦痛之下容忍下去,何如索性分手,各寻其乐趣之为愈乎?”①

何定生知悉了顾颉刚对自己的良苦用心后,内心受到多大的震动,我们已经不得而知。但是,从广州家中归来后,他马上表达了要重新步入学术道路的强烈愿望,这令顾颉刚颇为高兴。在12月26日致何定生的信中,他说:“我是本来希望你专心治学的,没奈何你感情太强,理智没有力量,一味颓废,自甘堕落,所以我对于你实在灰心了。现在你既肯重治学业,我自甚快乐,但愿你不要又感情用事耳。”为此,顾对何提出几项要求:1.此后不许说“死”,也不许想。2.励行运动,注意起居,把身体弄好。3.对人不可哭丧着脸,起人厌恶或怀疑。4.一天的生活要有轨道,一年的生活要有预算,一生的事业要有目的,不可说“只知今日,不知明天”。5.用钱须登账,最好每月有预算决算。6.不可感情用事,高兴时拼命地干,不高兴时什么都不干。7.如有恋爱,应谋结婚,不可说“我不希望有结果,我是没办法的”。8.重于责己,轻于责人。常常替人家设身处地想一想,不要只管自己。顾所提出的这些事情,对何定生来说并非苛刻。鉴于自己的经验,顾认为,要研究学问,首须生活安定。生活不安,一切无从说起。而要有安定的生活,不可不先作个平凡的人。否则,“你去浪漫,去飘泊,这种文人的生活由你自己去过,和我不生关系,不必来看我”。②

顾颉刚这些语重心长的话语,对于何定生性格的缺陷确实切中要害。从本质上讲,何定生具有一种文人的气质:不拘小节,率性而为,感情热烈,好走极端,这对于从事文学创作也许不无裨益,但

---

① 顾颉刚:《致何定生》三,《顾颉刚全集·顾颉刚书信集》卷二,第321页。

② 顾颉刚:《致何定生》五,《顾颉刚全集·顾颉刚书信集》卷二,第322—324页。

在现实生活中却常常因此招来许多不必要的麻烦。而“责人太甚，自责太轻”更是何定生的致命缺点，顾也因此对他产生了许多抱怨。

何定生从广州来到北平后，由于人地两疏，无依无靠，便将一切都寄托在顾颉刚身上。从何本人来说，他也不愿总是完全依赖顾的接济生活，他需要一份工作。但在北平，一个年纪轻轻的学生欲找到合适的工作又岂是容易之事！于是何便经常埋怨顾不替自己找事情。实际上，这确有点冤枉顾颉刚了。顾即使对于那些与己不甚相熟的年轻人也极尽推荐之能事，更不用说自己极推爱的何定生了。在上海时，顾曾带着何定生前去拜访胡适，其用意非常明显。当他听到胡适对何定生说“玄同和劭西都注意你这篇东西”时，眼前顿觉一亮，以为何的职业有路可寻了。到了北平后，便竭力向钱玄同推荐，当时钱玄同也满口答应了。哪知何定生给钱去了几封信，“说的话不伦不类”，使钱不敢轻易接纳他，也使得顾颉刚不好意思再替他揄扬。当女师(北平大学女子师范学院)院长徐旭生到苏州时，顾便有意让何同游虎丘，以使徐认识他。尽管何在顾面前谈起问题来滔滔不绝，但他一个不足20岁的年轻后生面对着成名已久的学界前辈，自免不了有些紧张。因此，整个途中何一直“哭丧着脸”，沉默不语，弄得顾也没法进言了。顾还曾引何到陈援庵等先生处，何仍无片言只语。顾让他一人去时，他死活不肯。吴三立请何吃饭，何觉得他“讨厌”，说，“我是不愿意别人向我献殷勤的!”对此，顾表示非常不解。他说：“唉，天下岂有如此待人而可谋得职业者乎？我们固然不必谄媚人，但也绝不能使我和人处在两个世界。如果要和人处在两个世界，也未始不可以，但只要自己有钱，不去寻职业，或虽无钱而不怕饿死，不希望寻事情。如今你既要寻事情,但又要使自己和别人处在两个世界,这不是矛盾了吗?”[①]何之所以迟迟无法找到一份合适的工作,确实与他自身的因素有着很大的关系,但他仍然把主要责任归咎到顾身上。也许在何看来,顾在北平的熟人很多,要找件事情并不是难事。天真的何是无法想象到的,作为文化重镇的北平,既是知识精英荟萃的地方,也是矛盾错综、关系复杂的处所。顾自从搞《古史辨》暴得大名后,各种各样的谣言便一直追随着他。在厦大、中大执教时,虽然名声更起,但同时也落下了善于拉帮结党、扶植个人势力的污名。在顾初回北平学界之时,以前与其相熟之人纷纷前来问候。其中许多人表面上虽然极为热情,但内心之中却充满了妒忌和疑惧。顾很清楚这一点,在自己立足未稳之际,他很明智地选择了退让。他对何说道:“这些人哪里是我的真正的朋友呵!他们忌的我要命,假使他们是军阀,他们准把我枪毙。他们怎肯用‘我的人’(你,在他们看来,是我的私人。这是没法辩清的)到自己的机关里,使得将来有‘拔赵帜易汉帜’的变端发生。我固然是不好势位的,想专心治学的,但在他们看来,已是一个具有替他们争夺势位的资格的人物了。你只要看适之先生所以不敢到北平来,就可知道。我的声望不及适之先生,所以他们还容我在燕京。假使我不自韬晦,欢喜出主张,常常到城里来,或在城里兼几件事,那么,我离下狱之日不远矣。”顾的看法实非空穴来风,事出有因。在北平学界,“以魏建功之无色彩”,只因他与胡适和顾颉刚较为接近便被“屏之于化外”;与二人相交甚笃的钱玄同,“资格虽老而权位极小”。所以,与顾关系特殊甚至被视为顾的“私人”的何定生要想踏入北平学界谈何容易!而何定生却不知天高地厚,在《关于胡适之与顾颉刚》

---

① 顾颉刚:《致何定生》六,《顾颉刚全集·顾颉刚书信集》卷二,第327页。

一书中毫无顾忌地抑胡扬顾，一时引得北平学界议论纷纷，为顾颉刚闯下了大祸，也最终使他不得不离开顾而"试入齐鲁大学"。顾提起此事仍心有余悸，"在城堡重重，剑戟森森的北平学界里，忽然来了一个不知天高地厚的疯子，你之不被他们打死亦已幸矣。倘使你再这样胡干下去，连我也'不免于难'了"。然而，何定生却一直不以为然，他埋怨顾禁止《关于胡适之与顾颉刚》一书的发行实在太胆怯。顾说道："你这种天真的态度，我也不恨你，只希望你以后再不要这样干。你如不信，请你在北平的各日报里注意'教育界新闻'。这虽是极表面的，但只要你连续注意上一年，你必能发见里边的党派的复杂与办事的困难了。"①

何定生对顾的抱怨还不仅仅局限于此。1929 年 9 月，顾由大石作寓舍迁家至成府蒋家胡同。在暑假前顾曾劝何一起住入公寓，但何不肯，顾也没有强迫，只是叫他不要付房钱。但不久，何便写信给顾，说："房主常来催房租，而你不付，是使我难堪。"其后，顾叫吴碧澂去大石作寓舍搬东西，何只得住出去了，又给顾去信埋怨道："吴先生来搬物，什么东西都搬去，是甚使我难堪。"何在北平景山东街住了没多久，由于没有钱了，便搬到省党部去了，在给顾的信中颇有些生气地说："我现在是不得不搬了，但希望先生不要再给我难堪，甚幸。"②在何定生看来，自己千里迢迢随顾到京，已然将顾视为自己的亲生父母，因而觉得顾的这些做法似乎有点不近人情：在信中便直接流露出心中的不满。实际上，何并不了解顾此时经济状况的艰窘。

从 1920 年参加工作开始，顾便一直遭受着贫困的煎熬。当时与他并不甚熟的胡适见他生活拮据，曾每月借给他 30 元钱。1926 年，

---

① 顾颉刚：《致何定生》六，《顾颉刚全集·顾颉刚书信集》卷二，第 327—328 页。

② 顾颉刚：《致何定生》五引，《顾颉刚全集·顾颉刚书信集》卷二，第 323—324 页。

北洋政府的财政已陷绝境,北大欠薪极剧。顾已债台高筑,连淡泊的生活都难以维持了。在1926年5月16日致胡适信中,他开出了一份《颉刚欠款》的账单:"欠家700元,欠适之先生220元,欠学校250元,欠同乡友人460元,欠储蓄会320元",共1950元,"除欠学校可用薪水作抵外,实欠1700元";"本年必须之用度(阴历四月至十二月)"为:"九个月经常费1080元,三节特别费150元,本年必须还去之债400元",共1630元,"如此,截至本年年底,尚欠人1300元";"两共2930元"。[①] 在6月6日的日记中,曾记述了这样一件事:"近日手头干涸已极,后日须付房金。没有法子,只得向适之先生开口借钱,承借六十元。予感极。自想予家非无钱,父大人亦非不肯寄钱,但我竟以种种牵阻,终不能向家中取钱,翻有赖于师友之济助,思之悲愤。回家后哭了一场。"[②]1929年,顾从广州回京后执教于燕京大学,薪金、地位都比中山大学低。在此前曾有半年闲居,此后又为父亲作寿,结果亏空已达2000元,就连提供给何定生的资助也是借他人的。由于顾很少向人提及自己的难处,何对于这一切也并非完全知情。对何一次次的抱怨,顾极为苦恼,他在12月26日的信中反问道:"我不知道我给你的难堪是什么?若说你受了大石作房主的麻烦,那么,我本来请你住到公寓里去的。若说吴先生拿了你所用的我的东西搬走是不合,难道我为了你的居住要每月替你付二十八元的房金吗?至于你住在公寓中,以我不替你付房饭金为不合,不知我有什么义务来承担这一个不劳而食的人的生活费?"然后,顾将自己的困难坦诚相告,并直率地指出了何的不近人情:"你不想想我的生活的不优裕,要把你自己的生活费一切交付于我,一不如你的意,就写信来骂我给你难堪,不知你从何得

---

① 顾颉刚:《致胡适》一〇〇,《顾颉刚全集·顾颉刚书信集》卷一,第431页。

② 《顾颉刚日记》第一卷,754—755页。

此优越的权力而可以强迫我来承受?”[1]

顾何二人的性格是迥然相异的。何感情强烈奔放,生活粗枝大叶,行事不拘小节。而顾一向将感情埋藏在理性之下,待人温和、冷静、宽容,无论做什么事情都像从事学术研究一样严谨、认真。不同的性格导致了两种不同的生活方式。何好批评人,但对自己要求却不甚严格。欠款、借书及其他东西,从不记账;东西随便乱放,到用时又找不着;有时不经顾的同意随意拿走顾的东西。这些都惹得顾极不高兴。顾也曾将二人作了一番形象的比较。他说:“我常想,你和我的人生,譬如开汽车,我开车很有把握,又有目的地;你是乱开乱转,结果撞坏了人,自己的生命也不保。像你这样生活,固然很适宜写入诗歌,但除掉给人叹一口气之外再有什么。我的生活,则平庸得很,不但不能写入诗歌,且不能写入小说。但我自信将来必有成功,到成功时我便不平庸了。”[2]正是有感于自己的经历,顾才对何提出了真诚而严厉的批评。他希望何从此能够从日常生活的小事做起,养成不苟且的习惯,从而真正在学术领域中“一显其好身手”。

何定生确想重归学术之路。在收到顾的信后,他接受了顾的严厉批评,并开始按照顾的要求改造自己。不久,何将 40 元欠款、从顾处随手拿走的两张珠江船上的照片寄给顾,并将从顾处所借之书开列了一个书目单一起呈上。顾很高兴,重新对何充满了希望。他在 1930 年 1 月 18 日致何定生的信说:“你肯如此,我非常快乐。我觉得这是做人的正轨,用世法眼光看固应如此,即用超世法的眼光也应当如此。”[3]趁此机会,顾还将一直埋藏在内心深处的一

---

① 顾颉刚:《致何定生》五,《顾颉刚全集·顾颉刚书信集》卷二,第 324 页。
② 顾颉刚:《致何定生》五,《顾颉刚全集·顾颉刚书信集》卷二,第 323 页。
③ 顾颉刚:《致何定生》六,《顾颉刚全集·顾颉刚书信集》卷二,第 325 页。

件事情告诉了何。

1927 年,顾在离开广东的时候,由于手头拮据,曾向傅斯年商借 100 元,以研究院《集刊》文字相抵。当时傅欣然允诺,说:“就是 200 元也可以。”在顾上船时,傅还亲自相送。这使顾大喜过望,以为与傅破裂的友谊终可恢复了。当得知傅到达北平时,顾、何二人热情地前去车站迎接,但傅已换了另一副面孔,顾也没好意思提起借钱一事。不久,傅通知顾前去领钱,顾便兴冲冲地去了。谁知一见面,傅就说:“明天杨金甫要回北平了,我想去谋些清华的钟点,应当到火车站去接他,运动运动。”旁边也有人随声附和说:“这是应当去的。”顾当时便受不住这句话了,他想,以傅斯年的身份和地位,哪会到清华去谋些钟点,这不过是笑话自己到车站去接他是有意向他谋事罢了,他很想发作,预备说:“我所以接你,只因你在粤送我,难道你来送我也是向我运动么?”但是,当时顾已到了山穷水尽的地步。在从苏州北行时,他只带了 100 余元,付了与何定生的车费,付了一月房金,加上零碎的开销,到北平的第一星期就完了。他只好向朴社算版税,得了 70 元现款。就是这 70 元钱也被何借了 50 元给一位姓陈的小姐,所剩 20 元不上十天又用完了。想到这些,顾只好将怒气咽下肚去。“谁叫我没有钱呢!倘使我拂袖而去,我和定生的日用从何处来?”以顾颉刚桀骜的性格,如果纯为个人计,是绝不会如此容忍的。在拿着支票出门后,他“真觉得天地易色,伤心吊泪”。可是回到家里,何定生的“饿死事小”的高调又在唱了。顾的心隐隐作痛,“倘使没有我的忍气,哪里还容许你吃饱了饭再说‘天下事有大于吃饭者’”。“现在要钱用,去受孟真的气;借了钱回来,给定生用了,还受定生的气。我为什么有受双方的气的义务呢?”[①]在将自己的伤心事吐露给何定生后,顾又表达了

---

① 顾颉刚:《致何定生》六,《顾颉刚全集·顾颉刚书信集》卷二,第 325—326 页。

对何的期望。“定生，我劝你，以后一意研究学问了吧。我固然知道你长于文学，对于文学的兴趣特多，可是你的笔路太曲折了，能深入而不能浅出，所以你做了多少年文字，还不曾在文坛出名。固然作文不必求人了解，但为吃饭的关系，总须找一个‘不辱没自己，不隔绝他人’的事情做才好。不看你《〈尚书〉文法研究专号》一出版，就激起许多人的注意吗？要做成无论哪项事业，必须有民众作后盾。你在研究上可以唤起民众，这是可以证实的了。你为什么不用这一点长处呢？”顾为了激发何在学术上求上进的勇气，可谓用尽心思，有批评，有劝告，更有鼓励。他说：“你能用三个月或半年的全力做一篇元曲的文法，或《周易》等书的文法吗？郑振铎笑你用的初等文法，你当一雪此耻。你如能做成，《燕京学报》可收，并可给稿费。”①

尽管何定生也决意在顾的指导下于学术上用力，但他的理智终扼制不住感情的奔流，不到半年时间，复陷入感情的泥沼不能自拔。在给顾的信中，他坦言了自己不能安心于学问的痛苦。顾感到异常伤心，在1930年7月9日的回信中说道：“接到你的信好多天了，使我不知所以答你。你这个人，自从我见了你，就觉得是个美材，要使你成材。但是你的感情太旺了，永远破坏我的希望。你固然苦痛，我也何尝不苦痛。”顾认为，以何的资质和才华，只要持续努力下去，要得到女子的爱，要得到正当的职业，都是很容易的，“但是你的理智与意志太不济了，常使你走到相反的路上去，使得你得不到一个恋人”。尽管顾对何的不争气极为悲伤，但他仍抱有最后一丝希望。他说：“倘使顺了你的感情干去，则发狂，死，都是应得的结果，丝毫不必反抗，我们也不必替你忧伤。但倘使你的理智要反抗的话，那么，请你听我最后的忠告。忠告如下：你结束你文学的生

---

① 顾颉刚：《致何定生》六，《顾颉刚全集·顾颉刚书信集》卷二，第326—327页。

涯,凡文学书都不看,小说和诗都不创作。你把感情关在黑屋子里,再不要放他出来。你规规矩矩做个社会上的人,走一条专门的路,使得你在社会上得到一个地位,从你的学问上建立你的生活。你托人介绍一个女友,准备做你的妻子。你们结婚了,你有正当的职业了,你的生活就上轨道了。倘使你想,这是平庸的生活,决不是你所能过,那么,请你安心地到死路上去,再不要悲哀,因为你已找得你的归宿了。""只要你决定了不改,我总是佩服你的。否则,请你不必再和我通信,因为我的生活和你的生活是两条路,你没有向我诉苦的必要,我听了你的诉苦也没有解决你的生活的可能。"①

从事学术研究是一件苦差事,需要积年累月艰苦的知识积累,因此,光凭激情和才气是远远不够的,更需要一种"不苟且"的精神。而何定生缺乏的,正是这种做事认真、持之以恒的精神。胡适曾以"不苟且"称赞其弟子罗尔纲。他说:"凡在行为上能够'一介不苟取,一介不苟与'的人,在学问上也必定可以养成一丝一毫不草率不苟且的工作习惯。"②"尔纲做学问的成绩是由于他早年养成的不苟且的美德。""他那种一点一划不肯苟且放过的习惯就是他最大的工作资本。"③罗曾于1929年夏在上海中国公学毕业后住于胡家,成为胡适的得力助手。他帮助整理胡适的藏书,抄录胡父铁花先生的遗集,辅导胡适两子读书。在这些工作中,最繁重的当属整理胡铁花先生的遗著。罗也曾记述了此工作的繁难。"因为铁花先生太忙了,在他的底稿上,东涂西改,左添右补,煞是难看。抄写的人,除非十分小心,并且有耐性,是抄不下去的。有时还得用

---

① 顾颉刚:《致何定生》七,《顾颉刚全集·顾颉刚书信集》卷二,第328—329页。

② 胡适:《师门五年记·序》,罗尔纲:《师门五年记·胡适琐记》,北京:生活·读书·新知三联书店,1998年,第3页。

③ 胡适:《师门五年记·序》,罗尔纲:《师门五年记·胡适琐记》,第4页。

校勘方法……方才可以寻得他改削的线索出来。”[①]对于罗的工作，胡适很感满意，提出给他一定报酬。但罗死活不肯收受，他认为自己是在胡家做“徒弟”，除吃饭住房之外，不应该再受报酬。因而每年平时零用钱都是由家中寄过来。1931年，罗在因事离开胡适之前，曾书信一封，表达了自己对胡适的感激之情。胡适第二天便回信，极力称赞他的“不苟且”的精神。在信中，胡还说道：“你觉得家乡环境不适宜你做研究，我也赞成你出来住几年；你若肯留在我家中我十分欢迎，但我不能不向你提出几个条件：（一）你不可再向你家中取钱来供你费用。（二）我每月送你四十元零用，你不可再辞。（三）你何时能来，我寄一百元给你作旅费，你不可辞。如此数不敷，望你实告我。我用了这些‘命令词气’，请你莫怪。因为你太客气，叫我一百分不安，所以我很诚恳的请求你接受我的条件。”[②]

在罗尔纲与何定生的身上，有着很多的相似之处。他们都是因求学而入住师门，性格上都易于伤感：罗在谈起自己之所以走上历史研究之路时曾说道：“我是喜欢创作的，也同样喜欢研究历史。究竟走哪条路呢，使我徘徊。后来经过再三考虑，看清楚我自己是个易于伤感的人，浪漫文学的时代已经过去，而且，我对人生的经历又很浅薄，要去创作，也是不适宜的。因此，我便坚决的选择了研究历史的路。”[③]但二人最终的结局却有着很大的差异。罗尔纲师从胡适五年，始终以“不苟且”的精神要求自己，严守学生本分，潜心苦学，深得胡适治学之精髓，后来终于成为享誉中外的太平天国史专家。罗曾作《师门五年记》，追忆了自己亲炙胡适教诲的经过。金承艺读后颇为感动，他说：“它不单是介绍出一位对学生的态度

---

① 罗尔纲：《师门五年记·胡适琐记》，第12页。

② 罗尔纲：《师门五年记·胡适琐记》，第18—19页。

③ 罗尔纲：《师门五年记·胡适琐记》，第9页。

如煦煦春阳,而对学生求学问的态度却又要求一丝不苟,一点也不能马虎的先生,并且叙述出一个极难得的虚心、笃实、肯接受教训的学生。做学问,而一点不苟且、永远说实话,这大概在任何时代都是可遇而不可求的事。可是在这本书里,有一个不苟且,说实话的学生,这真不能不使人感动。”[①]胡适认为这本小小的书给他的光荣比他得到35个名誉博士学位还要光荣,并把此书作为他68岁生日对贺寿人的回礼之用。这本“从来也没有人留下这样亲切的一幅师友切磋乐趣的图画”的小书,成为胡罗一生友谊的最好见证。何定生在师从顾颉刚之始,也能够勤学苦读,并写出《〈尚书〉的文法及其年代》这样的佳作。但他当时太过年轻,难免年少轻狂,因此到了北平入住顾家后,他无法严守学生本分,感情直露,生活杂乱,且好责人。在失恋的打击下又自暴自弃,虽经顾对他几度苦口婆心的劝说,却始终无法振作。又因《关于胡适之与顾颉刚》一书的出版引起北大方面的口舌,最终只好与顾分道扬镳。

七、海峡两岸的牵挂

1930年代以后,何定生因疏离于顾颉刚的学术圈子而未能继续参与顾氏此后开创的学术事业,渐渐地从学界淡出;但事实上,二人在抗战之前依然保持着一定程度的联系。据车行健、徐其宁根据《顾颉刚日记》所做的统计,1931年后,《日记》中共有15次何定生探访顾颉刚的记录,分别是1931年2月9日、10月11日(赴宴)、11月30日、12月20日,1932年1月10日、6月14日、9月21日,1933年5月23日,1934年2月11日、7月27日,1936年12月28日,1937年1月3日、5月24日、6月5日、6月12日。顾颉刚亦多次往视何定生,分别是1931年7月19日(未遇),1935年5月12日

① 罗尔纲:《师门五年记·胡适琐记》,第65页。

(未遇)、6月8日。[①] 可以看出,即使经过1929年至1930年的这场风波,二人还是互相关心,情谊依然。"七七事变"后,顾颉刚为躲避日寇,匆忙离开北平,二人的联系遽尔断绝。以后更由于连年战争、大陆鼎革,二人天各一方,再未相见。

何定生后来的经历颇为复杂,1938年重入燕京大学历史系学习,1941年毕业,获文学学士学位。同年进入燕大研究院历史部学习,因当时日寇进入北平,燕大被强行关闭,何定生未能获得硕士学位。1945年,何定生任山东济南齐鲁中学教务主任。1946年2月任齐鲁大学讲师,同年9月任河北监察使署秘书,次年9月离职回到故乡广东。1948年7月携夫人赴台,任台湾省林产管理局秘书。1949年8月开始任教于台湾大学中文系,直至1970年8月逝世。[②] 从上可以看出,何定生离开顾颉刚以后,顾的巨大身影并未从他的生命中须臾离开,虽然迫于生计,断断续续有过短暂的从政经历[③],

---

① 车行健、徐其宁:《顾颉刚与何定生的师生情缘》,《中国文哲研究通讯》第二十卷第二期。

② 此据杨晋龙:《何定生教授年表初稿》,车行健、徐其宁:《顾颉刚与何定生的师生情缘》,《中国文哲研究通讯》第二十卷第二期。

③ 顾颉刚1929年12月26日致何定生书中提到:"这次你……搬到省党部去。"又云:"我难得进城,楚生兄尚未看见过。阅报悉上月曾为改组派包围,受了些惊,闻之为念。新年中能与你同来成府吗?"(《顾颉刚全集·顾颉刚书信集》卷二,第324页)又《胡适日记全集》抄录1931年3月3日《北平晨报》报道,记载河北省党部郑国材(楚生)主席事。(《胡适日记全集》第6册,第509页)又顾颉刚在1931年12月24日的日记中记载:"览报,悉郑楚生(国材)病急性肺炎死,此后定生职业大是问题,恐又须漂泊矣。"(《顾颉刚日记》第二卷,第593页)可知何定生离开顾颉刚后,投奔了时任国民党河北省党部主席的昔日国立中山大学好友郑楚生。又顾颉刚1935年6月8日日记云:"今日去访何定生,见其腰佩手枪。"(《顾颉刚日记》第三卷,第353页)1937年5月24日日记云:"何定生来访,问予生活思想甚久,备报告中央。"(《顾颉刚日记》第三卷,第645页),可知何定生在"七七事变"前由于郑楚生的引介已参与了国民党党务。

但他对顾氏的识拔提携之恩,始终念兹在兹。一旦有条件,他便会回到顾氏为他开创的学术之路。

何定生在台大教书生涯的具体情况,不独大陆学界无人知晓,台湾学界同样罕有人知。如果不是近来台北"中研院"中国文哲研究所杨晋龙先生的一次偶然发现和由此激起的"探寻之心",以及台湾政治大学车行健先生、陈如玫小姐,香港城市大学曾志雄先生,何定生长子何光慈先生、长女何念贻小姐等"有志一同的共同努力",最终促成"何定生教授纪念专辑"于 2010 年 6 月"神奇般地诞生"[①],何在台湾的事迹真要湮没无闻了。通过"专辑"捕捉到的关于何定生在台大的弥足珍贵的吉光片羽,我们仍然可以清楚地感受到顾氏对何的巨大影响。

1950 年 12 月 20 日,傅斯年在台大校长任上逝世。次日早晨,何定生"惊闻傅先生过世,知遇之感顿时盈胸,至灵堂痛哭失声,赖王叔岷老师之牵扶方能立"[②]。何定生因 17 岁所作《〈尚书〉的文法及其年代》引起学界瞩目,18 岁时又因出版《关于胡适之与顾颉刚》一书触怒顾师,终不获谅解。从 1930 年代初逐渐从学界淡出,至 1949 年 8 月,何定生蹉跎了一个学者最应该出成绩的 20 年宝贵光阴。我们有理由推测,何在 38 岁那年能够获得任教台湾大学的宝贵机会,绝非因为他此前若干年的学术成就,而完全是因为在相忘于江湖 20 年之后,傅斯年,当初这位国立中山大学文学院院长,竟还记得眼前的何定生,就是当年曾经激起学界风云变幻的少年才俊。也正因如此,在"惊闻傅先生过世"之时,他才"知遇之感顿时盈胸"。何定生哭倒于傅斯年灵前,除了感念这位前辈师长的知遇

---

① 杨晋龙:《"何定生教授纪念专辑"前言》,"专辑"共七篇文章,俱载《中国文哲研究通讯》第二十卷第二期。

② 杨晋龙:《何定生教授年表初稿》,《中国文哲研究通讯》第二十卷第二期。

之恩，顾颉刚当年春风化雨般的师恩，或许也一并在他脑海里一幕幕闪过！

何定生少年成名，17 岁至 19 岁间，在心智尚未成熟的时候，便因自己的年少轻狂，骤然经历了许多人一生都未曾体验过的大起大落和大喜大悲。1929—1930 年间的那场风波，因为顾何分手，基本上未对顾颉刚的学术事业造成影响，却从根本上改变了何定生以后的生命轨迹。他再不能沿着顾师为他开辟的学术大道阔步前行，顾师为他绘制的学术蓝图，俨然成了令他追忆、给他痛苦、可望而不可即的梦想。这种“起”后之“落”、“喜”后之“悲”，并未随着时间的流逝稍有淡漠，却在何定生灵魂的最隐秘处，越发清晰，历久弥深。让我们先看看台大学生眼中的何定生吧：

> 他个子不高、身材癯瘦、眼睛有神、神情肃穆、忧郁而不带一丝笑容，修长的脸庞，上宽下尖，头发稀疏而梳理得光亮，一看就知道是个注意细节而喜欢深思的人；最令人难忘的是嘴旁两条深刻的直纹。讲课时，咬字吐音时而高，时而低，就像在唱歌一样，迭宕有致，然而高音和低音音域相差特别大；他的高音部分，明显比一般人更高，因此他那带京腔的国语也显得特别好听。①

当时的台大学生们或许偶尔会产生一个疑问：风度翩翩的何老师因何“神情肃穆、忧郁而不带一丝笑容”？他是广东人，为何能说得一口“特别好听”的“带京腔的国语”？

同学们发现，在台大，“老师之间很少提到何老师，跟何老师聊天，他也很少谈到别的老师”。何定生似乎更愿意将这种情况归因

---

① 曾志雄：《永远的怀念——纪念何定生教授逝世四十周年》，《中国文哲研究通讯》第二十卷第二期。

于他在燕大读书时养成了孤独性格:“每天下午四点钟,校园里就会响起航母钟,全校学生马上停止学习,纷纷从宿舍、图书馆出来,换上全白的运动服,到操场运动。他爱打网球,曾经跟外国教练学习。不过,他只喜欢一个人打,不愿意跟别人合作双打。这点教练后来也注意到了,经常劝他练习双打,培养合作性,以免性格变得孤僻。可是老师始终没办法改变单打的习惯。”[①]燕京大学是顾师曾经执教过的地方,何定生在1938—1941年间选择重入燕大,或许潜意识中是为了追寻那已逝去的梦想。只是此时斯人已去,何定生一定比别人更深刻地体会到了“物是人非”的人生况味。他的“孤僻”,可能不是喜欢一个人打网球的行为所养成,而是源于此前经历过的他与顾师之间发生的悲欢离合,只喜欢一个人打网球,不过是他内心孤独的行为表现而已。

1970年是何定生的最后一年,台大七八个学生做了他的“导生”。一个潮湿春天的下午,他约导生们到他家里,“就谈读书的事,鼓励大家多读书;他又提到做学生的他常到顾颉刚家里,顾家藏书很多,各种各类都有,外文书也不少,顾先生很爱学生等等。可是说话不多,有时候欲言又止似的”。可能多数同学并不清楚他们的何老师为什么对顾先生如此熟悉却又“欲言又止”,但与何老师关系亲密的曾志雄应该是知道的。这一年的四五月间,尽管何定生看起来身体不错,而且大部分时间能够去教室上课。但一下课,他就不再是课堂上的模样:

> 在(回家的)路上,何老师通常不太说话,跟刚才上课的时候明显不一样,心情像变得颇为沉重似的。偶尔他会发出深

---

① 曾志雄:《永远的怀念——纪念何定生教授逝世四十周年》,《中国文哲研究通讯》第二十卷第二期。

> 沉的叹息，一面走一面喃喃自语：“唉，顾老师啊！甚么时候能见您呢？老师啊——”“老师啊！能见到我的书，那多好啊！”之后就是一大段沉默，神情无奈。……这种情形已经不止两三回，所以每回当他在路上开声叹息的时候，我几乎都可以料想到他要说哪几句话，为盼望谁而叹息。虽然我不曾听过何老师说顾颉刚怎样影响他，可是在这短暂的十秒八秒的叹息里，就足以让我知道顾先生真的影响了何老师一生了。[1]

何定生在生命的最后时刻，越发思念他的顾老师，越盼望再见到他的顾老师，哪怕他的顾老师能见到他的书也好。只是在当时，虽然40年前发生在二人之间的种种不愉快早已烟消云散，但“一湾浅浅的海峡”仍然横亘在他们之间，这最后的愿望，竟是难以实现的奢望了。

其实，海峡对岸的顾先生也不时想起何定生，只是他不清楚何究竟身在何方。1951年4月，顾在读书笔记中抄写了何定生《〈尚书〉的文法及其年代》的大段文字后写道：

> 定生久不通信，不知已到哪里去。渠有美材而不自珍，二十年来不闻有所成就，可惜极了。[2]

看来顾先生依旧对何的“有美材而不自珍”耿耿于怀，“可惜极了”四字，言简意丰，令人震撼！但“二十年来”何定生一直徘徊于学术界外，根本不可能“有所成就”；他之“有所成就”，有赖于早年顾先生为他植入的“学术基因”，也有赖于何最后二十年的台大教

---

① 曾志雄：《永远的怀念——纪念何定生教授逝世四十周年》，《中国文哲研究通讯》第二十卷第二期。

② 顾颉刚：《法华读书记·何定生论〈尚书〉的文法及其年代》，《顾颉刚读书笔记》第五卷(上)，第2762—2763页。

书生涯。

那么,何定生晚年盼望顾先生见到的是怎样一部书?他为什么如此渴盼顾先生读到它?

何定所说的这部书,指的是1968年他逝世前两年在台湾商务印书馆出版的《诗经今论》。何定生早年以一篇《〈尚书〉的文法及其年代》引起学界轰动,其后则钟情于《诗经》研究。《古史辨》第三册收录了何定生的三篇论文——《关于〈诗经通论〉》《〈诗经〉之在今日》《关于诗的起兴》①,已经显示了他的兴趣所在。从1949年8月开始,何定生获得执教台大的机会,仍以《诗经》研究为业,《诗经今论》便是何定生台大生涯的第一部专著。该书共收三篇论文,依次是《从乐章到谏书看诗经》《诗经的复始问题》《诗经的解释发凡》,虽然篇幅不大,却是何定生呕心沥血的结果,并因此打下了鲜明的何氏烙印。

令人欣慰的是,顾先生终于在他的有生之年读到了何定生的书。但他读到的并不是《诗经今论》,而是由曾志雄、何寄澎等人整理的何定生遗稿,特别删去了与《诗经今论》重复的内容,并请何定生早年在国立中山大学时的同学陈槃审阅,题为《定生论学集》。该书共收四篇论文,分别是《读诗纲领》《诗经与乐歌的原始关系》《孔子的传记问题与六经》《孔子言学篇》。

何定生之所以那么渴盼顾先生读到自己的著作,首先是因为他与顾先生之间存在着最为亲近的学术血缘,也就是说,他的研究方法乃是对老师治学方法的继承与发展。早在1976年,曾志雄、何寄澎整理老师遗稿过程中,已明显感觉到了何定生与顾颉刚的

---

① 《关于〈诗经通论〉》和《关于诗的起兴》原刊于《国立中山大学历史语言学研究周刊》第九卷第九十七期(1929年9月4日),原题《关于〈诗经通论〉及诗的起兴》,收入《古》三时析为二篇。《〈诗经〉之在今日》原载广州《民国日报副刊》(1928年7月)。

学术渊源关系：

> 他处理的虽是些古老（或传说）的问题，却用比较（或整合）、批判、复原、解释等方法和态度来进行，这些方法和态度，显然是顾颉刚疑古派的一种衍生型态。[①]

最近，曾志雄先生再次申明了乃师的“学术基因”：

> 何老师研究《诗经》从古字义和古代礼乐制度出发，注重探求《诗经》的原始面貌和时代意义，以此填补古史辨派对《诗经》研究的不足，这是一般人不易为之的事。由于他亲身经历古史辨派的洗礼，对当时《诗经》研究的情况了如指掌，所以晚年在这方面做了不少工作。[②]

其次，是因为何定生对自己的《诗经》研究深具信心。据曾志雄先生回忆：

> 他（何定生）曾经自豪地对我说了不止一次：（二十世纪）三十年代是《诗经》的 Koo's Age（顾颉刚时代），现在是《诗经》的 Ho's Age（何定生时代）。[③]

40 多年前，对于顾先生的诱掖赏拔，何曾不无感奋地表示：“请看定生一显其好身手！”现在，在来日无多的情况下，他多么热切地盼望顾先生能够看到自己在生命最后时刻交上的答卷！

何定生的《诗经》研究的确独具一格。曾志雄这么评价他的《诗经今论》：

---

① 何寄澎：《定生论学集·后记》，台北：幼狮文化事业公司，1978 年，第 196 页。

② 曾志雄：《永远的怀念——纪念何定生教授逝世四十周年》，《中国文哲研究通讯》第二十卷第二期。

③ 曾志雄：《永远的怀念——纪念何定生教授逝世四十周年》，《中国文哲研究通讯》第二十卷第二期。

> 该书一方面挖掘过去“疑古派”在讨论《诗经》上的不足，特别着力于《雅》《颂》礼仪意义的探讨；一方面也深入而有系统地阐述了汉人对待《诗经》的态度，以及这种态度对后人的影响。书中对《诗经》问题前后照应，可以说继往开来；在评述学者观点时深入浅出，尤见识力，给人耳目一新的感觉。文章中看问题之准，找证据之精，更往往叫人叹为观止。[①]

何的另一位弟子何寄澎则高度评价《定生论学集》的学术价值：

> 作者对每一个问题都作长期性的观察，并多方面有系统地搜集资料，所以文章相当扎实，步骤和方法也相当高明而有层次。这应是由于作者好学深思，并有意发展成一套研究方法学的缘故。[②]

而何的老同学陈槃对《定生论学集》中《诗经与乐歌的原始关系》一文尤为激赏：

> (定生)平生精力所诣，盖在先秦旧学，而《诗经与乐歌的原始关系》一文，则又其独来独往、自成一家之作。……《诗经》与乐歌关系，古人言之矣。然二千年来学者，徒知其然，而不能道其详。至于定生，然后能辨识“正歌”与“无算乐”，征之《诗》本经与《仪礼》《礼记》，以暨《左传》《国语》等，本本原原，如合符节，而使吾人读其文者，一旦之间，昭若发蒙。其余诸篇，亦往往鞭辟入里，时见精义。卓矣。[③]

---

① 曾志雄：《永远的怀念——纪念何定生教授逝世四十周年》，《中国文哲研究通讯》第二十卷第二期。

② 何寄澎：《定生论学集·后记》，第196页。

③ 陈槃：《定生论学集·题记》，第1页。

1979 年 10 月 9 日，86 岁高龄的顾颉刚终于在病榻上收到了曾志雄从香港九龙寄来的《定生论学集》，同时知道了何定生早已去世的消息。顾颉刚为此激动不已，他在当天的日记中记道：

> 九龙曾君寄其师何定生所作《诗经》、孔学论集来，翻之。……
>
> 我在燕大时，定生曾偕其夫人来访，知其肄业齐鲁大学，自此五十年，杳不知其所在。今日得九龙寄来台湾出版之《论学集》，乃知大陆解放后渠在台北大学任教，且已逝世十余年。其所论《诗经》与孔学，实为我论学诸文之发展。惜哉此人，如此早逝，真可悲也。①

此后的半个多月里，顾颉刚几乎将《定生论学集》手不释卷，他的日记中不仅随时留下了“看《定生论学集》，未讫”，“看《定生论学集》”，“看定生遗著”，“看定生论‘诗乐’文”，“续看定生论‘诗乐’文，未毕”这样的句子，字里行间更不乏“真可悲也！”“恨之何似！”“伤哉！”这样的悲叹。可以想见，风烛残年的顾先生再次读到何的文章，内心深处究竟掀起了多大的波澜！50 年前，顾先生将何定生逐出师门，现在，一句“其所论《诗经》与孔学，实为我论学诸文之发展”，何异于亲口重申了自己与何定生的学术血脉！

10 月 25 日，他不仅在日记中再次表达了对何定生的怀念，同时也高度评价了他的学术成就：

> 何定生君多年不见，不知其所往，今得其弟子曾志雄寄其遗著《定生论学集》来，乃知其大革命设教于台北大学，且病癌症死已十年矣。伤哉，此系余在中山大学中最能集中精神以

---

① 《顾颉刚日记》第十一卷，第 695 页。

治学之一人也！书中有《论诗经与乐歌的原始关系》长文，将《诗经》与《仪礼》详细关系钩索而出，以驳正余仓卒所为之《论诗经所录全为乐歌》之说，使我心服。[①]

差不多半年以后，即 1980 年 5 月 18 日，病榻上的顾颉刚再次在日记中写到：

看《定生论学集》未毕。……

何定生，广东潮州人。学于中山大学，天分绝高，为一班首。曾以半年之力作《尚书各篇之时代分析》。予为之请于校当局，给以奖金二百元。一时忌者蜂起，谣诼纷来(可指名者为伍俶傥、罗庸、罗常培等)。渠不安于位，遂请退学，随予至苏、至京，又以作文批评胡适，激起北大方面之口舌，遂舍予而试入齐鲁大学。曾到燕京大学视予，匆匆而去。此后仅一见面耳。病前接其弟子曾志雄寄来《定生论学集》一册，研究《诗经》与孔学，知其在台湾大学任课。然已死十年矣，伤哉未尽其寿也！[②]

5 月 20 日，《日记》中留下了何定生的最后痕迹：

看《定生论学集》，仍未毕，足见其工作之细。[③]

半年多以后，也就是 1980 年 12 月 25 日，顾颉刚先生溘然长逝。

从 1979 年 10 月 9 日至 1980 年 5 月 20 日，7 个多月时间里，《顾颉刚日记》共 8 次提到何定生或《定生论学集》。在顾的家人之外，何

---

① 《顾颉刚日记》第十一卷，第 698 页。

② 《顾颉刚日记》第十一卷，第 710 页。

③ 《顾颉刚日记》第十一卷，第 710 页。

定生毫无疑问是顾颉刚生命的最后一年中留下印痕最多、也最持久的人。《定生论学集》连同“题记”和“后记”也不足200页，却是顾先生最后一年里阅读最频繁的书。何定生是顾颉刚最早的也是最看重的学生之一，又是他晚年最为关注的学生之一，是巧合，但似乎又不是“巧合”二字就能简单涵盖得了的。

在中国学术文化史上，师承关系历来受到极度重视，不少学术大师都是师承名门。所谓“名师出高徒”，正是由此而来。何定生有幸师从顾颉刚，却错失良机，最终虽也取得相当成绩，但他的学术成就与他过人的资质与才华远远不能相称，这不能不说是一个巨大的遗憾。今天，追忆起这段鲜为人知的历史，也许会给我们留下很多思考。

第四章　“弟子不必不如师”

——顾颉刚与谭其骧

要点提示：“明清嘉兴望族”的子弟——自我认识：“我这个人形象思维能力很差……搞文学是肯定不成器的，学历史并且侧重于搞考证就相当合适”——慕名而来，投拜顾门之下——谭致信顾：“先生《尚书研究讲义》中所列之十三部，非西汉之十三部，前已证实”——顾致信谭：“其骧学兄：顷接来书，读之快甚”——顾在日记中说：“其骧熟于史事，余自顾不如，此次争论，余当屈服矣”——谭认为，顾当时“不是一位普通的教师，而是一位誉满宇内的名教授，举世钦仰的史学界权威”——顾致信胡适：“谭君实在是将来极有希望的人……他在燕大研究院毕业生中应列第一”——师生磨擦：《禹贡》杂志应该怎样编——“季龙为何如此不中用？”“季龙纯粹为一读书人”——“一个人要研究学问，最好是不顾生计问题。但最苦的一件事，就是做了现代的中国人，无论你学问怎样好……依然不能不受生计问题的压迫”——“须知今日决不是乾嘉承平之世，可以让我们端坐而作考据之作”——《禹贡》宗旨：“使许多有志有为的人都得到他的名誉与地位”——学者向何处去：“尚博”还是“贵专”

1930年9月,在北京蒋家胡同出现了一个20岁左右的年轻人。他此次只身前来,是为了拜谒仰慕已久的顾颉刚的。顾颉刚虽然还未到不惑之年,但他的名字早在几年前就已经随着《古史辨》而响彻整个学界。此时,除任燕京大学历史系教授外,还兼任国学研究所研究员和学术会议委员、《燕京学报》编辑委员会主任、中央研究院历史语言研究所特约研究员,并在北大历史系兼课。出乎这位年轻人的意料,顾颉刚这样一位名声显赫的大教授,却极热情、极诚恳地接待了自己这个素不相识的后生小子,使他初来的紧张与忐忑一扫而光。也许这位年轻人更没料到,自己今后的人生道路会与这位大学者联系在一起。

他叫谭其骧,字季龙,浙江嘉兴人。

一、早年的激进文学青年

1911年,在辛亥革命即将爆发之际,谭其骧诞生于奉天城(今沈阳)皇姑屯车站站长、父亲谭新润的职工宿舍里。谭新润曾留学日本,在东亚铁道学校攻读铁道管理,毕业回国后担任了这个当时还很普通的车站的站长。1912年谭新润因病南归,谭其骧也随同回到了南湖之滨的故乡——嘉兴。所以,后来他的普通话中多少还带有一点"秀水乡音"。谭新润先在县公署里当了几年小科员,又担任了一年多的《嘉兴日报》主笔。他学贯中西,兼通文理,谭其骧自幼耳濡目染,获益不小。

谭其骧所在的谭氏家族,在清末民初时已是嘉兴的一个大族,潘光旦著《明清嘉兴的望族》时,曾将谭氏也列为其中之一。当时谭家人丁兴旺,颇有蒸蒸日上之势。族内确定了循环使用的排行:文章华国,诗礼传家,日新月盛,源远流长。后来又将后面八个字改为"日新其德,衍泽维长"。谭氏家族在以后的延续发展中虽然保持了

"诗礼传家",但确实没有做到"日新月盛,源远流长",到谭日森(谭其骧的祖父)时,逐渐败落下来。谭日森于光绪甲午(1894年)中过举人,曾任嘉兴府学堂监督,成为谭家弃商入学的成功者,他还被历任清朝驻欧洲各国公使、总理各国事务衙门大臣的许景澄聘任过私人秘书。但是,他讲究排场,又嗜赌,不久便将父辈创下的产业挥霍殆尽。到谭其骧时,谭家的处境已经相当窘迫,全家十多口人完全依赖于一所房屋的租金和一二千元股票的红利艰难度日,谭其骧曾因此被接至海盐冯氏姑母家寄养。按照当时的经济条件,谭其骧无论如何也是上不起大学的。幸运的是,谭氏宗族义庄作出了一项新的规定:凡族中子弟就读中学、大学者,每年均给予100元的补助。他的两位姑母又答应每年资助100元,加上家里挤出几十元钱,才勉强凑足上学的费用,使他成为兄弟姐妹中第一位大学生。[①]

1926年,谭其骧不顾许多亲戚长辈的反对,自作主张考入了被当时守旧者们视为"野鸡大学"的上海大学,攻读社会系。谁知,在第二个学期开学时,学校因北伐军进了上海,时局紧张而没有开课。于是激情洋溢的谭其骧成了职业革命家,到处做革命宣传。1927年暑假,谭其骧重新考入了上海暨南大学中文系。当时的系主任是鼓吹新文学的夏丏尊,他很欣赏谭其骧的才华,谭也深受他的影响,对新文学发生了浓厚的兴趣。本来,在夏丏尊的引导下,谭其骧完全可能走上一条文学创作之路。但半年后,夏丏尊的去职却使谭的命运又发生了转变。当时系主任由崇尚旧学的陈钟凡接任,他所聘来的教员多数讲的也是相当陈腐的旧学,这使思想激进的谭其骧极为不满。于是他就联络班上的同学上书校长郑洪年,要求撤

---

① 葛剑雄:《悠悠长水:谭其骧前传》,上海:华东师范大学出版社,1997年,第1—14页。

换“顽固派”陈钟凡。谭还亲自起草大字报，张贴在饭厅之前，讥评、攻击这些“冬烘”教授。但最终他们除了得到教务长的召见和一顿严厉的训斥外，别无所获。[①] 很有意思的是，哄赶不受自己欢迎的教员的事情，在谭其骧的生命中还不只这一次。1929 年，他还带头哄赶气走了一位教社会学的姓牟的教员，并因此给当时的历史社会系主任许德珩留下了很深刻的印象。后来许德珩当了暨南的教务长，历史社会系又发生哄教员的事情，他马上就问：“是不是又是谭其骧带的头？”其时，谭其骧早已提前毕业离校了。[②]

1928 年秋季，谭其骧再也不愿在中文系里呆下去了，便转入了当时被普遍看好的外文系。然而，就在大家为之羡慕不已时，他却又要转系了。

原来，上海暨南大学新成立了历史社会系，贴出布告招生。谭其骧颇费了一番踌躇，最终毅然转入该系，主修历史，兼修社会学。50 多年后，谭谈起自己的这一抉择，依然毫无悔意。他说：“我记得第三年开学时，为了转不转系，转哪个系，曾经寝食不安地反复思考了好几天。转了外文系又转历史系，当时不少人都不以我这样做为然。但事实证明我这样做是做对了。我这个人形象思维能力很差，而逻辑思维能力却比较强，所以搞文学是肯定不成器的，学历史并且侧重于搞考证就相当合适。”[③]

由最初对新文学的偏爱，到以后对历史学的钟情，谭其骧的这一人生抉择和顾颉刚有着很大的相似之处。顾颉刚极喜诗文，并

---

① 葛剑雄：《悠悠长水：谭其骧前传》，第 18 页。

② 葛剑雄：《悠悠长水：谭其骧前传》，第 21 页。

③ 谭其骧：《谭其骧自传》，北京图书馆《文献》丛刊编辑部、吉林省图书馆学会会刊编辑部：《中国当代社会科学家》第四辑，北京：书目文献出版社，1983 年，第 326 页。

差一点在好友叶圣陶的影响下走上文学创作之路。但是,在经历了几次创作失败之后,顾发现,“无论我的情感像火一般的旺烈,像浪一般的激涌,但是表现出来的作品终是软弱无力的”。因此,他开始认识了自己的才性,“从此不再妄想‘吃天鹅肉’了”。[①] 后来,在师从胡适时,找到了最适合自己性情的史学。一旦认准了方向,便锲而不舍,终身以之,这是顾谭二人的共同之处。也正因如此,他们日后才能成为令世人敬仰的学术大师,为文化的传承延续、创新发展做出各自卓越的贡献。

谭其骧就读于历史社会系时,恰碰上深受顾颉刚影响的陈憬。陈憬当时担任系主任,教中国古代史,传播的是当时风靡一时的古史辨派的观点。他经常邀请好学的谭其骧去他家,谈古史辨派,谈为人之道,谈做学问之法。谭其骧第一次接触这种令人耳目一新的观点,便马上被深深地吸引住了,对古史辨派的领袖顾颉刚更是向往不已。以前,他到福州路书店时最常买的是小说和文学期刊,现在已经悄悄地转向史学书籍了。两年后,这位上海暨南大学历史社会系的高材生提前毕业了。经陈憬先生的极力举荐,他又如愿以偿地被燕京大学研究院录取为研究生。当年9月,谭其骧怀着急切而又兴奋的心情登上了北行的列车。一到燕京,他便带着陈憬的介绍信,匆匆前来拜访顾颉刚。[②] 顾谭二人的交往自此拉开了序幕。

二、决定终生道路的师徒辩难

新学期开始,顾颉刚仍在燕大开“中国上古史研究”,指导学生作《史记》本纪和世家的研究实习。当时,谭其骧和同学叶国庆以

---

① 顾颉刚:《古史辨》第一册《自序》,第17页。

② 葛剑雄:《悠悠长水:谭其骧前传》,第19、23、24页。

及史学系、国文系的二十余人一同选修了这门课。与十分流畅的文笔相反，顾颉刚上课的口才很差，有时还有些口吃，以后他讲《尚书》中“曰若稽古帝尧”一句的口气甚至被俞大纲在背后模仿，引得同学哄堂大笑。[①] 鲁迅也曾抓住他的这一缺点，对他进行过冷嘲热讽。

顾颉刚口吃的毛病是在私塾上学时落下的。那时私塾先生教读《诗经》，由于跟顾的祖父相熟，对他的要求极为严厉。“我越怕读，他越要逼着我读。我念不出时，他把戒尺在桌子上乱碰；背不出时，戒尺便在我的头上乱打。在这种的威吓和迫击之下，长使我战栗恐怖，结果竟把我逼成了口吃，害得我的一生永不能在言语中自由发表思想。”[②]但是，顾颉刚很注意因材施教，他经常针对每个学生的学力、才情、禀性等方面的不同特点而给予不同的课题，引发他们向自己所长的方面深入进去。因此，处于不同层次的学生都能够有所收获，师生相处非常融洽。一段时间下来，谭其骧不仅折服于顾颉刚的学问，更为他的人格魅力所吸引，心中油然而生敬意。

顾颉刚有一特点，他往往能够将教学与科研融合为一，使二者并行不悖。1931 年 9 月，为了预备作《王制考》，顾颉刚在燕大、北大两校新开了“《尚书》研究”课，他准备一篇篇地教读，首授《尧典》，以历史地理方面的材料去考订它的著作时代。在所编的《尚书研究讲义》中，顾颉刚认为《尧典》的写作时代应在西汉武帝之后，一条重要的论据是：《尧典》里说虞舜时“肇十有二州”，而先秦著作称述上古所制，只有九分制，没有十二分制。到汉武帝时置十三刺史部，其中十二部都以某州为名，自此始有十二州，所以《尧

① 葛剑雄：《悠悠长水：谭其骧前传》，第 24—25 页。

② 顾颉刚：《古史辨》第一册《自序》，第 7 页。

典》的十二州应是袭自汉武帝时的制度。为了让同学了解汉代的制度,还印发给班上同学每人一册的《汉书·地理志》,作为《尚书研究讲义》的附录。[①]

当时,谭其骧因学分已满,便作为旁听生前去听课。他读了这一段讲义之后,又把《汉书·地理志》翻阅一遍,觉得老师在讲义里所列举的十三部不是西汉的制度,实际上是东汉的制度。谭其骧之所以敢于怀疑自己老师的结论,与他原来对正史地理志的内容相当了解有关。也许是受当过火车站站长的父亲的影响,谭其骧从小就对历史和地理十分爱好。平日兄弟之间,经常以相互考问地理知识作为游戏,如某省邻接哪几个省,某县在何省,以答对为乐。报章上新见的地名也必在地图上查看它的位置,不知不觉中积累了一些地理知识,更形成对地理的兴味。到了大学,一般同学认为枯燥无味的正史地理志,他却读得津津有味,对历代的政区沿革大致有了一个粗略的了解。

有一天下课时,谭其骧向顾颉刚提出了自己的看法。顾颉刚一向喜欢别人能够对自己的学术观点提出异议,通过讨论将研究深入下去。《古史辨》就是一个典型的例子,不仅收入了同意自己观点的文章,也将所有反对自己甚至措辞激烈的文章囊括其中。在《自序》中,他还对自己的论敌表达了由衷的感激:"我又非常地感谢刘楚贤(掞藜)、胡堇人、柳诒徵(诒让)诸先生,他们肯尽情地驳诘我,逼得我愈进愈深,不停歇于浮浅的想象之下就算是满足了。我永远要求得到的幸运,就是常有人出来把我痛驳,使得我无论哪个小地方都会亲自走到,使得我常感到自己的学力不足而勉

① 谭其骧:《关于汉武帝的十三州问题讨论书后》,《复旦学报》(社会科学版)1980年第3期。

力寻求知识。”[①]所以，当年轻学生谭其骧提出与自己相左的意见时，顾颉刚非但没有感到抹不开面子，反而热情地鼓励他说：“好啊，快把它写成文章，大家讨论讨论。”

本来，谭其骧只想口头说说就算了，现在只好回去重新查阅《汉书》《后汉书》《晋书》等的有关篇章。这一查，找到了更多的论据，使谭其骧欣喜若狂，益发增强了对自己看法的信心。10月2日晚，谭将这些看法写成一封信交给了顾颉刚。在信中，他满怀喜悦地说：“先生《尚书研究讲义》中所列之十三部，非西汉之十三部（不但非武帝时之制，亦且非平帝时之制），前已证实。”[②]然后将自己的理由详详细细地列了出来。出乎谭其骧的意料，就在第二天，顾颉刚就给他复了一封六七千字的长信。他更没料到，顾颉刚并没以权威自居，完全是把他这个后生小子当成一个平等的对手来看待。信中写道：“其骧学兄：顷接来书，读之快甚。西汉的十三州久已成为一个谜，现在经你这样一整理，觉得大有弄清楚的可能了。”[③]接着又详细讨论了相关的史料，作出了赞成他的三点意见、不赞成他另外三点意见的结论，认为取得了三点收获，还有两个问题因缺乏材料，只能存疑。最后他又鼓励谭其骧：“但我们不要怕，只要肯找，总有新材料可以发现！”[④]

接读这封来信后，谭其骧颇为激动，心中迸发了进一步钻研的兴趣和辩论的勇气。六天之后，他又将发现的新材料写成第二封

---

① 顾颉刚：《古史辨》第一册《自序》，第3页。

② 谭其骧：《关于汉武帝的十三州问题讨论·谭其骧与顾颉刚书》，《复旦学报》（社会科学版）1980年第3期。

③ 顾颉刚：《关于汉武帝的十三州问题讨论·顾颉刚与谭其骧书》，《复旦学报》（社会科学版）1980年第3期。

④ 顾颉刚：《关于汉武帝的十三州问题讨论·顾颉刚与谭其骧书》，《复旦学报》（社会科学版）1980年第3期。

信,对被顾颉刚否定的三点意见进行再商榷。这一次,倒有点出乎顾颉刚的意料,他没有想到,一个刚刚二十岁出头的小伙子,竟具有如此学力和才识,尤其他对学问的执着与严谨,更令人感叹不已。十多天后,顾颉刚在认真研究和深入思考之后再次复信,对谭其骧的看法又同意了一点,而且还并没有以此为定论。在信中结尾他说道:"以上的话,不知你以为如何,愿赐讨论。"[①]就在当天的日记里,顾颉刚表达了自己对谭其骧的由衷赞赏:"其骧熟于史事,余自顾不如,此次争论,余当屈服矣。"[②]

讨论结束后,顾颉刚将这四封书信收并起来,又写了一个附记,加上一个"关于尚书研究讲义的讨论"的名目,作为这一课讲义的一部分,印发给了全班同学。在附记中,他写道:

> 这几封通信都是讨论汉代的州制的,为什么要印了发与诸位同学,占据"《尚书》研究"一课的时间呢?这有两个原因:一是借此可以明白古人治学方法的不正确,使得我们从此不要再上他们的当;二是借此可以对于以前注解《尧典》"肇十有二州"一语的各家说作一个总评判,使得这些妄意的猜测从此失掉它们存在的地位。……
>
> 临了,敬致感谢于谭其骧先生。要不是他提出质问,我们一定循着传统的见解,习用班固在《汉书·地理志》注文中的说法。现在经过这样的辩论之后,不但汉武帝的十三州弄清楚,就是王莽的十二州也弄清楚,连带把虞舜的十二州也弄清楚了!庄子说,"知出乎争",这是极确切的一句话。希望诸位同学更能在他处提出问题,让我们永远的争下去,让我们常常

---

① 顾颉刚:《关于汉武帝的十三州问题讨论·顾颉刚再答谭其骧书》,《复旦学报》(社会科学版)1980年第3期。

② 《顾颉刚日记》第二卷,第571页。

的得到新知，无愧于这一个“研究”的课目！[①]

这场师生间的学术讨论，现在已是学术界流传极广的佳话，并早已超越事件本身而具有了一种特殊的文化含义。顾的谦谦君子之风，谭“初生牛犊”的勇气和穷究事实的学术态度，都为人们交口称赞。对于谭来说，这场讨论深深地影响了他的一生，成为他进入历史地理研究领域的开端。多少年来，谭对于这次讨论一直铭记在心，难以忘怀。当年印发下来的《汉书·地理志》早已装订成册，成为他时常翻览的插架图书；《关于尚书研究讲义的讨论》，更被他精心珍藏，成为师生二人高尚情谊的象征。50 年后，谭又从书籍中捡出这份《讨论》搁置案头，重温当年的师生之情，不禁感慨万端。适值《复旦学报》的编辑见到此物，建议将书信发表。借此机会，谭深情地忆及往事，将蕴积在心中的情感吐露无遗：

这是一场展开于师生之间的学术讨论。这师生不是过去的师承关系，而是正在课堂上发生授受学业关系的师生。这位老师还不是一位普通的老师，而是一位誉满宇内的名教授，举世钦仰的史学界权威！而我这个学生，一个二十岁刚出头的毛头小伙子，竟然敢于对这样一位老师所写的讲义提出不同意见，直言不讳地说您那一点讲错了，胆量可真不小。

我这点胆量应该是值得肯定的。没有我这点胆量，就不会引起这场讨论。然而，这场讨论之所以能够充分展开，导致取得颇为丰硕的成果，从而基本上解决了历史上一个相当重要的问题，关键决不在于我这个学生敢于提出质问，而在于作为老师的顾先生对待这样一个大胆学生的态度。当我对他提

① 顾颉刚：《关于汉武帝的十三州问题讨论·附说》，《复旦学报》(社会科学版)1980 年第 3 期。

出口头意见时,他既不是不予理睬,也没有马上为他自己的看法辩护,而是鼓励我把意见详细写下来。当我交给了他第一封信后,他仅仅用了一天时间,就回答了我一封长达六七千字的长信,可见他是何等重视我的意见。我两次去信,他两次回信,都肯定了我一部分意见,又否定了我另一部分意见。同意时就直率承认自己原来的看法错了,不同意时就详尽地陈述自己的论据,指出我的错误。信中的措辞是那么谦虚诚恳,绝不以权威自居,完全把我当作一个平等的讨论对手看待。这是何等真挚动人的气度!他不仅对我这个讨论对手承认自己有一部分看法是错误的,并且还要在通信结束之后把来往信件全部印发给全班同学,公诸于众,这又是何等宽宏博大的胸襟!正是在顾先生这种胸襟气度的感召之下,才促使我对这个问题努力深入钻研下去,勇于独立思考,提出一些合理的见解,对这个问题的解决作出了一定的贡献。……

当年这场讨论,不仅像顾先生在附记里所说的那样把一个二千年来多少学者没搞清楚的问题基本上搞清楚了,还有一点顾先生没有提到而同样很重要的,那就是:通过这场讨论,使我这个青年对历史地理发生了浓厚的兴趣,又提高了我做研究工作的能力,这对于我后来能够在大学里当一名还算称职的教师,在学术上多少能够取得一些成就,是起了很大的作用的。①

顾颉刚的学问与人格,赢得了谭由衷的敬佩,并深深地影响了他今后的人生历程;谭其骧对学问的执着与严谨,也颇得顾的赏

---

① 谭其骧:《关于汉武帝的十三州问题讨论书后》,《复旦学报》(社会科学版)1980年第3期。

识，成为他一生中极为得意的门徒之一。顾颉刚于1933年所作的《州与岳的演变》以及1934年写定的《两汉州制考》，都是在师生之间讨论的基础上完成的，而谭其骧就是当时重要的参与讨论者之一。在《州与岳的演变》中，顾颉刚在文末说："以上诸章所以能在讲义里发表，完全由于北大同学王树民、杨向奎二君，燕大同学谭其骧、翁独健二君和我讨论这问题，使我不得不发表这些意见之故，我敬谢他们的激励的好意。"[①]在《两汉州制考》的"附识"中他又提到："当民国二十年秋间，我研究《尧典》的著作年代，以为其中'肇十有二州'之文即是汉武帝立十三部刺史的反映；又承吕祖谦以来之说，以为去掉司隶部即是十二州。谭其骧先生见了，反对我的后一说，他说西汉时没有司隶领一州的制度，朔方自为一州，交州实为交趾。往复讨论，他的话愈显得真确，我当然修改我的主张。"[②]教与学本是相辅相成，师生们常在一起质疑问难、切磋交流，最能引起学术上的相互启发，心灵上的彼此共鸣，使师生相得益彰，共同进步。顾颉刚和谭其骧颇得教学相长的乐趣，后者之所以能在学术界很快崭露头角，实得益于这种独特的师生关系。许多年以后，谭其骧仍然对此向往不已，并为自己从教半个多世纪却没有几次像样的讨论而唏嘘感叹。他认为，师生之间开展学术讨论，既对学术本身有利，又对培养人才有利，今天的大学里应大力提倡开展各种学术讨论，形成一种风气。"要造成这种风气，光靠领导号召是办不到的，还得需要我们当老师的当学生的共同努力。"[③]

---

① 顾颉刚：《州与岳的演变》，《史学年报》第5期，转引自[马来西亚]郑良树：《顾颉刚学术年谱简编》，第148页。

② 顾颉刚：《两汉州制考（附识）》，国立中央研究院编：《庆祝蔡元培先生六十五岁论文集》，南京：国立中央研究院，1933年，第902页。

③ 谭其骧：《关于汉武帝的十三州问题讨论书后》，《复旦学报》（社会科学版）1980年第3期。

燕京研究院的学制一般是二年,也可延长到三年或四年,但只要修满 18 个学分,就可以撰写毕业论文。谭其骧自入学以来,孜孜不倦,刻苦攻读,仅用一年时间便修满了所规定的学分。1931 年底,他又提前半年完成了毕业论文《中国内地移民史·湖南篇》,结束了研究院的学业。半年后,这篇文章在燕大历史系主办的《史学年报》上刊载,成为谭其骧第一篇正式发表的学术论文,那时他未正式毕业(燕大规定研究生不能提前毕业)。谭其骧毕业论文的指导老师是顾颉刚,虽然他并没有对谭其骧进行详细指导,但能够高质量地提前完成论文的写作,谭仍将此归功于自己的老师。他曾多次提到,师从顾先生,"不仅使我对历史地理发生了浓厚的兴趣,而且提高了我做研究工作的能力。这些无疑应该归功于顾颉刚老师"①。

三、联袂主编《禹贡》半月刊

1932 年初,一个偶然的机会,使谭其骧以未毕业研究生的身份登上了大学的讲台,并从此正式进入了历史地理的研究领域,原来,当时柯绍忞的儿子柯昌泗在辅仁大学教沿革地理,可就在春季开学前一个周,他却因家庭纠纷不辞而别。这可急坏了辅仁大学校长沈兼士,只得四处找人代课。于是,在邓之诚的极力推荐下,年纪轻轻的谭其骧就出现在辅仁大学的讲台上。②

邓之诚与谭是"忘年之交",在谭的一生中,除了顾颉刚,那可能是与他关系最密切、对他影响最深的老师了。当时,邓之诚为燕京大学历史系教授,对魏晋、南北朝、隋唐五代史深有研究。他比谭其骧年长 24 岁,完全是一位上一辈的旧式文人,不仅做的是旧

---

① 谭其骧:《谭其骧自传》,第 329 页。

② 葛剑雄:《悠悠长水:谭其骧前传》,第 50—51 页。

学问，连穿戴也是旧的，一直是瓜皮帽、长袍、布鞋。邓常以明朝人自居，对新派人物很不以为然，但对他认为学问好、人品好的人还是十分器重并乐于交往的。他对顾颉刚疑古辨伪的学风和观点时有批评，但对深受其师影响的谭其骧却极为赏识，常跟他说："我搞的是明朝人的学问，你可以搞你清朝人的考据。"老先生喜欢聊天，一说起话来就滔滔不绝，意气风发。由于和谭其骧性情相投，便邀他住在家中，食宿都由他供给，谭其骧于是成了邓宅的常客。由于邓老先生博闻强识，谙熟历代典章制度和明清掌故，所以在与他共同生活中，谭其骧耳濡目染，获益匪浅，二人也结下了深厚的师生情谊。①

谭其骧怀着惴惴不安的心情登上了讲台.但他严密的条理、渊博的知识、洪亮的声音很快征服了所有学生。一学期后，辅仁大学决定续聘下去。后来，谭又在邓之诚的推荐下，到燕京大学兼同样的课。

1932 年 9 月，顾颉刚在燕大、北大两校也改开了"中国古代地理沿革史"，以加强在历史地理方面的研究，并有意培养一批这方面的人才。由于所教之课性质相同，顾谭二人时常在一起相互讨论交流，彼此受益不小，关系更为融洽。

1934 年 2 月 4 日，顾颉刚约谭其骧在他寓所附近的斌泰饭店吃饭。席间闲聊时，二人相互提到自己的班上颇有几个好学生，文章写得很见水平。顾颉刚还曾将其中的佳作略加修改，然后自己出资印发给班上的学生，以激发、提高他们进行学术研究的兴趣。当时北平学术界中还有不少人正在研究中国古代史中的地名与民族、边疆史地、中西交通史、地方志、地理学与地图史等与历史地理

---

① 葛剑雄：《悠悠长水：谭其骧前传》，第 34—35 页。

密切相关联的学科与课题,时有述作揭载于各种报刊中。有鉴于此,顾颉刚便提议,创办一个刊物,让学生的习作有一个发表的园地,同时也推动整个学术界加强历史地理方面的研究。于是,日后在学术界引起巨大反响的《禹贡》半月刊不久就问世了。1969 年,顾在回忆关于史念海先生参加"禹贡学会"的情况时,曾经提到这件事,他说:

> 我到燕京大学教书,碰到一个很有才学的研究院学生谭其骧(今任复旦历史系主任)。他毕业后就为辅仁大学请去做讲师,他开了一门"中国疆域沿革史",和我在燕大时所教的大同小异。为了提高教学质量,他星期天常到我家里谈谈。1934 年,我和他谈起彼此的好学生,我说:"我们可以出一种刊物,把你我和几个学校的好学生的作业发表出来。刊物的名字可叫《禹贡》,因为这篇古书是中国的科学性地理记载中最早的。"他赞成我的话,就决定这年 3 月 1 日出版,半月一期,我和他各出 20 元,就这样开办了。

《禹贡》半月刊的编辑部设在燕京大学旁成府蒋家胡同 3 号顾颉刚的家中,由顾、谭共同担任主编。刊物不设稿酬,写稿、审稿、编辑和全部工作都是义务的。那时,刊物尚处于初创时期,但顾、谭二人的热情与毅力却着实让人感动。40 多年后,谭对当时的情况仍记忆犹新:

> 那时我们的干劲是很可观的。二月四日议定,几天之后就在燕京大学东门外成府蒋家胡同三号顾先生的寓所门口挂上了"禹贡学会筹备处"的牌子。三月一日就出版了《禹贡》半月刊的创刊号。同时广泛邀约三校我们二人班上的学生和平、津、沪、宁、苏、杭、广州、厦门等地学术界各方面的熟人参

> 加学会。会费普通会员每月一元，学生会员每月五角。在半月刊上发表文章一律没有稿费。印刷费主要靠顾先生和我二人的特别捐助（有一个时期我月捐四十元）以及会员的会费。仍患不足，由顾先生随时向学术界名流和熟人捐募补充。发行事务由顾先生女儿顾自明经理，在全国各大城市找了三四十个相熟友人和书铺为代售处，义务代理。[①]

在顾颉刚和谭其骧合写的《禹贡》发刊词中，他们提出了学会的工作计划：1.从散漫而杂乱的故纸堆中整理出一部中国地理沿革史；2.改进杨守敬《历代舆地图》，绘成若干种详备精确而又合用的地理沿革图；3.广泛搜罗所有历史上地名加以考证，编成一部可用、够用、又精确又详备的历史地名辞典；4.考订校补历代正史地理志；5.把各种与地理有关的史料，如经济史、移民史等的资料辑录出来，作各种专题研究；6.提出若干关系自然地理而为自己所不能解决的问题征求科学家们解答。

制定庞大的工作计划，是顾颉刚一贯的作风。而这一次他之所以敢夸下"海口"，是与他对谭其骧的才华和能力极为信任与赞赏分不开的。在 1934 年 9 月 25 日致胡适的一封信中，顾颉刚说："谭君实在是将来极有希望的人，他对于地理的熟悉，真可使人咋舌。任何一省，问他有几县，县名什么，位置怎样，都能不假思索地背出。对于地理沿革史，夙有兴趣，且眼光亦甚锐利，看《禹贡》半月刊、《史学年报》、《燕京学报》诸刊物所载可知，他在燕大研究院毕业生中应列第一。今年我所以敢办《禹贡》半月刊，就为有了他，否则我个人是吃不住的。"[②]正是在顾谭二人的配合、努力下，《禹

① 谭其骧：《谭其骧自传》，第 330 页。

② 顾颉刚：《致胡适》一四六，《顾颉刚全集·顾颉刚书信集》卷一，第 486 页。

贡》半月刊办得有声有色,到当年 8 月出了 12 期,约 40 万字,每期的发行量也显著增加。

这年暑假中,顾颉刚等人到察哈尔、绥远两省去旅行、访问,结果使《禹贡》的编辑方向发生了明显的转变。顾颉刚在 1969 年所写的交代性材料中详细回顾了这件事:

> 平绥铁路局局长沈昌,是燕大教授吴文藻的美国留学时的同学,他要请燕大教授组织一个"察绥旅行团",供给头等卧车一辆,饭车一辆,随处可以停留参观。他的目的,是要教授们参观之后,每人写一篇文章,介绍当地的名胜、古迹、物产、风俗,激起游客的兴趣,为平绥增加营业收入。
>
> 在吴文藻组织之下,有他的妻子谢冰心,法学院长陈其田,中文系教授容庚、郑振铎,社会学教授雷洁琼,连我七个人,再加上一个能照相的赵×,于暑假中前往。当到绥远时,晤见该省主席傅作义,他给我们一辆大汽车,到百灵庙参观伪内蒙古自治政府,因得晤见德王及其手下的一班高级干部,其中有一个北大学生元仁。我们住在蒙古包里,吃的是羊肉和奶茶,使我开始尝到边疆风味。
>
> 我们在那里住了几天,和他们详谈了多次。知道蒋政权答应给他们每月三万元,但一文也没有给。日本侵略者则说可以给他们每月三十万元。德王正在踌躇,知道拿了日寇的钱,将来必成傀儡政权,没有一点自由。但蒋政权不给一钱,由德王自己掏腰包,每一个干部发十六元生活费,势不可久。我看出,在这等情况之下,这个"自治政府"必将饮鸩止渴,投入日本人的怀抱。从此,我的心头有了边疆问题,知道察绥一大片土地又将继续东北四省而沦亡了。

显然,顾当时已敏感地察觉到了边疆危机,心中焦虑之情可想而知。为了唤起国人对边疆问题的关注，他考虑把《禹贡》由原来的研究古代地理方面的学术问题转到以研究边疆历史和记录边疆现状为主。

四、围绕着办刊、治学诸问题而针锋相对

8月中旬，顾颉刚在察绥参观尚未结束，突然传来继母在杭州逝世的消息。于是，他匆匆南归奔丧，并在杭州一住数月。在这期间，《禹贡》的编务及燕京、北大的课程均由谭其骧负责。为了办公方便，他与杨向奎、顾廷龙等人同住于顾家。11月29日，顾颉刚返回北平。次年1月30日至5月4日，顾颉刚又南归度假并为继母安葬。《禹贡》第3卷第1—5期便由谭其骧单独编辑了。

谭其骧以前从未受过编辑的训练，缺乏足够的经验。顾颉刚在京时，里里外外的事情主要是由他办理的。现在顾一走，大大小小所有的事情都落到了谭其骧一人的身上，整日忙得他焦头烂额。本来，从担任《禹贡》主编开始，越来越繁重的编辑任务就使谭其骧备感吃力。现在不仅要负责处理所有编务，还要代替顾颉刚在燕大、北大讲课，这更使他忙得团团乱转。“我的正业是大学讲师和图书馆馆员。每星期得上四五堂课，每天还得到馆办公，编图书馆的馆藏方志目录。编半月刊的工作不得不全部依靠开夜车。”①

“从散漫而杂乱的故纸堆中整理出一部中国地理沿革史来”②，这是顾谭二人创办《禹贡》时所发的宏愿。1月8日，顾颉刚在离京之前曾向谭提出合编一本中国地理沿革史，谭答应先试写一部分。2月23日，顾颉刚抵达上海后即与商务印书馆签订了出版《中国地

---

① 谭其骧：《谭其骧自传》，第330页。

② 顾颉刚、谭其骧：《禹贡半月刊发刊词》，《禹贡》半月刊第一卷第一期，1934年3月。

理沿革史》的合同,然后致函谭其骧,希望他尽快写出。谭其骧复函顾颉刚,答应不久将先寄出一部分。然而,事实却并非如此。虽然谭已经开了三年的沿革地理课,又写过一些专题论文,有关知识积累了不少。但动笔后他发现,写沿革史绝非易事,有许多具体问题尚须深入研究。加上独自编《禹贡》和讲授三校的课程,深感力不从心,《禹贡》第三卷第一期也迟出了一星期。顾颉刚得知后非常不满,在3月6日的日记中写道:"季龙编《禹贡》太不上劲,三卷一期,予送他多少稿件,而尚须迟一星期出版,真有'才难'之叹!"[①]次日他向谭发出一函,除催促沿革史外,又提出《禹贡》务必不能拖期,信中对谭颇有责备之意。谭其骧接读后,心中颇感委屈,就针对顾的诘难回信一封,详细汇报了自己的工作状况,坦言自己编辑《禹贡》和撰写《中国地理沿革史》的力不从心。借此机会,谭还将这一段日子以来积郁在胸中的烦闷和满肚子的牢骚向顾倾诉,感慨"自己不能安心写一篇比较像样的文章,不能好好儿看一点不为做文章而看的书"。

顾颉刚先于12日收到了第一期《禹贡》,发现错字满目,不禁非常生气,他在当日日记中写道:"甚欲想一能任校对之人,而竟无之,不胜'才难'之叹。季龙为何如此不中用?"[②]大有恨铁不成钢之意。就在他因《禹贡》迟出一星期且错误太多而感到闷闷不乐时,又收到了谭其骧大发牢骚、略带抱怨的信。顾颉刚认为谭不了解自己的一片苦心,心中很不高兴,3月18日曾在日记中写道:"季龙纯粹为一读书人,自不能耐烦作事。但要生在这世上,又何能奚落世事。《禹贡》半月刊原是他自己事业,乃予在平他丝毫不管,予走后他编了一两期就起怨恨,此等人看谁能与之合作?予处处提拔

① 《顾颉刚日记》第三卷,第316页。

② 《顾颉刚日记》第三卷,第318页。

之而反被埋怨，真可气也。”[①]但顾颉刚也知道，加在谭其骧身上的负担确实太过繁重，他的抱怨也是情有可原的。因此在当天的复信中，除了告诉谭其骧《沿革史》“书肆之约已定，不可愆期”，“请将大作已成者及其他必要之参考书”寄来，“当急遽写成，寄沪而后回平”。此外，顾颉刚主要是针对谭的牢骚详详细细地陈述了自己的想法和意见。

首先，顾对谭的境况深表同情，“兄之烦闷即是弟之烦闷”，但顾认为，“这个愁闷不是某人某人加给你的，乃是这时代，这国家加给你的”。他指出，在动荡的时代里，一个学人不得不面临着两难选择：“一个人要研究学问，最好是不顾生计问题。但最苦的一件事，就是做了现代的中国人，无论你学问怎样好，无论你将来的学问可有多大的成就，而依然不能不顾生计问题，依然不能不受生计问题的压迫。”“在这种情形之下，我们对于学问是不肯放松的，对于生计又是逃避不了的，将怎么样，没有法子，只得像‘卖膏药’似的，自己起来唤起人们的注意，来供给自己的生计。”因此，顾劝谭要正视现实，“这种事情，在未经历社会甘苦酸咸的青年看来是可鄙的，例如贾宝玉称一班做官的为‘禄蠹’。他以为一个人只应从性所好，在香粉堆里或山林中度豪华潇洒的生活。但这原是公子哥儿的幻想，不是我们用劳力来博取衣食者所应唱的高调”。顾又谈到自己的爱才之心和做事身不由己的苦衷，“我和你交游五年，深知道你对沿革地理的兴趣，资质的聪明，学问的笃实又足以副之；我知道你将来必可有所成就。我自问学问固不足，爱才则有余。我只想使各种人才都能发展他的个性，使文化事业得急速的开展。只是身非在位，手中又无钱，不能使后辈中的人才获得适如

① 《顾颉刚日记》第三卷，第320页。

其分的发展;我只能使一班人才有‘卖膏药’的机会,有表襮自己于社会的可能,可以激起社会国家的注意,将来得有安定的生活,以作正当的发展而已。……唉,假如我生在承平之世,一班青年不以生计为问题,我真将遏止他们做文章之不暇。我哪里要他们出风头,我只是要他们挨过这一段最困苦艰难的道路而已!”

倾诉完了自己心中的感慨,顾又说明了之所以要拉谭主编《禹贡》,合编《沿革史》,又让他代为讲授北大、燕大的课,正是为他的生计所考虑的。顾说:“季龙,我爱重你的学问,我惆怅你的生计。你的家庭并不富厚,不得不赤手空拳打出自己的地位。你的学问又这般窄隘,要改聘教授也十分困难。你虽在北平图书馆服务,但你每一次到我家来,总是怨这职业不适你的胃口。要摆脱这职业罢,又只辅仁两小时,去掉暑假,一年只有四百元的入款,未必够用。然则如何而可呢?为此,我想起办《禹贡》半月刊,要把这刊物作为你的卖药的‘仿单’。”“至于两校功课,请你代任,因为事势所逼,但倘使我不为你的生计打算,我何难改开他种功课而请他人代理之。现在你教了一年,我可以为你在北大设法,改为实任了(燕大则因经费限制,没办法)。又《中国地理沿革史》,我所以不谢绝书局而又要你编者,也为你暑假中两个月的食用打算。讲师的薪仅十月,北平图书馆又辞职了,你如果没有积蓄,这两个月岂不是落空了呢!”

所以,顾最终向谭指明:“你固然忙得没办法,但这忙是在社会上奋斗所不得不经过的难关;而且这忙的性质是一贯的,并不是乱忙。……尚友古人固是要‘论世’,评论今人和为自己计划也应‘论世’。须知今日决不是乾嘉承平之世,可以让我们端坐而作考据工作,可以让我读熟了《十三经注疏》而来考经,读熟了《二十四史》而来考史。我们的不成熟的作品,并不是我们自己的罪过,乃是受了时势的压迫，不得不然。只要我们不存心欺世，发现了自己的错误就肯更正，那就对得起这时代。若一味希望‘水到渠成’的作品，这仿佛责乞儿以鱼翅席，得无望之太奢乎！”

对《禹贡》的办刊方针和方法，顾也申述了自己的看法。“我说《食货》篇幅多，《禹贡》不应少，为的是有了比较。你说东西好坏在质不在量，不必计较这个。你的话固然很对，但你的经验实在不够。试问懂得质的美恶的，世上能有几个？大多数人是只懂得量的多少而已。你将说，办这专门刊物何须取悦于大多数人！学问之道何必妥洽于一班庸众！话说得自然对，但试问《禹贡》半月刊的基础建设在那里？如果定户与零售减少，我们能不能存在？”“我们办这刊物，如果没有群众的拥护，前途真是凶多吉少。别的不用说，如果北大薪金一停将怎么办？难道好意思说就此关门吗？这一次如果随便关门，将来再作事时能得人信用否？”“去年我奔丧时，曾请你收一部分软性的作品，例如地方风俗之类。这种事很易，只要出一题目，叫学生每人写一篇，就可挑出十余篇应用。但你似乎没有照办。单靠沿革史，固有永久价值，但必不能得群众点头。”“说到分量的凑足，并非坏事，亦并非难事。要胡乱发议论，增多篇幅，固然不对。但以中国历史之长，地域之广，多的是材料。我们于议论文重其质，而材料文重其量。这就没有缺稿之虑了。”

在信的结尾，顾提出了问题的解决方案。“你既不愿任此繁剧，我也不怪你。好在我一月后即回，你再编二三期（本只须编至三卷四期，现在《地理沿革史》归我作，恐须累你多编一期），即由我接办了。暑假中仍由我编。下学年我颇想不再请代，一来你嫌事太繁，二来这一年中我亏空太多，经济的压迫我也有些受不了。如果我不请假，则此后《禹贡》永由我编可也。只希望届时你能做几篇精心结撰的文章，登在《禹贡》里，以无负我们当时倡办的意思。”

然后,顾再次考虑到了谭的生计问题:"至于你的薪金,如北大能在我的功课外再添两小时,连辅大年共八百元,不知你够否?如不够,希望你早日将《大学丛书》中之《地理沿革史》编出,好在这方面抽取版税。又我们预备印的历史地图,你也可从事绘制,当一例抽版税也。"[①]

顾颉刚将谭其骧的愁闷归结为是时代所赐,认为他的繁忙是生计所迫,这确是他自己的切身体会。早在1927年,他就借着王国维自沉事件吐露了心中的苦闷。王国维是顾素向敬仰的大学者,曾以"古史新证"蜚声于海内外,被誉为中国近代新史学的开山。正当他事业如日中天之时,却于1927年6月自沉于昆明湖底。在《悼王静安先生》一文中,顾愤怒地指出:"国家没有专门研究学问的机关害死了王国维!"[②]表达了对无法正常进行学术研究的中国现实与北洋政府的强烈不满。顾深深地懂得,在自己所处的时代里,一个学人要靠自己的奋斗而有所成就,必须经受更多的坎坷与艰辛。因此,他也迫切希望资质聪明、学问笃实的谭其骧也能通过他所走过的崎岖之路而获得学术上的成功。顾对谭推爱之挚、期许之殷,实在令人感动不已!

但是,谭也自有苦衷。他性情淡泊,行事严谨,以他的才性,埋头做学问是可以的,而要编辑刊物就有点勉为其难了。可以说,编辑实非谭之所长。1947年1月9日,杭州《东南日报》创刊,报社聘谭主编《历史与传说》副刊,每星期四在第八版占用三分之二版。但不久,报社便嫌他编得过于专门,学术气太浓,难以吸引读者,出了五期就停办了。对顾的其他观点,谭也难以认同。于是,在23日的复信中,他说,本来没有能力编辑《禹贡》,也不可能在短期间内写

① 顾颉刚:《致谭其骧》二,《顾颉刚全集·顾颉刚书信集》卷二,第551—555页。

② 顾颉刚:《悼王静安先生》,《中国文化》1995年第11期。

出一部沿革史，所以勉强从事只是遵先生之命；对顾的其他批评也申述了自己的看法。顾接信后，感到自己的良苦用心仍没得到谭的理解，不禁颇为伤感，马上又给谭回了一封三千余言的长信。

信中开头写道："一个人的才性不能勉强，我没有认清你的才性，徒然加给你工作，这诚然是我的不是；但这不是我勉强加给你，而是我请求了你，你自己答应的。我此来携有日记，在日记上一查，知你答应同发起禹贡学会，出版半月刊，是廿三年二月四日在斌泰吃饭时事；你答应编《地理沿革小史》，是廿四年一月八日在我寓里的事。我固然没有认清你的才性，而你自己却也没有认清自己的才性，否则那会乱答应呢！"

接着，顾联系到自己参预过的北大新潮社、朴社、景山书社、技术观摩社等都不能善终，大发感慨。"唉，提到这种事，真是使我伤心极了！我真觉得中国智识阶级的不济事！""我常常想，中国人为什么竟不能合作？我为什么永远找不到一个合作的伴侣？我常常自己对自己说：拼着你的勇气，一个人去做罢！"

顾发起《禹贡》时，完全依靠私人力量而没有挂靠在任何一个学术机关，这颇遭一些人的非议。但之所以如此，实在有他不得已的苦衷。他说："以前我在北大，编《歌谣》周刊和《国学门周刊》；到了厦大，编《国学院周刊》；到了广州中大，编《语言历史研究所周刊》、《民俗》周刊、《图书馆周刊》。但到我一走之后，就烟消云散了。……我办这《禹贡》，就是要避免机关中的厄运，让我用一个人的能力维持下去。""所以我在北平时，你对编辑上不帮忙，我不觉得什么，因为这刊物我本是一个人立志办下去的。不幸这一年中我常常南归，害得你分出了许多工夫。现在好了，我决计下学年不离平了，我可以一个人做下去了。"顾又认为创办《禹贡》，终究有一部分原因是为了谭，因此和谭约定，"此后你应当担负下列两个责任:1.你常做小篇的考据文章。2.凡属于汉以后的地理沿革史学,我把排样寄给你:如有大笑话,请你改后寄我,免得又有'唐二十六道'等语句出现。此外都由我来做,好吗?"

对于二人在许多问题上都无法达成共识,顾认为主要是创办刊物的胸怀太不相同了。他说:"我办这刊物,固要使你成名。但世界上埋没了的人才何限,可以造就的青年又何限,我们纵不能博施济众,但必应就力之所及,提拔几个,才无负于天之生才。例如钟凤年先生,年逾五十,以十余年之精力费于《战国策》上,然而世上有什么人知道他?因为世人不知,而他的文字又不足以表达学问,以致困顿不堪,不能给衣食。……又如孙海波君,其力学为世所希见,而其文字颇有疵类,不为他改竟不能登。难道我为了爱惜自己的时间而使他失去了发展的机会吗?又如马培棠君,有学问,有见解,又会写文章,这种人是很能脱颖而出的,但因他寡交游,没有人为他揄扬,就埋没在一个中学校里。现在我们常登他的文章,竟使注意他的人愈来愈多,我从南到北都听见提起他的姓名了,又有人找我介绍和他通信了。这样地使许多有志有为的人都得到他的适当的名誉和地位,岂不是人生一乐?""所以我们若为自己成名计,自可专做文章,不办刊物;若知天地生才之不易,与国家社会之不爱重人才,而欲弥补这个缺憾,我们便不得不办刊物。我们不能单为自己打算,而要为某一项学术的全部打算。"

顾对自己的这种学术胸怀非常自豪;他认为,通过《禹贡》帮助了别人,迟早会得到回报。"现在研究学问已不是一个目不窥园可以独立成就的,分工合作乃是避免不了的方式。你要一个人编一部'中国地理沿革史',而实际上是无数人帮着你的。一个人精神有限,对于一种学问,无论怎样用心,必有看不到的材料,想不到的问题。几个人一讨论,就都看到了,想到了。你说你不赞成编《禹贡》，试问你将来编纂'沿革史'时能否不看《禹贡》？"

紧接着，顾批评了谭的骄傲。他说："这三四年中，我在燕大里，在城里，很听得人家批评你的话，归结起来不外'骄傲'二字。你这次来信说，许多人不给你稿子，我看，这二字就是一个重要的理由。"顾认为，"一个青年，有本领，有志愿，骄傲本是值得的"，但若谭已近三十，那么"我希望你也渐渐变更了态度"。他力劝谭待人要宽容，看人要全面。"你的骄傲，是瞧不起人，觉得人家是浮薄，是平庸，是孤陋。实则一个人总是多方面的，有坏处，也必有好处。""就把你来说。你在学问上很不苟且，不肯随便写作，这是好处。你在办事上十分马虎，以致答应了的事情不做，定期刊物变成了不定期，这是坏处。如果我的眼睛只看见你的坏处，那么，我真不值得把你做朋友。但我不是这样的人，我也见到你的好处，所以要写这样的长信来劝你，希望你前途可以减少不幸的遭遇。"同样，顾也请求谭用多方面观察的眼光来看他。"我要你做这样，做那样，害得你甚忙，这是不了解你的才性的坏处。但你须转念一想，我是不是一个很有权势和金钱的人？如果我有权势，我就可容你优游于文史之林，不给你一点事务上的责任，让你用了毕生的力量彻底研究几个问题。即使没有权势而有金钱，我亦何难供给你的生活费，让你自己从容发展。不幸我既无权势，又无金钱，而你的生计是一个逼得解决的问题，那么，试问除了使你做这样，做那样，终日烦忙之外，再有什么办法？"

最后，顾就谭说他笔头快，是当编辑的便利提出异议。他说："实告你，我的作文是拼了命的。我患失眠已十九年，夜间绝不能写字，而日间又事忙客多，无法写，然又不得不写，故偶然得到一些时间，便捉住不肯放过。人家看我的文字，似乎一气贯注，非常痛快，但我都是在鸡零狗碎的时间中凑成功的。……因为时间不易得,故得到一点就要赶紧使用。为了赶紧,逼成了许多病,后脑作痛,心头发宕,鼻孔流血,胸前起闷,诸病齐作了。”“所以常对我妻说:‘别人只知道顾颉刚以作文成名,解决了生计问题;谁知顾颉刚的奋斗生涯是这样艰苦的!’”顾以自己的亲身经历,语重心长地对谭说道:“季龙,你的环境和我是差不多的,你如不欲解决生计问题则已,如果打不破这现实的需要,而犹欲解决之,那么,照你这样慢吞吞地干去是不成的。一个人有一个人的才性,我固然决不该希望谭季龙也成了顾颉刚,作同样的艰苦奋斗;但至少也须把精神紧张起来,才可在社会上打出一个自己的地位。”

在信中结尾,顾写道:“不知你能受我这‘尽言’否?但无论能与不能,总希望你把我这两封信保存起来,到将来受到别方面挫折的时候,再拿来一看,我想你必可在这两封信上找到些橄榄味儿。”①

顾颉刚的这封信,有对谭的同情,理解,期待,也有真诚的责备,坦率的批评。他自觉已将蕴藏在心中的想法和盘托出,不禁颇感痛快。在当天的日记里他写道:“写季龙信,心中一畅快。他如见我此信而犹不动心,则予亦未如之何也已矣!”②

然而,顾、谭二人最终谁也没有说服对方,这与当年师生之间“关于汉武帝十三州问题的讨论”是截然不同的。前者是纯粹的学术讨论,二人能够彼此救弊,相得益彰。而这一次的争论,却包含了更多的内容。在顾、谭二人的交往中,这两次规模较大的通信讨论各自具有特殊的意义。从结局上说,前者使他们走到了一起,后者却昭示了二人的最终分手。

5月初,顾由苏州返回北平,开始继续主持《禹贡》半月刊的大

---

① 顾颉刚:《致谭其骧》三,《顾颉刚全集·顾颉刚书信集》卷二,第556—560页。

② 《顾颉刚日记》第三卷,第324—325页。

小事务，谭仍协助编辑。至暑假，谭决定应广州学海书院之聘，正式向顾辞去《禹贡》编务和学会事务。顾虽竭力挽留，但无奈谭去意已决，心中不禁顿生深深的惋惜和浓浓的惆怅，在当天日记里又写下了“才难”之感。

几十年后，谭先生在《自传》中提到了当年应学海之聘一事。他说：“一九三五年夏，燕京的张东荪应广东军阀陈济棠之请在广州办学海书院，邓之诚先生和张相熟，荐我去粤。我因苦于在北平得不到专任讲师之职，遂应聘去学海书院，讲授《通典》与《通考》。”[①]

谭离开《禹贡》前往学海书院，确实有经济方面的考虑。他虽然出身于世家大族，但当时家庭早已没落，经济状况十分困窘。父亲半身不遂，长期赋闲在家，全家唯一的固定收入来自出租房屋的租金。年轻的谭不仅要维持自己的生计，还担负着奉养双亲的义务。在他长期保存着的几封父亲的来信中，我们不难体会到他当年生活的艰难和所承受的巨大压力。大约在 1934 年，谭结识了一位夏姓女子，到 11 月间，关系趋于成熟，谭写信将准备订婚一事禀告了父亲。11 月 17 日谭新润复了一信，其中说道：“我家惟一目的者，娶媳求淑女，勿计厚奁，因我家寒素家风，故不敢有所奢望也。汝母云：此事既有成议，自然事在必行，虽如汝来信所虑婚费无着，最属困难，自是深知甘苦之话，但决不能因噎废食。……最好以南中风俗，检一最省俭办法，先行一安心礼，其余进行之事，随后再说。”“惟此次先行安心礼时，亦须费用数十元，此则须汝自先行筹划，总以愈省愈妙。”“至于将(来)结婚地点……当然以即在平地举行为宜……双方均借公共场所礼堂、旅馆或公园等，究竟省俭不少

---

① 谭其骧：《谭其骧自传》，晋阳学刊编辑部编：《中国当代社会科学家传略》第二辑，太原：山西人民出版社，1982 年，第 366 页。

也。”最终谭与夏姓女子并没有成婚,原因何在,已无从查考。[1] 但是,谭当初经济处境的尴尬却由此信可见一斑。

在离北平之前,谭主要靠“拉散车”(在大学兼任讲师上钟点课)和不定期的稿费收入维持生活。上钟点课的待遇是每小时5元,一门每周二小时的课每月可得40元,一年只能收入400元,因为每年两个月的暑假是拿不到钱的。当时的稿费一般是每千字5元,与上一堂课相等。《禹贡》半月刊从第三卷开始才收支相抵并略有盈余。在此之前,谭不仅要义务编辑和撰稿,还要经常月捐20元作临时捐助。因而其生活往往入不敷出。当时,谢国桢已将自己的姨甥女李永藩介绍给谭,他自然不得不考虑未来结婚的费用,而到学海书院当导师,可以得到相当于北平一名教授的工资,经济状况自然会大有改观。于是,在邓之诚、洪业的劝说下,谭离开北平,离开了《禹贡》,离开了顾颉刚。

五、顾谭为学、为人风格之差异

顾颉刚、谭其骧二人之所以最终分道扬镳,是与他们因治学风格和学术追求的不同而造成的歧异分不开的。在1935年3月18日的信中,顾曾对谭说:“我深知我和你性情学问有很不同之点。龚定庵之诗云‘但开风气不为师’,拿适之先生的话来说,开风气者是敢作大胆的假设的,而为师者是能作小心的考证的,这两种精神固然最好合于一个,但各人的才性不同,不得不有所偏畸。我是偏于开风气,你是偏于为师,这是没法强同的事情;但正因有此不同,故得彼此救弊。这半月刊由我们二人办,以你的郑重合上我的勇往,以相反而相成,事就做得好。”[2]“开风气者”与“为师者”确实可以彼此

---

① 葛剑雄:《悠悠长水:谭其骧前传》,第94—95页。

② 顾颉刚:《致谭其骧》二,《顾颉刚全集·顾颉刚书信集》卷二,第553页。

救弊，但这两种学人若要合作出书、编辑刊物、共创事业，则必然矛盾丛生，难以成功。

从治学风格上说，顾尚“博”，做学问倾向于大胆假设，往往立论恢宏，思维敏锐，发前人所未发，开时代之先河，但也有点不计小疵。唐德刚曾在《胡适杂忆》中提到，在治学的态度上，“冯（友兰）顾（颉刚）诸先生是举一反三，有点证据，就先把议论发了再说”[①]。《古史辨》之所以在它诞生之始颇遭非议，毁多誉少，与此不能说没有关系；而它日后逐渐誉多毁少、蜚声史坛，也正是导源于此。顾也多次感叹终改不了求博的习性，但他并没有妄自菲薄，他认为：“今日决不是乾嘉承平之世，可以让我们端坐来作考据工作，可以让我们读熟了《十三经注疏》而来考经，读熟了《二十四史》而来考史，我们的不成熟的作品，并不是我们自己的罪过，乃是受了时势的压迫，不得不然。只要我们不存心欺世，发现了自己的错误就肯更正。那就对得起这时代。若一味希望‘水到渠成’的作品，这仿佛责乞儿以鱼翅席，得无望之太奢乎！”[②]顾颉刚之所以不仅成为古史领域的公认权威，还将思想的触角伸及戏剧、歌谣、民俗、历史地理等领域，从而成为民俗学和中国历史地理学等学术领域的开拓者，正是得益于他的尚“博”。

谭其骧贵“专”，治学倾向于小心求证，素以严谨、笃实而著称，被顾誉为“不苟且”。但也正因如此，谭的很多文章写得很慢，而且拖得很久。对此他并不讳言，在1980年的《自传》中坦言道：“我写的文章不多，发表的更少。”[③]谭一生都保持着这一治学风格，他认为，学术研究不能赶时间，“文章千古事，自己都不满意，如何能发

---

① [美]唐德刚：《胡适杂忆》，长春：吉林文史出版社，1994年，第38页。

② 顾颉刚：《致谭其骧》二，《顾颉刚全集·顾颉刚书信集》卷二，第554页。

③ 谭其骧：《谭其骧自传》，第372页。

表?”1980年他作了中国七大古都的报告后,《历史教学问题》向他约稿。当时他的弟子葛剑雄以为,只要将记录整理出来,请他改定即可。岂料,上篇刊出后,他迟迟不改出中篇来,急得杂志一位编辑天天到他家去催。葛也很不理解,他问谭先生是不是整理得不对。谭说:“不关你的事,报告中我是这样讲的,但现在觉得不妥当,一时又想不出更好的说法,所以只能拖了。”结果隔了一期后才写出中篇,下篇则始终未能写出。[①] 就在这一年,他曾发愿要将多年来讲授中国历史地理的讲义整理出来,在此基础上写成《中国历史地理概论》,但由于他过于苛刻,至死也没有完成。

顾、谭二人迥异的治学风格和态度,必然导致他们在许多事情上发生冲突。如对《中国地理沿革史》,顾认为谭既然已经讲了几年沿革地理,有现成的讲稿,又作过一些专题论文,据以成书又有何难?只要不拖拉,按时交稿应不成问题。但谭在动笔后却发现,由于其中许多问题尚须进一步研究,撰写沿革史并非如此简单。他认为,讲稿与写书是两回事,前者可以沿用旧说,而后者必须有自己独立见解,绝不可马虎从事。因此,答应写出的《沿革史》迟迟没有完成,致使顾极为生气,执意将此项工作由自己来做。后来顾因工作太忙,便由杨向奎和史念海二人撰写完毕,以顾史二人的名义发表。再如,作为禹贡学会一项重要工作的沿革地图的编绘,是由顾颉刚和郑德坤编纂,吴顺志、张颐年绘制的。从1933年3月至1934年4月已完成39幅,由谭负责校订。顾以为很快可以问世,他在《禹贡》刊出《〈地图底本〉出版预告》中说:“此后谭先生校好几幅,即付印几幅。”但经谭审校后,原稿几乎全部作废,到年底时能够付印的还只有12幅。

---

① 葛剑雄:《〈禹贡〉与顾谭二先生》,王元化主编:《学术集林》卷二,第266页。

从学术追求上讲，谭其骧属于那种“两耳不闻窗外事”的“读书种子”，正如顾先生在日记中所说的“纯粹为一读书人”。他所追求的，是以专精的学术著作贡献于社会。一般说来，专门著述需要含英咀华、沉潜数载，方能有所成就。因而谭不愿外事的牵缠占用自己一丝做学问的时间，就是与几位情谊甚笃的友人也是相交如水，更不用说同他人交游、应酬了。在1981年的《自传》中，他说：“几十年来，我所接触到的前辈、同辈以至后辈的史学界有成就的学者很不少。这些人是不是都熟悉中、外、古、近、现代历史的？事实上不存在这样的人。既是古今中外，又要包括经济、政治、制度、文化、思想等各个方面，一个人的精力怎么对付得了？所以一般说来，每一个历史学家只能专搞中国史或世界史的某一部分，搞中国史也只能搞一两个断代或一两个方面，这才可能有所成就，决不应该涉猎太广，泛滥无归。”[①]从这段话中，我们不难体会到谭对专门学问的钟情和追求。终其一生，谭都将对中国历史地理的研究作为自己毕生用力的方向，从而在此领域作出了别人不可替代的贡献。

与谭不同，顾具有更大的学术雄心。他不仅将学术视为自己的生命追求，在他身上还有一种很明显的以文化的传承为己任的自觉意识。“自己的生命总有终止的一天，不值得太留恋，但这文化的蜡烛在无论怎样艰苦的环境中总得点着，好让孑遗的人们或其子孙来接受这传统。”[②]要实现维系文化传承这一沉重的使命，光靠一人甚至一代人埋头于学问是远远不够的，还需要倡导一种学术风气，启发和指引下一代人继续下去。在做一个纯学人或一名

---

① 谭其骧：《谭其骧自传》，第327页。

② 顾潮：《我的父亲顾颉刚》，胡平、晓山编：《冤案与名人2：中国知识界名人冤案实录》，第317页。

学术领袖之间,顾是颇伤脑筋的。据蔡尚思回忆,1930年代,顾有一次对他说:“你有机会在南京国学图书馆,大读一次书,把历代文集翻光,真是幸福的一件事。尤其难能可贵的是你学习古人所说:只要能爱惜光阴,便可使百年变成千年。我很羡慕你,很想向你学习,但自知是不可能有此种良好机会了。”蔡当即答道:“我是由于失业,才不得不入住图书馆读书的,你要向我学习,可太倒霉了。”顾说:“不是的。你在职业上失业,在学业上得业,一个学者有大读书的机会,就是再幸福也不过了。我正相反。”从顾的本性来说,他更愿意做一名纯学人,但若为整个学术事业打算,他又不得不作出很多的牺牲。他时常感叹,“我现在忙得真苦”,“终年没有空闲”,“我的生活太忙乱了”,致使自己无法安心读书治学。顾的苦闷是由时代赋予的。社会动荡,国家离乱,文化事业的发展更加步履维艰,他不得不担负起比一个纯学人更多的责任,从而也使自己常常卷入一些社会活动之中。从今天看来,顾的交游确实非常广泛,不仅结交学界,也结交政界、商界,来往不仅有中外教授学者、青年学生,还有党团要人、地方军政大员、蒙古王公、宗教领袖、社会名流,仿佛已由一名纯学人变成了一个活跃的社会活动家。对此,蔡尚思可谓顾的知音,他认为:“顾颉刚与政客式的学者不两立,他在旧时代被人东迎西请,忙个不休,但其性格却不喜欢攀龙附凤,从事升官发财等不正派的活动。”[①]顾后来与朱家骅,进而与国民党搭界,关键是为《禹贡》募款,是利用政治来推动学术,而不是用学术来取媚于政治。终其一生,顾颉刚都没有参加任何一个官方组织,始终将自己的事业立于民间。

顾、谭二人对编辑《禹贡》半月刊产生很大的分歧,最主要的原

---

① 蔡尚思:《顾颉刚先生治学的几个特点》,《蔡尚思全集》第六册,上海:上海古籍出版社,2005年,第510—511页。

因就是他们的学术追求的不同。谭认为编辑刊物，使自己无法抽出时间安心读书治学；而顾却认为在当时的年代里，只有通过刊物才可以使谭早日闯出自己的地位，并可培养、挖掘其他人才。谭认为一种学术刊物最重要的是质量，而不是数量，即使拖期，也不能草草出版。所以尽管顾要他编入或组织一些稿件，他却不愿意采用；而顾则认为，为了使刊物能够发展、扩大，对文章的质量就不能要求过高，只要保证有一半或三分之一的高质量文章。其他的内容过得去就可以了，更不能为了稿件的修改而造成拖期，失信于读者。谭认为学术文章不同于应酬文字，应该由自己负责，不能假手于人，因此他不愿为人代笔或大幅度地为人修改文章；而顾却认为，要为发展学术计，就应不惜为他人作嫁衣裳，鼓励人们特别是青年学生从事学术研究，不仅要为他们修改文章，甚至可以替他们重写文章。顾的宽容与谭的严谨正是源自他们的不同的学术追求。

在中国现代学人中，顾颉刚和谭其骧可以说是尚“博”与贵“专”两种学术风格的代表。尚“博”的学人，像梁启超、胡适等，往往勇于求新求异，能够开风气之先，使整个学术界不断创新；但同时也有在许多领域浅尝辄止之弊。贵“专”的学人，如王国维等，倾向于求精、求深，往往能够使某一学术领域的研究不断深化，但同时也存在研究范围较窄，无法统领全局之病。这两类学人同时并存，彼此救弊，相得益彰，共同推动了学术的发展。1981 年，李泽厚曾在《自传》中谈到自己对“博”与“专”的看法。他说：“我的好些文章都写得相当‘粗’（如《历程》、如《美学三题议》），因为我习惯于先画出一个粗线条的轮廓，先有个大致的框架，以后有时间和机会再去工笔重彩，细细描画。‘先立乎其大者，则其小者不能夺也。’我也有过先搞小的经验，愈钻愈细而不能自拔，继续下去很可能这辈子就只能研究一个人、一本书、一个问题了,这与我的兴趣、个性颇不合适,所以非常苦恼。治学之法有多途,各人宜择性之所近。一些细致的、爱好精密分析、仔细考证的同志可以做的,我做却不一定适宜(尽管我也爱看这类文章)。当然,'见木不见林'和'见林不见木'都不好,最好两者都见,但毕竟可以有所偏重。分析与综合、推理与直觉、微观与宏观、细与粗……等,亦如是。科学事业需要大家分工合作来搞,不是一个人所能包下,所以不妨各就性之所近,发挥所长。"①

两种学术风格的不同追求,最终造成了顾、谭二人的分手。然而他们都不愧为"和而不同"的君子,在以后的人生道路中虽然相交如水,但依旧惺惺相惜。

谭到了广州后,遵守对顾的承诺,继续为《禹贡》撰文审稿,《禹贡》也不时刊出他的文章来信。1936 年 5 月 24 日,禹贡学会假燕京大学附近一家饭店举行成立大会,选出的七位理事中就有正在广州的谭其骧。顾也并没有因谭的离去而感到恼怒,相反他一直用关爱的目光注视着谭的行踪。1935 年 10 月,顾在《禹贡》中作谭其骧信按曰:彼"本夏应广州学海书院之招,前往任课。本刊读者与之神交有素,必乐闻其近日踪迹。故登载此函,以慰悬念"。1936 年夏天,陈济棠反蒋介石失败下台,学海书院被封。正当谭为自己的去向彷徨无计时,顾适时地伸出了真诚的手。他在为历史系向校务长司徒雷登争取到五千元追加款后,就聘谭为兼任讲师。1950 年代中期,顾在标点完《资治通鉴》后,由于劳累过度,大病一场。后来,董必武亲自宴请。当时,谭也正在北京主持改绘杨守敬编绘的《历代舆地图》。顾在席间曾向董必武建议将谭留在北京。董必武

① 李泽厚:《李泽厚自传》,晋阳学刊编辑部编:《中国当代社会科学家传略》第二辑,太原:山西人民出版社,1982 年,第 186—187 页。

答应帮忙后，顾就以私人名义书信一封，由董必武带给了教育部。但是，教育部回信认为，谭还是应回复旦。新中国成立之后，顾谭二人还曾合作、共事多次。1953年，他们与胡厚宣等一起带领复旦学生60人前往苏州，到苏南文管会、苏州文管会参观古物，后又乘兴游览了虎丘、石湖、越城等处。1954年，顾与章巽续编《中国历史地图集》，特邀谭校订。1957年，应中科院地理研究所之邀，顾与谭及侯仁之、任美锷在青岛商讨编辑《中国古代地理名著选读》第一辑，分任《禹贡》注释及《山海经》选释。1979年，中国地理学会历史地理专业委员会筹备出版《历史地理》丛刊时，谭任主编，顾就是两位顾问之一。自始至终，顾谭二人都保持着良好的师生和朋友的情谊。顾一直对谭极为爱护，谭也始终没有改变对恩师的敬仰与感激，每每忆及往事，总是充满深情地强调顾对自己人生历程的深刻影响。

第五章　亦步亦趋，至死犹“疑”

——顾颉刚与童书业

要点提示：过目成诵的天赋奇才——他每次上课都是徒手而来，即席发挥，滔滔不绝，不用铃、表，准时下课——无论如何弄不懂人情世故——“自幼敏感，敏感到近乎神经质的程度”——童书业在自撰年谱中记道：从 1933 年起，“余治经史渐取古史辨派门径，以顾颉刚先生为私淑之师”——代顾颉刚草拟《春秋史讲义》和一系列辨伪雄文——七册《古史辨》，由顾颉刚开篇，童书业完稿——执教山东大学，由 1930 年代的古史学界的新星摇身一变为新史学界的新星——童致信顾：最初，“吾人代表民族资产阶级说话而不自觉耳。……至抗战后期，吾人已完全丧失进步性而变成封建主义与买办资本之附庸”——顾则认为：“此丕绳自道耳，我则学由宋人来，不至如此随时代变化也”——童书业批判“古史辨派”——顾颉刚说：“此是渠等应付思想改造时之自我批判耳，以彼辈与《古史辨》之关系太深，故不得不作过情之打击”——上书学校当局：“我现在坦白承认，我是反革命分子”——“文化大革命”前夕，顾致信童：“倘使病不能愈……平生积稿，只好赖诸位至交为作整理：您为最知我者，所负之责任亦最重也”——顾为《春秋左传研究》作序曰：他比我小十岁，原拟让他整理我的笔记，想不到他竟先我而逝，今天转由我来为他这部遗著执笔撰序

“自从盘古开天地，三皇五帝到于今”，是直到民初还盘踞在绝大名数读书识字人头脑中的古史体系。1920年代初，顾颉刚的“层累地造成”的“历史演进方法”一出，这个貌似灿烂辉煌、固若金汤的古史体系，立即漏洞百出，摇摇欲坠。顾颉刚以此擅名于海内外史坛，与顾颉刚一起向这个“伪古史系统”发起攻击的“古史辨派”，从此巍然屹立于中国现代史坛上，成为任何一个史学流派包括唯物史观派向前推进时都无法绕过的巨大存在：“古史辨派”成员众多，其中既有当时已是大师级人物如胡适、钱玄同、吕思勉等，又有史坛后进如杨宽、刘节、罗根泽等，阵容整齐，声势浩大，以至仰之者视为日月北斗，抑之者看做洪水猛兽。在这个群体中，还有一颗耀眼的新星，他就是自学成材、生平经历具有传奇色彩的童书业。

“古史辨派”并不是一个有组织的学术团体，只是时人对以顾颉刚为首的一群取共同致知门径的学者的称呼。如上所述，其成员既有顾颉刚的老师胡适、钱玄同，更多的则是顾颉刚的学生和追随者。“古史辨派”成员的构成状况前后变动较大，甚至同一个人，今天可以是“古史辨派”成员，明天则可以声明反对这个学派。如胡适，顾颉刚走向疑古辨伪的道路，得力于他的指引，在“古史辨”处境困难时，又是他站出来表态支持。但1929年，胡适则对顾说：“我不疑古了，要信古了。”[①]果然，在顾颉刚于1930年发表了《五德终始说下的政治和历史》一文后，胡在致“古史辨派”的劲敌钱穆的信中，已表示是钱而非顾了。到了顾颉刚1932年发表《从吕氏春秋推测老子成书年代》一文，批评了胡适依传统说法所倡的老子在孔子之前并为孔子之师的说法，他们两人就最后在疑古的道路上分手了。以致连钱玄同在1936年也不满地说：“真想不到，适之的

① 顾颉刚：《我是怎样编写〈古史辨〉的？》，《古史辨》第一册，第13页。

思想会如此的退步。”[1]不仅顾颉刚的老师是这样,连一开始追随他疑古的学生也是这样。如先前协助顾作《三皇考》的杨向奎,后来在疑古辨伪的问题上也离他而去,并给予“疑古派”以激烈的批评。可以说,在“古史辨派”中,只有一老一少与顾一起疑古到底,老的是钱玄同,少的就是童书业。童书业大概可以说是“疑古派”中顾颉刚的最忠实的学生、信徒、伙伴和同志,顾、童两位一生最相知相契,精神上看不出有任何距离。即使在1949年后,童书业转身批判顾颉刚时,顾对童书业也不埋怨,因为他太了解他这位弟子了。这是一位天真得可爱、除了读书一无所长的纯粹书生。

一、天生的一颗“读书种子”

作为一位史学家,童书业是属于那种心有灵犀、脑有慧根、悟性极高、才华横溢型的。他早岁跟名师学画有年,但终因“画工有余,天趣不足”而未得驰名画苑,不过,童曾画过一幅“自画像”,却惟妙惟肖,天趣十足。在山东大学干部档案中,我们查到了一份童书业1951年9月10日写的“自传”——大概是在“思想改造运动”高潮期间写的;其间,他对自己做了以下分析:

> 我现在信仰马列主义,曾任马列主义课程,思想作风上似比前提高。但缺点尚多:我的优点是:①能服从真理。②对人还宽厚。③有相当天分。④读书尚多。⑤在过去被称为“刻苦耐劳”,但现在比起共产党员来,相差很远。⑥学问兴趣很广(我所研究过的学问,约有史学、美术、哲学、心理学、文学等,曾写过二百万左右字的学术著述)。⑦认真负责。⑧尚能改过。我的缺点是:①拘泥。②胆小,缺乏斗争勇气。③神经

---

① 上海《大公报》1951年12月16日。

过敏。④易动感情。⑤个人主义。⑥名士派作风。⑦缺乏原则性。⑧不善社会活动。⑨常迁就人。⑩有时缺乏自信。

对多少了解童的为人的人来说，这幅“自画像”简直可以说太传神了。看了这幅自画像，一个长于读书、拙于处世、血肉丰满、蓬头垢面的“书呆子”就站在你的面前。

“有相当天分”，看来童书业颇以此自负。这句自我评价的话，他的老师顾先生、他的老师的老师适之先生，大概都说不出口，因为这毕竟有点太难为情了，尽管他们二位也都“有相当天分”。但这句话出自童书业之口，没有人会觉得突然，反觉得太自然了。因为童就是这样一位质朴、本色和率真的人。对人对己都是如此。事实上也确是如此。童所具有的“相当天分”表现在许多方面，其中最为人惊叹的是他超凡的记忆力。他 6 岁开蒙，由其祖父教读《诗经》，从 7 岁至 15 岁，跟请的家庭教师先后读完了《诗经》《左传》《礼记》《纲鉴易知录》《四书》《书经》《易经》《仪礼》《尔雅》《古文笔法百篇》《唐诗三百首》《古诗源》《公羊传》《穀梁传》《周礼》《孝经》《老子》《孙子》等古籍。以上这些古籍，据说除《公羊传》《穀梁传》《周礼》《孝经》和《纲鉴易知录》等只是点阅外，其余的全能够背诵如流，包括诘屈聱牙、极为拗口的《尚书》也能一字不漏地背出，而且任人随意翻出一页，任意读一句，他马上可以接着背诵下去。这些古籍里某个词出现几次他不用查立刻就可以告诉你。他的老师顾颉刚说，近人的学术论著童看过一遍就能历举其主要内容和论点。所以，他做学问从不制卡片，因为他的头脑就是极好的卡片柜，他可以在头脑中对各书记载的某人某事进行比较分析，从矛盾处找出问题，经过严密的逻辑推理，便形成一篇独具见解的文章。写作前从不摘录史料，写作中也不翻查古籍，但引据的史料大都准确无误。正因为有这种超凡的记忆力，所以他讲课从不带讲稿。

据他的学生说,每次上课他都是徒手而来,即席发挥,滔滔不绝,有条不紊,没有多余的话,全凭严密的逻辑征服人。而且每当他讲完一个大段落,宣布"好,今天就讲到这里"时,下课的铃声也总是同时或在一两分钟内响起,迟或早从不曾超过三分钟以上,准确的程度不亚于钟表。童书业不但有过目成诵的本领,也有过耳不忘的能耐。在山东大学内外传为美谈的是:有一次,华岗校长为全校师生做社会发展史的报告,童坐在台下静听。会后讨论时老师们对报告的内容发生争论,都认为自己记得准确,请他评判,他于是将华校长的话整段整段地复述下来,一点也不走样,所以医学院的师生要求补听报告时,学校便请童书业去代为传达:据说传达时不但一字不漏,而且华校长讲到什么地方咳一声他也跟着咳一声。

令许多人迷惑不解的是,他在记书上的超人的记忆力,到了记人、记路等事上就完全失灵了:据他的女公子童教英(1960 年代初期山东大学历史系学生)说:童自幼爱看京戏,尤好武打戏。到青岛后,有时晚上也会外出看戏。青岛的路依山势而修,蜿蜒曲折而无定向。他到青岛数年后仍辨不清路向。一次晚间从戏园出来走迷了路,只得到附近派出所去问路。派出所民警不相信眼前这位不修边幅的瘦弱者是山东大学的教授,打电话到山东大学值班室,学校只得派车将他接回。[①] 又有一天晚上,童书业闯进学生宿舍,用手指着自己的鼻子说:"我叫童书业,是历史系副主任,要回家认不得路了,请谁送我回去。"于是历史系的学生孙达人恭恭敬敬送他回府。至于他不记人姓名的传说也很多,其中说他老是记不住历史系党支部书记的姓,每次去系里,见了这位书记,总是问他"您贵姓"。与记性坏得出奇相映成趣的是,生活上马虎、拙笨得也出

---

① 童教英:《童书业》,参见梁自洁主编:《山东现代著名社会科学家传》第1集,济南:山东教育出版社,1991 年,第 257—258 页。以后凡引此文,只标页数。

奇，一切都需要人料理，从不修边幅。后来成为他的长婿的黄永年，1942 年第一次见他时，他才 34 岁，但头发之乱、衣服之烂且脏已令人感到难以接受。解放前夕在上海，他一年四季老是穿双半破的黑色胶底鞋，也让当年的黄永年感到实在寒酸不堪。有一次黄永年陪他到私立光华大学宿舍去看吕思勉，走到半路他突然叫起来，原来裤带断了，黄永年一看，已烂得无法接。好在不是在大马路上，赶快到附近小杂货店买了一条给他换上。据他的女婿分析，童外表脏乱差，主要还不是生活贫困所致，而是因为他把全副心力都用在学问上了，无暇顾及穿衣、理发这类题外之事。[①] 1949 年暑假后，童应聘只身前来青岛山东大学任教，因一时无人料理生活，他到任两三个月内，从未脱过衣服睡觉，带来的行李卷也从未打开过，晚上就和衣睡在壁橱里。从不冲抽水马桶，也从来不知道自己洗脚。有一次去医院说是脚疼，医生看了看说，回去洗一洗、剪一剪就好了。他所最爱做的、最痴迷的就是读书、作文和备课，在生活上一塌糊涂，在应付社会上也一塌糊涂，他的女公子说他"那般绝顶聪明的头脑……无论如何弄不懂人情世故，直至离开人间，对社会、对人的了解仍如赤子一般"[②]。他对学问大概太专注了，完全达到了那种物我两忘、四大皆空的程度。

"神经过敏"，童书业自认为是缺点，毋宁说是他的一个突出特点。他的女公子说他"自幼敏感，敏感到近乎神经质的程度"[③]。他在自撰的《知非简谱》1912 年条写到："据先父告余：是年因患肺炎引起精神病，类强迫观念症，经中医治疗，不久即愈。"13 岁时，"复

---

① 黄永年：《记童书业先生》，张忱石等编：《学林漫录》第 6 辑，北京：中华书局，1982 年，第 4、11—12、14 页。

② 童教英：《童书业》，第 256—257 页。

③ 童教英：《童书业》，第 255 页。

患强迫观念症,不甚剧”。到了38岁上,则“因体弱受刺激多,强迫观念症日趋严重”。39岁上,“强迫观念症大发,进入正式精神病阶段。然自知力甚强”。[①] 这个时候,抗战时停办的上海市立博物馆已正式复馆,童的好友杨宽任馆长,童就任该馆历史部主任。而此时顾颉刚也由大后方回到了上海,师生二人在因战乱阔别8年之后得以再次聚首。1946年5月9日,童书业、杨宽等人拜访顾颉刚,于是顾的日记中便有了如下记载:“丕绳神经有病,常疑其稿子被人盗窃,虽理智知其不然,而此念纠缠弥甚。”[②]杨宽在他晚年写的回忆录中,更为详细地披露了当年童强迫观念症发作时的具体情形:这时他已由“神经质”导致“强迫观念症”,害怕别人窜改他已经发表的文章和未发表的文稿,他把自己的文章和文稿用几层纸包好和封好,要杨宽在这个封好的包上签字和盖章,他才放心。杨宽认为,“这是相信康有为等今文经学家所说刘歆窜改群经之说着了迷,已经发表的文章别人怎么能窜改?未发表的文章别人改了也看得出。没有这样做的必要。但是他一定要这样做,这大概就是‘强迫观念症’”。杨宽说,童书业虽然患有精神病,但是当他教书和写文章时,头脑是很清楚的,他常出口成章,下笔成文。他写文章时,常请人代为执笔,他口中一句一句地讲,代笔者一句一句地记,就成文章。杨宽感到,童书业多才多艺,聪明绝顶,但是猜疑太过,就产生精神病。童的这种精神病对解放后的杨宽曾造成比较深的伤害,这是后话。

童书业自幼就敏感,而且敏感到神经质的程度。敏感,尤其是过敏的一个通常表现,就是疑神疑鬼,疑心过重。在杨宽看来,这

---

① 童书业:《知非简谱》,上海图书馆历史文献研究所编:《历史文献》第六辑,上海:上海古籍出版社,2004年,第9、10、15—16页。以后凡引此文,只标页数。

② 《顾颉刚日记》第三卷,第656页。

是童书业跟随顾颉刚搞“疑古辨伪”的一个因素。“疑古”的结果，尤其是怀疑刘歆遍窜群经的结果，反转过来，又加剧了童原有的病情。童的女公子对乃父这时的病情作了这样的描述：抗战期间，处于颠沛流离中的他还承担着一家五口的生活重负，尤其1945年之后，物价飞涨，虽然顾颉刚将她姐妹三人及她母亲安置在苏州祖籍居住，但生活的沉重压力仍使他精神濒临崩溃。1946年经人介绍，认识了上海著名精神病学专家粟宗华，交谈之下，大为钦佩，于是自己也去研究心理学和精神病学。他真是聪明绝顶，到1948年，不仅发表了这方面的论文，而且写成《精神病与心理卫生》一书，用笔名由中华书局出版。1949年以后到青岛，曾给山东大学医学院附属护士学校讲“护士心理学”，吸引了不少医学院学生听课，课堂由小教室换大教室，大教室换小礼堂，成为当时青岛医学界轰动一时的新闻。据说，1949年后，他又接受了苏联的巴甫洛夫学派的观点，继续研究精神病学，尤其是强迫观念症。不仅研究，他还给远近慕名而来的人治疗强迫观念症，且有一定疗效。1967年末，他到济南一女工家中为其治病，天气突变，归后染上感冒，又转为肺气肿。在当时那种动乱的背景下未得及时治疗，遂于次年元月8日凄然离世。在他女儿看来，她父亲“生命的历程是在与精神病学有关的事件上走到终点的”。[①] 而且据说童“生前极为苦恼之事”，就是他在“心理学和精神病学领域的研究鲜为人知”且“不被人理解”。童书业真是多灾多难，不但患有精神疾病，身体亦自幼羸弱多病。如同其家人所说：终其一生，从未见他强壮过，尤其逝世前几年，他的肺结核病复发，左肺已烂成一个巨型孔洞。看着他为着一个个课题，连续伏案写作，甚至通宵达旦，然后洗把脸，喝杯牛奶

---

① 童教英：《童书业》，第255—256页。

又精神抖擞地去上课,不论什么人都难以想象,如此瘦弱的身躯,怎么会蕴藏着那么旺盛的学术生命力!

就是带着这羸弱的身体、过敏的神经、卓绝的理解分析能力、超常的记忆力和对先秦古籍烂熟于心的旧学根柢,童书业走向了顾颉刚。从已有的材料来看,童、顾在1930年代初相遇不是偶然的。1930年代初的顾颉刚,正处在一生声望的巅峰上,那时的他如同一块有巨大的吸引力的磁铁,将散落在全国各地的富含铁质的读书种子吸引过去。而童书业这颗读书种子,在1930年代初正随风飘荡,正不知落在何处:贫瘠的山地?高寒的边陲?丰饶肥美的沃土?他之被顾颉刚吸引,正所谓势所必至。

二、"世家大族"的子弟

童书业1908年出生在浙江宁波一个"世家大族"里。祖父中过进士,点过翰林,在安徽、山东做过道员。祖父特别钟爱这个长孙,辛亥之后在青岛、上海过"遗老"生活时也把这个长孙带在身边。但商场上的父亲童诗闻对这个儿子却另有考虑,童书业前半生的不幸由此决定。童诗闻在上海开办有自己的会计师事务所,他的打算是"子承父业"。但他太不了解自己的儿子了:儿子生性厌恶算账,根本不是学会计的料。他大概是一个比较专制的父亲,儿子16岁那年,硬把儿子带进他的事务所,当"练习生"。35年后,儿子还在自己的年谱中记下:"余心不愿学会计,怨先父专制。"于是"私学诗画,多阅画帖、画书"。心不在焉岂能学好会计?于是他离开了可恶的算盘,学习绘画。1928年,他成家了,婚后又"被先父迫至上海随其工作"。[1] 大概他那颗专为治学准备的大脑仍然与数

---

① 童书业:《知非简谱》,第10—11页。

字无法兼容，所以很快再度离开父亲，至南京国民政府财政部任书记官。这是他脱离大家庭独立谋生的开始，天生只知道读书、到死也弄不懂人情世故的他，哪有什么谋生的能力！以后生活道路的艰辛可以想见。失去了大家庭作为后盾，这是他个人的不幸，却是学界尤其是“古史辨派”的大幸！

虽然在童书业来到这个世界前三年，科举制度已被废除，后三年，清廷被推翻，学子们多数开始走进新式学堂了，但他却一直在家中的私塾接受着旧式教育，只断续在上海寰球小学、圣舫济英文专修学校等新式学堂读过极有限的三两年书。所以，直到他来到南京，才呼吸到自由而新鲜的空气，才读到五四运动时出的一批新书，才知道中国还有章太炎、梁启超、胡适、陈独秀等人。于是，“思想为之大变”。后又读到《古史辨》第一册，才知道中国还有个顾颉刚，并自知“受其影响最深”。再往后，他也读过郭沫若的《中国古代社会研究》，“亦受其影响”。对饱读过经书的童书业而言，大概《古史辨》一书所产生的“振聋发聩”的作用最大，从此他开始用《古史辨》的方法重新研究那些烂熟于心的经籍。1931 年，因南京财政部主管易人，他失业回到上海，寄住在庶祖母处（自 7 岁时祖父过世，他就一直跟随庶祖母生活、读书），一直到 1934 年，除中间短期赴外另谋生路外，终日在家读书、写作、习画。这中间，他沿着疑古辨伪的思路写出《礼记考》和《虞书疏证》。年谱 1933 年条记道：“从是时起余治经史渐取古史辨派门径，以顾颉刚先生为私淑之师。”次年，“余以《虞书疏证》稿寄顾颉刚先生，表示愿追随为弟子”。[①] 也就在这一年，庶祖母卒，大家庭内纠纷不已，他专心读书、一意治学的生活结束了，随即在父亲的压力下，赴杭州投靠著

---

① 童书业：《知非简谱》，第 12 页。

名画家王季欢学画,后经王介绍,任浙江省立图书馆附设印刷所校对员,月薪仅 15 元。在这里,他边工作边治学,接连在当时颇有声誉的《浙江省立图书馆馆刊》上刊发论文多篇。其中,《评顾著〈尚书研究讲义〔第一册〕〉》一文,对顾颉刚《尚书研究讲义》中的史料问题提出了一些订正意见。作为当时史学界的权威之一,与他商榷观点问题他可能并不措意,订正他所运用的史料,而且确有道理,又出自一个名不见经传的年轻人之手,顾颉刚不能不刮目相看,乃至有点赏识有加了。46 年后,顾颉刚在为童书业的遗著《春秋左传研究》写的《序》中说:"我认识丕绳教授已是四十多年前的事了。记得在一九三四年,我收到他从杭州寄来的文稿《虞书疏证》……才知道有这样一位只念过几年古书,连中学也没有正式上过的青年学人。"童书业就这样进入了顾颉刚的视野。

1934 年 8 月,顾颉刚与冰心、雷洁琼等在绥远旅行考察途中,接继母病逝的家电,遂返京携眷南来杭州奔丧。居杭期间(近 4 个月),顾颉刚访见了童书业,并常相往来。1934 年 11 月 7 日,童书业在《东南日报》"读书之声"栏目发表《古史学的新研究——谈谈最近的顾颉刚先生》,文中记叙了那时他对顾颉刚的印象:

> 顾先生是研究古史的学者中的一位宗师,这是大家知道的;我们从前读他文字的时候,总以为他必定是个很雄辩的人,这次他来杭州,作者经夏君的介绍往谒,接谈之下,哪里知道他竟是个这样沉默谨细的人,他确是个极诚恳朴实的学者,性情和蔼可亲,举动礼貌周备;作者可以称是他的一个私淑弟子了,但是他每次相见之下,总是这样很谦虚地接待,几乎会使人弄得手足无措。当每天下午天色将晚的时候,常常可以看见他很潇洒地出外闲步;有一次作者在大学路省立图书馆

附近，看见他带着他的两个女公子在那里谈笑着闲步……[1]

吸引童书业的，不仅是顾颉刚那“瞻之在前，忽焉在后”的渊博学识，还有顾先生那“和蔼可亲”“礼貌周备”的谦谦君子风度。

此时，正如童书业的女公子童教英女士所说，顾颉刚“是成名已久的古史辨派领袖，父亲(童书业)却是一个还没出茅庐的小小校对员，身份悬殊，与这篇不论内容还是语气上都毫不客气的文章反差太大”。正因为这种悬殊，二人的结缘还引发了一则流传颇广的“逸事”：王季欢给童书业出主意，要童注意顾颉刚发表的文章，顾出一篇，童驳一篇，以此引起顾的注意。童教英指出，这则“轶事”其实毫无根据：“事实是这年春天父亲寄《虞书疏证》，顾颉刚就已经惊讶于一个校对员竟能作出如此文章，待顾颉刚 8 月 20 日奔母丧至杭州时，其 8 月 28 日日记就记有‘童书业来’。”顾颉刚在杭州应酬极忙，仍多次见童，并两次致函，彼此商定童书业赴北平之事，“其爱才之心切确非常人可比”。[2]

童书业 1936 年在《夏史三论・后记》中还记述了一件他向顾颉刚请益的往事：前年我在杭州，顾师也到杭州，我去看他，座间谈起了后羿代夏、少康中兴的问题。我觉得这两件史迹为先秦他家所不言，而《史记・夏本纪》里也未记载，很是可疑。但刘歆又不像是造这两件史迹的人。当时我就此问题请教顾师。顾师便说这或许是东汉人影射光武中兴而造出来的。我被他这一言提醒，回寓又考查了一遍，觉得他的话确是不错，于是做了篇《少康中兴辨》的札记。[3] 这篇札记成为后来顾、童合写《夏史三论》的重要组成部分

① 《顾颉刚日记》第三卷，第 287 页。

② 童教英：《从炼狱中升华——我的父亲童书业》，上海：华东师范大学出版社，2001 年，第 34—35 页。

③ 童书业：《夏史三论・后记》，《古史辨》第七册下编，第 259 页。

之一,顾童师徒二人密切的学术合作其实从这时已正式开始。顾颉刚这时邀请童书业前往北京协助自己工作,童书业当然不会拒绝。能到疑古大师身旁工作,这对已经笃信疑古学说且已“渐取古史辨派门径”治史的童书业来说可不是件小事,何况他又没有任何其他学术背景。

三、“顾老板”的“私人研究助理”

1935 年 6 月 27 日,童书业应约抵达北平,顾颉刚亲赴车站迎接。到北平后,他食宿都在顾的家里,又过起了前几年在上海他寄住于庶祖母家里那样专心读书写作的生活。① 这时顾颉刚的学术活动处于最紧张的时刻,正需要一位学术研究的助手。从童书业到达北京至他们师生因北平沦陷而各奔东西的两年内,顾颉刚由燕京大学历史系教授而兼该系系主任、《燕京学报》编辑委员会委员,同时一直在北京大学兼课;这年 7 月,他又受聘任北平研究院史学研究会历史组主任,拟订了庞大的研究计划,组成了一个阵容强大的研究和工作班子。他的众多爱徒构成这个班子的基干,童书业也列身于其中;由他一手创办的《禹贡》杂志,这时更是蒸蒸日上,声誉日隆,前教育部长张国淦将房产一处捐给《禹贡》做办公地点,正式挂牌成立了“禹贡学会”。禹贡学会从管理中英庚款董事会中又争得巨额补助 15000 元,顾颉刚“为之狂喜”,因此,“遂设置各项人员以开展工作,有专业研究员冯家昇、张维华、白寿彝、赵泉澄、韩儒林、史念海等,编辑员……绘图员……事务员……”总之,又是一支兵多将强的人马。有这三大套人马,无怪乎人们称顾颉刚为北平学界的“顾老板”。当时燕京大学在城外,北平研究院与

---

① 《顾颉刚日记》第三卷,第 290、359 页。

禹贡学会在城内，相距遥远，为了兼顾，顾颉刚个人购买汽车一部。据说，这在北平学界绝无仅有，有人调侃说“顾颉刚要做大总统了”。[①] 顾颉刚之忙可以想见，哪有时间坐下来“疑古”？1936 年 1 月，在一封答故友的公开信中，顾颉刚说，因名高事多，“心中虽有许多待研究之问题，又有若干酝酿已近成熟之文字，如《五服考》《五岳考》等，皆归停顿”。[②] 童书业来得可谓适逢其时。

童书业是以顾颉刚私人研究助理的名义来北平的。到后，顾将童书业列名为禹贡学会的编辑，并让他担任自己在燕京大学和北京大学教授“春秋史”课的助教。当然这个助教无法列入学校的正式编制，因为他连中学毕业证都拿不出来，所以童的薪金由顾自己来支付，每月 50 元。这在当时是不算太小的一笔钱，因为当时大米卖 5 元左右一担，这足以解除一直困扰着童的养家活口问题。在担任顾的助教方面，童凭着他精熟的古籍根柢，协助顾编写了一部《春秋史讲义》，顾就是凭着这部讲义在燕京、北京两大学讲授“春秋史”课的。《顾颉刚年谱》1936 年 9 月条记：仍任两校“春秋史”课，编《春秋史讲义》，童书业助之，至次年 5 月，编毕。[③] 1980 年，在给童书业的《春秋左传研究》写的序文中，顾又顺便明确提到：“我在燕京大学、北京大学讲春秋史，所用的讲义也是请他代写的。”这部讲义后来由童书业署名 1946 年由开明书店作为“齐鲁大学国学丛书”之一出版。童在 1941 年 12 月为此书写的“序言”中交代了一些相关的细节：

---

① 据王钟翰回忆：顾先生在燕大任历史系主任时，派头是很大的，当时燕大只有两位教授出门必坐小轿车，顾先生即其一。然而顾先生对人却很随和，并不摆架子、盛气凌人。参见王钟翰：《忆顾颉刚先生》，王煦华编：《顾颉刚先生学行录》，第 206 页。

② 转引自[马来西亚]郑良树：《顾颉刚学术年谱简编》，第 179 页。

③ 顾潮：《顾颉刚年谱》，第 238 页。

> 这部《春秋史》,原稿本是顾颉刚师在北平燕京、北京两大学所用的讲义,当时虽由我着笔,然宗旨完全是秉承顾师的(所以书中议论有与本人不合处)。事变之后,我带着这部讲义避到安庆,又由安庆带到上海,虽在十分为难的时候,也不曾离开它。去年夏间,接着顾师从成都来的信,命我替齐鲁大学撰写《春秋史》,我当时回信说:《春秋史讲义》的体裁尚好,当年写的时候也曾用过一番力,如把它就此废弃,未免可惜;不如先就讲义修改,另撰考证,这样可收普及与专门之效。顾师复信同意这一点,不过他说:这书本是你所写,现在我们分处遥远的两地,无从仔细商讨,就用你一人名义出版罢。我即遵命于去冬开始着手修撰,因人事的牵缠,直到今年六月才得勉强竣事。凡原稿缺略处,已大致补充;错误处,也已大致修正;体例次序等也略有变更。虽不能说十分惬意,但总算尽过一番心了(原稿文字有稍嫌繁赘处,因曾经顾师阅定,除必须修改处外,一概仍旧)。①

这部《春秋史》虽用通俗笔调写成,实为深入浅出之作,具有极高的学术价值,至今仍得到学人们的一致称许。老一辈学者吕思勉在此书"吕序"中说:童君丕绳,笃学好古,于乙部书尤邃。年来专治春秋史,撮其所得,成此一编。其体例极谨严,而文字极通俗。"以余所见,言春秋者,考索之精,去取之慎,盖未有逾此书者矣。"②今人李学勤在介绍1949年之后46年间的春秋史研究状况时指出:"就专著而言,迄今还没有代替建国前出版的童书业《春秋史》这一部书。"③童书业来北京后为顾颉刚代写《春秋史讲义》所下的功夫

① 童书业:《序言》,《春秋史》,济南:山东大学出版社,1987年,第1页。

② 吕思勉:《吕序》,童书业:《春秋史》,第1页。

③ 转引自童教英:《从炼狱中升华——我的父亲童书业》,第49页。

之大于此可见一斑。

担任顾颉刚的助教,仅是童书业的辅助工作,充当顾颉刚的研究助理,才是童书业的正务。童书业加盟"疑古派",使疑古辨伪活动平添了不少声色。前曾述及,顾颉刚在亮出疑古的大旗之初,毁多誉少,日子并不好过,柳诒徵对顾的教训和呵斥,在当时,不啻泰山压顶。诚如吕思勉在 1941 年所说:"疑古之说初出,世人大共非訾",只是到了今日,世人才感到"其理卒有不可诬者"。[①] 童书业后来也说:"最近的疑古大师,谁都知道是顾颉刚先生。他自从出版了他的名著《古史辨》第一册以后,继续努力不怠,到了今天,著述愈积愈富,发明愈来愈多,同志愈聚愈众,声名也已从毁誉参半到了誉多毁少的地步。"[②]刚加盟"古史辨派"的杨宽则于 1940 年宣布:"《古史辨》发展到了现阶段,我们认为已有了飞跃的进步,在长夜漫漫中已找到了曙光。……《古史辨》的最后胜利,确乎已不在远。"[③]"古史辨派"从毁多誉少大共诽訾,到毁誉参半,直到誉多毁少,临近最后胜利,其转折点就在于抗战前至 1940 年对夏以前古史传说的清理与还原,这一转折,当然是这一史学流派"著述愈积愈富,发明愈来愈多,同志愈聚愈众"的结果。童书业在其中立下了汗马功劳。

童书业在战前协助顾颉刚做了大量的研究工作。他一到北京,就代顾编纂了《尚书通检》。这部《通检》可以按书中任何一个字查到《尚书》中的任何一句话,为研究或阅读《尚书》提供了非常方便的工具。这时他与顾颉刚合写了《禅让传说起于墨家考》《墨子姓氏辨》《夏史三论》《鲧禹的传说》等考辨上古史的有分量的论

① 吕思勉:《古史辨》第七册上编《自序一》,第 1 页。

② 童书业:《古史辨》第七册上编《自序二》,第 1 页。

③ 杨宽:《古史辨》第七册上编《杨序》,第 1 页。

文。对于童在这些论文撰写中所起的作用,顾有时也给予明确的交代。1936 年 3 月,在《禅让传说起于墨家考》的附记中,顾说:

> 民国二十年秋,我在燕京大学担任"《尚书》研究"一课,因讲《尧典》,联带讨论到禅让的故事,我觉得这件故事是墨家传入儒家的。……当时曾将此意写了一篇《尧舜禹禅让问题》附于讲义之后。年来生活不安,尚未能详征博引,用为论文。去年童丕绳先生(书业)来平,把这个意见向他提起,他亦具有同心,因托他搜集材料,往返商榷,成此一篇。此文中,如论"明贤良"即是"诏旧族",禹的得天下由于征有苗,荀子承受墨家的影明诸条都是童先生的读书心得,不敢掠美,谨记于此,并志感谢。[①]

顾、童的这篇力作,根据确凿的史料和《古史辨》的固有思路,摧毁了相沿两千余年的所谓尧舜禹禅让江山的古史传说,指出禅让说起源的真相是墨子的"托古"救世,廓清了弥漫于上古史上的一团迷雾。杨宽在评价这篇文章时说:"禅让传说是古史上的美谈,从来聚讼不一,到现在还是得不到一个结论。自从顾颉刚先生做了这《禅让传说起于墨家考》,对于禅让传说的前因后果考得十分精详,可以说禅让传说的问题,已经解决了一半,我们只要再稍加探讨,便不难得一个定论了。"[②]杨宽认为禅让传说最早见于《墨子》是事实,顾的论述较可信援,但他认为:这一传说的真正来源是神话,是从天上搬到地上来的。至此,流传了几千年的禅让说得到了彻底的还原。

继《禅让传说起于墨家考》之后,顾、童合作的另一篇疑古辨伪

① 顾颉刚:《禅让传说起于墨家考》附记,《古史辨》第七册下编,第 107 页。

② 杨宽:《读〈禅让传说起于墨家考〉》,《古史辨》第七册下编,第 110 页。

力作是《夏史三论》。顾在此文的前言中点明了合作的经过：

民国十八年，燕京大学国文学会为编辑《睿湖期刊》向我征文；我答应做的文字是《启和太康》……这文写了几千字，别的事忙，搁了下来，哪知一搁便是五个年头。去年（《夏史三论》成文于1936年6月——引者注）童丕绳先生来平，我捡出旧稿给他看，他很以为不谬，且说他也早有这样的感觉。我说"这好极了，就请你替我完了篇罢！"不料他一动笔就是数万言，我说，"这更好了。夏代史本来只是传说的堆积，是我们的力量足以驾驭的材料，不如索性做一部《夏史考》罢！"他为这件事情，到今足足忙了半年，尚未完工。今值《史学年报》征文，便将属稿略定的三章——《启和五观与三康》《羿的故事》《少康中兴辨》——抄出付刊。其中少康中兴一项，康长素先生说是刘歆所造，固然不对，但总是后人窜入《左传》及《史记》的。今经童先生详加考证，使我们可以确实承认这是光武中兴的倒影，多年蓄疑，一旦大明，岂非极痛快的一件事！[①]

童的《夏史考》，拟写十章，外加附录四篇，这十四篇目录已随《三论》列出，顾并说《史考》将于1936年内写毕。但童在1939年11月指出：《夏史考》现已写成者为四、五、六、七、八、九，共六章及附录一、四两篇。这部《夏史考》最终惜未完篇。关于《夏史三论》，童在此文的"后记"中亦作了一些说明，从这个说明里，我们感到顾童确实既是师生，又是灵犀相通、志同道合的疑古盟友。童说：

本文提出了两个中心问题：（一）三康（即传说中夏史上的太康、仲康和少康——引者注）的传说从启分化而出，（二）少

---

① 顾颉刚：《夏史三论》前言，《古史辨》第七册下编，第195—196页。

> 康中兴的故事是东汉人造出来的。关于第一个问题的一部分,是三个人在三年内同样发现的:顾颉刚师在六年前已做了一篇《启与太康》,主张太康是启的化身;友人张治中(字以诚,新宁人)先生在四年前做了一篇《太康失邦考》,也主张太康就是启;我在同时做墨家的古史说研究,也看出太康是启的分化。三年前在上海偶遇张先生谈起太康的问题,彼此交换论文阅读,很觉得两人的意见不谋而合;去年来平与顾师讨论夏史,才知道他比我们更早两年已发现了这个问题。三个人分居三处,一在北平,一在湖南,一在上海,迢迢万里之外,研究一个问题,竟会得到同样的结论,这可证明考据学确是有客观性的。[①]

顾在此文的前记中盛赞童的《少康中兴辨》,把少康中兴考定为光武中兴的倒影,是令人“极痛快的一件事”。童在“后记”中则拱手揖让道:“关于第二个问题,最早都是顾颉刚师提出的。”接着他叙述了1934年在杭州时他所受到的顾颉刚的启发。我们前边已引述。

在抗战爆发前的三两年内,“古史辨派”主要研究方向集中在对少康以前古史传说的考辨上,有代表性的论作除了上述两文外,还有顾颉刚与杨向奎合撰的论文《三皇考》,顾童合撰的《鲧禹的传说》(即《夏史考》第四章),顾的《九州之戎与戎禹》《有仍国考》(童代作),童独立撰写的《帝尧陶唐氏名号溯源》《丹朱与驩兜》《三皇考·序》等等。先秦史研究专家徐鸿修认为,这些论作,尤其是童自撰和参撰的论作,“是继夏禹问题的讨论之后对古史传说的又一次清理,经过这次清理……夏以前‘三皇五帝’古史体系‘层累造

① 童书业:《夏史三论·后记》,《古史辨》第七册下编,第257页。

成'的经过终于被大体查清,这个神圣的古史体系也理所当然地被归还到神话传说时代,史学界已很少有人再把它当做文明时期的信史看待了。古史辨派取得这一项成就,与童书业的劳动是分不开的"[①]。顾颉刚 1937 年 6 月 8 日坦言:

> 《九州之戎与戎禹》一文,自五月七日始草,至廿六日草毕,历二十天,得万余言。《春秋时代的县》一文,自五月廿九日始草,至今日草毕,历十一天,得两万余言。后一文所以比前一文作得快而且多者,以大部分材料已由丕绳代为搜集之故。在我的现实生活中,居然能够在一个月中作出两篇长文,可谓奇迹。[②]

四、"古史辨派"的后起之秀

《古史辨》第七册(上、中、下三编)的出版,可以说是"古史辨派"发展史上的一件大事,它既是《古史辨》的最后一册,也是《古史辨》分量最重的一册,更是《古史辨》提供最终结论的一册。《古史辨》以后再没有续出,这有时局的原因,更主要的是它的历史任务已经完成了,"三皇五帝"尧舜禹启一线相传的古史框架已被彻底摧毁了:"三皇五帝"尧舜禹启已被完全还原为神话了,并且还找出了这些神话由以形成的最初源头。"古史辨派"已经走到头了,所以,《古史辨》只能以第七册来终结自己。如果说《古史辨》第一册提出了"禹是神不是人"这一个曾经惊世骇俗的"大胆的假设"的话,那么,《古史辨》第七册则已经通过"小心的求证"坐实了这一假设。《古史辨》第七册在疑古学派发展史上可以说功德无量。这册

---

① 徐鸿修:《先秦史研究》,济南:山东大学出版社,2002 年,第 344 页。

② 《顾颉刚日记》第三册,第 652 页。

《古史辨》的主要编著者就是童书业。《古史辨》由顾颉刚开篇，由童书业完稿，实在不是偶然的。

编著《古史辨》第七册，原是顾颉刚交代给童书业的工作。童书业在1940年为该书所写的“自序”中说：我受顾颉刚师的委托，开始担任这册《古史辨》的编著工作，是在民国二十六年的春天，文章刚刚集齐，“七七事变”便发生了，我与顾师各奔东西，一年逃难，两年教学，把我整个的时间差不多都消磨了。直到去年暑假中，我接得顾师从昆明寄来的信，仍命我继续编著这册书，于是便在这百难的环境中，重新搜集材料，编辑成书，交给开明书店出版。这册书虽则不惬意处仍是很多，但已超过六十万言(实际上共八十万言——引者注)，成了《古史辨》出版以来最厚的一册。[①] 在“刚刚集齐”的文章因逃难而散佚，而后又“重新搜集材料编辑成书”的《古史辨》第七册，显示了童书业的巨眼卓识。这种巨眼卓识集中体现在他把史界前辈吕思勉、疑古后进杨宽的论著收进书里。吕思勉1939年前后写了一批策应“疑古”学派的考辨上古史的文章，如《古史纪年考》《盘古考》《三皇五帝考》《唐虞夏史考》等，全部被《古史辨》第七册收录。不仅如此，童书业还邀他领衔编著该书。童书业在“自序”中专节表达了对吕先生此举的谢意：这册《古史辨》在上海出版，得到了许多意外的助力，如史学界前辈吕诚之先生(思勉)帮助我们的地方实在不少，使我们的工作大为增光。他的讨论古史的著作不多，却篇篇沉着深锐，超出时人研究之上。现在既蒙他把全部讲古史的论文送入这册《古史辨》中刊登，同时又蒙他允诺作本书的领衔编著者，这真使我们欣幸无已！童序中还说：这册《古史辨》有三分之一以上是吕先生独力校阅的，其他三分之二，是

① 童书业：《古史辨》第七册上编《自序二》，第6页。

我和吕杨(杨宽——引者注)二先生合校的。我虽叨为原编者,其实在这册书上所用的时力,并不比吕杨二先生加多。[①] 吕思勉既为本书的领衔编著人,于是亦在书前写了篇"自序",为"古史辨派"说了许多有分量的好话。其中指出:"童君丕绳,撰次《古史辨》第七册既竟,而于役淮南(详下文——引者注),属思勉终其校雠之役。"[②]吕思勉加盟"疑古派",固然由于他"在经学方面,是一位今文学的大师;在史学方面,又是刘知几的后劲"[③],但童书业对他的影响不可抹煞。把吕思勉拉入疑古阵营这件事本身,实在是童对顾颉刚学术事业所作的一大贡献;把杨宽的《中国上古史导论》收入第七册《古史辨》,是童书业对顾颉刚学术事业所作出的又一大贡献。

杨宽的《中国上古史导论》,酝酿于1933—1935年,1937—1938年间作为大学讲义写出。1938年童书业与杨宽在上海相遇。杨宽在他的回忆录中说:我与童书业相遇时,童书业正受顾颉刚的委托,准备编辑《古史辨》第七册,要找许多这方面已发表的文章。我因为过去长期留意搜集这方面的资料,他所需要的,大多数我可以提供。同时我把已写成的讲义《中国上古史导论》也送给他,请他决定是否采用。他通读了这篇长达二十多万字的长文,有些地方还加上了按语。童显然被杨宽此文征服,对杨文所使用的神话学方法尤为赞赏,不但将此文采入《古史辨》,还邀杨宽为整个第七册作序,又在他撰写的"自序"中,用大部分篇幅向学界推荐杨文。

在晚年写的回忆录中,杨宽论述了写作《导论》的初衷和要实现的学术雄心。他首先检讨了《古史辨》的局限性。在他看来,胡

---

① 童书业:《古史辨》第七册上编《自序二》,第7页。

② 吕思勉:《古史辨》第七册上编《自序一》,第1页。

③ 童书业:《古史辨》第七册上编《自序一》,第7页。

适说的顾颉刚“层累地造成的古史观”为中国史学界开创了一个新纪元的话,并不过分。但“古史辨派”在治学方法上还有很大的局限性,因而没有彻底解决传说中的古史问题。他认为,这种方法上的局限性表现在两个方面,一是没有完全脱出今文经学家成见的束缚,二是没有充分运用神话学这件新式武器。关于后一点,杨宽说,顾颉刚辨伪不彻底的主因是没有能够把所有古史传说全部还原为神话,更没有能够把古史传说中的主要人物全面地恢复他们在原来神话中所扮演的角色。因而当时他感到,有拿起神话学这个武器继续前进的必要,以夺取“疑古”的最后胜利,《导论》一书就是为此而作。贯穿《导论》的一个最基本的论点是,有关夏以前的古史传说全部来自殷周时代产生的神话,而且这些神话在长期的传述中由一化二化三以至于无数。童书业对这一论点推崇备至,他说:“最近的疑古大师,谁都知道是顾颉刚先生。……顾颉刚先生以后,集‘疑古’的古史学大成的人,我以为当推《中国上古史导论》的著者杨宽正先生。虽然他俩在古史上的见解有着很多的不同点。杨先生的古史学,一言以蔽之,是一种民族神话史观。他以为夏以前的古史传说全出各民族的神话,是自然演变成的,不是有什么人在那里有意作伪。……他的见解,虽然有些地方我们还嫌简单,或不能完全同意,但他确代表了‘疑古’的古史观的最高峰!”童又说:“杨先生的最厉害的武器,是神话演变分化说。这种说法的一部分,是顾先生早已提倡过的(演变说),其他一部分,则是到杨先生才应用到纯熟的地步的(分化说)。”接着他举了几个杨文中所揭示的神话分化的例子,例如:一个上帝会得分化成黄帝、颛顼、帝喾、尧、舜等好几个人;一个水神会得分化成鲧、共工、玄冥、冯夷等好几个人;一件社神治水的故事也会得分化成女娲、颛顼、鲧、禹等治水害的好几个故事。然后童强调:“这种神话传说分化的例子，实在多到不可胜举，不过从前人不曾看出来，一经杨先生的揭发，便无不令人惊佩了。”[①]

那么，杨宽的“神话演变分化说”与顾颉刚的“层累地造成的古史观”如何协调呢？或者说，如何把这两种“古史观”糅合为一种更加完善、更具阐释力度的“疑古”学说呢？童书业成功地做到了这一点，这就是他在“自序”中所说的一段著名的话：

> 《古史辨》有名的贡献是“累层地造成的古史观”，一般人已承认它的价值了，其实这个观念还有应补充的在。因为所谓“累层地造成的古史观”乃是一种积渐造伪的古史观，我们知道：古史传说固然一大部分不可信，但是有意造作古史的人究竟不多，那末古史传说怎样会“累层”起来的呢？我以为这得用分化演变说去补充它。因为古史传说愈分化愈多，愈演变愈繁，这繁的多的，那里去安插呢，于是就累层起来了。举个例子来说：春秋以前历史上最高最古的人物是上帝和禹，到了春秋战国间，禹之上又出来了尧舜，这尧舜便是上帝的分化演变，并不是随意假造的。到了战国时，尧舜之上又出来了黄帝、颛顼、帝喾等人，这些人又都是尧舜等的分化演变，也并不是随意伪造的。到了战国末年，五帝之上又出来了三皇，这三皇的传说又都是黄帝等上帝传说和哲理中的名词的演变分化，也并不是伪造的。大约演化出现愈后的人物，他们的地位也便愈高愈古，这便产生了“累层地造成”的现象。所以有了分化说，“累层地造成的古史观”的真实性便越发显著：分化说是累层说的因，累层说则是分化说的果！[②]

---

① 童书业：《古史辨》第七册上编《自序二》，第1—3页。

② 童书业：《古史辨》第七册上编《自序二》，第5—6页。

童书业的一位高足和助手根据这段话指出：中国相传的古史系统中虽然包含了古代的史影，但是其中确有后人有意安排的成分。顾颉刚首发“层累地造成”之覆，对传统史学中的人为成分一一加以清理，极大地动摇了儒家“圣经贤传”和封建偶像在史学中的统治地位，其成绩无疑是应该肯定的。童书业的理论是顾颉刚的继承和发挥，所以童书业实是古史辨学派的中坚人物之一。[①]

童书业在《古史辨》第七册中不但根据杨宽的“神话分化说”补充并展开、发挥了顾颉刚疑古的核心理论，还代替顾颉刚给《古史辨》做了一个结论。童书业指出，当《古史辨》前几册出版的时候，常听得有人说：“《古史辨》是骗人上当的东西，它是一部永远没有结论的著作。”童书业认为，这句话到了现在，已证明它的不确。他强调，《古史辨》决不是骗人上当的东西，它到底是有结论的著作。《古史辨》的结论究竟是怎样的呢？童书业说：“绝对的结论在现在还不能有，凡是一种接近科学的学问，是不会在很短的时期得到绝对的结论的：除非是武断。但是相对的结论却已确实有了。”那么，《古史辨》的相对结论是什么呢？童书业小心翼翼地说，《古史辨》的相对的结论大致是这样：

> “三皇”“五帝”的名称系统和史迹，大部分是后人有意或无意假造或伪传的。“皇”“帝”的名号本属于天神，“三”“五”的数字乃是一种幼稚的数学的范畴，“三皇”“五帝”和古代哲学与神话是有密切的联系的。大约：盘古、天皇、地皇、泰皇(或人皇)决无其人，燧人、有巢、伏羲、神农，也至多是些社会进化的符号。至于黄帝、颛顼、帝喾、尧、舜、鲧、禹等，确实有无其人虽不可知，但他们的身上附有很多的神话，却是事实。

① 徐鸿修：《先秦史研究》，第345页。

> 把这些神话传说剥去，他们的真相也就所剩无几了。至启以下的夏史，神话传说的成分也是很重，但比较接近于历史了。到商以后，才有真实的历史可考。总而言之，夏以前的古史十分之七八是与神话传说打成一片的，它的可信的成分贫薄到了极点。[①]

童书业说，以上便是《古史辨》发展到了现阶段的大略结论，我想读过这七大册《古史辨》的人，无论如何，是应当相当承认的！

至于顾颉刚本人是怎样看待这个结论的，我们不得而知。在临终前写的《我是怎样编写〈古史辨〉的？》文章中，顾颉刚回顾了从第一册到第七册的编著情况，并尽力对每一册都给予估定。从他所给予的估定看，他大概对自己编的第一册和第七册最为满意。在叙及第七册时，他说：

> 我自从离开北京（时在 1937 年 7 月——引者注）后，先后到了甘肃、四川、云南，到处奔波，生活极不安定，没法子编书了。巧得很，有个童书业继续替我编。他在上海，把当时报刊上关于古史讨论的文章尽量地搜集汇编成册。这一册的文章讨论得最细，内容也最充实，是十余年来对古史传说批判的一个大结集。这本书分为上、中、下三编。上编是古史传说的通论……中、下两编从三皇一直讨论到夏桀，当时研究古史传说的重要文章，基本上都收入了。[②]

顾颉刚对《古史辨》第七册感到满意的情绪可以说溢于言表。接着他又对七册《古史辨》作了概括评价："自从我在《读书杂志》上提出了古史传说的见解，并把有关的讨论文章汇编为《古史辨》以

---

① 童书业：《古史辨》第七册上编《自序二》，第 1—2 页。

② 顾颉刚：《我是怎样编写〈古史辨〉的？》，《古史辨》第一册，第 26 页。

来,经过十余年学者们的研究、讨论,到第七册为止,共汇编了三百五十篇文章,三百二十五万字,总算把紊如乱丝的古史传说找寻出一个线索来了,为后人进一步深入探索奠定了一个基础。”[①]关于童书业所推崇备至的杨宽的《中国上古史导论》,包括对童引杨宽“分化说”补充“累层说”,顾在1945年出版的《当代中国史学》一书中曾给予过充分的肯定。顾说:

> 在《古史辨》第七册中,最应注意的,是一支生力军的加入,那便是杨宽先生的《中国上古史导论》的发表;……童先生对于杨先生贡献的介绍和批评是相当正确的。杨先生把古史传说大部分还原成为古代东西二系民族的神话,每一个古史传说中的人物也都指出了他在神话中的原形,虽然有许多地方还有待于修正,大部分的体系可算是确立了。[②]

这段话可以看做顾颉刚对杨宽的《导论》和对童书业对“累层说”补充与发挥的认可。

总之,《古史辨》第七册的编著,可以说是对1923年以来的“疑古”运动的一次深刻而全面的总结,童因而成为后期“古史辨派”的当之无愧的代表。曾经是“古史辨派”的重要成员后因认识变化而又与童书业“同室操戈”的杨向奎,1980年在一篇评论“古史辨派”的文章中指出:“从一九二六年《古史辨》第一册结集出版,到一九四一年《古史辨》第七册结集出版,先后共十五年的光景,参加中国古代史讨论者有许多人,而主将始终是顾颉刚先生。后期,《古史

① 顾颉刚:《我是怎样编写〈古史辨〉的?》,《古史辨》第一册,第26页。

② 顾颉刚:《当代中国史学》,上海:上海古籍出版社,2002年,第132—133页。

辨》第七册的主编是童书业教授，他是颉刚先生古史学说的发挥者。"[①]童书业把"古史辨"的"集大成者"的桂冠奉送给杨宽先生，而在知情人和多数人看来，他实在是继顾颉刚之后的疑古辨伪活动的推动者。

五、大师的崇拜者

从1929年承受《古史辨》第一册的巨大影响，到1933年心悦诚服地认"顾颉刚先生为私淑之师"，再到以一个连中学文凭都拿不出来的身份直接到这位誉满天下的史坛盟主身旁做研究助手，并因此不到30岁就擅名于古史学界，可以说，顾颉刚对童书业是有知遇、识拔之恩，而童书业对顾颉刚是怀着近乎崇拜之情的。

童书业在各种场合毫无掩饰地表露了对这位"私淑之师"学术业绩的推崇。在《五行说起源的讨论——评顾颉刚先生〈五德终始说下的政治和历史〉》一文中，童说：

> 顾颉刚先生近年来做了一篇《五德终始说下的政治和历史》(此文发表于1930年6月——引者注)，这篇文章，是当代古史学界一篇最伟大的作品，他把从战国到新代因现实政治造成的各种伪古史系统，和由伪古史说造成的现实政治，整盘清理了一下，详细地说明它发生和经过的情形，其搜证的严密，论断的精确，实在足以表现作者头脑的清晰和目光的锐利。这种大文章本来不是学问浅薄如我的人所能妄评，但是承夏定域先生将这篇大文介绍给我看，叫我仔细论评一下，我

---

① 杨向奎：《论"古史辨派"》，中华书局编辑部编：《中华学术论文集》，北京：中华书局，1981年，第11页。

> 读了这篇文字以后,只觉得它的伟大,想要寻它的短处,很不容易。[①]

当然,童以他对古籍烂熟于心的功底,最后还是觉得“有些隙漏可寻”,于是就顾此文的第一节写了一篇商榷文章,此文写于1934年10月,那时童尚未去北京。顾一生写了众多的“疑古”之作,但《五德终始说下的政治和历史》一文,所受非议最多。论者咸谓此文标志着顾又“恢复到今文学派康有为的立场”,但在童书业眼里此文却是当代最伟大的作品。真是仁者见仁,智者见智,其中,当然搀有童的崇拜之情。

顾颉刚与杨向奎合撰的《三皇考》,是一篇长达10万多字的巨型论文。文前,列有“童序”一篇。在这篇序言中,童既概括了此文的基本论旨,又作了补充论证和商榷。其中,也表达了童对此文的敬佩。他说:这篇《三皇考》是顾颉刚师同杨向奎先生合写的。这篇长文里把“三皇”的来源,同它传说的演变考证得清清楚楚。本文体大思精,著者们做出这样伟大的成绩来,已是令人五体投地。序末,童再次强调:著者们这篇十万言的论文,详博得未曾有,当然无疑地更是“三皇”问题的一个最后的大结账!“三皇”问题就这样结束了。[②] 1937年6月,《禹贡》半月刊推出《古代地理专号》,主编童书业。其中刊有顾颉刚的《九州之戎与戎禹》一文,童在给该专号写的“序言”中极力称赞此文。他说:

> 顾先生是以研究禹的传说著名的,他从前主张禹的传说起于南方民族,最近又提出一个禹的传说与戎族有关的新假定,虽然禹的来源到现在还不可确知,然而禹与戎族有关这个

---

① 《古史辨》第五册,第660—661页。

② 童书业:《三皇考·童序》,《古史辨》第七册中编,第24—28、42—43页。

> 结论却是无疑问的事实。顾先生从古九州四岳的疆域推测传说的发展，联带把九州四岳的起源问题也相当解决了。这是一篇极重要的论文：……根本摧毁了旧日狭隘的夷夏观念而给予人们一个新印象！[①]

在“序言”中称赞了还不算，童还为此文写了个“跋”语，再次向读者推荐此文并作了“补论”。他说：禹传说来源之问题，最早即提出于顾颉刚师。在《古史辨》第一册中顾师主张禹为南方民族传说中之人的，并提出七条根据。童认为，有这七条强证，说禹为南方民族神话中之人物，在当时自足成为一种最近情理之假定。然根据新的研究，禹起南方之说似不如禹起西方之说为可能。顾师此文从九州四岳之原在地，推测禹传说之起源，立证确而阐发精，禹与西方民族有关，自有此文，盖为定论矣！[②] 这个专号还收有顾颉刚《春秋时代的县》一文，据顾在跋中说：“草本篇时，由童丕绳先生助集材料，且承提示数点，书此志感。”[③]童书业在该专号“序言”中评论该文曰：“顾先生提出春秋时代县郡制的起源，和各国县制的不同，并把它同当时其他的地方制度相比较……已足补订顾炎武《日知录》和姚鼐、赵翼诸人的说法，尤其足以辟祛近人‘郡县制度起于春秋之末’的误论。”[④]顾于1937年春天还曾发表过一篇《潜夫论中的五德系统》，考辨汉代人所“伪造”的历史体系。童也为此文写了“跋”语，从中亦可看出童对顾疑古学说的倾心：“这篇大作，顾

---

① 童书业：《古代地理专号序言》，童教英整理：《童书业历史地理论集》，北京：中华书局，2004年，第301页。

② 童书业：《九州之戎与戎禹·跋》，《古史辨》第七册下编，第139—140页。

③ 顾颉刚：《春秋时代的县》文后，转引自陈苏镇、张帆编：《中国古代史读本》（上），北京：北京大学出版社，2006年，第137页。

④ 童书业：《古代地理专号序言》，第303页。

师命我校读了两次,我越读越觉得他阐发得透辟;除了钦佩之外,实在无甚多话可说。我想有了这篇大文行世,总不会再有人相信汉代人凭着五行的公式而杜撰的历史了。"[①]

对顾颉刚顶礼膜拜,把"顾师"视为偶像,对"疑古"学说五体投地般的信服,并发扬光大了《古史辨》的业绩,1930 年代中后期的童书业,就是以这样一个"顾老板"的忠实门徒的形象崛起于古史学界的。在抗战前几年,"顾老板"不能没有童书业,顾在逝世前说:"可以说,抗战前几年我在学术上做出一些成绩,和(童书业)这位好助手的劳动是分不开的。"而童书业没有"顾老板"就不成其为童书业。学术的传承是很微妙的。一代宗师的承学之人往往不是有意培养、造就出来的,极可能是可遇而不可求的。以"古史辨派"为例,顾颉刚在中山大学、燕京大学和北京大学不知栽培了多少"桃李",但真正传承了他的学问的却是童书业、杨宽这些他根本未在课堂上教过的人。学术的传承不是某种工匠手艺的传承,它只能在精神、境界、志趣、素养上相知相契的人们中间进行。大师不是按标准、根据技术手册、操作规程锻打出来的,而是因缘际会、各种条件偶合的结果。作为"疑古"学派的真正传人,童书业可谓顾颉刚登堂入室、窥其堂奥的弟子。但十几年后,在时势的压迫下,童书业却在"古史辨派"内部"大闹天宫",对他先前顶礼膜拜的"顾师"给予痛快淋漓的揭露与批判,直令顾颉刚不寒而栗。

六、战乱岁月涂抹的"历史污点"

童书业后来与其师"反目",原因甚多,但与他在抗战期间、抗战之后的一段复杂经历似有着直接关联。

---

① 童书业:《潜夫论中的五德系统·跋》,《古史辨》第七册中编,第 312 页。

“七七事变”、日军侵华的炮声打断了童书业美好的学术前程，严酷的现实把他抛出了象牙之塔。北平沦陷后，顾颉刚由于被列入日寇搜捕的黑名单中而仓皇出走西北，如日中天的“禹贡学派”“古史辨派”随之星散，童书业由于家累，9月从北平返回安徽大渡口家中。1937至1947年的10年，是童书业颠沛流离、困苦万端的岁月。1938年，童书业返回上海，面识早有书信往来的杨宽，因杨的引荐，结识吕思勉、卫聚贤诸史坛名家。经吕介绍，被聘为由吕出掌系务的私立光华大学历史系讲师，教授历史地理（后来将学生张芝联等的听课笔记整理成一册《中国疆域沿革略》，1946年由开明书店出版），又兼上海美术专科学校中国绘画史讲师。顾颉刚这时在大后方，曾一度主持私立齐鲁大学国学研究所，聘请童遥领名誉研究员。这样，一直到太平洋战争爆发。《古史辨》第七册的编定、《春秋史》的改写等重要学术工作，就是在这两三年间完成的。其间，因生活所迫，经人介绍，“为国民党写‘新史学批判’反动著作”，又任当时国民党所办《独立周报》编辑，“为是刊写反动论文多篇”。[①] 还曾一度跟随杨宽赴苏北东台，任与新四军对峙的国民党韩德勤部所办文化社研究员，参与编辑《文化周刊》，并刊文多篇，创所谓“三合史观”（以经济、地理、民族性为重心）。这些经历给1949年之后的童书业惹下不少麻烦，造成较大精神压力。

太平洋战争爆发（1941年底）至1940年代末的几年，可以说是童最为难过的几年：日军进入租界后，童只身离开上海至江苏宜兴张渚镇念劬中学教书。但待遇低微，“生活至为贫困，身体亦弱，神经衰弱渐趋严重”，不得已，辞职回大渡口家中，曾在他父亲开设的杂货店当店员，后又携家到常州横林镇惠林中学教书。抗战胜利，

---

① 童书业：《知非简谱》，第14—15页。

惠林中学解散,童随人到常州,“为三民主义青年团所办之《胜利周报》写文”。[1] 接着再返上海,先被国民党人“吴绍澍委……任青年日报馆编纂,编抗战史,是时写反动论文多篇,发表于《青年日报》及《青光月刊》等刊物(一部分未发表)。不久青年日报馆解散”,由杨宽委任上海市立博物馆干事。不久,被杨宽委任为历史部主任,后又转总务部主任。同时兼任光华大学历史系和无锡国学专修学校沪校教授。这时在学术研究上,除结合春秋史地写了一批考释金文的文章外,童利用在博物馆工作的机会,倾主要精力开辟了一个新的研究领域——瓷器史研究。[2]

抗战胜利以后,分离了近10年的顾颉刚、童书业师徒俩又重新聚首:尽管时代经历了沧桑巨变,尽管童书业已由原来顾颉刚的私人研究助理成为驰名史坛的历史学家、史学教授,但他们师徒俩之间的那种相知相契的关系未变。1946年5月,顾颉刚从大后方回到苏州故宅,并长期居住在这里,他的一些学生、助手如白寿彝、方诗铭、刘起釪等也住在这里,协助顾从事各种工作。由于物价腾涨,童书业靠博物馆的薪金已无法养家活口,于是他把夫人和三个孩子安排在顾宅居住,基本上解除了后顾之忧。顾、童二人开始再度合作,不过不是继续“疑古”,而是编撰一部新的中国通史。

经过抗日战争的洗礼,顾颉刚、童书业都变了。童已开始向史观派靠拢,这一点将于下面细谈。顾的治学旨趣早在抗战前夕即已调整:从求真之学转向致用之学。与这一点相适应,他则由原来的贵专向专通兼顾、由原来的重提高向提高与普及并重转变。1946年8月他在他主编的上海《益世报·史苑》周刊《发刊词》中指

---

① 此时童书业写的一篇最“反动”的文章是《“新史学”批判》,此文批判的锋芒直指中国马克思主义历史学,见《中国国民》第1卷第4—6期,1946年。

② 童书业:《知非简谱》,第14—15页。

出:"抗战前的史学界,大家投向专的方面,而忽略了通的方面","一般民众万想不到他们会和史学发生什么关系"。专家的研究"是史学界的基石,万万缺少不得",而普及即是"接受专家研究的成果,融汇贯通之后,送给一般人看。……唤起民族意识,把握现代潮流,都靠在这上了"。将来的史学应当"两条路都走,两种人才都培养,然后可以学尽其用"。所以,抗战后的顾颉刚,已不打算"伏在象牙之塔里舒舒服服地过一生了",企图要直接报效社会。编撰普及性质的通史读物,是他这时的重要选择之一。据说,他这时计划要编写一部三四十万字的中国通史,并把这一任务交给了童书业;童则口述大纲,由其学生黄永年执笔撰稿,但写到两汉,因大陆鼎革而中辍。

这是顾、童一次没有结果的合作,也是他们一生中最后一次合作。实际上,他们已经无法重续 1930 年代初期的美好因缘了。因为他们都变了,而且即将到来的新的时代亦不容许他们这样做。他们从此以后,不但在地理上天各一方,在精神上也有了较大距离。童书业以他固有的天真与热烈立即全身心地拥抱新社会,顾颉刚则"足将进而趑趄",始终徘徊在新社会的门槛外边。当然,这并不是说,童书业就从此"直挂云帆济沧海","轻舟已过万重山"。童书业也有苦恼,也经受着煎熬。

七、初来青岛山东大学

1949 年暑期之后,由办《禹贡》杂志时期老友杨向奎引荐,童从上海来青岛山东大学历史系任教授。童对这一点看得很重,特在自撰《年谱》中点明:"是为余任大学专职教授之始。"[①]这时正是山

---

① 童书业:《知非简谱》,第 17 页。

大历史系发展史上所谓“八马同槽”的兴旺时代。陈同燮、黄云眉、郑鹤声、张维华、王仲荦、赵俪生、童书业、杨向奎八位先生，共同托起山大历史系明丽的春天。而且，在这里顾颉刚的弟子最多，“八大教授”中的三位出身顾门，甚至可以说，这里为顾氏门徒把持着。因为童来时，杨任系主任，1951 年始，童又任系副主任。当时山大历史系影响全国史坛最大的举措，是以《文史哲》杂志为依托，掀起了古史分期讨论，而其中的健将是童、杨二先生。

童从“资产阶级史学家”向马克思主义史学家、从擅长史料考订向擅长理论探讨转变之快，可以说不但令他的老师瞠目结舌，也令他的同侪深叹弗如。1951 年初，童即在《文史哲》创刊号上发表了《试论对偶婚》一文，对恩格斯的《家庭、私有制和国家的起源》进行诠释；接着，他又在该刊第二期推出《中国封建制度的开端及其特征》一文，探讨当时的热门话题“古史分期”问题；不久，还是在该刊第四期上，童又刊发《论“亚细亚生产方法”》一文，直接解读马克思的历史理论。“亚细亚”一文在当时的理论界激起甚大反响，论者认为，“这是解放后第一篇专门讨论亚细亚生产方式的文章”[①]，由此掀起了 1949 年后关于此问题的第一个讨论高潮。童书业一时引人注目，由 1930 年代的古史学界的新星摇身一变为新史学界的新星。

从这几篇文章看，不能不钦佩童书业的悟性：进入主流史学界速度之快，使用主流话语之娴熟，掌握主导历史观念之地道，真是无人能及。“知子莫如父”，最了解学生的当然要数老师了。顾颉刚在读了童书业 1951 年 2 月 5 日纵谈中国历史的来信后，在自己的《法华读书记》中叹道：“丕绳博闻强记，运以深邃之思，此函所

---

① 如林甘泉、田人隆、李祖德：《中国古代史分期讨论五十年》，上海：上海人民出版社，1982 年；桂遵义：《马克思主义史学在中国》，济南：山东人民出版社，1992 年。

述，玄珠在握，一部中国史犹网之在纲矣。……丕绳心志不纷，历史智识已极丰富，近年又得史观理法，一经贯穿，遂能道人所不能道，使人昭若发蒙。”[①]

当年，童在读了《古史辨》第一册后，曾产生“昭若发蒙”五体投地之感。现在，同样的“昭若发蒙”之感竟又产生在老师读了学生的来信之后。历史“进步”得真是太快了！

童书业“进步”之后，并未忘记拉扯着他的恩师一块“进步”。为此，他频频致函顾颉刚纵谈他对中国历史的新认识，力图推动他的老师尽快实行思想理论上的转向，与他一起，丢掉过去，加入主流史学中去。在这些信件中，童书业总是谈自己。他在 1950 年 7 月 5 日的信中说：“本学期业任秦汉史课，教学研究合一，与同学集体撰述《秦汉史纲》，着重经济社会部分，两三月中定可完成初稿。”又说：“业近日有一大发现，即春秋前期以前中国社会之停滞性，由于生产力不发达，铁器未广泛应用，为一大原因。”最后说：“业近日对于古代生产力、生产关系之研究颇有新见，对于秦汉社会之研究亦有所获，得暇当陆续写出请教。”在 1951 年 2 月 5 日的信中，童书业说：“生一年来所教课半属马列主义，对于马列主义史学之钻研稍具端绪。”[②]接着，童书业畅论两千多年中国社会之特点。这就是那封令顾颉刚“昭若发蒙”的信。

尽管“昭若发蒙”，可顾对童的良苦用心并未作出积极回应，并不情愿痛快接受童所拳拳服膺的“马列主义”。他在一封复另外一位学生的信中，坦白地说：“承嘱多读近刊马列主义书籍，极欲为之，惟身兼四职，竟无暇可得；如欲绝去一二，家中用度即感不足，

---

① 顾颉刚：《法华读书记·中国社会发展史》，《顾颉刚读书笔记》第五卷（上），第 2711 页。

② 顾颉刚：《法华读书记》，《顾颉刚读书笔记》第五卷（上），第 2705 页。

奈何!”用“无暇”来拒绝阅读“近刊马列主义书籍”,一眼就可以看出顾的真实心思。但他仍不能不用“极欲为之”来表露心迹,可见内心矛盾至极。强大的新社会不是他能对抗得了的,顺应乃至积极适应这个新社会,对顾颉刚这样的在旧社会享有崇高声望,而又同时具有传统的“士君子”节操的人来说,还有个时间乃至面子问题。陈寅恪在解释王国维自沉的背景时说:“凡一种文化值衰落之时,为此文化所化之人,必感苦痛,其表现此文化之程度愈宏,则其所受之苦痛亦愈甚。”[①]顾与童的差异大概从这里可以得到解释。

在新旧交替的1950年代最初的几年,从旧社会过来的一大批史界传统学人,面对新的生存环境、社会风尚,采取了不同的生存应对策略。由于这种不同,他们各自走上了不同的人生旅程:有的被礼为上宾,委以重任;有的被闲置一旁,备受冷落;还有的在那里为适应新社会争取被信任而痛苦挣扎。陈寅恪在《元白诗笺证稿》中,根据唐代文人的状况具体揭示了这种分化由以发生的机制:“凡士大夫阶级之转移升降,往往与道德标准及社会风习之变迁有关。当其新旧蜕嬗之间际,常呈一纷纭错综之情态,即新道德标准与旧道德标准,新社会风习与旧社会风习并存杂用。各是其是,而互非之非也。”在这种“道德标准社会风气纷乱变易之时,有贤不肖拙巧之分别。而其贤者拙者,常感受苦痛,终于消灭而后已。其不肖者巧者,则多享受欢乐,往往富贵显荣,身泰名遂。其故何也?由于善利用或不善利用此两种以上不同之标准及习俗,以应付此环境而已”[②]。

根据“善利用或不善利用”新旧蜕嬗之际那种“新道德标准与

---

① 陈寅恪:《王观堂先生挽词并序》,《寒柳堂集·诗存》,上海:上海古籍出版社,1980年,第6—7页。

② 陈寅恪:《元白诗笺证稿》,上海:上海古典文学出版社,1958年,第82页。

旧道德标准，新社会风气与旧社会风气并存杂用”的情形，大概可以把这一时期的传统学人划分为三种类型：“遗世独立型”“入乡随俗型”和“有心无力型”。第一种类型，可以陈寅恪为代表：拒不合作，壁立千仞；第二种类型，可以××为代表：完全认同，全面适应，持“到什么山唱什么歌”的基本立场；第三种类型，人数最为庞大，占到这一时期传统学人的绝大多数，其中比较典型的要数顾颉刚及童书业。应该说，前两种类型的学者尽管应对方略截然不同，尽管也有种种苦恼和压抑，但基本上不存在人格分裂的痛苦问题，他们大都能做到表里一致、一以贯之。最值得注意、最值得同情的是以顾颉刚、童书业师徒二人为代表的第三种类型。

想积极适应这个对他们来说完全陌生的社会，但又处处感到格格不入；想和过去诀别，以崭新的形象出现在世人面前，但又积重难返，步履维艰；想努力学习新东西，接受新事物，但又总是陷入东施效颦的可笑境地；想在新发起的各种运动、各种斗争中冲锋陷阵，表现自己，但又往往表演得过火过分，让人生疑；想与过去的恩师一刀两断，划清界限，但又做不到义断情绝，难以承受良知的折磨……首鼠两端，左右不得，既不愿也不敢像陈寅恪那样任凭风吹浪打，“我自岿然不动”，也绝对做不到“入乡随俗型”学者那般轻松潇洒，毫无负担，跟没事人一样。这就是顾颉刚、童书业等人在1950年代初期的窘况。

“有心无力型”学者在1950年代初期的窘况，在顾颉刚与童书业师徒俩既互相冲突又互相观摩的交往中得到淋漓尽致的表现。

八、“过情之打击”：两度批顾

应该说，童书业在从“实验主义史学”皈依“马列主义史学”之初，有一个问题他是察觉到了的，这就是：假如“马列主义史学”应该领导、改造“实验主义史学”，而他自己已经皈依了唯物史观，那么，他将如何处理与还未表态皈依唯物史观的顾颉刚的关系？童在最初的两年，苦口婆心地劝导顾，当然一方面是出于初皈依者的真诚，另一方面，很可能是更主要的方面，是童自己缓解内在紧张的举措：假使也能促动顾先生皈依唯物史观，那么他师徒俩就又是同一个战壕里的战友了。否则的话，在“亲不亲阶级分”的气氛下，他如何协调“阶级立场”与“师生感情”的矛盾?！对这两方面看得都很重的童书业，可能时刻有一种被撕裂的痛楚。后来，可能当他得知顾颉刚以“无暇”为由拒绝阅读流行一时的唯物史观书籍，也可能是当他被撕裂感折磨得坚持不下去的时候，他致信顾，开始用“阶级分析方法”来反省“疑古学派”的“阶级属性”了：

> 两年来学习马列主义之结果，觉得旧日考据之学确为形而上学者，尤其是正统派考据学确欠辩证。如以辩证法掌握考据学，考据学当有大进步。我师旧日之考据，在考据学界中已为比较能把握全面者，已为比较能有发展观点者。如能再进一步，掌握矛盾统一观点，成就必更大。然吾人过去所以不能掌握辩证法，不能了解真正唯物论，实由于吾人阶级意识作祟。吾人旧有之史学确是资产阶级之史学。当五四运动前后，中国民族资本主义比较发展，疑古思潮确负有若干反对封建传统使命。故疑古思潮之真正来源，实为工厂及商店，并非凭空由头脑产出者，吾人代表民族资产阶级说话而不自觉耳。吾人著述中虽亦有若干唯物论成分(如承认经济决定政治、文化)，然只是机械唯物论(经济史观)，离辩证唯物论尚远。及中国民族资本主义受卷土重来之外国资本主义之压迫，疑古思潮遂见低落，吾人之史学转与封建主义妥协，至抗战后期，吾人已完全丧失进步性而变成封建主义与买办资本之附庸。

> 吾人必须承认过去吾人之民族资产阶级立场之不稳定，经自我检讨后，始能接受无产阶级思想而改造故我。

把“疑古派”的“阶级属性”定位于“民族资产阶级”，并且强调“疑古派”随政治形势的变化，时而“左”些，时而“右”些，但最后终于“完全丧失进步性而变成封建主义与买办资本之附庸”，也就是说变成“反动一帮”，说明童对当时流行的“阶级分析方法”的理解与运用，完全纯熟，也说明他对“疑古派”的反思已达到系统化的程度。但见不及此的顾颉刚，对童书业的这番议论，大概不愿接受，且可能比较生气，故在眉批上写道：“此丕绳自道耳。我则学由宋人来，不至如此随时代变化也。”与童书业正积极地、义无反顾地丢弃过去完全不同，这时的顾颉刚则正在为捍卫过去而进行“垂死挣扎”。他们师生之间的冲突势所难免。

从旧社会过来的知识分子，在 1949 年后，经历了多座精神炼狱，从 1951 年开始至 1952 年形成高潮的“知识分子思想改造运动”，是他们通过的第一座炼狱。无论多高级的知识分子，他们中的绝大多数，在这两年里，可以说都低下了他们一贯高昂的头，都弯下了他们素来挺直的腰，都交出了他们平时不容伤害的自尊心。“古史辨派”成员这时简直像热锅上的蚂蚁，急躁、焦虑、惶恐不安。在上海学院参加思想改造运动的顾颉刚，1952 年 7 月 9 日在日记中说：“此次学习，可怕者三：天正热，不堪炎蒸，一也。刺戟太甚，使予接连不得安眠，二也。开会太多，无写作自我批判之时间，三也。”[①]对于后一点，顾颉刚又在致友人的信中说：本年“三反”、“五反”、思想改造三种运动，刚无不参加，但每一运动皆过于紧张迫促，无从容思考之余地，而工作同志要人对马列主义一下就接通，

---

① 《顾颉刚日记》第七卷，第 241 页。

以刚之愚,实不知其可。童书业的日子似乎比他的老师还难过。1956年3月山东大学有关组织所写的《童书业补充鉴定材料》透露了这方面的信息:“三反”“五反”运动中,他表示拥护,但抱着与己无关的态度,怕惹是生非,在会议上不敢大胆发言。思想改造运动中作过九次思想批判,但未被通过,情绪上烦躁,经耐心帮助,自己反复斗争后,才写出了较为接触思想的思想总结,主要是批判他自己的资产阶级学术思想。所涉及的方面有,最初他是陈独秀经济史观的信徒,并依此写了春秋史,后来自己独创“三合史观”,认为经济、地理、民族性三者为历史的重心。后又放弃“三合史观”,主张地理、经济史观。这些东西都是属于资产阶级唯心主义史学体系的。在考据学方面则批判了他一向崇拜顾颉刚、胡适的实验主义,同时也初步批判了自己为反动报刊写的反动性文章,如“双十协定”前后污蔑我党无和平诚意等。在“有何政治历史问题、结论如何”题下,《鉴定材料》说:童交待解放前尤其是在第三次国内革命战争时期和抗日战争爆发后的时期思想反动,学术上一贯用“三合史观”猛烈攻击唯物史观,辱骂拥护马列主义的人,如,“妄人”“重复欧美资产阶级御用哲学,互助论”;反对我党领导的抗日战争,主张蒋介石的独裁政治,对我党进行严厉镇压;仇苏亲美,说:“中共认苏联为祖国”,中共就是实行苏联法西斯独裁政治,发表了许多反共文章,得到当时上海国民党非常器重,被称为反共英雄。经查对与本人交待基本相符、运动中对其进行了批判,撤销对他的怀疑。

在仅有一顶“资产阶级史学家”的帽子就足以将人压倒的“思想改造”背景下,竟还有这么多“反共”言论在,童书业所感受到的思想压力之大、政治包袱之重,完全可以想见。而且,当思想改造运动如排山倒海之势汹汹而来的时候,过去与旧政权有过这样那样联系、曾与马克思主义或相对立或相疏离的士子们，对这一运动究竟会进行到什么程度，大都心中没底，因而惴惴不可终日。许多人（当然包括童）当时思虑的焦点，可能并不是真正改造自己——“思想而能改造，在我的旧脑筋里简直是一件不能想象的奇事”[①]，而是如何千方百计使自己“过关”。至于朋友、老师怎么办，对这些急于过河的自身难保的泥菩萨们来说就顾不了那么多了。能“出卖”的且“出卖”，能拉来垫背的且拉来垫背。童书业的出路看来必须是当机立断，与老师顾颉刚划清界限，把自己从“古史辨派”的阴影中撇出来。何况顾颉刚亦已经与他的老师斩断葛藤了。

现在回过头来，遥看当年那些热锅上的蚂蚁，真是觉得十分残酷，于走投无路之际，只得层层“出卖”：学生“出卖”老师，老师也在“出卖”自己的老师，最高目的，倒不是“升官发财”，而是逃出“热锅”，做一个不受歧视、不遭白眼的普通公民，以便有一个老老实实干活的环境和机会。谁都知道，顾颉刚是胡适的高足弟子，他对“适之先生”执礼之殷，在《古史辨》第一册及其《自序》中一览无余。可是，胡适已经“溜之乎也”，并被宣布为“战犯”，可怜的顾颉刚只好比较实际地用斥胡来开脱自己。于是，我们看到，远在大规模批胡的1951年，顾就开始与“适之先生”划清界限了，在《大公报》（1951年12月11日）上发表了《从我自己看胡适》一文。[②] 至于顾颉刚此文受谁的启发，无法确知。但罗尔纲的一段经历和感悟有助于我们的推断。罗说：

1950年8月，我又从家乡回到我的单位。那时陶孟和先

① 顾颉刚：《从抗拒改造到接受改造》，1958年11月12日民进中央会议发言稿，载1958年12月14日《光明日报》。

② 据《顾颉刚年谱》记载，这是他根据12月2日参加《大公报》王芸生主持的“胡适思想批判座谈会”上的发言记录稿改写的。

> 生已经任中国科学院副院长。他来南京,对我说胡思杜写有篇《我的父亲》同胡适划分界限,写得很好,叫我看看。那时初解放,我在家乡未经学习,还不懂得什么叫划界限。而胡适的问题却正在沉重地压在心头,我听了孟和先生的话,立即去图书室借了《人民日报》来看。我看后启发我认识到胡思杜与胡适还可以划清敌我界限,我做学生的,更可以与老师划清敌我界限了!从此解决了心头的难题,豁然开朗了。二十年前,我是胡思杜的老师,今天胡思杜是我的老师了![①]

顾同罗尔刚一样,同属胡适的得意门生,是不是也从胡思杜文章中受到启发,不得而知,反正他写出了与老师划清界限的文章。既然他能批自己的老师,童书业起而步其后尘,撰文批他,也就是自然而然的事了。同样自然而然的是,当1958年,山大历史系把童抛出来作为“史学革命”的对象时,他的助手和学生也就起而步童的后尘,揭发、检举童引导青年“走白专道路”,陷童于十分狼狈的境地!揭发、检举者也无非是借“出卖”老师来解脱自己,一如童所做的一样。

前面说过,童书业对主流话语掌握得非常娴熟,他的这篇批顾文章的题目更近一步印证了这一点:《“古史辨派”的阶级本质》。文章一上来就曲折交代了自己的处境和苦衷:“解放以后,我曾好几次在学习讨论会上和报纸上批判了自己过去的反动思想和错误思想。但所批判的几乎只限于我自己的东西,不曾对我过去所隶属的学派——疑古派的史学作过整个的检讨,这篇文字就是想试从根源上批判疑古派的史学,以消除史学上资产阶级思想的重要

---

① 罗尔纲:《师门五年记·胡适琐记》,第145—146页。

一环。”[①]这段话大概是想告诉世人特别是自己的老师，不批判自己所隶属的学派、不批判自己的老师，自己无法过关。这和鉴定材料提供的事实是一致的："思想改造运动中作过九次思想批判，但未被通过。"自述年谱上也透露了相关信息："（1951年）学习党史，写学习党史后的自我检讨，交待主要历史问题。发表于《新山大》。"[②]童的日子看样子非常难过，所以，他对这篇文章自然有着很高的期待。此文一上来就抓"古史辨派"的"阶级本质"，实在不是偶然的。态度不积极，批判不深入，上纲上线不够高，就难免意味着自己与"古史辨派"的决裂不彻底。

在透露了自己的隐痛后，童接着就说，"所谓'疑古派史学'是美国实验主义传到中国后的产物，它的首创者是五四时代资产阶级的代言人、当前的战犯胡适"。这是从起源和发端上暗示"古史辨派"的"阶级本质"。而后，童从"古史辨派"对抗唯物史观的角度，进一步揭露了"古史辨派"的"阶级本质"。童说：唯物史观是无产阶级的史观，资产阶级要压制无产阶级，"就不得不压制无产阶级的思想，所以资产阶级的学者们就必然反对唯物史观，但是反对的方法不必一致：或者尽情诋毁，或者托词抗拒，或者截取变质。而这三种方法我们这批人之中就都用过的"。这句话非同小可。因为童自认为也是用"这三种方法"反对唯物史观的重要当事人之一。童以顾颉刚的一段著名声言为例，边引述边揭发了"古史辨派"抗拒唯物史观的手段。童说：疑古派的人们沉醉在实验主义的毒素里而不能自拔，以致看不见历史研究的主要任务是寻求社会法则，反说寻求社会法则的"唯物史观不是味之素，不必在任何菜内部渗入些"（《古史辨》第四册顾序二二页——原注）。疑古派认

---

① 童书业：《"古史辨派"的阶级本质》，《文史哲》1952年第2期。

② 童书业：《知非简谱》，第17页。

为:“研究古史年代,人物事迹,书籍真伪,需用于唯物史观的甚少。无宁说这种种正是唯物史观者所亟待于校勘和考证学者的借助之为宜:至于研究古代思想及制度时则我们不该不取唯物史观为基本观念。”“等到我们把古书和古史的真伪弄清楚,这一层的根柢又打好了,将来从事唯物史观的人要搜取材料时就更方便了,不会得错用了。”疑古派以为自己的“下学适以利唯物史观者的上达”,自己“虽不谈史观,何尝阻碍了他们(唯物史观者——引者)的进行”。童书业说:这种话好像对唯物史观者贡献好意,其实都只是抗拒唯物史观的一种巧妙手段,上引文字的作者把历史学机械地划分为两部分:一部分归唯物史观统治,一部归校勘学和考证学统治,以为校勘学和考证学是基础,而唯物史观是建筑,要等疑古派把“坚实基础”“准备”好了,然后再请唯物史观者动手造建筑。疑古派说:“须待借助于我们的还请镇静地等待下去罢。”“镇静地等待”到什么时候呢?疑古派自己承认:“得到结论不知在何年。”这就是说现在还是我们的天下,你们的天下还早呢,这不是“阻碍了”唯物史观者“的进行”是什么!疑古派又说:“如果等待不及,请你们自己起来干罢!”这就是说你们也来干校勘学和考证学罢,不要再谈唯物史观了,也就是说古代思想及制度不必研究(因为研究这些就“不该不取唯物史观为基本观念”)。现在只须“研究古史年代,人物真迹,书籍真伪”就够了,请问提倡这种史学的“效果”是什么呢?童书业这里所分析的《古史辨》第四册顾序中的这段话,几乎被公认为“古史辨派”向唯物史观派表示友好的著名言论,现在,经童书业这位当事人一番剔肤剖骨的工作,这段话所包藏的“险恶用心”几乎“昭然若揭”。可以想象,顾颉刚看到这种深文周纳的分析后,一定会胆战心惊、不寒而栗的。

经过上述铺垫,童书业的文章直奔主题:“疑古派史学的真实意图，是右面抵抗封建阶级，而左面抵抗无产阶级，这是最初的意图。""右面抵抗"的意图表现在"摧毁封建的圣经贤传（辨伪经）和封建的道统偶像（辨伪史）"；"左面抵抗"的意图表现在"否认原始共产社会"——无产阶级史学坚决认定中国历史经历过一个"原始共产社会"以为未来的共产社会提供历史根据。而到了后来，据童书业说："这派的史学家多数与封建阶级妥协，只坚决抗拒无产阶级了，这表现在'疑古'精神的降落，考据精神的加强，同时诋毁或不采唯物史观。"[①]为什么会发生这种"阶级本质"的位移呢？童从经济政治形势的变化作了说明，这种说明就是上引他致顾颉刚信中所说的那段引起顾反感的话。看来，从写那封信时，童就开始酝酿写这篇文章了。

对"古史辨派"在史学史上地位和作用的估价，大概是童书业这篇文章中最令顾颉刚心凉的地方。郭沫若一向对"古史辨派"高看一眼，《中国古代社会研究》中所作的论述众所周知。在1940年代所作的《古史研究的自我批判》一文中，在强调史料批判的意义时，郭沫若又肯定了"古史辨派"，甚至说某些唯物史观派成员还不如"古史辨派"。他是这样说的：某些新史学家，"对于旧文献的批判根本没有做够，不仅古史辨派的阶段没有充分达到，甚至有时比康有为、阎百诗都要落后，这样怎么能够扬弃旧史学呢，实在是应该成为问题的"。这里，显然有把"古史辨派"与"乾嘉学派"相提并论的意思。童书业现在断然指出："我们认为这段话是错误的，因为'古史辨派'（疑古派的别名——原注）与康有为根本就不能与阎百诗相提并论。"在童看来，"阎百诗是位比较单纯的考据家，而'古史辨派'与康有为并不是单纯的考据家"。这显然是在强调"古史

① 童书业：《"古史辨派"的阶级本质》，《文史哲》1952年第2期。

辨派”也像康有为一样具有学术之外的目的,因此,“阎百诗的考据是可以供参考的,而‘古史辨派’与康有为的作品,在考据学上说,也没有什么价值”[①]。

童的文章对“古史辨派”学术地位的一笔抹煞,与此文同期推出的顾的另一高足杨向奎《“古史辨派”的学术思想批判》一文,认定顾的“层累地造成的中国古史观”,不仅“没有解决任何问题”,反而“造成古史的混乱”[②]的断语一起,对顾的学术自尊伤害之深,难以估量。来自一贯的敌人的攻击,尽管很恶毒,可以一笑置之;来自朋友、助手、学生、盟友和圈内人的打击,再轻微也觉伤心,何况这两篇文章并不轻微,甚至可以说是致命的。所以阅完这两篇曾是自己最亲密的追随者的文章后,顾在1952年3月12日的日记中记道:童杨两文“均给予无情之打击”[③]。哀伤、绝望之情溢于言表。但他并不服输。针对两文对《古史辨》的总体判断,5月4日,顾颉刚“写笔记数则,论《古史辨》之地位”。其中说:“《古史辨》是地主社会和官僚社会压迫下所创造出来的知识总汇发展的结果。”“《古史辨》的工作确是偏于破坏的,所要破坏的东西就是历代皇帝、官僚、地主为了巩固他们的反动政权而伪造或曲解的周代经典。这个反动政权是倒了,但他们在学术和历史上的偶像还没有倒……批判接受的前提就是要作一回大整理,使得可以以周还周,以汉还汉,以唐还唐,以宋还宋,表现出极清楚的社会性,然后可以与社会的发展相配合,所以《古史辨》的工作还该完成。”[④]在学术上历来极为自负的顾颉刚,在当时社会舆论极为不利的背景下,看来并不情

① 童书业:《“古史辨派”的阶级本质》,《文史哲》1952年第2期。

② 杨向奎:《“古史辨派”的学术思想批判》,《文史哲》1952年第2期。

③ 《顾颉刚日记》第七卷,第198页。

④ 顾颉刚:《虬江市隐杂记》(三),《顾颉刚读书笔记》第四卷,第2609、2610页。

愿就地倒下，反而强调要将《古史辨》继续下去。这既反映了他的骨气，也说明他对当时社会的陌生，没有看到这个社会的不可抗拒性。

应该指出，不管童杨二位的文章的写作与刊发，在当时有多少令人同情的社会和时代因素，文章本身的不公允是显而易见的。在笔者看来，绵延20余年之久的“古史辨”运动，可以说是一次大规模的对上古史资料的批判审查。这是继“乾嘉学派”之后，对先秦秦汉古籍的又一次整理运功，这次清查，为重建上古史系统，从扑朔迷离的神话传说中，打捞出了相对可靠的资料。从这一意义上看，把“古史辨派”看做中国的“兰克学派”并不过分。所以，被童书业判断为“完全错误”的郭沫若那段将“古史辨派”与“乾嘉学派”相提并论的话并不错误，乃是完全符实。经过时间的洗磨，郭沫若对“古史辨派”的下述看法，除了稍嫌不足外，还是比较中肯的：

> 顾颉刚的“层累地造成的古史”，的确是个卓识。从前因为嗜好不同，并多少夹有感情作用，凡在《努力报》上所发表的文章，差不多都不曾读过。他所提出的夏禹的问题，在前曾哄传一时，我当时耳食之余，还曾加以讥笑。到现在自己研究了一番过来，觉得他的识见是有先见之明。在现在新的史料尚未充足之前，他的论辨自然并未能成为定论，不过在旧史料中凡作伪之点大体是被他道破了。①

除了某些特殊的情况外，应该说，20世纪前半期的郭沫若，对整个史料学派的评论都还是比较公允的。在《中国古代社会研究》中，他评论过王国维、罗振玉、胡适、钱玄同和顾颉刚，这些评论意见，可以说他有史观偏见——这是任何史家都无法根除的“合法的

---

① 郭沫若：《中国古代社会研究》，第234页。

偏见”,但不能说他有门户偏见。所以,他对顾颉刚的评价,为人所反复征引,并获广泛赞同。

童杨二位对“古史辨派”的全盘否定,在“思想改造运动”高压下,顾颉刚在感情上确实一时难以接受。但顾毕竟有批判“适之先生”的经历,他应该能体验到学生不到走投无路的时刻,是不会起来揭发批判“先生”的。所以,顾在1952年3月12日的日记中既说童杨两文“均给予无情之打击”,又言:“盖思想改造,有大力迫之,使不得不然也。”[①]一段时间之后,顾的创伤也就弥合了,感情上也渐渐平静下来。1954年5月,顾的另一个学生王树民来信,对童杨二位的文章对“古史辨派”所持完全否定之态度“窃未敢以之为然”。信中说:

> 近来史学方面出版物虽多,可观者似颇寥寥。前者杨拱辰与童丕绳二兄在《文史哲》上发表批判《古史辨》的论文,完全为否定的语气,窃未敢以之为然,盲目的崇拜与盲目的否定,乃同为失其正旨者也。无原则的疑古自然是错误的,而古史传说应该按照考据学的方法彻底整理一番却是肯定的。硬以社会发展史的方式套上去,所以西周为封建社会或奴隶社会甚至原始社会诸说之纷纭不绝,实即为此“近视眼断匾”之规律所支配也。[②]

于鹤年也是顾办禹贡学会时的熟人,当年禹贡学会会员,当他看到童杨的文章后,“亦为此事抱不平,来信时时提起”。“一人之思想固可变,但不能变得太快,亦不能变成极端之不同,否则便是作伪矣。”有这些学生来为他鸣不平,不能不使顾感到慰藉和温暖,

---

① 《顾颉刚日记》第七卷,第198页。

② 王树民:《致顾颉刚》,《顾颉刚全集·顾颉刚书信集》卷三附,第391—392页。

所以，他在复信时，也就表现出对童杨的为师者的大度、宽容和理解。先在回复于鹤年的信中说：

> 承嘱勿好胜，此切中弟病。十余年前曾自作一联曰："好大喜功，永为怨府；贪多务得，何有闲时。"惟其有此病，所以有此名；亦惟其有此名，所以得此谤。解放以来，弟无名无谤矣。(《文史哲》上之两篇文字，非存心谤我，乃在思想改造阶段中，非如此不足以表示其忏悔，犹之昔日以附我为敲门砖也。观两文登出后曾无反响，可知弟于今日已到无名无谤地位，此卅年来求之而不得者也。)所恨者，成功之心尚未戢，无论时代如何，总想把旧稿编定，已研究而未得结果之问题又总想研究出结果来，俗习如此，奈何奈何！①

这是一封写于1952年10月23日的信件，从中可以看出愤激的情绪尚未完全宁息下来。到1954年6月11日写"致王树民"的信时，顾的心境看来已明朗多了，且已完全原谅了童杨二位。在谈到上述两篇文章时，顾十分肯定地说："此是渠等应付思想改造时之自我批判耳，以彼辈与《古史辨》之关系太深，故不得不作过情之打击。"此前不久，童杨曾联名致信顾颉刚，邀他为《文史哲》撰稿。这一举动传达了什么信息？顾在致王树民的信中也作了猜测，并得出了较积极的结论："苟我之学术工作已不足存于今之世，何近来二君又为《文史哲》向我索稿乎？故其为否定之批判，是可以原谅者也。"②

顾颉刚原谅了当年的学生所给予的"过情之打击""无情之打击"，但当年的学生与他的冲突并未随着他的不计较而终结。他的

---

① 顾颉刚：《致于鹤年》二，《顾颉刚全集·顾颉刚书信集》卷三，第324页。

② 顾颉刚：《致王树民》，《顾颉刚全集·顾颉刚书信集》卷三，第391页。

学生对他的批判,本来就是以政治压力的大小为转移的,可以说是应付外在社会环境的一种手段。思想改造运动起来了,他们就通过对老师的"过情之打击"来跨过这一关,高潮过后,他们就又恢复了与老师的联系。可是,1949 年后,运动接二连三,一个比一个严厉,所以老师与学生的关系也就益发复杂化了,背景复杂的学生也就只好一而再、再而三地靠批判老师来超度自己。继思想改造运动之后,席卷知识界的另一场运动,是由批判俞平伯的《红楼梦研究》而引发的对胡适的大规模批判。这一运动可以看做毛泽东发起的知识分子思想改造运动的继续和深化。胡适是"现代中国的圣人",1949 年后,要想在中国文化界、思想界树立新的权威,非推倒胡适这座偶像不可。批判俞平伯不过是一个可供选择的突破口罢了。但这个突破口的选择与运动的真实指向,却对顾颉刚形成了双重的压力。一、顾颉刚不仅是俞平伯早年的同调和朋友,而且现在正作为靶子来批判的《红楼梦研究》的前身《红楼梦辨》的成书,亦与顾颉刚关系甚深。在《古史辨·自序》中,顾述及此事时说:《红楼梦》问题是适之先生引起的,1921 年 3 月,他草成《红楼梦考证》,我最先得读。"我的同学俞平伯先生正在京闲着,他也感染了这个风气,精心研读《红楼梦》。我归家后,他们不断地来信讨论,我也相与应和,或者彼此驳辨。这件事弄了半年多,成就了适之先生的《红楼梦考证改定稿》,和平伯的《红楼梦辨》。"[①]现在,俞平伯的这本《红楼梦辨》受到清算,这当然构成顾的思想重负,也似乎强化了顾在当时的反面影响。二、批判俞平伯是为了进而铲除胡适在思想界、学术界的广泛影响,而顾颉刚是胡适的高足,学林无人不知。假如,俞平伯可以说明胡适在文学界的影响的话,顾颉

① 顾颉刚:《古史辨》第一册《自序》,第 47 页。

刚则完全可以证实胡适在史学界的影响。所以，当批判《红楼梦研究》的运动迅速过渡到批判胡适运动时，顾的处境就日益困难与窘迫。

1955 年 3 月 5 日，在中国科学院批判胡适思想会上，顾颉刚曾发言一小时，并在当天的日记中说："近来批判胡适历史学、考据学的文字中，常常牵到我和《古史辨》，因此，我在今天会上说个明白。"[①]当时对胡适思想的批判，主要是在文学、史学和哲学三大领域中进行的，"批判胡适历史学、考据学的文字"，不可能不牵扯到顾颉刚和《古史辨》。当时，大概稍有头脑的人都很明白，胡适与"古史辨派"的渊源是如此之深，要搞臭胡适，不搞臭"古史辨派"是不可能的。于是，当时几乎所有批判胡适历史学的文章，无不明里暗里以"古史辨派"和《古史辨》为陪绑者。"古史辨派"又一次被放在了热鏊子上。看来，"古史辨派"成员除了进一步反叛师门之外，再无别的选择了。童书业不得不再一次走上了对"古史辨"进行"过情之打击"以实现自我超度的道路。

在批胡高潮期间，童先后著文 3 篇，刊发在《文史哲》杂志和《光明日报》上。据有关历史学论文索引，当时从历史学领域批判胡适的文章共 70 篇。童的文章与其他众多文章相比，就对胡适的批判而言，老实说，非常普通，非常不起眼。因为童本人并无显赫地位，文章也无"高深"的见解（童对"唯物史观"的修养根本无法与当时另一些名人比）。但童也有他的优势：胡适的再传弟子，特别是《古史辨》的编著人之一。在搞臭胡适不能不推倒《古史辨》的背景下，他的这一身份也就具有了相当的意义。童充分利用了他的这一优势。与其他众多文章不同，他的文章的独特之处，在于深入

---

① 《顾颉刚日记》第七卷，第 663 页。

清算"古史辨"的影响,竭力把"古史辨"与胡适绑在一块儿批判。其中,以发表在《光明日报》(1955 年 2 月 3 日)上的《批判胡适的实验主义"考据学"》最为典型。

在这篇文章中,童书业指出胡适实验主义考据学可分为两类,一类"带有明显的思想性",另一类"表面上没有什么思想性"。在童看来,这两类考据危害性都很大。而"表面上没有什么思想性"的考据,因其"表面看来似乎无甚大害,实际上它的危害性是更巨大、更深刻的!"童把"表面上没有什么思想性"的考据视为"钻牛角尖"。他指出:"我的师友和我个人,过去也最喜欢作这类钻牛角尖的'考据'。例如顾颉刚先生,对于《红楼梦》,就下过很多这类'考据'工夫,俞平伯《红楼梦辨》里的'考据',许多都是采取顾先生的研究成果的。"——这时强调《红楼梦辨》与顾的关系,只能加重顾的"罪行"。尽管钻牛角尖的考据危害性"更巨大、更深刻",但童书业文章的重心,是批判胡适"带有明显思想性"的考据。在童看来,"完全继承并发挥"胡适"钻牛角尖"的考据的是"俞平伯的'《红楼梦》研究'";而完全继承并发挥胡适富有学术之外的目的的考据的是顾颉刚的《古史辨》。所以,童书业此文的主要锋芒是对着顾颉刚的,是通过批判顾来批判胡适的。

据童说,有人为减轻顾的压力,说顾所接受的胡适的实验主义并不完全,顾也这样自认。童接着指出:"但我觉得在《古史辨》中,实验主义的精神是很显著的。"童的强硬根据是:

> 顾先生的有名的"层累地造成的古史观",分明是《井田辨》的"考据"方法的发挥和发展。胡适的《井田辨》认为井田本来是没有的,孟子凭空虚造出井田论来,自己并未曾说得明白,后人一步一步的越说越周密。这也就是"累层地造成的古史观"。顾先生说:尧、舜、禹等人和他们的历史,都本来是没

有的，西周以后的人一步一步的造出这些人和他们的历史来，越说越周密，所以这些人和他们的历史，都是“累层地造成”的。《古史辨》的史学方法，受胡适实验主义的影响，是不可否认的！[①]

胡适曾赞赏顾颉刚的下面这段话，并认为这是顾讨论古史的根本见解与根本方法：“我们看史迹的整理还轻，而看传说的经历却重，凡是一件史事，应看他最先是怎样，以后逐步逐步的变迁是怎样。”童在另一篇文章中却强调指出：其实这种“根本见解”和“根本方法”，就是胡适自己传授给顾颉刚的。胡适说：“顾颉刚先生在他的《古史辨》的《自序》里，曾说他从我的《水浒传考证》和《井田辨》等文字里，得着历史方法的暗示，这个方法，便是用历史演化的眼光，来追求每一个传说演变的历史。”[②]童据此断定：“这段话可以证明顾颉刚先生最早所用的讨论古史的见解与方法，就是胡适的见解与方法。”[③]在《批判胡适的实验主义“考据学”》中，童仍以铁案难移的口气说：《井田辨》就是七大册《古史辨》的前驱，在《古史辨》中，充满着胡适《井田辨》的精神。

1920年，在孙中山创办的《建设》杂志上，围绕着中国上古有无“井田制”及“井田制”的性质展开了一场论战。这场论战是由胡适向胡汉民的观点发难引起的。胡汉民在当时刊发的《中国哲学史之唯物的研究》的文章中认为，井田制是自古相沿的一个共产制度，计口授田，土地公有。而胡适则致信商榷认为，井田制度是孟

---

① 童书业：《批判胡适的实验主义“考据学”》，《光明日报》1955年2月3日，后收入《胡适思想批判》第三辑，北京：生活·读书·新知三联书店，1955年。

② 胡适：《介绍我的思想》，胡明编选：《胡适选集》，天津：天津人民出版社，第283页。

③ 童书业：《批判胡适的实验主义“文学”方法》，《文史哲》1955年第5期。

子理想的乌托邦,在当时根本不可能存在这种制度。他的这一看法受到廖仲恺等人的反驳,他接着又作进一步驳辨,提出了“井田论沿革史”,这就是童书业所转述的那种“层累地造成”的过程。胡适对他这篇论井田的文章非常自负,童也认为《井田辨》是胡适“带有明显思想性考据”的代表作。胡文的结论是:“井田论是孟子凭空虚造出来的。”童认为:他这个结论的目的,是企图证明“井田的均产制乃是战国时代的乌托邦”,“古代并没有均产的井田制度”,“因为古代本没有均产的时代”。童感到,这些论断“完全显露出他的资产阶级的思想本质来了”。否认井田制在古代的存在,为什么和胡适的“资产阶级的思想本质”有关呢?众所周知,马克思恩格斯都肯定人类进化史的初期有一个原始共产制或公有制存在,而且为他们所向往的未来社会是对原始共产制的否定之否定,是共产制在更高阶段上的回归。当时中国思想界左右两派都认定,原始共产制是未来共产制必定实现的历史根据。所以,胡适否定原始共产制的存在,一直被认为是反对马克思主义和社会主义的铁证。童认为,“古史辨派”也自觉不自觉地具有这种企图:“胡适考证‘井田’的用意,是在证明‘古代没有均产的时代’,而‘古史辨’在胡适的实验主义指导之下的‘疑古’,也就变成原始共产社会的抹煞论了。”又说:“古史辨派”中了实验主义的毒,“所以敢于大胆抹煞古代的传说,抹煞史料的真实性,把中国原始社会完全否定”。还说:“古史辨派”认为“任何历史事实都可以用‘神话’两个字一笔抹煞:他们就用这种方法抹杀了全部的中国原始社会史”。而且,“古史辨”的理论,“不但是原始社会抹煞论,简直是历史抹煞说,这就是他们的所谓‘疑古’”。[①] 可以感觉得到,童书业在写这些文字

① 童书业:《批判胡适的实验主义“考据学”》,《光明日报》1955年2月3日。

时,肯定是满怀"革命义愤"的。这进一步坐实了他在 1952 年的文章对"古史辨派"的定位:最初是右面抵抗封建阶级,左面抵抗无产阶级,最后则"只坚决抗拒无产阶级了"。这使人们意识到,"古史辨派"并不单纯是一个学术派别,而和胡适的考据学一样,带有一定的政治性质。

在童书业看来,撇开"古史辨派"的政治属性不论,仅就其史学方法看,也是非科学的。1925 年 4 月,历史学家张荫麟曾在《学衡》第 40 期上刊发《评近人对于中国古史之讨论》的文章,认为顾颉刚在论证"层累地造成的古史观"时,其错误"半由于误用默证,半由于穿凿附会"。[①] 他所指出的无限度地使用"默证"这一点,在当时被广泛认为是从方法论上击中了"古史辨派"的要害。现在,童书业重申了张荫麟当年的批评,认为这是"古史辨派"的史学方法非科学的强硬证据。他说:

> 这种史学方法不科学的最明显的证据,是它往往采用"默证"的方法。譬如顾先生说:西周人心目中最古的人是禹,到春秋时才出现了尧、舜,到战国时又出现了黄帝。他的根据是《周书》和《诗经》中只看见禹,而没有尧、舜,《论语》等书中只有尧、舜,而没有黄帝。到战国的书中才看见黄帝。所以尧、舜比禹晚出,黄帝比尧、舜晚出。但是短短不到二十篇的《周书》和三百篇古诗,其中还只有一部分是西周的作品,根据这么少的文献,就断定西周时还没有尧、舜;又根据短短二十篇的《论语》,就断定春秋时还没有黄帝:这样的方法,还能说是科学的么,万一《周书》和《诗经》中提到禹的那八篇失传了,《论语》中提到尧、舜、禹的那两篇也失传了,我们是否可以断定尧、

① 张荫麟:《评近人对于中国古史之讨论》,《古史辨》第二册,第 288 页。

舜、禹在春秋时还没有,而到战国时才出现呢?这种史学方法的错误,只要一研究后出的历史,立刻就会发现出来……①

童的结论是:"古史辨派"的"考据"方法是不科学的:针对"层累地造成的古史观"是建立在"默证"方法基础上,而"默证"方法众所周知是不科学的批评。当年被童书业许为"古史辨的集大成者"的杨宽在1991年指出:"顾颉刚的层累地造成古史传说的观点,并不是完全依靠默证来建立的,不是仅仅由于某个时期不见某帝或某王,到某个时期新出现某帝或某王。古史传说的层累地造成,主要从神话的层累地发生演变而形成。神话演变的现象才是他的主要论据。张荫麟的批评只是误解。"杨宽的评判看来包含有更多的合理性,可以看做是自张荫麟以来所有从使用"默证"的角度对"古史辨"发出的批评的总回答。

让我们继续看童书业对他老师的史学方法的批判。随时把他的老师与胡适绑在一块批判,是童前后所写几篇文章区别于当时众多文章的特征。他从1952年的文章就说顾颉刚运用了"默证"方法,现在他更深入地剖析道:

"古史辨派"的"默证""考据"法,是与胡适所说的"大胆的假设,小心的求证"实验主义"考据"方法分不开的。根据"默证",就可以否定一切,这不就是所谓"大胆的假设"吗?但是"古史辨派"在初期时,使用罗织锻炼的方法,即所谓"小心的求证"的方法,还不很够,充分使用"大胆的假设,小心的求证"的方法,在"古史辨派"后期的著作中,才显著起来。应当承认:我就是使用这种方法最充分的人。抗战前夜,我与顾颉刚先生合作的《夏史三论》,就是使用这种方法的最典型的作品,

① 童书业:《批判胡适的实验主义"考据学"》,《光明日报》1955年2月3日。

这篇文章最主要的结论，是：夏代不曾中绝，后羿篡夏，寒浞篡羿，少康中兴等故事，都是东汉光武中兴以后的人所伪造的。这个“假设”，不能不说“大胆”了，所搜罗的证据，有正面的，有侧面的，有明证，有默证；可说极罗织锻炼之能事；在“小心的求证”方面，确实超过胡适而“青出于蓝”了。当时颇有人相信这个结论，但是根据我现在的观察，这个结论是完全不可靠的！[①]

童书业接着阐述他现在的认识，以说明原来的结论之不可靠。然后断然指出：

实验主义者所谓“大胆的假设”，实际上就是主观武断，所谓的“小心的求证”，实际上就是罗织锻炼。所以实验主义的“考据学”，确实是主观唯心论所支配的“考据学”，根本谈不上有一丝一毫的科学气息！“古史辨派”中了实验主义的毒，所以敢于大胆抹煞古代的传说，抹煞史料的真实性，把中国原始社会史完全否定。[②]

上纲不可谓不高，批判不可谓不激烈。至于童这时对“古史辨”的总体估价，与1952年的文章一样，仍然近于全盘否定：

自从胡适挥起实验主义的斧头乱砍，再加上“古史辨派”的附和，许多古书、古事和古人，就都被砍掉。他们的余毒一直留存到今天，现在还有许多人不敢根据《周礼》《管子》等古书来研究古史。这样就把许多宝贵的史料丢弃不用，严重影响到古史真相的探索。[③]

---

① 童书业：《批判胡适的实验主义“考据学”》，《光明日报》1955年2月3日。

② 童书业：《批判胡适的实验主义“考据学”》，《光明日报》1955年2月3日。

③ 童书业：《批判胡适的实验主义“考据学”》，《光明日报》1955年2月3日。

顾颉刚对童书业这几篇文章所持的严厉态度有什么反应,受材料限制,不得而知。不过,既然顾在1954年就已认识到童书业1952年的“过情之打击”是“渠等应付思想改造”的权宜之计,那么,面对童书业的新的批判,顾颉刚也可能仍会以传神视之,不可能认真对待的。

假如真的是这样,那顾颉刚不愧是“先生”。童书业的日子这时实在太难过了,在随后而来的由批判胡风引起的肃反中尤其如此。前曾指出,面对一道又一道难关,那些“从旧社会过来的知识分子”,为了解脱自己,不惜牺牲师友。而且,从批判胡适运动来看,谁过去的成就越大,现在的表态和表现就越积极,过去的声名、影响越高,现在批判起别人来就越卖力。对多数人来说,公开场合的积极和卖力,并不说明他们“立地成佛”了,很可能是他们的一种生存策略,一种掩盖,一种对自我的洗刷,一种自我防护。童书业是这样,顾颉刚也并不例外。顾颉刚在“思想改造运动”之前,就与“适之先生”划清了界限;在胡适批判高潮中,又在全国政协第二届全体会议上,当众检讨了自己的兴趣主义的治学倾向,并认为胡适的实验主义研究方法,“乃是腐朽的资产阶级唯心论的方法,他的一切学术工作乃是替封建势力和美帝国主义服务、转移青年目标、进行反革命活动的手段”,承认自己“是在一定程度上替他造成他的虚名和声势的一个人”。[①] 顾这样做,很可能也是在“应付”思想改造等运动。因为顾后来坦言:他虽然参加了当时的“思想改造运动”,但那是为了能“在大学教书”。而真实的想法是:“思想而能改造,在我的旧脑筋里简直是一件不能想象的奇事。”他自己认为,自从“入了社会,就只知道发展个性,过自由散漫的生活,永远‘称心

① 《顾颉刚委员的发言》,《人民日报》1954年12月25日。

为好’，不知道有什么服从领导、集体生活、群体路线这些事情”。现在“要我‘舍己从人’，抛却我原有的看家本领而唯党是从”，于心不甘。所以，当他到京之后，所在单位负责人批评了他，他反应强烈：“我一向‘傲骨崚嶒’，受不了别人的‘气’，听了这些有强烈刺激的话直使我眼前发黑，几乎倒了下去。”认为这位领导“损伤了学术研究的尊严，因此要和他拼一下”，以至“逢到公开场合要我说话时，我就把这些事提了出来”。一时“反领导的情绪十分高涨”。[①]在他看来，这是在“抗拒改造”，而在这同时，他正在当众大批胡适，以示接受改造。

九、精神分裂：面对“肃反”

从批判胡适起，中经“肃反”运动，一直到1958年的“拔白旗插红旗”“批判资产阶级学术思想”，童书业可以说一直生活在惊恐之中。他之奋起无情批判“古史辨派”，实源于此。这一期间，他的精神分裂症也一度复发，使他自我改造的表现，积极得有些异常和过分。

在自撰年谱1954年条指出：“著《批判胡适的实验主义学术思想》，发表于《文史哲》。”“批判俞平伯及其他胡适派资产阶级学术思想。”1955年条指出：“批判胡适派及胡风思想。肃反运动起，余为被审查对象，详细交待历史问题，批判解放后错误思想。辞历史系副主任职。”[②]平静、简劲的叙述，不知埋藏了多少心灵的苦难，而我们所看到的有限档案，使得人们可以稍稍感受一点这种苦难。“童书业补充鉴定材料”在铺述了他在新中国成立之初的表现后说：

> 反胡风运动初期，他就表现有些惶恐不安。找组织上谈

① 顾颉刚：《从抗拒改造到接受改造》，1958年11月12日民进中央会议发言稿，载1958年12月14日《光明日报》。

② 童书业：《知非简谱》，第18页。

话、写了历史材料,写了“自保书”,保证自己无政治问题,只是思想问题,声明自己在学术思想上受过托派的影响,但没有参加托派的任何组织。根据以前我们掌握的材料,确定为重点,着其交清历史问题,此时更加着慌,神经病有些发展,晚上睡不着,让其爱人将他(绑)在床上,以免别人怀疑他作坏事。写了些检查材料,有的是捏造的,如检举杨宽(上海博物馆馆长,是他最要好的朋友——原记)写黑信寄枪弹威胁人等情。① 同时系副主任的职务也被撤掉。后经调查系一般历史问题,作

① 据杨宽在回忆录中说,童书业此举可以说影响了他的政治前程。据杨宽说:1955年五六月间,也就是《人民日报》公布“胡风反党集团”的三批材料后的一天,我忽然接到童书业从山东大学寄来的一封信,只有寥寥几句话,说什么他和我组成了一个反革命集团,敦促我在运动中立即向领导上坦白交代。我一时感到很紧张,不知道究竟发生了什么事情。我镇静后的推测是:童在一些干部发动群众的查询之下,惊慌失措,精神病大发作,承认自己组成有反革命集团。群众知道童和我原是知交,进一步追问童是否我也在这个集团内,童又承认了,于是在群众围攻中,童被迫写信给我,敦促我向领导交代。童原先患有“强迫观念症”,这是熟人们都知道的。我估计,山东大学历史系主持运动的干部还会向上海市文化局联系,要领导上对我进行查询。果然,第二天,文化局的文物处处长来到我的办公室。不等他开口,我就将接到童书业来信的情况主动说出,并谈了我的推测和看法。我还说,待童精神病稍愈,头脑清醒时肯定会自己更正。为了打消上级的怀疑,我主动写了一份自传上交。此后,文化局未再就此事查询,估计文化局已经接到山东大学寄来更正的报告了。这件事,博物馆中没有人知道,但是在山东大学里已闹得沸沸扬扬。我事后了解到,童书业当时在群众追问下,曾经作了书面交代,编造出了一套组成反革命集团的故事来应付,如同写小说一样,不久又作出更正的交代,声称这全是在群众追逼中编造出来的假话。尽管童书业出于“强迫观念症”的影响,在“肃反”运动中惊慌失措,牵连到我,事后迅速得到更正,但是在我的档案中就留有这份反革命分子嫌疑的材料,成为不可信任的一个疑问。本来无论外宾中的国家元首还是中共中央的首长前来参观博物馆,都是由我单独出来接待的,例如印度总理尼赫鲁及其女儿等,都是由我接待的。自从这次运动之后,情况就有些不同了。有一天上午文化局文物处处长来信,说由于特殊原因,下午博物馆对外停止开放,只留少数共产党员管理陈列室,我因此也离开了。事后得知,这是为了接待周恩来到博物馆参观一圈。

了结论。并同他谈清，着其打消顾虑，好好工作，情绪稍稳定些，但处处怀疑别人，以为他是反革命分子，疑神疑鬼，时有不安。

童书业这时之所以如此惊慌失措，“疑神疑鬼”，良有以也。原来，“肃反”尚未开始时的1954年6月21日，童氏大家庭中的一位成员给山大写来一份检举材料，其中说：

根据童的母亲说：“该童在抗日战争（中）担任过‘抗日反共锄奸团’团长职，领导过了3000多学生（系青年蓝衣党）在常州，1942年由常返皖时，一路遇难48次。共打死我新四军4名，安全到皖，并说蒋介石回来童书业要做大官。”

在那个“风声鹤唳，草木皆兵”，“阶级斗争”的弦绷得很紧，由“胡风反革命集团”的“暴露”所显示的“历史反革命”似乎遍布国中的特殊年代，童书业竟有如此严重的“历史反革命”问题，竟背负着我党的如此多的“血债”，这还了得！关于“胡风集团”，“过去说是一批单纯的文化人，不对了……过去说他们好像是一批明火执仗的革命党，不对了，他们的人大都是有严重问题的。他们的基本队伍，或是帝国主义国民党的特务，或是托洛茨基分子，或是反动军官……”这些针对“胡风集团”的“《人民日报》编者按语”，似乎也适用于童书业。而且，童书业1952年在交代自己的“历史问题”时，也说过能印证这里的检举的话：“本人于1940年10月至11月曾任（国民党韩德勤部下辖）苏北文化社研究员和文化中学校董时，因避新四军随文化社负责人柳树人、杨宽等带领文化中学学生二百多人，由东台县逃至兴化，然后与杨宽返回上海。”“肃反”轰轰烈烈开始后，童书业遂被立案审查，并着其重新交待自己的历史问题。胆小如鼠、早被此前的运动吓破了胆的童书业，哪能再经得起这种罪名的恐吓,被治愈的“强迫观念症”于是复发,导致一系列异常举动的出现。

四处向有关人员写信求救,是这种“异常举动”之一。上文杨宽所说导致他失去领导信任的那封信,就是童书业这时写的。现在,这封信在童书业的档案中找到了。为使人们进一步真切感受童书业这时的惊恐、骇惧和精神分裂症状,特将此信全文登录在这里:

宽正兄:

我们现在都在人民政府下做事,对人民除了忠诚坦白以外,是没有办法可以生存下去的。解放前,我们的思想和行为都是反革命的,这绝不容许我们有丝毫的掩饰。如果掩饰一分,就是讨一分苦吃。我们必须相信:人民政府决不会冤枉一个好人,也决不会允许任何人掩饰他一分反革命行为。我们既相信这个原则,就应当毫无掩饰地坦白我们过去所做过的一切。

我现在已尽可能的把我现在所能想起的过去的反革命行为向组织坦白了,我希望你也能如此。我所坦白的内容,不能告诉你,因为每个人只能自己坦白,不能帮助别人坦白。

解放前有一阶段,我曾同你在一个反革命机关中服务,另一阶段,我又曾与你干过反革命文化工作。我于你的事,你是知道的,但你于我的事,你却不曾完全告诉我真实的性质,在这件事上,你对我是不忠实的。现在所有材料,都已可证明:你于我所干的工作,并不是什么“抗日文化工作”,而是反共工作。请你把那个机关的真实性质,你究竟所担任的是什么职务,你派我的工作究竟是什么性质,你叫我干的工作究竟是什么性质,在那个阶段中,包括从去到回来,究竟发生过什么事,有无严重的问题，一一向组织坦白。不说一句假话，实事求是，不夸大，不缩小，至要至要！事情弄清楚后，并希望你把全部反革命事实（指那一阶段的）以及各项问题，写信通过组织告诉我，因为我在山大，领导还相信我，所以我的坦白还能通过，倘然换一个服务处所，我的话就会被怀疑的，因为自己参加了反革命机关，而自己还不知道这机关的真实性质，以及这机关种种的反革命的活动，这是不能使人相信的。所以我希望在事情弄清楚后，你把那阶段的所有一切都告诉我，写进我的历史材料，这样才能一劳永逸。

总之，历史问题不弄清，就是对人民不忠实，对人民不忠实，就不能为人民服务。我想你对这个原则也会明白的。

此外，解放后我们的通讯，见面谈话，以及于你写稿等关系，与别人的关系等等，也都希望你全部向组织交代。

弟童书业上

一九五五、八、三

在当时的“肃反”高潮中，这封信对杨宽所能产生的伤害，可以想象。他由此而失去上级的信任，也是必然的——未受到惩罚，对他来说，已属万幸！

在惊慌失措当中，童书业除了致信杨宽外，还致信李季、粟宗华等。致信李季，是为了了解所谓著名“托派”王宜昌的住址，以便让组织上去“外调”他的所谓“托派”问题。还在抗战前，童书业就与王宜昌有来往，抗战后在上海，又有来往。童书业承认，他很早就接受“唯物史观”理论影响的主要原因之一，就是与王宜昌的关系。现在，“托派问题”已变成一顶沉重的政治帽子，童书业为此紧张异常，专门向“组织”上交了一份《我与托匪思想的关系（附其他方面问题的报告）》的材料。材料中说自己有四种历史问题，而“我最感麻烦的,是……与托匪和托匪思想的关系。这个关系是不易弄得清楚的”。这当然加重了他当时的精神病症状。但童书业的精神病症状时轻时重、时好时坏,轻时、好时,比正常人还镇静、还正常,于是有人又因此说他装疯卖傻,不老实。童书业自己知道这是他的这种精神病类型所固有的现象,但谁能证明这一点呢?粟宗华有资格做到这一点。粟宗华,原上海虹桥疗养院精神病专家,童书业的精神病一度好转,就是他治疗的结果。这样,被迫无奈的童书业就给他的这位大夫写了下面这封信。这也是一封读来令人心酸的信:

宗华先生:

我是你治疗过的一个病人,笔名“全明”,真名童书业……,当你把我的病治得转轻时,曾介绍我替《西风》杂志写过一篇《钻出怪病的樊笼》……

我所患的是“强迫观念与强迫行为症”,在你的治疗下,十好七八,但残余病态,一直不曾根除(这种病的顽强性,你是知道的)。解放后我到山大历史系任教,有时仍表现一些病态,如畏惧空袭、畏惧战争[①]等。两年前,我的父亲患前列腺癌逝世,而我的祖父去世时的病状与我父亲差不多,这引起了我对

---

① 黄冕堂在《怀念童书业先生》(载《文史哲》1998年第6期)一文中提供了一个童书业畏惧战争的细节:1954年,当从报上得知丘吉尔再度出任英国首相的消息时,童先生慌慌张张地跑到了当时校长华岗的家,一进大门,便对华岗说:我有个问题,也不必作分析,只要个结论就行。华岗问:什么问题?童先生说:丘吉尔又上台了,会不会爆发第三次世界大战?华岗说:不会,不会。得了这个结论之后,童先生转身就走了。丘吉尔上台,童先生为什么会那样紧张呢?因为在他看来,丘吉尔与希特勒一样是个可怕的好战的危险分子。

癌症很大的恐惧[①]，旧病有些复发，同时因在夜间写文过迟，睡眠不足，又构成过去所不曾有过的神经症状……。到去年底和今年春夏之交，我的症状转重，本想在暑假中进行睡眠疗法，同时服鹿茸精，以为治疗。

暑假中我校举行肃反运动，因我的历史上有些问题，不曾完全弄清楚，在运动开始时，颇为震恐，神经有些失常现象。但当历史上主要问题交待后，神经忽然转安定，在批判思想时，精神异常镇静，甚至病态完全消失（连我自己也觉得很奇怪），因此同人们怀疑我的病是假装的，无论如何说不明白。事实上强迫性精神病，在面对现实时，症状会暂时消失，这本是精神病学上的常例，并不足怪，你是知道的。根据病历来说，当上海解放时，我的镇静态度，也是一般人所不能及的，普通人不知道这种病的怪现象，难怪他们怀疑。

强迫性精神病患者，做事负责，思想细密，□好求全，凡事喜欢预防等等，是一般的现象（在不知道这种病症的人看来，这种病人的确是非常神秘，而可怀疑的），小事惊慌，大事镇定，也是常有的事。一般人不知道精神病这一原则。常人受刺激会发生反应性精神病，精神病人受到刺激，有时病态反会消失，虽然不久仍要恢复（因为不是病好，而是暂时面对现实的缘故），但暂时会完全正常。

---

① 上揭黄文还提供了一例童书业患恐癌症的细节：童先生对癌症的畏惧一度达到了惊慌失措的地步：有一次在系里开会，他从系办公室的暖水瓶里倒了一杯开水喝下，喝过水的杯子底部残存些白色水锈，这本是一件再平常不过的事情。可是童先生却害怕得要命，认为那种白色的东西吃进肚子里一定会致癌。人们怎么跟他解释也不管用。后来很长一段时间，人们见他在学校保健科与医生和同事探讨癌症问题，并说他的大便颜色已经如何异样等。

> 由于你是知道我的病态的,我的病的特征你完全掌握着,希望你能对组织说明我的病历和病的特征,以免误会。……
>
> 童书业上
>
> 一九五五、十、四
>
> 山大也有精神病医生,因为他们不知我过去的病历,所以我不能请他们作证。

别的精神病人我们不敢说,但从这封信看,童书业的精神病看来是由社会原因所诱发的。不断发生的战争、运动,不知把多少正常的人变成了疯子,何况童书业本来就有精神病根。1958 年 9 月 21 日,童书业曾写有一封致某负责人的信,再次对自己的精神病况作了自我陈述。这封信将进一步加重人们的困惑:究竟是我们这个社会疯了,还是童书业疯了?在谈到自己的病情时,童书业说:

> 根据青岛医学院附属医院内科和神经科的检查诊断,我患有尚未完全钙化的肺结核和支气管扩张症,此外患有强迫性精神病(“强迫性精神病”是一个医学上的名词,一称“强迫观念症”)。使我十分苦痛的是强迫性精神病。我患这种病已有很长的历史,解放前几年,一度曾达到极严重的程度,后来经过治疗逐渐减轻,到最近几年来,因用脑过度等原因,又逐渐加重,目前达到了高峰。最显著的症状是神经疲劳和精神特别过敏,胡思乱想,不能控制(经常头昏、心跳、精神不能集中、呼吸胸闷)。神经脆弱到怕小爆竹、怕雷、怕火光。遇到强烈的声音刺激,心跳害怕得不能自持。有些思想荒谬到同疯子差不多,与疯子不同的是在:疯子不知道自己发疯,我知道自己的思想接近发疯,而不能控制。明知自己想法荒唐而自己不能克制,是强迫性精神病的特征。

然后他从苏联的巴甫洛夫的学说出发，对他自己这种精神病类型作了分析：

患强迫性精神病的都是思想型的人。这种人的神经是弱型的，但思想富有条理，写文章、教书，甚至比正常人还有条理、合逻辑。所以这种人从外表看，除有神经质、神经衰弱倾向外，是看不出思想错乱的。其实这种人思想的荒唐，有时并不亚于疯子。这种病如果任其发展下去，痛苦愈来愈严重，不可救药，甚至有自杀的（解放前几年病发展到最高峰时，我就想自杀过，太痛苦了。这还是比较普通的思想，有些思想完全和疯子一样，我不好意思说出来）。

童书业列举了自己精神病的诸多表现及其诱发因素：

举几个例子来说，看看我思想荒唐到何等程度，反右斗争后，我长期怀疑许思园[①]会通过某些人报复我。肃反时和肃反后，我长期害怕孙思白同志[②]搞我。双反运动后，通过下放、批判厚古薄今等运动，我有抵触情绪，又非常害怕自己堕落（害怕是对的，但害怕的太过分了）。拔白旗插红旗会上批判了我的厚古薄今和严重的资产阶级个人名利思想，我又怕当右派。一篇文章没有在《文史哲》上发表，害怕了好几夜。特别是《文史哲》上发表了学生批判我的文章后，我更是害怕，连说话都怕说错。又怕生癌症，无法治疗；更怕发梦游症，做了坏事自己不知道。我明知道我的思想是错误的，但不能控制害怕、怀疑的情绪，思想在脑海中驱除不掉。……美帝在台湾海峡挑

① 时为山大历史系教授。

② 时为山大历史系副主任。

> 衅后,我的顾虑更多[①],如害怕自己体力不济,重的劳动搞不动,怕人批评不爱国、落后。害怕战争尤其厉害,我的脆弱神经是不能适应战争环境的,特别怕空袭,怕在离开学校远的地方劳动、工作,遇到空袭,吓成神经错乱(学校里有好的防空设备,比较胆大些)。种种顾虑、害怕弄得我痛苦万分,精神病的现象在逐渐形成了。别的病都还好受,精神病真生不得,特别是强迫性精神病,真是非常痛苦。

在这段不太长的引述里,"害怕"和"怕"字共出现了15次,可见童书业在这一时期的惊恐程度。童的好友赵俪生回忆说:童的"平生弱点,就在一个'怕'字。有六怕,怕失业、怕雷电、怕空袭、怕传染病、怕癌、怕运动。童的一位学生又补充两条:怕地震、怕蒋记反攻大陆。所有这些他都怕,有时怕得要死。……而……政治运动,这一项是他最怕的。每当运动前奏,'先吹吹风'的会开过之后,第二天童的脸马上就像烟灰一样的颜色"[②]。脆弱的、单纯的、出身于官僚地主家庭的、有一系列"历史问题"的、有反共言论的童书业,如何能经得起"政治运动"的折腾?童书业所经历的这些"运动",都是针对整个知识界的,那些所谓神经正常而又坚强的人,也不是不"害怕",但他们有能力把这些"害怕"藏在心底,掩饰起来,而表面上故作镇静。大概只有像童书业这一类所谓"精神病"患

---

① 童的好友赵俪生举了一个童书业害怕美蒋的例子,殊为生动。赵说:有一年,咱们大陆方面宣传蒋记要反攻大陆,童的神经又紧张起来了,紧张到控制不住时,去找当时的党支部书记,说:"他们来了,首先要抓住我,用枪口对准我的胸口,要我带他们去搜捕共产党员。你知道我是胆小的、怕死的,我不能不带他们去抓你。但我和你约好,当我到你窗口时我拼命咳嗽,你听到咳嗽声,马上躲起来就是了。"(赵俪生:《一个绝顶聪明但被扭曲了的人——为童书业逝世二十周年而作》,《篱槿堂自叙》,上海:上海古籍出版社,1999年,第163页)

② 赵俪生:《篱槿堂自叙》,第159—160页。

者，才敢（对他们来说其实无所谓敢不敢）赤裸裸地将自己的全部恐惧和盘端出，从而无意间充当了时代的镜子，给这一时期读书人的精神苦难提供了一个真实文本。进一步挖掘、诠释这个文本的意义，不是这里的任务，让我们继续聆听童书业向顶头上司的泣诉。在交代过自己精神病症状后，童书业又对如何治疗自己的精神病，对症下药，提出了建议。童书业的建议——药方——也具有表征时代的价值，值得抄摘：

> 治疗强迫性精神病，现在的医学还没有特效的办法。医生说可以到北京精神病院去治疗，但也没有十分把握。即使治愈或减轻，回来后恐怕复发。我觉得最好的办法，还是劳动锻炼（同时服药治疗），因为这种病的发生，除神经弱型的原因外，最主要的还是多年的不良教育、阶级根性和脑力劳动过度、体力劳动太少的缘故。但我的身体太弱（还比不上普通五十岁以上的妇女），较重的劳动非经过长期锻炼是不能担任的，而我肺部和气管的病，据医生说，也不适宜重的体力劳动，只能慢慢锻炼。我想先参加中级的体力劳动（太轻的体力劳动效果不大），如铲土、抬土等工作，这类工作水泥厂中有。我想先每次工作十下，逐渐增加到继续百下或百下以上；先每天一两次，逐渐增加次数；先抬十斤重的东西，逐渐增加到百斤左右或百斤以上。到锻炼成功，就可长期长时间做较重的劳动工作了。然这非每天工作不可，间断了就会前功尽弃，而目前的开会和其他工作很多，常要间断劳动，如这一星期就只劳动一两天，这样锻炼是无法增加体力，达到一般劳动水平的。如上星期的劳动已使我手掌起泡，肩上压痛，如继续工作下去，就能逐渐习惯，而达到改善体力的效果。可惜间断了两天，手掌的泡和肩上的痛都消除了，再干就又要重新做起。劳

动锻炼和其他工作的矛盾,如何解决,这在我是一个很大的问题。在别人本有劳动力,无需锻炼,就能干较重的工作,而我必须逐渐锻炼,在目前还是一个手无缚鸡之力的书生,想到这点真使我焦急。

童书业的“焦急”绝对是真诚的,不含有半点“假积极”的成分。通过他对逐渐加重体力劳动的强度从而尽快习惯重体力劳动步骤的设计,我们从中看到的是“认真”和诚惶诚恐。借参加或从事重体力劳动来根本治疗精神病,这一药方是否能治愈精神病,我们不知道。但童书业的这一药方却绝对合乎通过参加原始、笨重的体力劳动来治疗读书人的思想病这一主流意识形态的精神。“知识分子劳动(体力劳动)化”是这一时期知识分子政策的主导倾向,而这一政策的观念前提则是“高贵者最愚蠢,卑贱者最聪明”。童书业的精神病治疗药方又一次充当了时代的反光镜。

作为这一埋藏精神病发作的一个征兆,“肃反”运动中的童书业不仅四处写信,企图澄清自己,他还作出了一个惊人举动:自己承认是反革命分子,要求立刻把他管制起来。为此,他向学校当局递交了一份“请求书”。这份“请求书”写出的基本背景是:童书业因“历史问题”被列为重点审查对象后,人们反复向他查询:他究竟有没有像检举信上所说的打死过新四军战士?他的精神病是不是一种伪装?据说,连许多群众也参与对童的审查,甚至形成围攻之势。情急之下,童书业写出了这份“请求书”,在笔者看来,这份“请求书”也比较珍贵。

请求书

经过几天的思索,我已发觉我这几年的行动,无论如何,不能不承认是反革命行动,因为有许多行为确是起了破坏作用的。现在我无法辩解。但我的怪行为(由于个性而起)和精神病总是真的。我的怪行为数十年如一贯，这可以向我的亲友和一切认识我的人调查。我的精神病有十余年的历史，总不会十几年以前，我就知道有今天，预先布置掩护的阴谋。我想这两点，经过调查，大家总可以相信。像最近几天的办法，我的神经和身体，实在吃不住了，如果再继续下去，我一定会变成废物的。到那时候，不但我自己完了，对于人民说，也没有好处（因为就人民说，是要肃清反革命分子，不是要消灭反革命分子的肉体）。

我现在坦白承认，我是反革命分子。因为我的行为的客观效果，已经构成反革命罪行。我并且应当承认，我在上海所说关于文化中学逃难那件事，不管所说那件事真相是否这样（这是需要调查的），就是我应当承认：我与柳树人、杨宽带着“文化社”和“文化中学”同人、同学逃难时，曾抵抗新四军的追击，双方开火，新四军伤亡数千人，我和柳树人、杨宽处于指挥的地位，柳是校长，我和杨宽是校董，应负责任。这样的事，我只承认我说过（我当时怎样说的，实在记不十分清楚），等于招供，所以不能翻悔。至于事实究竟如何，则看调查、对质的结果。

至于叫我交出组织关系，我实在交不出。我明明知道政府的政策，我如果是个有组织关系的反革命分子，交出组织关系，不但无事，反而有功，可以获得政府的重用。我难道是那样笨的人，还看不出目前国际形势和世界前途的归宿吗？我为反革命尽忠有什么意义呢？

我希望领导立时把我管制起来，因为这样做，不但于人民有利，可以免除许多防卫手续，就是对我自己说，也非常好。因为我这几天神经已经紧张到不可支持的地步，吃烟怕走火，烧饭怕失火,一举一动,都怕再造成罪行,这样继续下去,一定要神经错乱的。

至于我在历史系所造成的恶影响(现在想来,这确是恶影响),可以当众检讨,在检讨时,凡是恶影响我都可以承认是反革命罪行。这样,恶影响一定可以立刻消除。我也可以重新好好做人。领导不必顾虑,这会不会冤枉我。我们应当考虑客观效果,不能问动机,因为在目前科学条件下,还不可能用□□方法证明动机。只要客观效果是反革命,那就可以作为反革命处理的,这决不能算是冤枉。

……

童书业

一九五五、八、一

相信人们从这份“请求书”中读到的绝不仅仅是辛酸!

童书业不到精神崩溃时是不会承认杀死过新四军战士的。作为他这种精神崩溃状态的集中反映,是他这期间的极端猜疑。杨向奎是童书业的老友,是改变他后半生命运的人,他之来山大任教即出于杨向奎的引荐。他们两人相知甚深,互为支撑,杨向奎出掌山大历史系,即将童书业选为助手,杨向奎离开山大,童书业也就干不下去。即使这样,童书业这时对杨向奎也似乎放心不下,“疑神疑鬼”的对象扩大到最老的朋友身上。有关档案材料记述了这样一件看起来好笑的事:

(童书业)1956年去北京开会,因杨向奎(党员——原注)未与他同住一房间,他即怀疑杨对他不信任,于是到高教部要求谈历史问题,并说明肃反运动中对他的斗争是错误的,要求再作结论,后经杨与其谈清,并非对他不信任,因为他睡时鼾声太大影响别人睡眠才不同一起睡的。……神经质的表现更加突出，睡觉不敢脱鞋子，怕别人偷去了。每逢离开一个地方都要仔细看一看，怕不小心把烟头丢下，引起失火，别人会说他是放火犯，这一类的事情是不少的。

直到1980年代，笔者在山大历史系，于茶余酒后，仍听到“不少”童书业的“这一类的事情”。

童书业是一个罕见的晶莹透明、清澈见底、毫无城府的人，这可以从他写的交代材料中看得一清二楚。他写的检讨、交代材料，不存在不彻底、有保留的问题，唯一值得警惕与担心的倒是他为避免别人的怀疑而乱加猜测或捕风捉影的问题。档案中保留有他个人写的两份交代材料。从中可以看出或感受到童“如实招来”的恐惧之心以及与他的神经质、精神病相关的特有的分析逻辑。在检举顾颉刚时，他写道：

顾颉刚，旧胡适派，是我的先生。解放后在上海时，我去看过他几次(解放前自然更接近——原注)，一九五三年返沪，又曾去看过他。他到北京后，我曾两次到北京，都去看过他。他请我吃过好几次饭，这是师生关系。但他过去(解放后——原注)谈话常发牢骚，近几次见面稍好，然仍有牢骚，大概是批判胡适时批判了他，他很不愉快。据说他请我吃好几次饭，是怕我再批判他。

在1950年代前期的山东大学历史系，童书业与赵俪生是人所共知的好朋友。赵是参加过一二·九运动的清华大学学生，后投身抗战，上山打过游击，到过延安。1950年11月从东北师范大学调任山东大学历史系教授。与童书业一样，赵俪生也是一位才华横溢的不羁之才；与童不同，赵盛气凌人、恃才傲物，好月旦人物。1955年“肃反”时，差一点被打成“反革命”。1957年赴兰州大学任教，1958年被山东大学补划为“右派”。由于童赵两位过从甚密,在“肃反”时又同被审查,所以,童写有一份《与赵俪生的关系》(1955 年 8 月 22 日)的交代材料保存在档案中,其中说:

当赵俪生初来时,我去看他,他赞扬我的学问,自谦学问浅薄,我觉得这个人很爽直可亲。谈了几次话,他谈锋颇健,与我相近。我又感觉这人很可结为一个闲谈的朋友。此后我就常到他那里去。渐渐熟悉,不久即到无话不谈的亲密程度,我与赵俪生订交的经过,大略如此。

赵的爱人高昭一[①]比赵还佩服我,她说我“聪明绝顶,研究学问深入”。赵听了高的话,越发与我接近。彼此几乎有“一日不见,如隔三秋”的情况。

赵初来时,我还不曾任系副主任,他与我之间还没有什么矛盾。但他反对×××——我有时置之不理,有时为×辩护几句,常因此引起他的愤怒,在当时,赵对我的不满只有这点(但有时也感觉我高傲而不满)。

我任系副主任后,赵开始对我发生反感……于是我与赵之间矛盾日渐展开。据赵后来说:凡是领导他的人,他都要反对。不仅是我。但我与赵的关系,就在我俩矛盾最尖锐的时候,来往也是不断的。直到现在我俩仍有矛盾,这是事实,但我们的关系,并不因此而破坏。

我与赵之间的关系,确实很奇怪,连我自己也难于解释:我那时主观上觉得几天不见赵,就很难过,非去找他不可,便是挨他的骂,也甘心情愿。为什么这样,我过去是拿“变态心

---

① 高昭一,河北省立第八师范学校毕业,“民族解放先锋队”队员,山西太原牺盟会会员,上山打过游击,去过延安,后成为历史学者,与赵俪生合著论作数种。

理"来解释的，但这样的解释，许多同志都不相信。我现在一再分析，觉得还有两点可以说明：第一，阶级本质相近，我认为赵的阶级本质主要属于封建性的，我的阶级本质也是这样，而且我与他的家庭，都本属官僚地主的家庭，彼此都是"少爷"出身，所以气味相投。第二，反动的地主阶级的自高自大性，亦即特权思想，我与赵都浓重，在这点上，彼此也容易接近。此外如"浪漫性""名士气"我与赵也都有些。在历史系，我感觉只有赵俪生的个性与我最相像，与别人我无法谈得很深入，这些似乎都是我与赵特别接近的原因（当赵初来时，国际形势紧张，我怕战争爆发失业，要他帮忙，也是事实）。

……这次批判他的思想时，我掌握他的材料最多，就是这个缘故。但我在他面前，从来不曾说过露骨的、很反动的话，赵过去认为我"已站稳人民立场"就是根据这种现象来说的。

我与赵的关系带有政治性的，只有一点，就是彼此都有一种反党反领导的思想，尤其是在某些学术问题上。但彼此也不曾太露骨的谈过这种问题，只是默契而已。

应该承认，童书业对他和赵俪生两人性格特点的描写、分析是一针见血的，也是准确的。所谓"彼此都有一种反党反领导的思想"，无非是说二人都有点恃才傲物、不易驯服而已，尤其是赵俪生，这一特点表现得最为彻底，为此，一生吃尽苦头。所谓"知识分子"的"思想改造"，说穿了就是软化、酥化、溶化赵俪生式的傲骨。但山难改，性难移，赵俪生们只好在众多滑头、痞子、混子和精明人的蔑视和畅快中挣扎了。

"肃反"中的童书业，还有一些表演精彩至极，还有一些检讨、检查、检举材料，也深刻至极，限于篇简，只好割舍。但出人意料的是，童书业最后化险为夷，躲过厄难，"历史反革命"的帽子再次与他擦肩而过。而且尤令人啼笑皆非的是,这一切都来自童书业本人的夸大其词。来自童氏大家庭中的检举信所述,确系童书业本人所说过的话,而童书业所说过的打死新四军战士若干名的话完全不是事实。山东大学派专人赴上海、浙江、江苏的调查结果,证实了这一点。一切都是童书业在精神病发作的状态下编造的。还是让我们听一听他自己事后是怎样说的吧。1955 年 9 月 29 日,童书业开始“翻供”:

与苏北“文化社”“文化中学”逃难时,[我]曾听见枪声,又曾见人开枪,这可能是与新四军作战。……返沪后,我曾在民立女中等处和大家庭中说过夸大的话,大致是说:我们“文化中学”曾与新四军作战,新四军伤亡几千人。……一九四三春,我回到大渡口家中时,曾对父亲说:我是“中央”地下工作人员,将来可保家庭无事,拿这话求得在家中暂住。……我曾教上海市博物馆同事承名世伪造三民主义青年团员证件,以求获得高薪。

1956 年 7 月 2 日,童书业又专门写了一份“更正材料”,推翻自我坦白中所提供的事实:

去年肃反运动中,本人所写坦白材料内,有应更正者三点:

一、在苏北“逃难”途中,本人并未见文化中学学生开枪作战,并未在某几处听见特别多的枪声……

二、所谓文化中学学生“全副武装”是不确的……

三、说我与杨宽带领文化中学学生与新四军作战,并使新四军有伤亡,与事实不符。我未见杨宽有带领学生等与新四军作战事。我本人亦根本不会作战,生命[平]不曾作战过。

我所以写了上述三点错误的坦白检举材料，是由于：1.怕斗争，怕一再追问，引起本人神经错乱……2.希望杨宽举出苏北方面证人，证明我们无血债。3.希望因问题大，组织从速调查，可以使本人早日脱离血债嫌疑。4.希望胡乱坦白了，可以保全地位。5.希望杨宽说出我所不知道的问题来，以彻底解决问题。

我认识伪造坦白材料的罪行，希望组织原谅我有病，从宽处理……

我去年所写动员杨宽坦白交代的信，语句过重，可能使杨宽发生顾虑，也是一个错误……

“中共山大委员会肃反领导小组”于 1957 年 7 月 4 日在“关于童书业教授问题的结论”中说：童书业在“肃反”运动中被审查，“经翻[反]复查对有关十余人，证实……检举材料内容系童先生解放前向家中人虚构的，由家中人传出，并非事实，取消疑点”。相关材料指出，“据所有有关材料反映以及该童自己所交待的材料均说该童一贯的乱吹乱擂，以此吓唬人来抬高自己的声望”，断言该童“杀掉四名新四军是不可能的事实”。童书业应该庆幸自己，他碰到了如此负责任的“组织”！当然，童书业能够最后化险为夷，也和他本人的本质特点有关。

前曾指出，童书业是一个坦率、单纯乃至有点幼稚的人，他主观上绝无害人、损人利己的机心，即使他在检举你，亦绝不是挟嫌报复、出于妒忌猜疑或某种见不得人的阴暗心理，相反，这很可能是他忠诚、圣洁的展现。何况，他还患有人所众知的精神病、神经质，从而导致他像“疑古”一样疑人，长于夸大其词；正因为他是一个至死拥有赤子之心的人，所以说，从当时山东大学的领导，到历史系的同事和顶头上司，可能没有一个人会把童真正当做自己的私敌,大家都把他视为一个纯粹的书呆子,一个不懂世故人情、一心只钻故纸堆的学术精灵和史坛怪才,一个几乎对任何人都构不成威胁的存在。换句话说,童书业在一个半径很小的微观环境内,可能没有真正的对立面。这大概是他在"文化大革命"前历次针对知识分子的运动中都受过冲击而最终都能躲过厄难的原因。如童书业就躲过了当"右派"的厄运,像他这种具有复杂背景而又才华横溢的人避免了这场灾难实乃幸运。这绝对与他不通人情世故有关。在中国,政治帽子从来都是报私仇、泄私愤的最好工具。地位与学术的竞争、各种名利地位造成的人与人之间关系的紧张,使得知识界永远四分五裂。过去极左政治整人的实际机制,就是通过调动某人周围的对立面、对立力量、被威胁到的人或者在学术上处于弱势地位的人来进行的。特定的舆论形势、政治气候和政治运动,不过是加剧了原有的紧张关系,给一部分人整另一部分人提供了机会和口实,在学术上处于劣势地位的人大都利用这种机会来获得某种平衡感,通过打倒对手来获得快感。原来一直为人们所崇尚的所谓"原则",不过是一张牌、一种筹码,在整人时,说重它可能重如泰山,说轻它又可能轻如鸿毛,全以被整的对象为转移。每一场运动发起时,上层所想与下层所实际推行的东西很可能不一致。前者也许从政治上全局上考虑问题,后者大多数是挂羊头卖狗肉:通过运动来把自己的对手、私敌、竞争者置于死地。运动到来时,摆到桌面上的东西是一套,背后搞的心里想的则完全是另一套,经历过若干次甚至一次运动后,人们就可以发现,打击或整倒对手最好的办法、最有力的武器是给对手扣上一顶政治帽子,如右派之类。所以,以往历次运动到最后,几乎都变成了基层社会用来解决人事纠葛、学术纠葛的手段。因此,许多情形多因人而异,如在1950年代初的"八马同槽"的山大历史系中,童书业与赵俪生同属才华横溢型的，童却在 1957 年幸免于难，赵尽管已调往他校，但被山大补划为“右派”，这就和两人的性格、气质、人事关系诸因素密切相关。对这一点，我们前面已作交代，此处不赘。

从所能看到的有关档案材料中，我们也能感受到一丝温暖。因为不管当时山东大学有关组织出于什么考虑，他们给童书业所作的一些结论，还是与人为善的，至于这些结论本身仍带有强烈的那个时代的特点，当然是不足为怪的。由于这些“结论”有助于我们进一步理解童书业进而有助于我们进一步理解 1950 年代童书业对顾颉刚的批判，故不妨也在这里略事摘抄。在谈到童书业的“政治态度”时，1962 年 11 月 24 日所作的“童书业教授鉴定”中说：

> 童出身官僚地主家庭，在旧社会时一心埋头故纸堆中，只想如何成为学者，不问政治。由于独立谋生，各处流荡，没有较长时间的固定职业，生活清苦，因此适应环境的思想非常浓厚。反动势力当权时他反对共产党；当党的力量强大时随着形势的变化对党的态度就逐渐好转。解放前在光华大学时曾讲过辩证唯物主义，但对我党还存在相当的恐惧。
>
> 解放后对党的政策表示拥护，思想改造中进行了自我批判，能积极钻研马列主义。1957 年大鸣大放时所提意见是正面的、善意的。[①] 对攻击肃反的言论能公开提出不同的意见，从根本上肯定肃反的成绩。反右表现较积极，对右派分子均能进行批判。童名利思想比较严重，关系到个人利害的事就不能坚持正确的态度。政治态度划为中左。

这份“鉴定”中还说出了、肯定了一个基本事实：童书业对共产

① 同样是“提意见”，有的是正面的、善意的，有的又是反面的、恶意的，如何定夺？谁来定夺？可以说全依人事因素为转移。

党、对新中国打心眼里感激。童书业半生漂泊,其情形像一枝无根的浮萍,一直没有固定、稳定的职业,尤其在从抗战到1949年的12年间,吃尽了苦头。所以,他对于自己1949年后能稳定地连续5年以上在山大教书,非常满意。这确实是他在1949年后的历次运动中总是冲锋在前的一个深层动因:可能在他看来,非如此不能表达他对共产党的感激。“鉴定”在谈到童书业对党的态度时说:

> 表示党的关怀解放后能稳定在大学教书,“国内知道童书业的名字,是党的栽培,万分感激,欠党的东西太多了”。

上引1956年的“补充鉴定”中也说:

> [童书业]对社会主义改造是拥护的,注意学习有关政策文件,对照顾知识分子的工作条件他最满意,认为只有工作条件改善了,才能坐下来好好从事研究工作,当增发给他书架时,很高兴。

自从踏入青岛山东大学的校园后,童书业除了感受到极其短暂的喜悦、舒畅外,其余的时间几乎都在煎熬和惊恐中度过。一方面,他打心眼里感激共产党新社会,另一方面,他又必须通过一座又一座的精神炼狱,对他来说,每一关他都绕不过去。譬如1958年的“拔白旗插红旗”运动,童书业就又陷入了“众矢之的”的境地。

1958年的这场运动,主要是批判所谓“唯史料论”和“繁琐考据”倾向,这场运动虽以学生为主体,但却是唯物史观派对史料考订派所发起的一次歼灭战、总攻击。童书业以“古史辨派”成员知名于世,而“古史辨”一直被看做“唯史料论”的典型,童难逃此次批判,似是注定的事。加上当时的山东大学历史系对所谓“唯史料论”的批评最为激烈,童书业的处境不难想象。当时的运动是以学生给老师贴大字报的形式进行的,人民出版社曾将众多大学贴出的大字报“择优”编选成《历史科学中两条道路的斗争》两册专集，保存了许多珍贵资料，山东大学的一些大字报也有幸借此传诸后人。山东大学的大字报说：考据之风在山东大学一直占着统治地位，而且一直蔓延、发展着，有的教授大喊“只有考据文章，才算真本领”。大字报批评了童书业、王仲荦和郑鹤声等。大字报说王仲荦在《魏晋南北朝初唐史》讲义里，对帝王生活，如武则天哪年出生、几岁入宫、何时当尼姑等细节，都花了很大工夫去考证，最突出的是精心考证出杨贵妃漂亮的脸型。大字报说，尤其惊人的是，有的教师对诸葛亮的食量多大等发生了兴趣，花功夫考证一番，至于帽子考、雨伞考那就更不在话下了。[①] 这大概指的是童书业，因为童作过此类考证。《烦琐考证是反科学的》大字报，批判了郑鹤声的《天王洪秀全状貌考》，认为此文花了很大精力去考订洪秀全有无胡子，是烦琐考证的典型。大字报说：史料至上，在山东大学历史系已形成一种歪风，在这种歪风的支配下，有人竟公开提倡：“只要掌握史料就是一切。”[②]既然史料就是一切，要掌握史料就要背古书背资料，于是教导学生背书本就成了一些人的“神圣”职责。这里所言，明显是批评童书业，因为引了童对学生说的一段话做例证。这段话是：“我从事研究，有赖于我五岁启蒙，七岁读经，一部《左传》，背得滚瓜烂熟。”还引了另一些话做例证：只要能背熟《资治通鉴》，“就能当专家”，“只要闭门读书十年，背熟一部《史记》或《汉书》，保险能搞出名堂，就是眼睛瞎了也不怕，也能做研究，像陈

---

① 《山东大学厚古薄今种种》，人民出版社编辑部编：《历史科学中两条道路的斗争（续辑）》，北京：工人出版社，1959 年，第 3—15 页。

② 人民出版社编辑部编：《历史科学中两条道路的斗争（续辑）》，第 37—38 页。

寅恪一样”。[①] 童书业和王仲荦一起,在“拔白旗”运动中被作为重点抛了出来。山东大学的档案中对此也有所反映。上揭《童书业教授鉴定》记曰:

> 1958年双反运动在破除迷信、搞臭资产阶级个人主义、拔白旗插红旗过程中曾召开全系师生大会、展览会、大字报、演戏等方式对他的资产阶级名利思想,自我吹嘘好标榜自己进行了重点批判。

童自认为这种大规模的学术批判,是“变相的反右派,有意搞臭一个人,是对付右派的作法”。写于1962年11月的《鉴定》对此也有所反思:

> 1961年底在全系教职员大会上对他进行了甄别工作。双反运动中对他的名利思想、个人主义的批评是应该的,但方式有些粗暴,是非界限不够清楚,如对他否定过多,尊重不够,乱扣帽子亦是不对的。甄别后,他表示满意。

他不但“表示满意”,而且又开始“积极”起来,认为对他的批判“是对的。个别问题不能否定一般规律,学术批判运动有巨大的意义。批判有些过火,但运动本身是正确的,接受教育很大”。然后说了那番感激涕零的话:“国内知道童书业的名字,是党的栽培,万分感激,欠党的东西太多了。”童书业这一类知识分子就是这种人:一阵乱棒打痛打哭之后,再用三句好话或一块口香糖就能哄过来,然后又破涕为笑,随之而来的说不定还有一番撒娇。

---

① 《童先生的学问》,人民出版社编辑部编:《历史科学中两条道路的科学(续辑)》,第30—34页。

十、《春秋左传研究》:依然走在“疑古”的路上

童的女公子童教英在所作乃父传记中指出:

> 1949 年以后,他真诚地学习马克思主义的历史唯物主义著作,真诚地尽力将唯物史观运用于各学术领域的研究,真诚地想将自己的研究适应社会的思潮。但是,他的求实、严谨的学风和以阶级斗争为纲的极左思潮的矛盾日渐加剧,这激起他强烈的思想斗争,也使他的研究难以跟上越来越“左”倾的“理论”。彷徨痛苦中,他把自己的研究方向又转向古史、古籍的考辨。首先于 1961 年开始作《中国美术史札记》,到 1965 年动笔写《春秋左传考证》,1966 年 5 月完成,1967 年下半年写出《春秋左传札记》。这时离他逝世只有几个月的时间了。①

该传记还说:“他自 1933 年接受顾颉刚‘层累地造成的古史观’起,在整个学术生命中始终致力于考证辨伪的研究,并把它作为一种得心应手的工具,熟练地运用于所有学术领域的研究中。”“先严自 1937 年以后,虽没有专注于古史、古籍的考证辨伪,但是,考证辨伪的方法却贯穿于他学术生命的全过程。”②

这些话值得重视。因为它揭出了这样一个事实:尽管从 1937 年起童离开了顾颉刚的身边,从 1951 年起童开始从精神上告别顾颉刚、告别“古史辨派”,甚至批判“古史辨派”,试图侧身于主流史学中去,但自 1961 年开始写《中国美术史札记》起,童终于又返回到顾颉刚这边来了。童在学术上离不开顾的古史考辨路数,逃不脱顾的学问藩篱:上古传说与《春秋》经传研究,这是他最终的安身立

---

① 童教英:《童书业》,第 242—243 页。

② 童教英:《童书业》,第 243—244 页。

命之处。从1961年起,顾童之间的学术交往肯定不少,但惜无资料可供凭借,从目前所得的极少数资料,可以窥出顾童之间那种学术上相依为命的殷殷情谊。

《年谱》记载,1963年12月,顾“以两月积劳,会[①]毕即感疲劳万状,病便血。31日,住北京医院检查病因”。1964年1月至2月,又“住北京医院检查,不得结果”。1965年9月初,“又便血。10月,病转剧,21日,住北京医院。11月4日,动手术,查病因是乙状结肠气囊肿”。[②] 就在手术前的11月3日,顾颉刚致信童书业,全文如下:

> 丕绳同志:
>
> 前月胡厚宣自济南返,询悉您曾因病住院,正在念中,忽接十月廿四日惠书,谈春秋史事,快何如之!未识贵体已复元否?念念。
>
> 承告五事,具见爬梳抉剔史料之功力,无任钦服。有您这般的功夫和识力,经与子打通,春秋史与战国史打通,发见前人所想像不到的问题,真是出人意外,入人意中。将来您的《春秋左传考证》成书,将发出永久的光辉。
>
> 我不幸,自1963年冬发现便血症后,医生查不出病源,迄未能作适当的处理。今年参加社教运动,开会太多,天气又因旱而特热,十月初此病又发,累经检查,知在乙状结肠之上长有“息肉”,血症即由此来,因即住入北京医院,定于明日动手术。如能治愈,则学术工作尚可延长若干年,否则只有瞑目以待尽矣。
>
> 我自少年以来,治学具有目标,分当有所成就。不幸五四

① 10月26日至11月16日,出席中国科学院哲学社会科学部学部委员会第四次扩大会议。

② 顾潮:《顾颉刚年谱》,第379、383页。

运动以后，写作较多，声闻过情，骤获大名，衣食之不乏赖此，而人事之牵缠，毁誉之交加亦由于此，四十年来，能安定治学者殆无几时。倘使病不能愈，真当衔恨入地。平生积稿，只有赖诸位至交为作整理。您为最知我者，所负之责任亦最重也。

钱宗范同志[①]仍在山大否？令爱教英[②]，工作何处？并以为念。您能训练出如此接班人，将来文史研究必有焕发异彩之一日。

据医言，动手术后，早则两星期，迟则四星期，方可起床。起床后尚须到香山疗养数月，方能工作。如此，此数月中殆难动笔。因于开刀前夕寄此函以当面觌。倘在香山能读些书，亦拟从事春秋战国史，俾作《尚书》研究之辅佐也。

专此，敬祝　俪祺！

顾颉刚上

1965.11.3[③]

此信写得看似轻松和乐观，据顾潮告诉笔者，写此信时，顾实异常沉重与悲观。长期便血，查不出病因。据笔者推测，无论医方还是顾本人及其家人，实际上已在往坏处打算。开腹探查，只好听天由命。顾手术前的这封信，实带有“白帝托孤”“临终遗言”之性质。不过，所托之孤为文稿、笔记而已。这表明顾直到对自己的生命最感悲观时，仍以学术为念。其中，许童书业“为最知我者”，可以说，1949 年后的一切不愉快至此已经一扫而空，这对学术上相依为命相濡以沫的师生已经和好如初。童致顾书中，“谈春秋史事”，“承告五事”，从中“具见爬梳抉剔史料之功力”，可以据此推测出，

---

① 时为童的硕士研究生，后为广西师范大学历史系教授。

② 童教英，童的女公子，时为山大历史系学生，后任教于浙江大学中文系。

③ 顾颉刚：《致童书业》三，《顾颉刚全集・顾颉刚书信集》卷三，第 99—100 页。

这封信肯定是童在向自己的业师报告和论证自己的一些重要的学术发现,以致使业师产生“快何如之”的感觉。顾童两人可以说是最相玄契的学术知音,是史学界的伯牙与钟子期。

《顾颉刚年谱》在1967年“八月末”条又记载:顾自觉精神恍惚,睡眠益难,“恐不久人间”。《日记》中记曰:

> 所惜者,埋头七载之《尚书》工作未作一结束。五十年之笔记未整理,有负于人民为我服务而我终无所报之也。一旦奄忽,惟有寄期望于童书业、张政烺、胡厚宣、刘起釪诸同志之为我补苴成编耳。书此,以当遗嘱。①

但是,顾没有想到的是,童竟于1968年1月8日先他而去,而且,其遗稿《春秋左传考证》和《春秋左传札记》竟又交给顾订正,最后由顾作序并推荐出版。童教英在《童书业传》中对此事回忆说:

> 当父亲去世,在1972年形势略为宽松时,我曾将父亲遗作《春秋左传考证》第一卷抄稿寄顾颉刚处,请他审定,顾颉刚给我一信,告知将用一年时间为父亲之作进行校勘。同时深为悲哀地说:他原拟自己身后之文章请父亲整理,父亲会将他未完篇之作接续完整的。不想现在反倒替父亲看遗文。②

在写于1966年5月4日的《春秋左传考证·后记》中,童记述了此书的撰写题旨及过程。他说:《春秋左传考证》一书,为1965年时余以患肺病休养在家,遵照领导意图,于休养期内,将昔日考证先秦史之所获,经过剔择,去芜存精,总结成一书。余思昔日所为先秦史之考证,皆发源《左传》,几无出左氏一书之范围者,乃决计为

---

① 《顾颉刚日记》第十册,第734页。

② 童教英:《童书业传》,北京:中华书局,2018年,第63—65页。

《春秋左传考证》。所考结果编为两卷。第一卷既成，举凡古史传说，西周史事，春秋大事，西周春秋之经济、政治制度及文化形态之大概，皆大致完备，并附以若干古代地理之考证，几包括春秋历史之全部。撰第二卷前，则先搜集史料，重阅金文、《易》、《书》、《诗》、《春秋左传》、《公羊传》、《穀梁传》、《仪礼》、《周礼》、二戴《礼记》、《孝经》、《逸周书》、《战国策》、《古本竹书纪年》、《世本》、《论语》、《孟子》、《荀子》、《墨子》、《韩非子》、《吕氏春秋》、《孙子》、《楚辞》、《春秋战国异辞》等书，摘出有关史料，为《春秋史料集》五册。然在史料翻检中，新发现问题殊不多。故本卷除少数新提出之问题外，几无其他，内容甚简。闻"文化大革命"将起，今后史学方向如何，尚未可知，此后工作如何，现亦尚未能定也。[①] 至于《春秋左传札记》一书的由来，童在本书"例言"和"说明"中，也作了明确交代：余既为《春秋左传考证》，觉尚伤于繁富，其中尚多属常识，本无烦考证者。因为此札记，简括考证《春秋左传》中太古传说、西周史事及春秋史事，只取本人心得，其属常识范围者，概从简略。初意至少须数万言，然写作完毕，仅得三万字左右，实出意料之外。童本人对此书自许甚高："本书为总结本人六十岁以前全部之先秦史考证性研究。包括本人过去所研究古史传说之全部、西周春秋史之全部。"本书在内容上保存太古传说、西周春秋史事之完整体系，但只重点叙述本人考证之心得，常识从略。体例上的特点为：以简明为主，不取繁琐考据，所举史料均为原始的典型史料，晚出或非必要者一概从略。论点则"力求精核，其不能作为定说或尚有问题者，或加注明，或从略，宁阙勿滥"[②]。

---

① 童书业：《春秋左传研究（校订本）》，童教英校订，北京：中华书局，2006年，第259—260页。

② 童书业：《春秋左传研究（校订本）》，第265—266页。

顾颉刚在为上述两书所作"序"中,指出了此两书的成书过程:丕绳教授这部遗著是他晚年写成的。《春秋左传考证》1965年动笔,1966年5月完成,12月改定。《札记》则在1967年下半年以更短的时间写出初稿。这时离开他逝世只有几个月了,由于社会上的大动乱,他的健康状况已弄得很坏,没有精力再对《札记》作字斟句酌的润饰。他把这个任务交给在西安的长婿黄永年同志,永年同志在同样困难的条件下完成了这一工作。1973年,他的夫人把《考证》稿寄至我处,永年同志也寄来了经润饰过的《札记》原稿;以后由我介绍给上海人民出版社张志哲同志。出版社把《考证》《札记》合为一册,题名《春秋左传研究》,又请山东大学历史系徐鸿修同志进行了些整理。顾以古史专家的身份对弟子的这部著作的学术价值褒奖有加:研究古史是丕绳教授生平的主要事业,这部遗著实际上是丕绳教授生平研究古史的一个总结。顾认为此书的价值在于:(1)系统、全面。在顾看来,一部考证性的著作做到这点是极不容易的,因为这不能像编写讲义教科书可以承用别人的陈说,每一条都必须经过自己的钻研,提出自己的见解。所以考证著作通常只能考证某几个方面,解决某一些问题,像丕绳教授这样从古史传说到西周春秋史事作出系统全面的考证,过去还不曾有过。(2)"考索之精,去取之慎,盖未有逾于此书者。"这是当年吕思勉评价《春秋史》的用语,顾现在认为,这个评语完全可以移赠给丕绳教授这部遗著。他说:研究过古史的人都知道,古史的史料是既多且杂的,搜集固不易,鉴别更困难。丕绳教授这部遗著正好承担并出色地完成了这项艰巨的工作,把浩繁的史料经过"去粗取精,去伪存真",按专题汇集到一起并且提出审慎精到的看法,使后来的研究者不致无所适从,事倍功半。(3)这部遗著已经冲破了旧式考证学的樊篱,较之旧著《春秋史》可以说是"百尺竿头,更进一步"。遗著中关于春秋后期社会经济的变化、宗法封建的解体、列国政权转移等重大问题，都是前人所不甚了了，而这部遗著首先提出并解决的比较好的。这些都是丕绳教授60年代的新收获。丕绳教授所以取得这些可喜的新收获，很大程度上归功于他多年来对马克思主义的学习。没有马克思主义的指导，想深入解决社会经济、宗法封建这类问题几乎是不可能的。

在这篇序言中，顾还追叙了他与童书业由神交到正式结为师徒关系的过程。并对这位学生的天赋表达了由衷的赞叹："丕绳教授不仅学问精博，而且有惊人的记忆力和理解分析能力。重要的先秦古籍包括诘屈聱牙的《尚书》在内，都能背诵如流。这些古籍里某个词出现过几次他不用查可以立刻告诉你。近人的学术论著他看过一遍就能历举其主要内容和论点。如果不是林彪、江青之流掀起这场大动乱对他身心的打击，使他过早地离开了人间，肯定在今天我国的史学事业作出更多的贡献。"在写这篇序言时，顾大概又想起他1967年所立的"遗嘱"，因而又曰：1949年后，我们天各一方，"难得见面。不能再像过去那样朝夕相处，得共同研讨商析之乐，我多年来积存了近百册读书笔记，要人帮助整理，他比我小十多岁，对我的学术思想又了解，自然是最合适的人选，想不到他竟会先我而逝，今天转由我来为他这部遗著执笔撰序。"

"春蚕到死丝方尽，蜡炬成灰泪始干。"这是笔者硬着头皮读过《春秋左传研究》关于"古史传说"的考证之后的感受。童书业不愧为顾颉刚的"托孤"之人，他直到逝世前夕，仍在捍卫疑古学说。他是顾颉刚学术的真正知音。把三皇五帝、尧舜禹启诸位先圣先贤，从人的地位还原为神的本相，是顾颉刚疑古的主要功绩。童在书中仍坚持此点。譬如，把大禹说成是一位具有"虫"的形状的神话人物，在一些人看来简直是笑话，但童书业仍在搜集更多的材料论证这个问题。书中说:“禹为有足之虫类,据近人考证确是龙螭之属。”又说:“鲧禹本为人或神,现难悬断。然鲧为鱼类,禹为虫类,其故事附有甚浓厚之神话色彩。”还说,《左传》中所说的“句龙”就是“禹”:“禹”字古或从“土”,本为职名;“句龙”即“禹”字形义之引申,“句龙”即“禹”自甚可能;《天问》中所谓的“虬龙”,在童看来,似即“禹”,亦即“句龙”也。[①] 如此说来,说“大禹是一条虫”何错之有!从上文可知,顾颉刚直到晚年,也还在《读书笔记》中维护此说,童顾二人真可以说“顽固到底”了。对于上古史中的“尧舜禅让”说,童、顾在1930年代初是断然否定实有其事的,他们当时认为这是墨子的“托古改制”。现在童的认识有所变化,承认“若谓此类传说之原本即为墨家所创造,尚难凭信”,承认“尧舜禅让传说盖本为部落酋长推选制之反映”,但仍强调,“尧、舜故事常与天帝故事相联系、混淆,尧、舜或为古部落酋长神化后扩大而成天帝……亦或为部落神之扩大,此在目前尚难悬断”。[②] 至于为人所盛称的“舜禹禅让”,童则明确指出,此“盖儒家所增饰者也”。[③] 尧舜鲧禹的故事许多人一直视为信史,童现在仍强调说:鲧禹的故事好像本来与尧舜的故事无关,“本两不相涉”,“至少关系不大”,两个故事合并为具有内在联系的一个故事,在童看来,可能是战国中叶的事。童进而指出:“至于鲧禹是否夏族之先,姑假定为是,然亦非无可疑之处。鲧禹神话极丰富而复杂,是否确有其人而为古代部落酋长,后渐神化?亦只能存疑,现时尚不能臆断。”[④]虽不能完全否定其人的存在,也不能断定其人必有,“只能存疑”,这仍是所谓的“疑古”。

---

① 童书业:《春秋左传研究(校订本)》,第330、268—269页。

② 童书业:《春秋左传研究(校订本)》,第267—268页。

③ 童书业:《春秋左传研究(校订本)》,第14页。

④ 童书业:《春秋左传研究(校订本)》,第334页。

在《春秋左传研究》中，童书业对 1950 年代前期其一度“叛离师门”并“反戈一击”的某些说法也进行了含蓄的反省。譬如对《左传》襄四年、哀元年所记夏代中绝、羿浞篡位、少康中兴等故事，早年童、顾二人都是否定的，认为统统都是东汉光武中兴以后的人所伪造，然后窜入《左传》中去的。但 1950 年代在批判顾颉刚时，童接受杨向奎的观点，认为上述结论“是完全不可靠的”。童书业当时指出：“为什么我要否定旧说呢？因为《左传》所记夏代中绝、少康中兴的故事，用社会发展史的眼光来看，是说明家长奴隶制和原始国家的情况，这是很好的史料。东汉人绝不可能有这样的社会发展史知识。……后世人是不可能伪造的。……符合家长奴隶制时代情况的少康中兴等故事就决不是战国以后人所能伪造的。而且从文字上看来，《左传》那两段话也绝不像东汉人的手笔。根据以上理由，就可证明我们的旧说只是实验主义‘考据学’的产品决非事实！”[①]现在，童虽然仍沿用了 1950 年代的一些解释，但再也不敢明确断言《左传》中那两段话“决不是战国以后人所能伪造”了。童书业引用了更多的材料，重申前言：“襄四年《传》言羿、浞代夏事，然首尾横决。前人已有所疑。案：此节文确为插入……”[②]又说，《左传》此节记载“不可通之点在《国语》中均无之，则《国语》所载似近晋史原文，而《左传》此节文则经过后人窜改”。而哀元年所载“少康中兴”事，童现在仍认为：“此段文字与襄四年文相应，前人亦有疑之者。……原文亦有上下不联贯、‘首尾横决’之病”，“亦有插入痕迹”，而且一再依据材料，强调此等故事“确甚可疑”“亦甚可异”。[③] 在这些具体问题上，童倾向于什么已不言而喻。

---

① 童书业：《批判胡适的实验主义“考据学”》，《光明日报》1955 年 2 月 3 日。

② 童书业：《春秋左传研究（校订本）》，第 270 页。

③ 童书业：《春秋左传研究（校订本）》，第 24—25 页。

总之,童书业的学术生命始于“疑古”,也终于“疑古”。由此笔者老想这么一个问题:假如童书业与顾颉刚的合作不被“七七事变”所打断,假如1949年后没有这么多的折腾而童、顾能够恢复合作,今天的上古史研究会是一种什么面貌,实不敢预料!从1935年夏至1937年8月,童、顾的合作不过两年,即使前延到童“治经史渐取古史辨派门径,以顾颉刚为私淑之师”的1933年,合作亦不过4年之久,但在如此短的时间内,却写出了一批震古烁今的巨作,基本上查清了上古史上的一些疑难问题,要是他们不中断了这24年呢?童顾的离而复合,固是古史学界的大幸,童、顾长达24年的合而复离,尤为古史学界的巨大不幸,这岂是古史学界的巨大不幸,亦是甚至更是整个中国传统学术传承中的巨大不幸!中华文化、中华学术的巨变奇劫,难道仅仅是“文化大革命”十年么?这场巨变奇劫,实际上开始于“七七事变”而不过愈演愈烈而已。童、顾的离离合合,不过是这场巨变奇劫中的一支小插曲而已。

第六章 “吾爱吾师，吾更爱真理”

——顾颉刚与杨向奎

要点提示：顾致信杨：“物希为贵”，我甚望你往专治经学的路上走——顾说：“你来了我也不用你。”杨认为：“我想顾先生是为了刹刹我的傲气”——“我所以读历史，就因为看了《古史辨》”——“我的名字几乎是每期都在刊物(《禹贡》)上出现”——“吾爱吾师，吾更爱真理”：与傅斯年商榷——“吾爱吾师，吾更爱真理”：向“古史辨派”开火——1930年代各大学历史系的学生，“大多数喜欢弄弄上古史，说说大禹是否一条虫等等问题”——“喜今文家言”，是二十世纪二三十年代学界的时尚；今文经师占据了当时北京大学的讲坛，古文经无传播余地——“层累地造成的古史说”，“没有解决任何古史问题。反而造成了混乱”——赵俪生说：杨向奎对《古史辨》的“肯定处，相对说是无力的，否定处却是茁茁实实的”——杨致信顾：“年来先生似致力实用之学，于纯学术不甚关心，生颇不以为然”——顾复信杨：“兄以研究纯学术自恃，而薄致力于实用之学者，此在太平之世由兄为之，若在今日极乱之世则刚之所不能许也”——“兄之短处，在走上专家之路太早，而对文字之基本训练太为缺乏”——从1957年至“文化大革命”结束，杨与顾尽管空间距离很近，但心理距离却极远——“我是个农村人，家里不是书香门第,从不知道什么叫学问;今天能从事学问研究全靠顾先生,所以我一直感谢顾先生"

一、顾颉刚的得意门生

与童书业一样,杨向奎也是顾颉刚的得意门生。煌煌七大册《古史辨》,载有顾自己的雄文多篇,其中有三篇规模巨大:《五德终始说下的政治和历史》《夏史三论》和《三皇考》,每篇均在10万字左右。第一篇为顾独撰,第二篇为顾与童合撰,第三篇为顾与杨合撰。在1935年前后,童、杨二位可以说是顾在学术上的左膀右臂。杨向奎从北大毕业时,身在燕京大学的顾颉刚为劝北大留下杨向奎,特致信胡适,推荐杨留校,信中对杨的治史才华多予称赞。

> 适之先生:
>
> 北大史学系本年毕业生杨向奎君,非常的笃实,他从孟心史先生修习明史,又从我搜集上古史说的材料。我为三皇及太一的问题,须翻《道藏》,他就把全部《道藏》翻读一过。他是丰润人,很想继续他的老同乡谷应泰的事业,所以他很有志研究明史。北大研究所有这么多的明代档案,正可请他整理,我可以保证他一定弄得很好,并且有始有终,不会半途而废的。
>
> 又有一高去寻君,从马叔平先生习金石学,也颇有成绩。如能用他作研究所考古学会的助理,也必能胜任。
>
> 专上,敬祝　健康!
>
> 学生　顾颉刚
>
> 廿四.六.六[①]

① 顾颉刚:《致胡适》一四九,《顾颉刚全集·顾颉刚书信集》卷一,第489页。

杨后来能留校，顾的这封信肯定是因素之一。1939 年 12 月，顾在写给杨的一封信中，劝杨专治经学，再一次透露了顾对杨所寄予的学术厚望。信中说：

现在治文字学与历史学者甚多，而治经学者殆无其人。经学到将来固不成其为一学，但在其性质尚不十分明了时，则必须有人专攻，加以分析，如廖平、皮锡瑞然。物希为贵，我甚望你向这条路走。我想，应做之事有几项：(一)编纂"清代汉学丛书"，汉学之分析，清代学者已做得不少，但尚未有人加以系统的搜辑，我辈先成此工作，而后以后之工作有所借手。(二)校点《十三经注疏》，将六朝、隋、唐之经学作一总清理。(三)校点《五经》《四书大全》，同时读《通志堂经解》及宋、元、明诸学案，将宋以下清以上之经学作一总清理。(四)作"群经新解"，将自汉至清之经解选择一过，惟善是从，以便后学。(五)编辑《经解汇编》，将历代水平线以上之经学书合为一部，如《释藏》《道藏》然，以便翻览而不致散佚。(六)作"经学史"，为系统之叙述，以显示历代经学家之真相与其价值。此若干种工作，必须集合十人，工作二十年方可，我和你可先引其绪。如工作成绩能得好评，将来之成功可预期也。[①]

顾对杨学术上的信任、期许，可以说溢于言表。

在理解这封信的时候，如果注意到下面两件事实，印象将会更深刻。一件是：从 1935 年开始，对"古史辨派"来说，杨已经"入室操戈""同室操戈"，与童书业打了起来。这就是"古史辨"历史上有名的所谓"童疑杨守"的故事。45 年后，杨向奎在回忆这段故事时说：

---

① 顾颉刚：《浪口村随笔》(三)，《顾颉刚读书笔记》第四卷，第 2131 页。

> 笔者在大学读书时从颉刚先生学,选读他的"《尚书》研究",喜今文家言,也参加古史讨论。但在辩论的过程中,又怀疑今文家言,对于康有为学风之粗枝大叶,有所不满,所谓刘歆遍伪《左传》《周礼》之说,不过是又一次的"托古改制"而已。于是以当时的大部时间研究《左传》《周礼》,力图为刘歆翻案而说明两书之不伪。如果两书不伪,则古史辨派的理论根据在许多方面将发生动摇。于是在古史系统上与颉刚先生的看法不同,而与童书业教授"同室操戈"矣。在《古史辨》上还可以看到童疑与杨守互相辩论的文章,疑即疑传统的古史系统,守即守虞夏商周以来的古史系统,而童疑即童书业教授,杨守即笔者本人。①

顾从今文家言,怀疑《左传》《周礼》等"古文经"文本的真实性,认为两书出自刘歆的伪造;杨信古文家说,坚持两书为先秦旧籍,决非"假冒"之作。但这并不妨碍顾把杨视为传统经学的有希望的传人。把不从己说的"异端"学生看做是同治一学的可靠搭档("我与你可先引其绪"),可以说,只有顾颉刚有这种学术胸襟,也说明,杨向奎的学术潜力确为顾所认可。

另一件值得注意的事实是:顾颉刚本人以做一个经学家自许,他的宏愿是彻底了结纠缠了两千多年的经今古文问题,成为清学的终结者。他在"研究中国古史必由经学入手"的笔记中说:"中国古史问题,予能发难而不能竟事,盖学力与材料俱受限制也。惟今古文问题,则旷观宇内尚无视予为更适宜于作结算之工作者。经学纠纷至复杂,非一般人所能分析,而予则差幸略有修养……可竟其事。"另外,"近人尊视古物,亦以其事径捷,无多牵缠,而惊经学

---

① 杨向奎:《论"古史辨派"》,中华书局编辑部编:《中华学术论文集》,第11页。

为繁琐，相率以不谈今古文问题为高超，而予则既受业于崔觯甫先生，复问学于钱玄同先生，深知此为不能不解决之症结"，又"有工作之勇气"，所以顾认为只有他可以为经今古文问题、为清学作总结算。"必为此事，然后清代学术有一归宿。……予如能为，则谓清学开于顾亭林，而终于我可也。"[①]这一学术抱负不可谓不大。由此可见，顾颉刚是把解决经学问题作为自己赖以传世的主要学术业绩的，尽管他是"古史辨派"的领袖，但他并未打算以古史研究传世。顾劝杨向奎与自己一道专治经学，"先引其绪"，那就等于让杨做自己最看重的名山事业的助手，这对顾自己的学术史而言，当然具有非同小可的意义。

二、杨向奎的性格

顾颉刚对杨的欣赏和器重，那是不待烦言的。但顾与杨的师生关系，不容讳言，也是微妙的，充满了紧张的。这种并非完全和谐的师生关系源于多种因素。其中学术自身的因素，将在后面多所着墨，此处不赘。这里，先谈一下性格方面的因素和背景方面的因素。在谈论这两种因素时，均以童书业为参照，力争回答这样的问题：顾杨之间的关系为何未达到顾童之间那种亲密和契合的程度？从背景方面看，杨向奎在北大除了接受顾先生的影响外，还直接接受了胡适、傅斯年的影响。杨是一位转益多师的人。他不像童书业，童只接受顾先生的影响，没有其他任何牵制，而且其身份只是顾的"私人研究助理"。在他的回忆文章中，杨称自己旁听过胡适的课，"不能算是他的学生……可算是他学生的学生"。而他

① 顾颉刚：《纯熙堂笔记》，《顾颉刚读书笔记》第四卷，第 2301—2302 页。

自称是傅斯年、顾颉刚的“直接学生”。[1] 傅、顾二位可以说都是杨的“恩师”。1938年,顾把杨引荐为甘肃学院的讲师,但傅斯年致院方的信一到,杨立即被聘为教授。傅与顾之间,“势不两立”,而杨却依违于这两位“恩师”之间。这在多大程度上会影响他与顾先生的关系,会影响他的学术方向,不得而知。从性格方面说,顾颉刚固然自负,杨向奎也同样自负。当年胡适曾在信中批评顾颉刚有些“傲”,以致处理不好与傅斯年的关系,现在顾颉刚也用同样的口气批评杨的“自信”和“自负”。假如顾的所谓“傲”曾让胡感到些微不悦的话,那么,顾也像胡一样从杨身上得到了同样的感受。不用多说,杨向奎绝对做不到童书业对顾的毕恭毕敬,唯师是从。如果说杨更多地带有北方人的豪爽、落拓和刚烈的气质的话,童身上更多地反映出江南人的特点:谦恭、柔顺、拘谨。换句话说,杨向奎的性格和气质更适宜于做将帅,而不适宜于做助手。顾颉刚身旁需要的是士卒而不是将帅。所以,顾杨之间无法做到顾童之间的那种玄契无间的程度。有几个细节可能有助于说明杨的性格。1938年初,避难来西北的顾、杨和王树民一同赴临洮、渭源筹办寒假小学教师训练班。随同顾颉刚的还有一个叫洪谨载的人。一天,顾让洪转给杨向奎、王树民一篇稿子,转交时,洪有些命令似的说:“你们抄一下!”杨当时很不高兴,说:“凭什么让我们两个人为洪抄稿子?”虽然他也知道这是顾托洪让他们抄的,但还是硬把稿子退了回去。杨认为,顾让他们帮忙又不直接打招呼,这是心存轻视,他受不了。可以想象,这是童书业绝对做不出来的。在临洮时,还有一件小事,也可见杨的“少年气盛”。据杨说:当时去临洮讲课,每次吃饭时顾先生总是让他叨陪末座。他当然知道,顾认为自己是

---

① 杨向奎:《五四时代的胡适、傅斯年、顾颉刚三位先生》,《文史哲》1989年第3期。

他的老学生，理应谦让，但杨向奎直到晚年回忆当年的不满举动时仍说："我当时也年轻自负，总是不服气，为什么总是让我坐末席，也不解释一下？"后来导致顾杨两位感情创伤的另一细故，看来也与他们的强强相碰的性格有关。1940年初，顾先生在成都主持内迁的齐鲁大学国学研究所时，杨向奎自甘肃学院来投。此前，杨曾来信央及此事，但顾回函阻止，说：你已是教授了，不必再来学习。但杨认为，自己的学问还不够做教授，还想到顾先生身边再读几年书。所以就不顾劝阻，辞掉教职，径直投奔来了。但顾见到杨说的第一句话却是："你来了，我也不用你。"杨认为："我想顾先生是为了刹刹我的傲气。"尽管如此，杨还是在国学研究所住了下来，并接受了顾交给他的"李冰与二郎神"的研究课题。与此同时，杨在联系其他教职，顾则把杨列入所内的编制之内。一天，杨突然向顾辞行，顾很惊讶，说，我都给你安排好了。杨还是赌气走了，去西北联合大学任教授去了。杨向奎性格的倔强、刚烈、质直于此可见。据说此后二人再没有合作过。杨不但对顾不肯"摧眉折腰"，对其他更有地位的先生也是如此。傅斯年也是杨的先生，但杨对傅也不肯央求。抗战结束之初，杨从东北大学（沈阳）来北平，与正代胡适主持北大复校的傅斯年及其家人、张政烺等一块喝茶，傅问杨："你在哪个大学教书？"杨答曰在东北大学，并说不想再回去了。傅说："你想到哪里去，我来推荐。"杨猜测：其实傅的意思是想把我留在北大，但他觉得我受顾先生的影响太大，而顾已发誓绝不与他合作，他猜我也可能不会与他合作，于是有此一问。但当时我也不愿意直接说出想留北大，因为傅斯年说话很直率，如果他觉得你不够格，就会当面直言，弄得下不了台。我就回答："我想到山东。"于是傅就把我推荐到了青岛山东大学。杨作这种猜测的根据是：胡适回北大任校长后，曾埋怨他说："你为什么到青岛去呀？你以为青岛有外国人保护？外国人说走就走。”言下之意是嫌杨为何不留北大。纯粹因为要强、自尊的性格，使杨失去了执教北大的机会。不过，杨并不后悔：“现在想来，还是到青岛好，在北大不会有什么作为。胡适是我老师的老师，而在青岛我则是一个独立的人。”只有那些具有做将帅性格和器局的人，才能说这样的话。

杨向奎性格上的这种决绝看来与他学术上的高度自信有关。这里仅举一例。傅斯年1934年刊发《夷夏东西说》一文，认为中国上古史上存在着地理上东西不同的两大族系：夷与商在东方，夏与周在西方。杨不同意这一判断，遂撰文《夏民族起于东方考》，与之商榷。对杨的这一假设，二十世纪三四十年代的中国学界，赞成者寡，反对者众，连顾颉刚大概也不同意。但杨坚持其说，1953年4月7日，杨致信顾先生报告他的发现：“清明节，生曾到孔林、泰山一带旅行。……生总有一种坚定的想法，以为泰山一带是夷夏交争的地区，是古代文化摇篮，如果发掘一定有史前古物出现。”信中还旧事重提：“十余年前在北大读书，曾因夏族起源与傅斯年争吵。到现在我更坚信我的说法了。”顾颉刚在复信中为照顾他的这位弟子的自尊，对夷夏东西论作了调和：“我觉得……夏之疆域之广可谓超轶商、周。……我觉得夏在东、西、北三方面都有极广的开拓。兄前与傅争吵不过各就一方面看着而已。”杨的自信在下面的这封复信中展露无遗：

> 夏代不可能是那样规模大的一个帝国。西方、西北方有“夏”的称呼，东方也有夏的踪迹，这不能说明是同时的事。我以为夏原来在东方，夏后皋时候已迁陕洛一带。灭亡之后遗族西迁，于是西方有它的踪迹。夏是一个由氏族社会走向奴隶社会的过渡时代，那样大规模的帝国似不可能。这样自东而西迁徙的说法，二十年前我即如此主张，至今未变，而且我

总以为我的说法对，将来发掘一定会证成我的说法。①

顾固然自信、自负，杨的自信、自负看来比顾还厉害，于是，学术上的合作，尤其是亲密无间的合作，就变得比较困难了。但杨对顾的感情未变，而且这种感情老而弥笃，至顾逝世后愈加浓烈。在这时所写的众多文章和有关讲话中，杨都一再称颂顾先生并陈明他们非同一般、源远流长的师生关系，那份尊师重道之情直令后生小子肃然起敬。

三、从农家子弟走向最高学府

杨向奎是顾颉刚的一名老学生，他的学术生涯永远无法回避顾颉刚的深刻影响。在作于 1982 年、成稿于 1991 年的《回忆顾颉刚老师》一文中，杨颇为动情地说道："从小学到大学以及研究所，颉刚先生是对我影响最大，帮助最多的一位导师，到现在我还是喜欢研究中国古代史、今文经学，就是受先生的影响。"②杨向奎于 1910 年 1 月生于河北丰润的一个农民家庭。由于祖上世代务农，虽到他祖父辈时趋于富裕，但力农积习已成，缺乏读书习惯，因而家中也并不奢望出现什么读书人。在 20 世纪前半期，大多史学名家都出自书香门第，像杨这样一个农民子弟成为著名学者的是极为少见的。这除了杨自身的天分和努力外，顾颉刚的影响可以说是一个关键因素。杨也曾说道："我是个农村人，家里不是书香门第，从不知道什么叫学问；今天能从事学问研究全靠顾先生，所以

① 顾、杨往还信函内容，参见顾颉刚：《法华读书记（九）· 泰山与夷、夏之争》，《顾颉刚读书笔记》第五卷（上），第 3110—3111 页。

② 杨向奎：《回忆顾颉刚老师》，王煦华编：《顾颉刚先生学行录》，第 209 页。

我一直感谢顾先生。”[①]自始至终,杨向奎都承认自己与顾颉刚的师承关系,即使在1952年批判顾的文章中,他也没有避讳这一点:“我过去也是受顾颉刚教授影响很深的一个人,我曾经跟他读书多年,也曾经写过一些唯心论的文章,曾经和他合写过《三皇考》,也曾经用他一样的方法写过《西汉经学与政治》。”[②]尽管如此,杨却始终不承认自己与古史辨派的隶属关系,每每提到《古史辨》,他总是首先强调:“我并不相信《古史辨》,而且反对《古史辨》。”[③]直到晚年,他仍斩钉截铁地说:“我的确和顾颉刚先生有着学术上的渊源,但我决不是‘古史辨派’。……当时我非常相信这种学术,到了(大学)三年级以后就不相信了,我认为这是今文学派的偏见。”[④]一方面公开表示对恩师感谢不已,另一方面又极力回避自己与古史辨派的关系,杨的态度不免使人们心中产生许多疑惑,也使得顾杨二人的关系平添了一层神秘色彩。

1929年,是杨向奎一生中很可纪念的一年。就在这一年,杨中学毕业,经北京大学毕业的国文教师的鼓动,考入了北大文预科。一向好学的杨向奎如鱼得水,尽情遨游于知识的海洋,从而奠定了他一生的为学根柢。当时,顾颉刚的《古史辨》,郭沫若的《中国古代社会研究》以及外国学者摩尔根的《古代社会》等等,都深深地吸引了杨向奎。特别是《古史辨》,内容与观点同后两者迥然相异,而它那华丽的文辞,辨才无碍的风采,更使杨为之心折。杨最终选择

① 杨向奎:《回忆顾先生的几件往事及对我的影响》,中国社会科学院历史研究所、中山大学历史系合编:《纪念顾颉刚先生诞辰110周年论文集》,第281页。

② 杨向奎:《“古史辨派”的学术思想批判》,《文史哲》1952年第2期。

③ 杨向奎:《回忆顾先生的几件往事及对我的影响》,中国社会科学院历史研究所、中山大学历史系合编:《纪念顾颉刚先生诞辰110周年论文集》,第281页。

④ 杨向奎:《杨向奎自述》,高增德、丁东编:《世纪学人自述》第三卷,第416页。

了历史系，正是导因于此。他在晚年谈到自己的学术选择时也曾说道："我所以读历史，就因为看了《古史辨》。"[①]杨入北大就读时，顾颉刚编著的《古史辨》早已风靡整个学界。陆懋德认为："此书实为近年吾国史学界极有关系之著作；因其影响于青年心理者甚大，且足以使吾国史学发生革命之举动也。"[②]当年有许多年轻人同杨向奎一样，因读《古史辨》而走上了史学之路。而有的人虽然没有因此而选择史学，但也深受影响。费孝通曾提到他在东吴附中上学时便已读到《古史辨》："当时我上课时不很守规矩，凡是老师讲的课听得厌烦时，就偷偷看自己想看的书，《古史辨》就是其中之一。"他认为，《古史辨》教他敢于怀疑，不要盲目轻信，从而使他"受用一生"。[③]

杨向奎于1931年秋进入了北大历史系，这也是他与顾颉刚正式结缘的开始。[④] 当时，北京大学历史系可以说是中国古代史专业，许多名家都在此开设了这方面的课程。除了顾的"《尚书》研究"外，尚有钱穆的"中国古代史"，傅斯年的"中国古代史择题研究"，马衡的"中国金石学"，李济、梁思永、李方桂等的"考古学和语言学"，徐中舒的"中国古代史料选"，唐兰的"甲骨金文"，范文澜的"古历学"。在《杨向奎学述》一书中，杨强调说："在上述名教授中，顾先生对我的影响最大。顾先生是指导我走入研究历史之门的第一位老师，后来也一直是我的指导老师。"[⑤]

北大学风很自由，教授们讲课各具特色，其中最叫座的也许要

---

① 杨向奎：《回忆顾先生的几件往事及对我的影响》，第280页。

② 陆懋德：《评顾颉刚〈古史辨〉》，《古史辨》第二册，第369页。

③ 费孝通：《顾颉刚先生百年祭》，中国社会科学院历史研究所、中山大学历史系合编：《纪念顾颉刚先生诞辰110周年论文集》，第295页。

④ 顾于1929年9月由广州至燕京大学任职，1931年9月始任北大史学系兼课讲师。

⑤ 杨向奎：《杨向奎学述》，杭州：浙江人民出版社，2000年，第11页。

数胡适和钱穆了。钱穆讲起课来“博引详证,深入浅出,善喻,形象生动。尤要者,满腔激情,激荡全室”[①];胡适擅长于演讲,口才极佳,讲起课来也引人入胜。而与胡钱二人相比,顾颉刚的口才就显得很差,有时还有些口吃,这跟他作起文章来语言优美流畅、气势恢宏新锐简直判若两人。但顾先生的课却也独具魅力,当年受业于他的学生中有很多后来都成为各个学术领域的名家,这与他因材施教的授课方法密切相关。无论学生成绩优劣,水平高低,顾先生都能针对他们的具体情况指出努力的方向,使每个人都能有所收获,因而也颇受学生们的欢迎。顾先生授课不仅仅是知识的传授,更重要的是通过引导学生进行专题研究,使他们从中接受一定的学术训练。因此,每一堂课顾都要印发讲义,出练习题,启发学生一步步地走入学术之路。杨向奎第一次选读顾的课时顾正在讲授《尧典》。助教余逊私下里对他说:“选他的课是要作题的。”果然,在第一堂课上,顾就给每一个学生发下一道题,杨得到的是“共工问题”。“共工”是《尧典》中的“四凶”之一,也就是触不周山的那位英雄。杨足足用了一个学期的时间考查这位“共工”,后写成《共工考》,这是他平生第一次用考证方法做读书笔记。杨对此也很是自豪,在1981年的《回忆〈禹贡〉》一文中说道:“当距今十余年前大家讨论共工的时候,我心里想,对此我是有发言权的。”[②]正是在顾颉刚的《尧典》课上,杨开始被引向了研究中国古代史和经学之路。

由《古史辨》而激发了自己最初的史学兴趣,复因选读顾先生的课而增强了从事学术研究的信心,杨向奎能够步入史学之路,确与顾有着绝大的关系。在1989年发表的《五四时代的胡适、傅斯

---

① 罗义俊:《钱宾四先生传略》,中国人民政治协商会议江苏省无锡县委员会编:《钱穆纪念文集》,上海:上海人民出版社,1992年,第280页。

② 杨向奎:《回忆〈禹贡〉》,《历史地理》1981年第1期。

年、顾颉刚三位先生》一文中，杨说道："我跟顾先生念过多年的书，他可算是我的启蒙老师，我后来所以在历史方面能有些入门知识，全靠顾先生的引导。"[①]在北大本科四年的学习生活中，杨始终选读顾先生的课，受到顾先生治学方法与学术精神的深刻影响。顾先生的学问与人格也在无形之中时时激励着杨潜心向学，使他在知识积累方面进展迅速，并逐渐显露出过人的才华。

1932年9月，新学年开始，顾颉刚在燕大、北大两校改任"中国古代地理沿革史"课，讲授《禹贡》。当时选这门课的，燕大学生有张维华、邓嗣禹、李晋华、王育伊、罗香林等9人，北大学生有杨向奎和王树民等。顾颉刚上课，最喜学生敢于讨论，因为他坚信"知出乎争"的道理。许多学生也因此受到顾先生的赞赏，像何定生、谭其骧、王煦华等就是如此，当年谭其骧还因与顾相互辩论汉代州制问题而走上了专研历史地理学之路。在顾先生讲授"沿革史"时，杨也经常参与讨论，使顾逐渐发现其才华。通过不断的质疑问难，师生之间彼此启发，相得益彰：杨借此提高了自己的科研能力与学术兴趣，顾此时一些文章的写成也与杨向奎这些学生有关，如《州与岳的演变》一文就是这样。在这篇文章末尾，顾颉刚补充道："以上诸章所以能在讲义里发表，完全由于北大同学王树民、杨向奎二君，燕大同学谭其骧、翁独健二君和我讨论这问题，使我不得不发表这些意见之故，我敬谢谢他们的激励的好意。"[②]当然，从这一段教学相长的生活里，获益最大的还是杨向奎这些做学生的，尤其是《禹贡》杂志的创刊，更是给杨向奎们的破土而出提供了最佳的园地。

---

① 杨向奎：《五四时代的胡适、傅斯年、顾颉刚三位先生》，《文史哲》1989年第3期。

② 顾颉刚：《州与岳的演变》，《顾颉刚经典文存》，上海：上海大学出版社，2003年，第192页。

四、《禹贡》:杨向奎的学术摇篮

《禹贡》杂志的创刊,不仅是现代中国学术史上的盛事、顾颉刚学术史上的佳话,更是杨向奎个人学术史的开端。在《回忆〈禹贡〉》一文中,杨说:"从最初成立起,我就加入了'禹贡学会'。当《禹贡》半月刊出版时,我又是一个热心的读者。顾先生要我担任一个具体的职务,就是在各报刊上寻找有关历史地理方面的消息,作为集锦,每期刊出,所以我的名字几乎是每期都在刊物上出现。"①杨的名字的确几乎每期都出现在《禹贡》、而且是《禹贡》的封面上,不过,不是因为"集锦",而主要是因为杨是《禹贡》在北京大学的代售人。《禹贡》最初创刊时,印数不多,主要靠熟人、朋友、热心人来推销,到后来影响扩大后,才主要依靠那些在学界有地位的书肆、书商发行。所以,从创刊号开始至第 3 卷(每 12 期为 1 卷)止,所有的"代售处"均刊布在封面上。《禹贡》在北京大学的代售人最初是余逊,从第 2 期起改为王树民,从第 8 期起改为杨向奎,杨一直代售至第 36 期。在这一期间,其大名的确期期都刊在封面上,而且名列"代售处"的首位。从第 37 期始,北京大学的代售人才换为王崇武,也就从这一期起,代售处从封面移至封二上。《禹贡》的代售队伍非常强大,而且多是名人,有的当时即享有声名,多数日后则大名鼎鼎。除北京大学外,其他大学的代售人为:燕京大学史学系李子魁(从第 37 期起改为侯仁之)、辅仁大学史学系谭其骧(从第 2 期起就一直改为史念海)、北平师范大学国文系罗根泽、清华大学史学系吴春晗(即吴晗)、青岛山东大学丁山、开封河南大学史学系杨鸿烈、上海暨南大学江应梁、武昌武汉大学史学系吴其

① 杨向奎:《回忆〈禹贡〉》,《历史地理》1981 年第 1 期。

昌、南京中央大学史学系谢国桢、安庆安徽大学周予同、广州中山大学文史研究所罗香林、厦门厦门大学史学系郑德坤、广州岭南大学容肇祖、广州协和神学院李镜池等。应该说,《禹贡》销路逐渐打开,最后获得巨大成功,与印在封面上的这些代售人不能说没有关系:这些人尤其是当时即享有一定声名的人,用自己的声誉为杂志的质量作出了承诺,至少对杂志作出了声援和支持。而当杂志本身获得了较高声誉后,又为这些代售人社会影响的提高做了“广告”。

查《禹贡》杂志,杨所说的“消息集锦”,最初出现在第 4 卷第 1 期即总第 37 期上,名为“国内地理界消息”,先为“葛启扬杨向奎辑”,后改为“杨向奎葛启扬张佩苍辑”,再改为“葛启扬赵惠人辑”。这个栏目从总第 37 期始至总第 46 期止,期期均有,但从第 5 卷也即总第 49 期始,则断断续续,时有时无,这种状况一直延续到终刊。各期所辑“消息”,涵盖面极广,从各省水旱灾情到各省公路、铁路、航空等状况,均在辑录之内,消息来源主要是当时的报纸。辑录在《禹贡》中的许多“消息”,尤其是水旱灾情,大多惨不忍睹。如总第 37 期上辑自 1935 年 8 月 1 日《申报》上的《皖省水灾统计》、总第 39 期上辑自 1935 年 8 月 12 日上海《晨报》上的《中委萧忠贞等为湘省灾民呼吁 澧水流域淹毙十万人》等消息,撼人心魄。这些“补白”与那些严整的古代地理考据文字穿插在一起,或在商周地理考后附上一段现代地理消息,看似极不协调,甚至有些滑稽,实是表达了编者、辑者等书斋学者的现实关怀,说明顾颉刚、杨向奎诸位在徜徉于上古史之中时,并未忘却人间烟火。1930 年代中期的《禹贡》杂志,绝非死气沉沉、萧杀肃穆的象牙塔。

杨向奎走向学术界是从《禹贡》起步的,但杨的成名当然既不在他是“国内地理界消息”的辑录者,更不在他是该杂志的代售人。

杨是凭着他在《禹贡》上的学术文章为学界所知的。在《禹贡》创刊号亦即第1卷第1期上,杨推出了他的《自战国至汉末中国户籍之增减》一文,写出了杨向奎个人学术史的第一笔。接着杨在本卷第6期上又刊发《介绍史学论丛中三篇古代地理文字》一文。但杨的文章给人留下较深印象的,是本卷第12期上的《丰润小志》。这不是一篇学术文章,顶多算作学术随笔,但此文却写得清新耐读。这篇随笔记述了丰润县的土地物产、教育、风俗、历史人物、娱乐、歌谣等,是一首生动的关于丰润县的田园牧歌。文章很美,但放在主要是古代地理考据的《禹贡》中,的确显得不伦不类。但这种文体却甚得顾先生的赏识。在本期《编后》中,顾一方面庆幸杂志所获得的越来越多的支持,另一方面也指出杂志在销售方面所遭遇的困难:“事情真出人意外,我们这刊物请求通都大邑中几家著名的书铺代售,竟遭拒绝,他们的理由是‘性质太专门,恐怕不易销卖’。唉!他们的经验是不错的,有几家书铺起先应允代售,但几期之后就退回来了,说‘没有人买’。我们有时劝几位朋友售卖,但他们翻了一下就缩手了,说‘看不懂’。”如何改变这种状况呢?顾先生认为,一方面要勇往直前:“若只顺应了环境作事,这种不费劳力的成功,有何可喜!这种迎合潮流的心理,又有何价值!”另一方面,杂志要兼发《丰润小志》这种“地方志”体的随笔、游记。顾说:“若永远板着脸说话,专收严整的考据文字,在没有这方面兴趣的人必然是望而生畏的,这决不是引人入胜的好法子。所以我个人的主张,只望材料新,不怕说得浅。例如本期中的《丰润小志》,是作者的随笔,和本刊它期的文字不同,似乎不该收。但这虽不是精密的调查,确是作者意识中最深的印象。他写了出来,我们读后也会对于丰润县发生较深的认识:这就是它的效用,正如列了许多统计表的《北平市调查》(或年鉴)固然真确,然而一个画家绘出《故宫一角》

或《北海之秋》来却会给人一个更深挚的印象,使人忘记不了。所以我们固然称赞科学家,而亦不肯菲薄艺术家。”顾还说:“由于这个理由,我主张此后每一期总当有一两篇地方记,作者各就自己最熟悉的地方,作一些不背事实的描写。这个地方,或是作者所生长的,或是作者所流寓或游历的,都可以,只要他知道的多。做的时候,固不妨翻阅史书或方志,但即抒笔直写也未为不可,只要他知道的真。此外,长途的游记也该为我们所欢迎。”[①]顾在这里强调“我主张”等语,看来是有所指的。1935 年初,《禹贡》的两位“编辑者”顾颉刚与谭其骧之间曾在信函中就用稿标准问题产生争执。顾在致谭的信中说:“去年我奔丧时[②],曾请你收一部分软性的作品,例如地方风俗之类。这种事很易,只要出一题目,叫学人每人写一篇,就可挑出十余篇应用。但你似乎没有照办。单靠沿革史,固有永久价值,但必不能得群众点头。……若高自标置而俯视初学者,则结果,尔为尔,我为我,虽亲受教诲者亦不能有动于衷也。”“说到分量的凑足,并非坏事,亦并非难事。要胡乱发议论,增多篇幅,固然不对。但以中国历史之长,地域之广,多的是材料。我们于议论文重其质,而材料文重其量,这就没有缺稿之虑了。”[③]顾强调收提供材料的“软性作品”,看来与刊用《丰润小志》有关;而上引顾的“编后”语,则说明在决定是否刊用《丰润小志》时,争论即已发生。这大概就是顾强调“我主张”的由来。《禹贡》后来的做法表明,顾的意见得到了贯彻。类似《丰润小志》的许多所谓“软性作品”如《缙云小志》《滨县小志》《龙溪(漳州)小志》《开封小记》《临清小记》等和大量游记、旅行日志、纪游作品,均源源不断刊布出来。

---

① 《禹贡》第 1 卷第 12 期《编后》。

② 顾写此函时在杭州。

③ 顾颉刚:《致谭其骧》二,《顾颉刚全集·顾颉刚书信集》卷二,第 554—555 页。

五、“因夏族起源问题与傅斯年争吵”

杨向奎在《禹贡》杂志上的成名或引人注目,是“因夏族起源与傅斯年争吵”,这场“争吵”绵延至今没有结论。

据《杨向奎先生学术研究及著作编年》一文的作者李尚英说:杨向奎先生1931年入北京大学历史系,选修顾颉刚先生的“《尚书》研究”课,开始走向学术研究之路。1932—1933年继选傅斯年先生课,扩大了研究学术领域。所以,在大学读书期间,先生受顾颉刚、傅斯年两位先生影响最大。顾先生是一位学术大师,他在讲授《尚书·尧典》时,不是单纯地进行知识传授,而是引导学生进行专题研究。杨先生就是由此被引向了研究中国古代史和经学之路。傅先生也是一位学术大师,注意引导学生进行专题研究。正是在这两位学术大师的指引下,杨先生从一二年级始,走上了专题研究之路。1933年,傅先生开设了“中国古代史择题研究”课,在课堂上宣讲自己的《夷夏东西说》,明确提出夏代起于西方(山西)的主张。当时在讲坛上,百家争鸣,学生对老师可以提出不同意见。杨先生经过深入钻研和缜密探讨,主张夏代起于东方(亦即山东的兖州、泰山一带),并为此撰写了《夏本纪越王勾践世家地理考实》《夏代地理小记》和《夏民族起于东方考》等论文,相继发表在《禹贡》上,铺陈其说。①

不要小看了杨的这几篇论文。因为他不仅是用这几篇文章和他的老师傅先生作战,而且是和占压倒地位的主流观点作战(其中也包括顾先生),又何况是孤军作战!虞夏商周,同源同族同文的观念,源远流长,支配着人们对中国上古史的描述和想象。给这种观

① 李尚英:《杨向奎先生学术研究及著作编年》,《清史论丛》1994年庆祝杨向奎先生八五华诞专辑,第1—2页。

念以最初一击的，是王国维的《殷周制度论》。在此文中，王氏指出："都邑者，政治与文化之表征也。自上古以来，帝王之都皆在东方。……惟周独崛于西土。"[①]接着徐中舒便作《从古书中推测之殷周民族》一文，认为："由载籍及古文字说明殷周非同种民族，约有四证：一曰，由周人称殷为夷证之……二曰，由周人称殷为戎证之……三曰，由殷周城内之地称夷者证之……四曰，由箕子逊于朝鲜证之……综此四证观之，周人之视殷人为东方异族明矣……"顾颉刚说"这个结论对于古代民族史的研究确是个重大的启发"。[②] 等到傅斯年作成《夷夏东西说》，更铺陈古代民族有东西二系之说，不仅以为周兴于西土，连夏也是兴于西土的[③]；只有殷是兴于东方，从祖先神话证明殷与东北民族同出一源。至于虞夏商周的朝代系统只是周人的观念，东方人却另有其朝代观念。顾说：傅文一出，给予古史学界的影响更大，从此古代民族有东西二系的说法几乎成为定论了。后来，傅又作《姜原》、姜亮夫作《夏殷民族考》、胡厚宣作《楚民族起于东方考》，都为此说增加了许多证据。而胡厚宣从卜辞金文以及传说中的地理和文化礼制来证明楚民族本和殷商同族，本在黄河流域，在殷周之际为殷人所逐而南迁的，在顾看来，"这些说法都很有见地"。再往后，彻底疑古的杨宽作《中国上古史导论》，集合诸说。主张：殷、淮夷、徐戎、楚、郯、秦、赵等为东系民族，周、羌、戎、蜀等为西系民族；所谓华夏民族，即此二系民族的混合体，一切古史传说亦皆由此二系民族之祖先传说交混错综而成。

① 王国维：《殷周制度论》，《观堂集林》第 2 册，北京：中华书局，1959 年，第 451—452 页。

② 顾颉刚：《当代中国史学》，上海：上海古籍出版社，2002 年，第 128 页。

③ 在这一点上，傅否定了王国维的看法，而王氏的看法正是杨向奎与傅商榷的起点。

而且杨宽根本否定夏朝的存在,以为夏代的古史传说无非是周人依托宣传所成。总之,到1945年,顾在自己主编的《当代中国史学》一书中宣称:“东西二系民族之论,至今日差不多已渐臻家喻户晓的地步了。”但顾此书紧接着在括号内加注说:“承认有夏代而又主张夏族起于东方的,有杨向奎先生所作《夏民族起于东方考》一文,载《禹贡》半月刊《古代地理专号》。”[①]杨向奎此文在顾颉刚眼里不过是聊备一说而已,但就是这样一篇文章却引起经久不息的论争。

《夏民族起于东方考》是在《夏本纪越王勾践世家地理考实》和《夏代地理小记》的基础上著成的。那么,论证“夏民族起于东方”为什么从考查夏代地理开始呢?这就是前引王国维所说的那句话:“都邑者,政治与文化之表征也。”只有考查了夏代都邑的具体地望所在,才能解决所谓“夷夏东西”的问题。杨向奎正是从王国维、傅斯年入手的地方入手的。从先秦相关文献上看,夏初的一些重大活动如会盟、祭祀、婚娶、丧葬等,与我国东南地区的一些地名所涉甚深,其中最重要的就是所谓“会稽”与“涂山”。杨的东方说主要奠基在对这两个地名的考辨上。

“会稽”在今日之浙江绍兴,尽人皆知,而禹与“会稽”的关系又甚多,所谓“禹封泰山,禅会稽”,“禹会诸侯于会稽”“禹葬会稽”等皆是。这些记载中的“会稽”,在杨向奎看来,不在今日之绍兴,而在今日之山东兖州、泰山一带。杨说:“‘会稽’,余将草《夏民族考原》而主夏民族之起当在今山东西南部与江苏河南之交,由地理及其他方面皆足证此说,而于会稽则颇为难,守旧说则远在浙江,守新说则钱宾四先生以之当河东大阳之山,又与余说剌谬。余谓会

① 顾颉刚:《当代中国史学》,第128页。

稽即泰山一带之山也。”[①]杨的证据是:《管子·封禅篇》说“禹封泰山,禅会稽”。古言封禅者,其所“封”皆在泰山,所“禅”之地据后人注疏也皆距泰山不远,独禹则封泰山而禅江南会稽,殊不相类,应另找根据。依《水经注》等文献,会稽山又称“防山”“栋山”,而鲁地也有“防”“祊”“茅山亭”等记载,杨遂认定会稽就在泰山附近。至于“涂山”,杨也认为是泰山附近之一小山,其或就是“会稽山”的别名。他还指出,夏初都邑的几乎所有具体地望均在以兖州为核心的区域内。杨的这些解释,影响及于今日,但杨所搜罗的证据绝不止这些。

《夏民族起于东方考》一文,如前所述,发表在《禹贡·古代地理专号》上,这期专号的编者是童书业。童为这期专号写了较长的序言,评述了其中重要文章。在论及杨向奎此文时,童说:“杨先生素常主张夏民族起于东方,他的看法恰巧和我们相反。我们以为夏民族的根据地现在固然无法确实考定,但就古代‘西’‘夏’二字同字互训一点看来,则说夏民族(假定他是存在的话)起于西方似乎比较说他起于东方近理些。不过杨先生的说法也自有其坚强的理由,并不是随意说出的。他的这篇大作至少已昭示我们夏民族的传说的一部分与东方民族有深切的关系,这颇足替陈梦家先生夏民族的历史即商民族的早期历史的说法做个印证。虽然这种问题毕竟还不是现在所能解决的。”[②]童的这段评述,保留多于肯定。更重要的是,这段评述明确把杨划在了“古史辨派”的圈外,这就是“我们”二字的要义。而且,在杨向奎此文之后,紧接着刊载他的老师顾颉刚的一篇唱对台戏的文章:《九州之戎与戎禹》。这是一篇推测禹的传说发源地的论文,而禹的传说的发源地实际上也就是

---

① 杨向奎:《夏代地理小记》,《禹贡》第3卷第12期。

② 此段引文中的着重号为引者所加。

夏民族的发源地。顾先生原持禹为南方民族说,《与钱玄同先生论古史书》就提出和论证了此一问题。现在,顾又提出了新的假定:禹起于南方之说似不如禹起于西方之说为可能。对这个新假定,童书业估价很高:“顾师此文从九州四岳之原在地,推测禹传说之起源,立证确而阐发精,禹与西方民族有关,自有此文,盖为定论矣!”[①]童还在评述过杨文之后又评述了顾文:“顾先生是以研究禹的传说著名的,他以前主张禹的传说起于南方民族,最近又提出一个禹的传说与戎族有关的新假定,虽然禹的来源到现在还不可确知,然而禹与戎族有关这个结论却是无疑问的事实。顾先生从古九州四岳的疆域推测禹传说的发展,联带把九州四岳的起源问题也相当地解决了。这是一篇极重要的论文:据他的研究,九州是戎族的居住地,四岳是戎族的发源地,而禹的传说也就盛行于这个区域;九州四岳与禹本是夏族的传说,但同时也是戎族的传说,所以戎夏本出一源,禹迹的广被乃是戎夏民族合作的结果。这根本摧毁了旧日狭隘的夷夏观念而给予人们一个新印象!”总之,杨的《夏民族起于东方考》一文,不但和他的业师傅斯年作战,也和他的另一业师顾颉刚对垒。这里,事实上提出了一个问题,即这时的杨向奎与“古史辨派”的关系问题。

六、与“古史辨派”扑朔迷离的关系

杨向奎这时,特别是他一生与“古史辨派”的关系,在局外人、后人看来,有点扑朔迷离。许多人认为,杨与童一样,是“古史辨派”的重要成员。据杨自己说,直到“50 年代广州有人评古史辨派”,还“将童书业先生与我都列入该派”。但杨强调:“其实我不属

---

① 童书业:《夏民族起于东方考·跋》,《古史辨》第七册下编,第 140 页。

于该派。”他说：“我跟顾先生念过多年的书，他可算是我的启蒙老师。我后来所以在历史方面能有些入门知识，全靠顾先生的引导，但我并不相信古史辨派的学说。”[①]既然杨“并不相信古史辨派的学说”，甚至还反对、批评古史辨派的学说，那么为什么仍有不少人将杨列入该派呢？以下原因可能有助于说明这一问题。其一，杨与顾的早期关系，太过密切，使人很容易将他列入顾的学术派别。1989年，在被问及治学经历时，杨回答：“我的治学范围很杂。最初，我在大学跟顾颉刚先生研究经学，花了10年的精力来解决经学上的关键问题，如《左传》《周礼》《公羊》等，同时，在《书经》《诗经》方面也下过功夫。这种经学的路子是跟顾先生走的。”在另外的场合，杨也叙及他早年与顾的亲密关系：“我是顾先生的老学生，我所以读历史，就因为看了《古史辨》。从大学一年级就选他的课，即‘《尚书》研究’，第一篇是《尧典》，一直到四年级始终上他的课。……他的著作我几乎全看过，他的论歌谣、孟姜女、妙峰山、王同春的文章，加上论古史的文章我全都看过，所以对他的思想路数比较熟。……对顾先生的著作我就是不看，他议论的问题我也大体知道。”[②]杨还说过：“从小学到大学以及研究所，颉刚先生是对我影响最大、帮助最多的一位导师。”[③]总之，他们有着非同寻常的师生关系，难怪被人划在一起。

其二，杨向奎自己说：“我曾经相信过《古史辨》的理论。”[④]也就是说，杨曾经是“古史辨派”的成员。杨还说过：“从今文经学的立

---

① 杨向奎：《五四时代的胡适、傅斯年、顾颉刚三位先生》，《文史哲》1989年第3期。

② 杨向奎：《回忆顾先生的几件往事及对我的影响》，第280页。

③ 杨向奎：《回忆顾颉刚老师》，王煦华编：《顾颉刚先生学行录》，第209页。

④ 杨向奎：《论“古史辨派”》，第28页。

场发展到怀疑中国古代史，形成了'古史辨派'。起初，人们认为我也属于那派，其实后来我并不相信那派的观点，我相信中国古史有四五千年的历史，从有虞氏以后进入了阶级社会，这些和我老师的意见正相反。"这里仍然是说"曾经相信过"，"后来"就又"不相信了"。杨曾经是"古史辨"的信徒，可以说证据昭昭，毋庸赘述。最明显的是与顾合写过辨伪名作《三皇考》。尽管杨只起草了这篇巨文中的一小节，尽管杨后来认定这只是顾先生自己的作品，但署名的事肯定是杨自己认可了的，而任何人几乎都不会在自己反对的文章上署名，何况头脑清晰如杨向奎！另外，杨自己把在《古史辨》第七册上与童书业辩论的事称作"同室操戈"，这就又说明杨童本处在"古史辨派"的"同室"之内，所以才有"同室操戈"之说。这就更与"古史辨派"有着说不清楚的关系了。最有力的证据则是杨向奎自己的文字。1936 年 5 月 14 日，杨为顾的《禅让传说起于墨家考》写了篇"书后"，盛赞顾此文服膺疑古学说。杨说："考近日学者对于尧舜禅让说之考订，除顾先生此文外，尚有郭沫若先生、钱宾四先生及蒙文通先生之说。"如何解释相传的尧舜禅让？在杨看来，上述诸先生的看法可归纳为三家：(一)禅让制反映了古代的选举制(郭沫若、钱穆)；(二)禅让的背后是对王位的争夺(蒙文通)；(三)本无其事而起于儒墨两家的创造假托(顾颉刚)。杨说："在解释上虽然有三种不同的说法，而在方法上却只有两种罢了：即前种说法乃对于原来史料先取信任态度而后加以解释，后一种乃先估定此种史料之价值然后考其来源。前者是弥缝工作，后者是史源学。"[1]在这两种对立的立场之间，杨倾向于顾先生。"钱、郭二先生所根据的史料正是顾先生所欲证其伪的，而蒙先生所据的史料又

---

① 杨向奎：《禅让传说起于墨家考·书后》，《古史辨》第七册下编，第 107—109 页。

是足破钱先生等的说法的。”然后他说了下面这段最能表明杨这时对顾先生疑古态度的话：

> 自疑古之说起，今人对于古史之观念已不若前此之固执，而流弊所至乃变昔日之固守为今日之弥缝。固守旧说，其鲁莽灭裂之处，后世必有发其覆者；然弥缝的说法，因其较为合理，或能坚人之信，此其弊尤大。顾先生此文却是告知我们，禅让说是如何产生的，如何滋长的，如何凝成的；其所发明，读者自能了然，不必我来赘述。尝怪今日之贤者多不愿奠基择料；而只希望造成房屋，材料的朽窳与否一概不计，惟皇皇然发表其建筑计划，西洋工程师主张建筑些洋楼，中国工程师又主张盖些中国式宫殿，旁观者如问以建筑材料是否合用，则他们也只有瞠目而不能对了。可是瞠目不答就该这样完了吗？不，我们应问出一个究竟来，好让将来的工程师肯坚决舍掉这朽窳的材料而另行选用坚实的基础。①

杨向奎信奉什么，反对什么，至此已一目了然。

其三，杨向奎对“古史辨派”的态度又比较暧昧。这来源于他对“古史辨”的学术根据“今文家言”态度的暧昧。这大概是人们对他拿不准的又一个缘由。杨可能从大学高年级起，即开始“叛离”“古史辨”的学说和路数，其中最主要的表现是笃信《左传》《周礼》不伪，而这等于站到了所谓“古文经”派的立场上。但与此同时，杨至老也未放弃“颇喜今文家言”的学术嗜好。作为一个经学家，杨向奎就这样一生徘徊于“今文经”派与“古文经”派这两种对立的立场之间。在发表于1981年的《论“古史辨派”》一文中，杨集中表达了他对“今文家言”的矛盾态度。他一方面说：“在大学读书时从颉

---

① 杨向奎：《禅让传说起于墨家考·书后》，《古史辨》第七册下编，第109页。

刚先生学,选读他的‘《尚书》研究’,喜今文家言,也参加古史讨论。”[①]而且据他回忆,“喜今文家言”是当时学界特别是北京大学的时尚:直至民国年间,二十世纪二三十年代,今文经学虽然与政治脱节,但在学术界,在校园内,尤其在当时的北京大学泛滥一时,崔适、钱玄同都属于今文学派,我们的老师顾颉刚先生更因公羊学之反对古文经而疑古史,以至有《古史辨》的产生。他指出,今文经师占据了当时北京大学的讲坛,古文经遂无传播余地。但杨向奎却在这种参加古史辩论的过程和氛围中,又怀疑今文家言,对于康有为学风之粗枝大叶,有所不满,认为所谓刘歆遍伪《左传》《周礼》之说,不过是又一次的“托古改制”而已。认为在学术上,在纯学术立场上,今文学派之排斥古文经,斥之为伪,是站不住的,毫无学术价值可言。于是以当时的大部时间研究《左传》《周礼》,力图为刘歆翻案而说明两书之不伪。另一方面,杨又强调:我喜欢读今文经,欣赏其具有理想的政治思想。平情而论,今文经学在中国二千年来的封建社会中发挥了无比的政治作用,尤其是《公羊》的大一统学说,对于团结中华民族,巩固中国之统一方面起了古文经所不及的积极作用。今文家言就学术观点看,不可取;就思想体系言,则洋洋大观,是一种伟大思想体系,在中国文化史上的地位是不能低估的。这种对今文派的矛盾态度决定了他对“古史辨派”的矛盾态度。

“始于疑而终于信”,是杨向奎对“古史”的基本态度,由此也决定了他与“古史辨派”的关系。而发生这种转变的关键,是杨对顾颉刚《五德终始说下的政治和历史》一文的不满。

在70岁上写的《论“古史辨派”》一文中,杨再一次表达了他对

---

① 杨向奎:《论“古史辨派”》,第11页。

顾先生此文的不满——此时,顾先生刚刚谢世。这里说“再一次”,是因为在此之前,杨向奎已经对“古史辨派”有三次批评乃至驳斥了,对这些批评和驳斥我们下面还要着重评述。在对与自己的学术人生密切相关的“古史辨派”进行“盖棺论定”时,杨说:作为“古史辨派”的主将,顾颉刚先生提出来的两个主要论点:前期是“层累地造成的古史说”,后期是“五德终始说下的政治与历史”。前说,这层累地造成的中国古代史的形成,是各个时代的人按照自己所处的时代来塑造历史,这种塑造,譬如积薪,后来居上,所以形成层累地造成。后期的“五德终始说下的政治与历史”主要说是出自刘歆的塑造。刘歆不是一个博学的君子,只是一个“心怀叵测”的阴谋家。他塑造历史是为王莽篡位,为了给王莽的政权在五德终始的链条中找到一个安身立命的位置,也就是王莽政权之天命的根据了。如何估价顾先生的这两个主要论点呢?杨的基本立场看来是:大体上肯定前一个论点,全盘否定后一个论点。杨指出:颉刚先生的“层累地造成的古史说”,是在为传说中的古代史作剥皮工作,一层一层地剥去他们的伪装。也可以这样说,《古史辨》是在作去伪的工作。他将过去的盘古、三皇、五帝的系统打破了,这是一个可以肯定的贡献。过去讲古史,从盘古开天讲起,接下便是三皇、五帝、夏、商、周。顾先生的《古史辨》一下子就将这个系统给打破了,他的贡献就在于“破”,说明旧的系统不可靠。《古史辨》在冲破伪的古史方面,在由怀疑古史而加以抨击时都发生过积极作用。但在怀疑和抨击古史方面有时过头,以致玉石俱焚。比如《左传》是一部好的古代史,但他们怀疑它是伪作,这给当时古史研究者添加了许多麻烦,以至有人用了很大力气证明《左传》不伪。在杨看来,这种“疑古过头、玉石俱焚”的倾向就表现在《五德终始说下的政治和历史》一文中。杨说:“五德终始说下的政治和历史”这一论点,其影响不如“层累地造成的古史说”。因为这一论点似乎没有在前一论点的基础上再前进一步,它只是重复过去的老路,恢复到今文学派康有为的立场,又来和刘歆作对。如果说“层累地造成的古史说”是受有胡适一派考证方法的影响,而“五德终始说下的政治和历史”却是经今文学派的方法,一切委过于刘歆。杨强调,我们以为刘歆没有伪造五行相生说,他没有伪造古史系统,他也没有伪造记载伪史的《左传》与《周礼》。因此,为刘歆辩护的文章很多,如《刘向歆父子年谱》(钱穆作),《左传之性质及其与国语之关系》(杨向奎作),《周礼的制作年代及其内容分析》(杨向奎作)等文,在杨看来,“都是铁证如山,没有方法驳倒的”。即使顾颉刚先生现在也承认《周礼》是先秦时代齐国的作品了。[①]

七、顾颉刚是“今文经师”吗?

杨向奎之全盘否定《五德终始说下的政治和历史》一文,是因为在他看来,顾先生此文已堕落进传统经学亦即经今古文学派对抗的窠臼中去了。特别是重又跟着今文学家康有为走回头路了,而这是杨所不能接受的。于是他只好“吾爱吾师,吾更爱真理”了,开始了他长达45年对“古史辨派”的批评过程。

今文经学与古文经学的对抗起于二千年前的西汉末年。史书记载,自从秦始皇听了李斯的进言实行焚书坑儒的政策以后,相传为孔子所编定的所谓“六经”,除《易经》外,其余的全烧光或残缺散佚了。汉初,文化一片荒芜,虽然经学仍在民间流传,但由于没有写本,只好靠那些记忆力强的经师口耳相传。后来,这些口耳相传的“经”,被用当时通行的隶书写在竹帛上。这就是所谓“今文经”。

---

① 杨向奎:《论“古史辨派”》,第11—35页。

当时，各经都立博士(类乎通一家经说的顾问或教授)，今文“五经”立了14个博士。某经或某经中的某家派被立了博士，那就意味从“私学”变为“官学”。那时通博士经是唯一的“利禄之路”，凡不具博士弟子身份者不得仕进。所以，各家经说均欲争立博士。在所谓“今文经”盛行的西汉中期，用先秦字体(如籀文、蝌蚪文、小篆等)书写的经籍文本不断出土或被发现，它们被称作“古文经”，开始在民间传授。不过，由于不被立为博士，没有做官希望，只有少数“好古之士”在学习。到西汉末年，对古文经有特殊偏好的刘歆借王莽的力量，“欲建立《左氏春秋》及《毛诗》《逸礼》《古文尚书》，皆立于学官”(《汉书·楚元王传》)。基于政治上的需要，王莽提倡古文经学，一批古文经终于冲破“今文经学派”的强烈抑制，与今文经同立博士。刘歆是古文经学的开创者，有了他才有所谓古文经学。长达二千余年的经今古文之争是由刘歆开衅的，所以，从东汉以来的今文学派均嫉视刘歆，他们所持的主要理由，是说他伪造了《左传》和《周礼》，同时还“遍伪群经”，直至窜乱《史记》。遂开启对《左传》和《周礼》真实性的漫长怀疑。

今文家对《左传》的怀疑是逐渐加深的，在这个过程中，刘歆的罪名也就越来越重，直到在康有为的笔下达到十恶不赦的程度。最初对《左传》的质疑是认为它“不传《春秋》”，只有《公羊传》和《穀梁传》才“传《春秋》”。后来唐代人啖助及其门徒赵匡则进一步否定了左丘明对《左传》和《国语》的著作权，以为此二书“非出左氏”。此说强化了后代怀疑《左传》的趋势，而宋人林栗则率先指出《左传》中的“君子曰”[①]是刘歆的窜加，元人程端学则径称《左传》为伪撰。在上述零星怀疑的基础上，清代著名今文家刘逢禄写成《左氏

① 即类似于《资治通鉴》中的“臣光曰”一类的史评。

春秋考证》一书,对刘歆的所谓"伪造"《左传》的劣迹给以系统揭发。在他看来,历史上曾有过名为《左氏春秋》的书,一如《晏子春秋》《吕氏春秋》。但冒名的《春秋左氏传》乃是东汉以后的以讹传讹,而其始作俑者实为刘歆。[1]《左氏春秋》本不传所谓孔子的《春秋》,而刘歆却效法《公羊》,缘饰以书法、凡例,"君子曰",炮制了所谓《春秋左传》。他断言,后世流行的《左传》,是刘歆出于贬低今文的《公羊传》,为王莽篡汉提供历史根据的目的而与《周礼》一块捏造出来的。假如说刘逢禄更多的是从编撰体例上来揭露《左传》之伪,那末清末的康有为除了全部继承了刘逢禄的论证外,则进而从现行《左传》的来源、形成上坐实它是伪书。康氏认定,不但《春秋左传》之名出自伪造,连刘逢禄所承认的《左氏春秋》之名也系伪造。他根据《史记·太史公自序》《汉书·司马迁传》及著名的《报任安书》三次提到左丘明时,都说他是《国语》的作者,从未说他有通常所谓的《春秋传》的记载,断言左丘明所作只是《国语》。而刘歆"以其非博之学,欲夺孔子之经而自立新说以惑天下。……求之古书,得《国语》,与《春秋》同时,可以改易窜附,于是毅然削去平王以前事。依《春秋》以编年,比附经文,分《国语》以释经而为《左氏传》"[2]。在康有为看来,古本《国语》有 54 篇,但传至今天的《国语》只有 21 篇,而古本《国语》到东汉就不见记载了。康氏断定,左丘明所作的这 54 篇《国语》被刘歆一分为二,大部分被他改编为《春秋左传》,然后他又"留其残剩,掇拾杂书,加以附益,而为今本之《国语》,故仅得二十一篇也"[3]。康氏认为,这就是《左传》的作伪过程。康氏的结论是:西汉经学,并无所谓古文者,凡古文皆刘歆伪

---

① 刘逢禄:《左氏春秋考证》,辨伪丛刊之一,北平:朴社,1933 年,第 1、46 页。

② 康有为:《新学伪经考》,北京:中华书局,1956 年,第 84 页。

③ 康有为:《新学伪经考》,第 428 页。

作，所以叫“伪经”；刘歆“饰经佐篡，身为新臣”，是新莽一朝之学，与孔子无涉，所以叫“新学”，“凡后世所指目为‘汉学’者……乃新学，非汉学也”。而且“王莽以伪行篡汉国，刘歆以伪经篡孔学，二者同伪，二者同篡”。①

如同《左传》的命运一样，《周礼》从出现之初，也遭到人们的怀疑。《周礼》又称《周官》《周官礼》，相传为周公所作。但直到西汉末年，它才和《左传》一起，为王莽、刘歆从朝廷书库中发现出来，并竭力加以表彰，立为博士。不过从东汉起，人们就认为它是“末世渎乱不验之书”和“六国阴谋之书”。到了“疑古”之风甚盛的宋代，它则被人疑为刘歆的伪作。至清末此说盛行，康有为接过此说，明谓《周礼》是专门为王莽篡政、变法、改制而炮制出来的。在《新学伪经考》中，康有为说：“《周官经》六篇，则自西汉前未之见。《史记·儒林传》《河间献王传》无之，其说与《公》《穀》《孟子》《王制》今文博士皆相反，《莽传》所谓‘发得《周礼》以明因鉴’，故与莽所更法立制略同，盖刘歆所伪撰也。歆欲附成莽业而为此书，其伪群经，乃以证《周官》者。故歆之伪学，此书为首。”②据说，康有为的论断为民初至二十世纪二三十年代学界许多人所接受，以致那时“学术界大都不敢轻率称引《周礼》了，基本造成了一个概念：《周礼》是刘歆所撰伪书”。

康有为等人是经师，从其“家法”出发，他们可以爱怎么说就怎么说，顾颉刚是史学家，应该搁起成见，跟着证据走，不应追随今文家说。但顾先生的所谓“古史辨”，在杨向奎看来，几乎完全是以今文家说为前提的，这大概是他对自己的老师最不满意的地方。也是杨始终对“古史辨派”持批评态度乃至苛刻态度的主要原因

---

① 康有为：《新学伪经考》，第2—4页。

② 康有为：《新学伪经考》，第76页。

所在。

顾颉刚自己认为,他之怀疑古史,是受到康有为的启发,特别是康的《新学伪经考》和《孔子改制考》的点化。顾原先钦佩章太炎及其古文家说,“以为古文家是合理的,今文家则全是些妄人”。不久,他读到康有为的上述两书,“对于今文家平心了不少”,认为其说“惬心餍理”,对其“锐敏的观察力,不禁表示十分的敬意”,遂“更顿心于长素先生的卓识”。顾还明确承认,“我的推翻古史的动机……是受了《孔子改制考》的明白指出上古茫昧无稽的启发”。[①] 顾之怀疑经籍、辨析伪书,更是直接承袭《新学伪经考》。他的《五德终始说下的政治和历史》以及据此改写的《汉代学术史略》(又名《秦汉的方士与儒生》),几乎全部接受了康有为、崔适、钱玄同等今文家说,特别是以《新学伪经考》为出发点。对于《伪经考》一书,顾先生不吝褒扬之词。他说:“自清代学者重提出了今古文问题之后,作最严正的系统的批评的,首推康长素先生的《新学伪经考》。”“我深信一个人的真理即是大家的真理。《伪经考》这书,议论或有错误,但是这个中心思想及其考证的方法是不错的。他虽没有完工,但已指示我们一条继续的路。”顾认为康有为指控刘歆遍伪群经群书的话,“都是很重要的创见”[②],断定刘歆伪窜经史,“是一件确然的事实”[③]。

不但顾颉刚自认为接受了今文家说的影响,连他晚年最欣赏、对他的学说最服膺而又被誉为“顾门翘楚”的弟子刘起釪,也承认:顾先生关于《春秋》三传及《左传》与《国语》之关系的意见,尽管“精辟绝伦,必将成为不刊之论。但其立论的中心要旨在承清末今文

① 顾颉刚:《古史辨》第一册《自序》,《古史辨》第一册,第24、26、43页。

② 顾颉刚:《五德终始说下的政治和历史》,《古史辨》第五册,第537—538、546页。

③ 顾颉刚:《古史辨》第五册《自序》,第7页。

学派自刘逢禄、龚自珍以下，直至廖平、康有为、崔适诸人的学说，扬其余绪。诸人始发其论，为学尚见空疏；顾先生为之条分缕析，充实论证，辨说周详，体系完密，其立论远在诸人之上。其说核心在阐发汉今文学所倡'左氏不传《春秋》之语'，其所持论则主要在袭用刘逢禄之说……其次附录了康有为之说……主要观点仍依刘逢禄，以为《左传》系刘歆改《左氏春秋》而成。这是清末以来今文家一家之说。顾先生不是今文家……但在这个问题上却全承袭了今文家……但所谓刘歆改造之说，终究是清末今文学家有所为而发的一偏之论，常有意轻忽事实，流于武断……所以刘歆伪造《左传》之说必不能成立。……顾先生这书(指《春秋三传及国语之综合研究》——引者注)的主旨方面终究是今文学派一家之言"[①]。

由上可知，顾颉刚及其"古史辨派"接受了今文家言是无须辩护和开脱的学术史上的事实，问题是刘逢禄、康有为等今文家言有无历史根据、有多少材料根据？只要能拿证据来，是"今文家言"又有何妨？杨向奎怀疑、质疑师说，根据就在于他认为"今文家言"证据不足。如果能说明"今文家言"证据不足，对"古史辨派"来说那就等于釜底抽薪。这就是杨向奎说的，他1935年前后，以大部时间研究《左传》《周礼》，力图为刘歆翻案而说明两书之不伪，如果两书不伪，则"古史辨派"的理论根据在许多方面将发生动摇，于是在古史系统上与颉刚先生的看法不同，而与童书业教授"同室操戈"矣。杨在"夏族起源的问题上与傅斯年争吵"的同时，也在今古文问题上与顾先生发生了"争吵"，开始了他漫长的批评"古史辨派"的过程。杨的相关文章和著作有《略论"五十凡"》《论〈左传〉"君子曰"》《论〈左传〉之性质及其与〈国语〉之关系》《西汉经学与政治》

---

① 刘起釪：《春秋三传及国语之综合研究·后记——兼述〈春秋〉〈左传〉学之流变递嬗》，成都：巴蜀书社，1988年，第116—118页。

《从〈周礼〉推论中国古代社会发展的不平衡性》《〈周礼〉的内容及其成书年代》《"古史辨派"的学术思想批判》和《论"古史辨派"》等。在这些论著中,杨集中讨论了三个问题:如何看待《左传》和《周礼》等先秦古籍?如何估计西汉经学对当时政治的影响?如何评价"古史辨派"的学术地位?

杨向奎坚信《左传》不伪,并为恢复《左传》在人们心目中的信史地位而付出了不懈的努力。在这个问题上,我们现在大概可以断言,顾颉刚是错的,他的学生杨向奎是对的。

前已指出,怀疑《左传》中的"君子曰"为人窜加,从宋人即已开始,到清代刘逢禄,则对《左传》的书法、凡例、解经语、"君子曰"等给以全面质疑,遂使《左传》处于岌岌可危的境地。这些质疑又为康有为等清末民初诸今文大师和顾颉刚所承袭,酿成规模浩大的疑古辨伪运动。现在,杨在已有驳难今文家言的基础上,对这些质疑一一进行澄清,给以深入、详实、周密的分析和论述,认定《左传》的书法、凡例、解读《春秋》之语和"君子曰"等,均为该书所原有,非出后人之窜加,故《左传》本为传《经》之书。这些结论证据确凿,语语中的,被时人誉为"精当绝伦"。如杨论《左传》之"君子曰":"君子曰"云云,先秦书籍中多有之,散见于诸子百家及《战国策》和《国语》诸书中。《左传》中之"君子曰",其性质与诸子、《战国策》等书同。皆作者对于某事某人所下之论断也。此项论断或为其本人之意见,或取自他人之议论,不可能都是后人所伪造。而且杨还发现,"君子曰"这种议论体裁为先秦史学所共有,一如今天之"编者按",而《国语》中的"君子曰",大都集中在其中的《晋语》中,这可能说明,作为发表议论的"君子曰",为晋国史家所习用。若谓《国语》中的"君子曰"也为刘歆所伪窜,但刘歆何以不窜入他语而皆窜之于《晋语》耶?如仍硬诬此乃刘歆所伪加,杨又举出反证:《韩非子·难四》中有一段史事记载和“君子曰”与《左传》桓公十七年一段文字完全相同。杨认为，这段相同的文字“当为韩非因袭《左传》。倘谓《韩非子》所引亦出伪窜，则韩非尚有对此事及‘君子曰’之批评……”杨由此断定：“此岂后人所得附益？则知《左传》之原有‘君子曰’已成铁案矣。”[①]杨对《左传》本身真实性的论证大率类此。

至于《左传》与《国语》的关系，在杨看来，《国语》之文法、体裁、记事、名称等皆与《左传》不同，故两书并非一书割裂而成。从体裁看，杨引用许多两书同记一事的材料说明，《左传》详于记事，《国语》详于证言，《左传》事实多，《国语》虚论多，《左传》于战事之描写最详尽，《国语》仅记当事人之语言而已。杨由此得出结论：“由以上多数例证，知《左》《国》之体例本有不同，虽其所本之史策，或有相同，而去取之间，乃亦有歧异。若谓《左》《国》之详略互异，即为古文学家割裂之证据，是未达一间之言也。”[②]《史记·十二诸侯年表》中曾说过这样一句话：“鲁君子左丘明惧弟子人人异端，各安其意，失其真，故因孔子《史记》具论其语，成《左氏春秋》。”刘逢禄据此认为《左传》的古本是《左氏春秋》，但康有为、崔适则认为此一段话为后人伪窜。杨向奎根据《战国策》《韩非子》和《韩诗外传》所提供的材料，认定西汉以前的《左传》人们均称为《春秋》，然后他反问道：“在《史记》以前之书籍，如《国策》《韩非子》《韩诗外传》等固多有称《左传》为‘春秋’者，岂亦后人所窜加耶？”

在《论〈左传〉之性质及其与〈国语〉之关系》一文的“结论”中，

---

① 杨向奎：《论〈左传〉之性质及其与〈国语〉之关系》，《国立北平研究院史学集刊》第 2 期，1936 年，第 61—67 页。

② 杨向奎：《论〈左传〉之性质及其与〈国语〉之关系》，《国立北平研究院史学集刊》第 2 期，1936 年，第 79 页。

杨向奎斩钉截铁地说:“晚近今古文学大师,研究《左传》最精者,实推廖平及刘师培。廖平著有《春秋左氏古经说》一书,谓‘左氏事业具于《传》,义例出于说,今《传》事说杂陈,乃先秦左氏弟子依《经》编年’(见潘祖荫序——原注)。是谓《左传》本有书法、凡例也。刘师培多单篇论文,如《左氏不传春秋辨》《周季诸子述左传考》等,皆有极精到之处。本人此文之撰成,实受此二大师之启迪。斯文果有些微发现,皆前贤所赐也。撰文既竟,可下一结论曰:书法、凡例、解经语及‘君子曰’等为《左传》所原有,非出后人之窜加,故《左传》本为传经之书。《国语》之文法、体裁、记事、名称等皆与《左传》不同,故二者决非一书之割裂也。至于《左》《国》二书之创始者为谁,成书者为谁,创作之时代在何时等问题,本人别有考证,今不具论。”①

《左传》本身的可信性及其与《国语》不是一书割裂的事实,说明指控刘歆伪造《左传》的今文家言是不能成立的。同样,在杨看来,《周礼》也不是王莽、刘歆伪造的。杨举出许多史料,说明康有为“伪造说”的鲁莽灭裂、疏忽大意;也指出王莽本人对《周礼》的某些内容就有误解——假如说王莽参与《周礼》伪造的话,他怎么能对自己伪造出的东西产生误解呢?根据《大戴礼记》《史记》和西汉匡衡在奏疏中都引用过《周礼》的证据,杨断然指出:《周礼》“无论如何不是王莽的伪造”,而在王莽、刘歆之前早就存在;虽然和其他古籍一样,《周礼》曾作过王莽改制的蓝本,但它并不是有意制作出来备王莽篡位的。而且,杨还进一步指出这样一个事实:王莽改制的真正依据是《孟子》和《礼记·王制》。由此,杨强调:王莽篡政的便利是西汉今文经学派给他的,而与古文经学关系很少,然而晚清

---

① 杨向奎:《论〈左传〉之性质及其与〈国语〉之关系》,第80—81页。

的今文学派，特别是康有为氏硬说王莽之夺取政权与古文经有密切关系，甚至几乎说是古文学派一手所包办，属于“欲加之罪”的“莫须有”。杨同时也指出：王莽虽然是利用今文经说而取得天下的人，但古文经也有可以供他采用的制度，于是他重视《周礼》，“以明因鉴”。古文经学尤其是《周礼》，就是这样兴盛起来的。关于《周礼》成书的年代，杨从该书所设计的经济制度、政治理想及该书所反映的学术思想、社会习俗、宗教观念、五行学说诸方面，判定“它应当是战国中叶前后的作品”，而不像1930年代初期钱穆所说是“战国晚年的作品”。根据该书中的一些记载和该书所反映出来的与《管子》一书的深厚渊源，杨又指出《周礼》的成书地点是齐国，而且是出自“齐国有儒家气息的法家”。杨的上述论点，无不明攻康有为，暗射顾颉刚。但顾颉刚晚年在《周礼》的问题上，却接受了杨的看法，在1979年发表的《周公制礼的传说和〈周官〉一书的出现》一文中，承认《周礼》是战国时代齐地法家所作。

如何估计西汉经学对王莽篡政的影响，是杨向奎与顾颉刚商榷的另一重点。在《五德终始说下的政治和历史》一文中，顾说，汉代人的思想的骨干，是阴阳五行，无论在宗教上，在政治上，在学术上，没有不用这套方式的。此文旨在说明秦汉的方士与儒生在大一统的社会背景下，怎样运用阴阳五行的思想创立政治学说和政治制度，来为秦汉时期的统治集团服务的。顾写这些内容的目的，就是要说明“层累地造成的中国古史”是由于秦汉的方士与儒生为了适应当时统治者的不同阶段的不同需要，用五德终始说来编排各种古史系统而形成的。所以，此文实际上叙述了“层累地造成中国古史”的形成过程。

如前所说，此文表明，顾颉刚在对待今古文问题上，重又站到今文家的立场上了，主要表现是一切委过于刘歆。顾自己也承认这一点:今文家崔适先生在《史记探源》中提出,刘歆利用了五德相生说来改造古史系统,我根据他供给的各种证据加以推阐,写成了《五德终始说下的政治和历史》一文。① 这是他的学生杨向奎最不满意所在。在康有为那里,刘歆被说成是伪古史的制造者,刘歆造经造史的目的是为王莽篡汉制作舆论准备工作。在杨看来:"古史辨派"接受了这种理论并予以系统化,而且还进一步为刘歆造经造史找来了理论根据,这一理论根据就是所谓的"五行相生"说。顾先生说刘歆曾经根据五行相生说来整齐中国上古史。这就是说,刘歆以五行相生说为指导,制造了一部伪古文,从而给王莽的政权在五德终始的链条中找到一个安身立命的位置,找到天命的合法性。而这个五行相生说本身,在顾看来,也是刘歆一派伪造的。众所周知,虽然先秦诸子与两汉经师多说五行,但五行说的大师是邹衍。顾先生认为,邹衍的五行说是五行相胜说,即土克水、水克火、火克金、金克木、木克土,用于历史,即汉克秦、秦克周、周克商、商克夏、夏克黄帝。这种五行说流行于先秦与汉初。历史上的朝代递嬗本有两种形式,一是革命,一是禅让:革命如商、周,禅让如虞、夏。而五行相胜的原理可以适用于商、周的革命,但不适用于虞、夏的禅让,况且五行相胜的系统与已有的历史系统也不合拍。于是,五行相生说开始萌芽。加上当时的王莽也不想用"革命"的办法来夺取政权,只是想用水到渠成的办法禅取汉祚。这样,充当"帝师"的刘歆就把邹衍的五行相胜说完全改变为五行相生说,即木生火、火生土、土生金、金生水、水生木,并据此编排了一个新的古史系统。他这个新的古史系统以王氏代刘为归宿。刘歆并专门为此作了一种确立这种古史系统的《世经》。在《世经》中,汉在五

---

① 顾颉刚:《秦汉的方士与儒生·序》,上海:上海古籍出版社,1998年,第6页。

行中变为火德，而且是尧的后裔，而王莽则自称是舜的传人，在五行中属土德。既然他为舜后而汉为尧后，历史上舜受尧禅，现在也应如此，那么汉的江山应当让于舜后王莽就是顺理成章的了。五德相生的秩序就这样定了，王莽还不能做皇帝吗？他不做皇帝上天也不容许。于是，《世经》系统中的人物就一一跳跃而出，各个坐在他们的座位上，古代历史也就为之全部改观了。后来王莽虽然垮了，但为王莽篡汉而编造的这个古史系统却被接受下来。从皇甫谧的《帝王世纪》到吴乘权的《纲鉴易知录》没有不按这个系统写的，也没有敢不这样写的，它变成正统、偶像和非常权威的古史系统了。

对于顾颉刚的这一套看法和解释，杨向奎从根本上不赞成。他在 1945 年出版的那本《西汉经学与政治》[①]中，与顾先生针锋相对，几乎完全“对着干”，提出：“我们以为刘歆没有伪造五行相生说，他没有伪造古史系统。”[②]杨认为，以五行相生说解释历史本始自邹衍，而汉朝在五德中属火德“尚赤”也非刘歆等人的伪窜。杨说，这些都是不同于颉刚先生理论的主要事实。他斥驳顾先生的逻辑根据是：刘歆为王莽制造夺取天下的理论根据，既然是在“制造”，这里面的任意性就很大，他可以利用任何一德为基本，不管是火德是土德。说西汉是火德、尧后，王莽的“自本”[③]自称为舜后、土德；反正是五德循环，反正是根据王莽的“自本”，谁敢说他的“自本”是伪造？他自造尧后、舜后、禹后都很方便，何必去变动已有的古史系统，改变五行秩序以自造破绽？王莽是狡猾的人，刘歆更是

① 此书的主要内容后收入《中国古代社会与古代思想研究》一书中，更名为《西汉今文经学与政治》。

② 杨向奎：《论“古史辨派”》，第 32 页。

③ 指王莽对自己祖先来历的“自述”，见《汉书・王莽传》。

当时的大学者,他们不会这样笨拙,自找麻烦。杨说:我在几篇著作内都寻本追源地为刘歆作类似辩解。在这个问题上,我和顾先生、童先生存在着长久的分歧,他们两位都是知道的。[1]

既然在顾先生看来,王莽据以篡汉的伪古史系统是根据所谓"五行相生说"编排的,那么,正确说明五行说的起源当然就是反驳顾说的前提。杨向奎正是这样做的:"我不同意《五德终始说下的政治和历史》一文中的某些观点,在四十年代我曾有《西汉经学与政治》一书,比较详细地论述五行学说的源流及其在历史和政治上的影响。"[2]杨认为,五行说的起源很早,至少在殷代已经萌芽,到战国之末秦统一之前,五行说的次序已经排定,或相生或相胜。杨说,通行后代的那种唯心论色彩比较浓厚的五行体系是从子思、孟子开始的。邹衍接受了孟子等人的影响而提出五行相生说,这其实是一种天道运行的自然观念。与顾先生完全相反,杨用所能利用的材料证明,"原始的五行说本来是相生的体系",邹衍的五行学说也应当是相生而不是相胜。他断言:"相生说先相胜说而存在,乃无疑问。"既然如此,"顾颉刚先生为什么主张邹衍是相胜说"呢?杨认为,顾依据的材料没问题,只是他只看到了邹衍的一半:原来邹衍是一个变了节的人,后来他放弃了原先所信奉的儒家学说,而儒家的仁义观念是相生说的理论基础。杨的依据是《盐铁论》中的一段话:"故商君以王道说孝公不用,即以强国之道,卒以就功。邹子以儒术干世主不用,即以变化始终之论,卒以显名。"杨由此得出他的认识:邹衍最初是"以儒术干世主"的,因为不为人所重视,才改了相生主义而提倡相胜主义,以近乎暴力主义的学说蛊惑当世六国君主,因此显赫起来。即使这样,杨也认定,相胜的五行说在

① 杨向奎:《论"古史辨派"》,第21页。

② 杨向奎:《论"古史辨派"》,第20页。

先秦也未成为一种“显学”。于是，杨得出自己的结论：“五行相生是刘歆一派伪造的”观点站不住脚，这样，《五德终始说下的政治和历史》的基础也就动摇了。

杨的《西汉经学与政治》，据作者在晚年的《学述》中说：“主旨是：我不同意顾颉刚先生在《古史辨》第五册《五德终始说下的政治和历史》中，所提出的‘五行相生是刘歆一派的伪造’观点。”尽管如此，《西汉经学与政治》的辞旨自始至终还是比较温和的。但从《中国古代社会与古代思想研究》一书的有关部分来看，作者的用语显然更严厉了。这反映了至1960年代初期，作者很可能已不把顾先生看做老师了。举一个例子。前曾指出，关于汉初的属德，历史记载本身是矛盾的，对于其中的火德尚赤说，顾先生认为也是出于刘歆一派的伪造。他怀疑《史记》中记载的刘邦斩蛇起义的故事，也即所谓赤帝子斩白帝子的故事，是东汉初年的人窜加上去的。理由是：“赤帝子斩白帝子，即是光武帝灭公孙述的反映。因为公孙述居西方而自号白帝，所以以前居西方而称帝的秦，也要主少昊得金瑞了。因为中兴而受赤伏符的光武是赤帝子，所以创业而为尧后的汉高祖也应当是赤帝子了。”[①]对这种解释，杨指责道：“这是只许后人放火，不许前人点灯的态度，拿后来否定前者是没有根据的。而且在东汉时，司马迁的《史记》已经流行了，看过的不在少数，当时人有什么方法在一部已经流传的权威著作内作伪？《史记·高祖本纪》的第一节，如果除去这些故事，将不成片断。又根据顾颉刚先生的意见，以为汉为火德应是刘歆提倡五行相生说以后的事，但赤帝之斩白帝子乃系相胜的说法，为什么相生的系统变作相胜的故事，这也是很难讲得通的。”类似这些比较严厉的批评，

① 顾颉刚：《跋钱穆〈评五德终始说下的政治和历史〉》，《古史辨》第五册，第634页。

可以说在此书中比比皆是。正因为《西汉经学与政治》辞旨温和持平,所以,此书出版后,“得到了顾颉刚先生、傅斯年先生、董作宾先生等学术大师的一致好评”。

八、对“古史辨派”的整体评价

了解顾杨师生之间上述学术分歧之后,对于杨向奎如何从整体上估价“古史辨派”也就可以有一个基本的预测了,事实上我们在上文也已经透露了杨的一些主要看法。下面,我们还要集中展示一下杨的有关见解。应该指出,在多种因素的作用之下,杨对“古史辨派”的评价经历了一个较大的曲折。1950 年代初,他倾向于全盘否定,1980 年代初,他又作了有限度的肯定。无论是全盘否定还是有限度地肯定,对杨来说,与 20 世纪三四十年代相比,都有其逻辑一贯性。

1952 年《文史哲》第 3 期发表了杨向奎(时任山东大学历史系主任)评价“古史辨派”的文章,题为《“古史辨派”的学术思想批判》。与此同时,还发表了时任山东大学历史系教授童书业的《“古史辨派”的阶级本质》一文。这两位顾先生的高足,同时向他们的业师开火。差别只是,童书业着眼于政治,杨向奎着眼于学术思想。这种分工也挺有意思:从政治上批判顾的童书业,其实一辈子对政治一窍不通;而对政治较有认识且又于此时刚刚加入中共的杨向奎,却从学术上清算“古史辨派”。这两篇文章还有一个差别也值得注意,就是童的文章名副其实,从头至尾批判“古史辨派”整体,虽然笔锋时时指向顾先生,但他是把顾先生作为这一学派的领袖和主要成员看待的;而杨的文章却始终紧紧扭住顾先生本人不放。

杨的文章一开始就指出:“所谓‘古史辨派’的学术思想,主要是指着顾颉刚教授的学术思想而言，在晚近中国半封建半殖民地的社会内，顾颉刚教授的学术思想曾起了一定的作用。他曾经直接和间接地引导着一部分青年走向他曾经走过的路。……我们不管他的学术思想的价值如何，他曾经发生过影响是肯定的。”而“过去发生过影响的东西，我们就应当加以分析批判，使不好的影响可以及时清除”[①]。从写《古史辨》第一册《自序》开始，至编成《古史辨》第五册止，这一段时间内，顾先生屡屡不厌其烦地声明自己是“史家”而不是“经师”，而且也非常担忧自己被别人特别是学界误认为“经师”“今文经师”。现在，杨正是从这里开始他对顾颉刚学术思想的批判，可谓“直捣龙穴”。杨说，顾颉刚教授治学的方面相当广，但最主要的领域则是古史学和经学。杨说，顾不愿意人家称道他是“经师”，而喜欢说自己是史学家，事实上他是“通经治史”，走的是“公羊学派”的老路，并不是干干脆脆的史学家。如今我批判他也就从这里开始。因为“公羊学派”亦即今文家言是他学术思想的主流。但杨又认为，身在晚清和 20 世纪初叶的顾颉刚，所接受的东西又比较驳杂，“他接受了公羊派的学说而有推翻古史的计划，接受了买办资产阶级的实验主义的方法而有古史演变的主张，又接受了清代的考据学派的方法而对于古经古书发生怀疑，这三派学术思想的混合运用造成了他的怀疑古书、怀疑古史、推翻古史的疑古运动”。[②]

杨肯定顾先生学术思想的主流是今文家言，是为下面几个带有结论性质的论点提供铺垫。首先，这为给顾先生的阶级立场定性作了必要的准备：认为顾先生属于要求变法的开明地主阶级，或者用杨的原话说：“顾颉刚教授的思想还是在半封建半殖民地时代

① 杨向奎：《“古史辨派”的学术思想批判》，《文史哲》1952 年第 3 期。

② 杨向奎：《“古史辨派”的学术思想批判》，《文史哲》1952 年第 3 期。

的开明地主阶级的思想。”其次,也是为顾先生的学术角色定位:既然顾信奉今文家言,那他当然主要就是“经师”而不是“史家”。再次,这也就可以轻而易举地把“古史辨派”划入今文经学范畴内,从而为全盘否定这一学派找到了最好的根据。

我们在前面提出杨与“古史辨派”的关系时,曾提及杨对顾先生考辨古史的两大命题有不同看法,其实,那是他晚年的看法,在1950年代初期的这篇文章中,杨在当时主流意识形态的支配下对这两大命题是一锅煮的。杨向奎此文的第二部分就论述或批评了这两大命题。他说,顾颉刚教授的古史学说,前后有两个主要的课题:一是“层累地造成的古史说”,一是“五德终始说下的政治和历史”。前一种说法是他的前期古史说的重点,后一种说法是他后期古史说的重点。由于他承袭了今文家的“诸子改制”的学说而怀疑古史,怀疑古史就追求这种古史产生的原因。“通过他主观唯心论的想法,他恍然大悟了,这些古史全是后人编造的。越造越长越远,是一塌胡涂毫无是处的,这一种说法的影响所及,遂使许多人不敢讲中国古代史,只能讲‘中华二千年史’了。”在引述了顾对第一个命题的解说之后,杨又强调:“这一种说法曾经被一些资产阶级的学者称道为伟大的发现。有此发现,遂否定了中国封建社会以前的一切古史记载和传说,中国历史只有西周后才可信。西周以前的一切古史或者是伪造,或者是神话,全不能相信,他们说大禹是一条虫,尧舜是乌有先生。”[①]对此,杨根据“唯物史观派”的古史见解,质问道:“那末,中国社会是怎样发展得来的呢?中国社会有没有经过氏族社会,有没有经过奴隶社会?这在古史辨派是不闻不问的,而且也不愿闻,也不知道问。只是专悍地说中国史自西

---

① 杨向奎:《“古史辨派”的学术思想批判》,《文史哲》1952年第3期。

周讲起,西周以前一切存疑,西周以前是一塌胡涂!"在批评"五德终始说下的政治和历史"这一命题时,杨说,这一命题是层累地造成古史说的进一步发展,把古史学玄学化了。层累地造成的古史说,只是说明了越往后来,古史越长,不能够很好地说明这层累地造成的原因。顾颉刚教授在这篇文章内说明了古史系统造成的唯心论的原因:自从邹衍把"五德终始"的学说应用到政治与历史以后,中国历史遂有一次有计划的大安排;到刘歆的《世经》出现之后,这个古史系统又完全变了样子。而《世经》中的五行说及其古史安排,则代表着一种政治上的阴谋,即王莽篡位,中国伪造古史的运动到刘歆、王莽而集大成。

杨在他文章的第三部分,给顾先生及其古史学说下了比较严厉的判词。杨说,"古史辨"在旧中国影响很大:"十余年前各大学历史系的学生……大多喜欢弄弄上古史,说说大禹是否是一条虫等等问题,'古史辨派'本身也沾沾自喜,认为自己真正对于古史有了贡献,至少给混乱不清的古代史廓清了一条大道。这些问题不弄清怎好下手研究呢?"对这些几乎已有定评的东西,杨质疑道:"果真有这么多的贡献吗?"回答在他看来完全是否定的。"首先,这一派的治学方法,彻头彻尾是唯心论者,他们丝毫不了解社会发展规律,武断地说,西周以前的古史,渺茫难稽。"其实,主要是文献不足、弄不清楚的问题。"因为弄不清楚,就说是后人的伪造,是武断的主观论者。"在已经接受了摩尔根、马克思人类学理论的杨向奎看来,顾先生"把古史推翻,只造成古史的混乱,而没有解决任何问题"。"其次,顾颉刚教授承袭了康有为的衣钵,使用着今文学派主观唯心论的方法,说刘歆伪造了古文经,伪造了古史。古书上,尤其是古文经上,凡是一切不合乎他们的说法的,全是刘歆的伪造。……我们必须明白康有为不是在研究历史,他是在作变法运动,他以历史作为他的变法工具,可以改过来,改过去,他可以推翻古史,他可以伪造古史,因为他别有用心。顾颉刚教授也在用'托古改制'的方法讲历史,他们用'托古改制'来改造历史,你用'托古改制'的方法来讲历史,不是越讲越胡涂吗?""顾颉刚教授站在今文学派的立场来攻击古文,丝毫不明白产生今古文学的社会条件。"①

"由于这种不正确的方法得出的结论,层累地造成的古史说,有没有学术上的价值呢?"杨断然指出:"肯定地,没有。层累地造成的古史说根本不能成立,这不是层累地造成。后人不可能'造'古代史,根据一定的传说或记载而有所整理是有的,但这不是造成。"杨说,后出的史料不能说就是后人的伪造:"第一你不能肯定你现在能看到的古代史料是古代史料的全部,第二你不能肯定晚出史料是没有根据的,第三,也是最根本的,你不了解社会发展规律,没有力量去分析批判古史料而定是非。因之'层累地造成的古史说'就一无是处了。……'层累地造成的古史说'这一'发现',没有说明任何问题,没有解决任何问题。"那么,"五德终始说下的政治和历史"的命题的价值如何呢?对此,杨也不容置疑地指出:"同样没有而且也不能解决任何问题。"综合上说,杨的最后结论是:顾颉刚教授的疑古学说,不但"没有解决任何古史问题,反而造成了混乱"。②

认为"层累地造成的古史说""一无是处",显然是言重了,即使考虑到当时历史条件和舆论形势,也有欠公平,尤其是作者还系受恩于顾颉刚的学生。所以,此文对"古史辨派"一棍子打死的做法,对顾造成了一定的伤害,也引起了一些旁观者甚至当年禹贡学会

① 杨向奎:《"古史辨派"的学术思想批判》,《文史哲》1952年第3期。

② 杨向奎:《"古史辨派"的学术思想批判》,《文史哲》1952年第3期。

老友的不满，这些，我们已经在写童书业的时候交代过了，不再重复。

历史后来给了杨赎过的机会。杨也充分利用了这个机会。这表现在两个方面：一是杨又写了一篇论“古史辨派”的文章；二是杨在各种场合，都不厌其烦地表达对师恩的感戴，那份念念不忘的殷殷师徒之情，着实令后生小子感动。唯一可惜的是，对这一切，顾先生都未来得及看到。这后一个方面我们下边再讲，这里，先谈谈杨向奎 1980 年代初发表的《论“古史辨派”》的文章。

正是在这篇文章中，杨在评价“古史辨派”的是非功过时，对“层累地造成的古史说”和“五德终始说下的政治和历史”这两个命题作了区分，部分肯定了前一个命题，仍然根本否定了后一个命题。对这些，上文也已作过交待。值得在此强调的是，杨在此文中，对“古史辨派”从整体上给予许多前所未有的肯定。

首先被杨肯定的，是“古史辨派”的社会史意义，即“反封建”精神。杨说，《古史辨》的疑古，是在五四运动后，发生反对封建社会的基础上产生的，怀疑封建社会所传说的古代史，本身也就构成反封建之一环！在这个角度上，杨对顾先生与康有为的不同也作了仔细的辨识——1950 年代初期，杨是将顾先生与康有为一视同仁的，都是今文家！杨现在说，《古史辨》“破”字当头，政治作用很大。“过去康有为曾经提出造经造史的说法是为了树立今文经学和孔子的权威，以为维新变法的主张寻找理论上的根据。《古史辨》采用了康有为的某些观点，但几个‘打破’的结果，不是在树立某些权威，而是在冲击某些权威，它冲击了某些封建权威，某些封建道统的权威，这种权威或多或少地已经是束缚中国人民的枷锁。从这种意义上说，《古史辨》派的破，还有继续五四精神的传统，反对封建主义的积极意义,以此我们应当肯定《古史辨》的破的工作。”[①]杨还说,“古史辨派”抨击了“自古相传的古史系统,而这个古史系统不仅是历史问题,也是道德伦理问题。因为古代帝王被说成是道统所系,因而《古史辨》辩论的对象不仅是中国古代史,也是中国道德学及伦理学史。这是中国封建社会整个上层建筑中的核心问题,对这些问题发生怀疑,也就是怀疑整个封建社会的道德学说与价值观念。从这个角度看,他们的工作是和‘五四’时代反封建的伟大潮流一致的”[②]。

至于“古史辨派”在学术史上的地位,杨也从整体上作了肯定,虽然肯定得很有限,很无力。在这个方面,杨肯定了两点:第一,杨含蓄地默认了“伪史”的存在,从而也就正面承认了《古史辨》“破”的意义。“我们说《古史辨》的功劳主要是对于传说中的古史的‘破’,这一破对于后来建立科学的真实的古代史是有积极作用的。我们不能把盘古开天当作历史!”在这篇文章中,杨从不同侧面反复强调了这一点。譬如他说:“虽然‘古史辨派’在方法论上及由此方法得出的结果值得商榷,但成绩还是应当肯定的,有些古史是后人的有意安排……中国过去相传的古史系统有人为的成分。”所以《古史辨》的疑古就并非“一无是处”了。他又说:“《古史辨》在冲破伪的古史方面,在由怀疑古史而加以抨击时都发生过积极作用。”缺点只是“有时过头,以致玉石俱焚”。杨还从与王国维、郭沫若的比较中,肯定了“古史辨派”:“如果说‘古史辨派’在扫荡不科学不合实际的古史传说上作出了贡献,那么王国维则在建设可信的古史系统上作出了成绩。他们是一破一立,同时存在,至郭沫若同志的《中国古代社会研究》出版后,乃出现了一个崭新的境界。”第二,

---

① 杨向奎:《论“古史辨派”》,第 15 页。

② 杨向奎:《论“古史辨派”》,第 31 页。

杨还承认《古史辨》具有多方面的学术意义。“不仅在辨论古代传统的不可靠的古史方面‘古史辨派’作出了贡献，而在辨伪书方面，也就是在古代史料之准确性方面也作出了积极的贡献。以此我们说《古史辨》发挥过积极的作用，而且发挥过许多方面的积极作用。”①

应该说，杨这里对“古史辨派”的评价还是比较中肯的。可能在初稿中或者在征求意见稿中，评价大概比这里要低，所以本文初稿曾招致过不满。《论“古史辨派”》一文最初刊发在《中华学术论文集》中，文末，杨曾附有一个“后记”，其中说：此文初稿曾寄给史学界的朋友请提意见，尹达同志、赵俪生同志都有来信。赵先生信中有云：

> 您的大著敬谨拜读了三四过，感到评论很不容易。……
>
> 总的意见，是对顾先生和童先生，调子低了些，换句话说，是“弦儿”低了些。
>
> 虽然文章已经确定了的对象是《古史辨》，和它的主将顾先生和“发挥者”童先生，自然而然有个时代的框框；但顾先生和童先生后来还是有发展的。……
>
> 如我精神没有错乱，您是做了三点论，两点否定，一点肯定的。
>
> 三点论：两点否定：ⅰ宇宙不可知论，历史唯心论；
>
> ⅱ只有“破”，只做了“清扫”
>
> ……
>
> 一点肯定：ⅰ反封建（与“五四”合流）
>
> 肯定处，相对说是无力的，否定处却是茁茁实实的。……

① 杨向奎：《论“古史辨派”》，第15—33页。

一篇文章,要考虑效果……一个人,二三十岁唯心,五六十岁也可能唯物嘛。顾先生这些年的《尚书》研究给人的影响很好嘛,丕绳晚年也做了一些……有分量的工作。①

尹达在信中也发表了一些看法。杨说:"以上两种意见,笔者都曾参考并用以修订原稿。"②可见,我们看到的这篇文章,是杨向奎很用了一番心思写的和修改的,大概足以代表杨对"古史辨派"的最后看法。由此而言,他对他老师一生工作的价值是基本肯定了的。当然,从大学毕业前后就形成的认为他老师有今文经师倾向的看法,在此文中仍然保留。顾颉刚是 1980 年 12 月 25 日逝世的,上引杨的那篇后记的写作时间是 1980 年 8 月 1 日,这说明此文定稿时,顾尚在世。依杨对此文的慎重态度,我们推测此文从初稿到定稿都会送交顾先生寓目的。顾先生不会接受此文的一些见解,这是肯定了的,但他对杨用此文来修正 30 年前的那篇一概骂倒的旧作的举动,表示宽慰和谅解了吗?这可能得有待顾先生的日记出版之后才能确知。

杨与"古史辨派"半个世纪的恩怨是非关系已如上述,由此所能得出的一个简单结论是:杨向奎曾经有一段是"古史辨派"的同路人,但他始终不是"古史辨派"的成员;不唯不是该派成员,还是该派的劲敌、对手和始终如一的批评者。

杨向奎与"古史辨派"的关系的话题,是由他在《禹贡》上与傅斯年讨论夏族起源时引发出来的,当我们对这一关系的始末有了一个大体的描述之后,还是让我们回到"禹贡"时期来。杨是一个与"禹贡学会"、《禹贡》半月刊关系很深的人,可以说他的学术人生

① 杨向奎:《论"古史辨派"》,第 34 页。

② 杨向奎:《论"古史辨派"》,第 34 页。

是以《禹贡》作为起点的。同时，他在这一时期，主要是作为顾先生的得力助手、顾先生学术圈子里的骨干形象出现在学界的，所以，顾先生对他处处提携、处处照顾，他也为顾先生做了许多事，帮了顾先生许多忙。

1935 年 7 月，顾颉刚就任北平研究院史学研究会历史组主任，他为此搭建了一个阵容强大的工作班子：吴丰培、吴世昌等任编辑，石兆原等任助理，名誉编辑多由顾的学生充任，如孙海波、徐文珊、冯家昇、白寿彝、童书业等，杨向奎也在其中，另外，洪业、许地山、张星烺、陶希圣、闻宥、孟森、吴燕绍、钱穆、吕思勉、聂崇岐等名家任史学研究会会员。这年 9 月，前教育总长张国淦将其在北平西四牌楼北首大红罗厂的房产捐给"禹贡学会"作为办公地点，学会除留出三间为办公室外，其余悉作会员住房，杨与史念海等先期迁住其中，稍后，童书业、张维华等也入住其中。在这里，杨向奎一直住到北平陷落。这是一段令晚年的杨向奎念念不忘的读书做学问的好岁月。就是在这一时期，他写出并发表了《论〈左传〉之性质及其与〈国语〉之关系》《夏民族起于东方考》等著名论文。虽然他这时已展开对"古史辨派"之批评，虽然这时童书业已将他放到"我们"之外，但他们师生之间的关系这时却最为融洽。

杨在此期间协助顾颉刚所做最大的一件工作，是代顾先生与史念海合草了《中国疆域沿革史》一书。1935 年初，顾与谭其骧商议合编一部《中国地理沿革史》，并与商务印书馆签订出版合同。顾当时正处于他一生事业最辉煌的时期，事务缠身，分身乏术，他本打算让谭在已有的讲稿上尽快写出，无奈谭不愿苟且和迁就，迟迟拿不出来。于是顾只好另请他人，如同顾自己所说："商务印书馆欲予为其'中国文化史丛书'中编写《中国疆域沿革史》一种。……予忙甚,终不克为,而商务催稿甚亟,因请杨向奎、史念海两君为之。”[1]成稿后,据说顾觉得刚刚与杨联合署名刊发过巨型论文《三皇考》,遂商诸杨向奎,为提携史念海,顾与史联合署名出版该书。对这件事,从未见杨有过怨言。但据说起草该书时,秦汉以后的部分曾参考过谭的讲义,由于未作任何说明,几十年后仍“引起了知情人的不平”。但这已和杨向奎毫无关系了。

九、酸甜苦辣:1940 年后的师生关系

1937 年 7 月,北平陷落,列入日本人通缉对象的顾颉刚仓促出逃,“盛友如云,人材济济”的禹贡学会随之星散,杨向奎也离京他走。日军全面侵华八年,不但导致整个中华民族命运的转折,也几乎导致其中每个个体命运的转折。战前北平学界的三大老板:胡适、傅斯年和顾颉刚,都受到战争的影响,但数顾损失最为惨重。光复之后至 1949 年大陆鼎革,胡和傅依托北京大学和中央研究院,使他们手下的学术人马不仅重新聚合,而且进一步壮大。而顾则在官方一直没位置,又与胡、傅合不来,他的依托主要在民间,而民间又受到战争的最致命摧残,所以,在解放战争期间,与胡、傅的轰轰烈烈相比,顾则略显狼狈和冷清。战争使顾颉刚几乎失去了一切,包括他与许多弟子的亲密关系。顾杨之间也因受到战争所引发的诸多因素的影响,彼此之间产生了许多误会,最终在学术上、感情上逐渐分手。

战争开始之初,杨逃出北京,随南迁的北京大学先至长沙。后听说顾颉刚已赴西北考察教育,遂辗转来兰州寻找顾。在兰州,师生重聚,同来此地的还有杨的北大同学王树民。杨王两位在西北

---

① 王煦华、朱一冰:《顾颉刚先生有关历史地理的论著目录》附记,《历史地理》1982 年第 2 期。

期间,协助顾从事教育活动。后来,顾离开西北赴昆明,就云南大学和迁滇的北平研究院史学研究所历史组主任职。杨则留在兰州的甘肃学院任教。1939 年 9 月,顾就任内迁成都的齐鲁大学国学研究所主任,遂又制订雄心勃勃的研究规划,经学史大概是其中的一个组成部分,于是有前引致杨向奎论经学研究的信。此信写于该年 12 月 25 日,这可能引动了杨来投的想法。尽管顾颉刚阻止,但杨还是辞掉甘肃学院的教职,来成都投靠,这才出现了开头所说的那场顾杨之间的生硬谈话。顾的态度大概在相当大的程度上伤及杨的自尊,但杨在新来乍到无处安身的情况下还是在齐大国学所住了下来,并接受了顾交派的研究任务。

顾颉刚来成都后,有意搜集当地流传的李冰治水与二郎神故事的材料,而且愈集愈多,原打算写一篇文章处理此一题材,但后来看到材料太多,须扩大为书,而自己则无暇做此项工作,遂将此一课题交给了新来的杨向奎。杨用半年时间,对李冰治水的传说进行了全面考查,写出《李冰与二郎神》一书,交齐鲁大学国学研究所准备出版,后来此书稿不幸被出版社遗失,造成无法弥补的损失。杨在 1980 年代写的一篇文章中还忆及此事,指出民间流传的李冰父子治水一事,可靠记载中没有发现李冰的儿子,至于附会二郎神与水怪斗法的传说更属神话。杨又引用了自己为都江堰水利馆纪念李冰而作的一首诗,表达了这种学术见解。诗为:"二郎史无据,斗法属传奇。李冰虽蜀守,功和大禹齐。"①此书虽未出版,但杨为此书写的"自序"却公开发表出来。他在这篇"自序"中指出:"当我来到四川不久,顾颉刚先生就嘱咐我考证李冰和二郎神的故事。这篇文字本来是他要作的,已经搜集了一些材料,并拟有一个纲要,因为

① 杨向奎:《"深淘滩,低作堰"的流体力学意义》,《四川水利史研究》1985 年第 2—3 期。

他要做的事情多,并且身体也不健康,就嘱我接续作了。……本来这是一个民俗学专家应当作的工作,顾先生就是适当的人选,我们全知道他研究过妙峰山、孟姜女以及歌谣的成绩,他来作,一定有石破天惊的成绩的。我便不行了……"在这篇《自序》中杨还深情地回忆道:"犹记我每得一件新颖的材料时……往往跑到顾先生家里,气喘嘘嘘地告诉他;或是发现了一些好见解时,顾先生也必定高高兴兴地和我讨论。"师生之间合作的愉快溢于言表。后来,杨又在顾主办的《经世日报·禹贡周刊》上,连续5期刊发过《李冰治水考》的长文。顾对此文十分欣赏,他在一篇文章中说:"抗日战争时期,我国的专家学者差不多全体集合到四川。当时,对于川康的自然界和社会各方面的调查研究风起云涌,实在是抗战前所没有预料到的收获。单就史学界而言,重要的论文像……杨向奎先生的《李冰与二郎神》,都是可以纪念的作品。"①

在齐大国学所期间,杨还在顾主办的《责善》半月刊上刊发过一批札记。1983年5月,杨在为他的《绎史斋学术文集》所写的"前言"中,谈到过这批札记和一些背景情况。杨说:"一九四〇年顾颉刚先生主持成都齐鲁大学国学研究所,当时我已经在一个大学的文史系教书,但总觉得自己还是空虚,需要进修。遂商得颉刚先生的同意,在这个研究所住了半年多的时间。颉刚先生是长于主办学术刊物的,从本世纪三十年代到四十年代,在我经常和先生接触的十多年间,先生主编有《禹贡》《责善》和《文史杂志》等刊物。《责善》是齐鲁国学研究所的半月刊,当时(一九四〇年)我几乎每期有读书札记发表。总题目叫《绎史斋杂抄》,因为多是历史学方面的

---

① 顾颉刚:《古代巴蜀与中原的关系说及其批判》,《论巴蜀与中原的关系》,成都:四川人民出版社,1981年,第1—2页。

稿件，所以用了这个名称。《绎史斋学术文集》就是沿用了这个名称。"[1]除了在《责善》上发表了这批札记外，杨还在这个杂志上推出过以下论文：《说"礼"》《跋玉皇张姓考》《论"以祖配天"》《杜宇开明的故事》《论北魏均田制之永业田及实行均田之年代》及《〈李冰与二郎神〉自序》等。在另一个场合，杨又深情地提到《责善》杂志。杨说：顾先生是一个办刊物的能手，他一生究竟办过多少刊物我不知道，但和我有关系的有两种，"第一是《禹贡》半月刊"。其稿源最初几乎全是学生的作业。"第二是《责善》半月刊。这是抗战时期在成都办的刊物，投稿者也多是青年。《禹贡》和《责善》都和我有密切的联系。我可以说是《禹贡》的通讯员和校对者，虽然是业余，但是经常这样作。对于《责善》，我则是一个经常的撰稿者了。《绎史斋杂抄》就是这时期的产物。1942 年夏，有一天晚间，顾颉刚先生和叶圣陶先生在一起散步时，看见了我，顾先生把我介绍给叶先生，叶先生说：'啊，这位就是《绎史斋杂抄》的著者？'我很高兴，因为自己的文章被名家看了而又得到肯定，感到莫大的荣幸与鼓舞！"

尽管在齐大国学所仅待半年就取得了如此多的学术成绩，但杨还是出于自尊而离开了该所，于 1940 年秋前往西北联合大学教书，后又至东北大学，从此直到 1957 年初，他们师徒二人才又在北京聚首。在这段长达 17 年分离的日子里，尤其是在 1949 年前近 10 年间，顾杨之间信函频仍，依然互相关心。特别是杨向奎依然注视着自己的老师，时刻不忘向自己的老师进忠言，说一些只有体己的人才能说的话，对老师的发展，坦率、直截了当地提出自己的建议和规劝。当然，顾先生对来自学生的一些肺腑之言并不接受，反

① 杨向奎：《绎史斋学术文集·前言》，上海：上海人民出版社，1983 年，第 1 页。

而认为学生误解了自己，于是在信函中曲尽解释；与此同时，他也并未忘记为师者的责任，仍在教导、指点自己的已经成名的学生，甚至也比较严厉地加以批评。现在，我们所能看到的只是顾先生保存在自己日记、笔记中的复信的片断，杨的来信尽管除顾先生摘引者外已经见不到了，但主旨仍能推测得出来。下面就对这仅存的若干封信略事摘抄，以见顾颉刚与杨向奎之间的师生情愫。

大概是1942年初，杨致信顾先生，对顾先生不能一心向学的诸种努力有所批评："年来先生似致力实用之学，于纯学术不甚关心，生颇不以为然。"杨所言当然完全属实，而且也完全是替顾在当时学术界的地位和前途着想。如所周知，以九一八为界，在此之前，顾力倡并力治"求真之学"，反对学以致用；在此之后，顾则认为，承平之世，学唯求真，战乱之际，学须求用。于是，先生走出书斋，办起了影响极大、其功甚伟的"通俗读物编刊社"，同时又分出相当大的精力关心边疆问题。由此开始，顾踏上了致用之道。他对此有自己的看法，遂复信杨向奎，拒绝了他的批评。他说：

> 自九一八以来，刚感于知识分子责任之重大，不敢诿救亡建国之责，故从事于通俗读物及边疆工作。刚深觉此二事之重要，提倡之不容缓，思竭力以赴之。而为生计所压迫，不能不任职大学，一任教席则纯学术方面仍不能不做。此譬之一手画方，一手画图，终必两伤，以此苦闷之甚。然我对于从事纯学术而不求实用者依然钦敬，盖以人非万能，为一事而善固已有不朽之价值，亦足提高国家民族之地位，不必强尽人为直接之救国事业也。兄从我多年，当知我之痛苦，而不当以此生不满之心。

写到这里，顾可能有些激动，遂说了下面这些气话，骂了一些知识分子：

> 须知知识分子从事救亡工作之少实为知识界之耻辱，在许多知识分子中尚有顾颉刚等数人不忘此义，在万分无奈之中勉负此责，损己以利人，即此已大堪同情。至于一班知识分子，扩张自我，漠视国家，对于有心救国者之一举一动胥以升官发财之背景推测之，使人束缚而不敢有为，此乃至可鄙也。

然后，他套用《论语》中孔子与宰我的一段对话的话头说：

> "在此疆土半沦，战士喋血，人民宛转求死不得之际，而汝犹不闻不见，于汝之心安乎？汝乃生长于无国家之地乎？"不知兄亦将答以"安"乎？故兄欲研究纯学术，刚之所愿也。兄以研究纯学术自恃，而薄致力于实用之学者，此在太平之世由兄为之，若在今日极乱之世则刚之所不能许也。[①]

顾颉刚在求真与致用、做学问与爱国之间挣扎之苦状，可以说跃然纸上。同时，我们还可以感受到，其他人的误解，顾颉刚可以不理，但来自杨的不解，顾似不愿接受。

抗战胜利前后，顾又接杨一封带有批评性质的信，杨认为顾不该经商，特来书劝阻。所谓顾经商，主要指他投资办图书公司。顾自己说，他早就想步张元济、王云五的后尘，办一个出版社，"可惜找不到大资本家和我合作"[②]。1943 年，他碰到了这样的"大资本家"，于是成立了制印地图的"中国史地图表编纂社"，被推举为社长。后该社招人入股，扩大为"大中国图书局"，顾成为较大的股东之一，并又被推为总经理兼编辑部主任，算是一个出版商了。说经商大概就是指此而言。1945 年 10 月 25 日，就杨的劝阻，顾复信畅叙心曲，并对杨提出反批评。在信中，顾陈述了这样几点投身商界

① 顾颉刚：《致杨向奎》二，《顾颉刚全集 · 顾颉刚书信集》卷三，第 109—110 页。

② 刘俐娜编：《顾颉刚自述》，郑州：河南人民出版社，2005 年，第 193 页。

的理由:一、政界、学界中人不如商界中人心地单纯,好打交道。顾说:“刚到渝四年,饱见政界中逢迎排挤无聊之状,心中作呕……学界中近染政界积习日深,且知识分子大抵心眼窄,是己非人,亦不容我作事……所以接近商界者,以彼辈目的惟在赚钱,不在立门户党派,动机单纯,不似政学界口是心非之可怕。”1950 年,顾颉刚在《我的自传》里,再次谈到他对商界的好感:“投身在商界,已有五年历史,我觉得商界确实好。他们固以营利为目的,但这个目的是公开的,除了公开的竞争之外再没有勾心斗角的破坏行为。不像教育界人,口头上清高万分而实际则较及铢锱;为了一点小小的出入而激起了高度的嫉忌,以至鼓动了别人来闹风潮。”二、“抗战之后,物价日高,个人的生计且成问题,何论作事业,又使我知道要做事必不能没有经济基础”。“人生于世,经济为其本根,非在此奠定基础,必致随人流转。近世如严复、刘师培等,均因贫丧其节。稍远如顾炎武,为致力革命而垦殖经商……刚之所求,整理国故,普及教育,二事而已。而十余年来,所业断续不常,旋转于泥泞之中,推其故,实出于私人之经济力不充,又不欲曳裾侯门,受人侮辱,又不能突梯滑稽,博人欢爱。性既耿介,事业之心弥强,以是坎坷。今欲求剥极之复,惟有改途易辙,凭此虚名与实学向社会换钱,以所得之钱达自己多年之愿望。故刚入商界者手段也,作文化事业者目的也。”三、顾颉刚申明:“十余年来,我志趣未变,我人生观未变,我工作计划亦未变,所变者惟有经济观念,以前不觉此问题之重要,今则觉其太重要耳。”然后,笔锋一转,反批评于杨:“兄身无供应家庭之责,又未办甚事,以教授之收入养一身,其与昔日之刚对于此问题之淡漠同,固其宜也。”①

---

① 顾颉刚:《致杨向奎》四,《顾颉刚全集·顾颉刚书信集》卷三,第 111—112 页。

此后，大概杨又曾致信顾，不接受他在上封信中所提出的经商理由，同时认为以顾在苏州的房产、旧产足以过闭门读书的生活。总之，杨可能依然较激烈反对顾经商。他大概听到了一些学界对顾经商的议论。所以，为爱护先生的声名，再次上书。1946 年 8 月 28 日，顾再致信杨，为自己申辩：

> 刚虽略有家产，而田赋征实，所出逾于所入，房客又刁滑，不能按生活指数增加房价。刚本欲归来闭门读书，无如实不可能，只得仍到复旦教书，痛苦之甚。与商人合作，岂得已耶？倘政府能养我，社会能养我，我何必近市井中人？兄所言，其意甚是，然知我实浅。试问在如此情形下，要养活一家，要依理想做些事业，钱从何来？兄对家庭、对社会，不负实际责任，好唱高调，当然可以如此说，我却不能。刚在十分拮据中，尚捐禹贡学会五十万，兄乃不名一钱，如此而欲办文化事业其可能耶？愿兄此后勿尽向一面想，须知一个人做成一事须赖各方面之协助也。①

杨的一片爱师之心竟换来顾先生的误解！也许，做学生、做弟子的根本就不该对老师的选择指手画脚、说三道四？也许，顾先生太自负、太孤傲、太固执，根本就听不进别人的劝告，或认为别人的劝告有损于自尊？

殊不知，杨也是一个执拗的人，与顾有同样的脾气。大概在接到顾的上封信一个月后，便又写信来，这一次不是继续反对顾经商，而是力劝顾回北平发展学术事业。在 10 月 8 日的复信中，顾仍然拒绝了杨的建议："兄必欲我回北平，而刚必不能。"然后平和地陈述了理由：一是苏州老家离不开；二是"内子生产，嗣子结婚，先父

---

① 顾颉则：《致杨向奎》五，《顾颉刚全集·顾颉刚书信集》卷三，第 112—113 页。

葬,先妻葬”,“不得不为筹款而忙”,无法赴平;三是“刚为个人学问之成就,当到北平无疑。但今日何日,决不容专为个人打算。刚前在北平编辑之通俗读物,出六百种,共印五千万册,此一实验决不当令其落空,此一事业在我一切事业中独为伟大。抗战数年,虽此事不能开展,终未尝一日去怀。此次东归,得遇有钱同志,决定在沪续办。上海为出版事业之中心,此举可望其有超出北平之开展,故刚此后决不该放弃上海。加以大中国图书局印行地图,销路极旺,每种每月可再版一次,更非抓住此经济中心不可。将来民众读物事上了轨道,刚个人经济亦有基础,自当仍居北平,努力办理禹贡学会。并集合若干专家从事史学工作。到了那时,兄方知我今日之不到北平,自有其必然之步骤也”①。顾颉刚不愿意去北平,其实还有最致命的一个原因,他在这封信里没谈,那就是他与傅斯年的那种势不两立的关系,他与胡适的关系也有问题。而光复后的北平学术界,可以说是胡傅的天下。傅斯年在代理北大校长期间,也想把顾颉刚罗致到麾下,曾拟用“讲座教授”的最高规格把顾聘到北大历史系,遭顾拒绝。大概先前杨在来信中曾极力推动顾先生束装北上,又曾谈到顾与傅的关系及傅对顾的背后议论,所以在1945年10月25日的复信中,顾谈到了上述问题,陈述了自己为何不回北大的原因:“北平自当去,但是否受北大聘则另一问题。……傅先生谓我为经师而非史家,此语吾未尝闻。其所谓‘颉刚自己偏不肯承认’者,彼想当然之词耳。在未讨论古史问题前我从未想到以后是一史家,我只想继承三百年来之清学而整理古文籍。自《古史辨》出版,群称我以史家,乃不得不走向史学方面去而有种种史学上之计划。然我治经学之目的乃在化经学为史料学,并不以哲学

① 顾颉刚:《致杨向奎》六,《顾颉刚全集·顾颉刚书信集》卷三,第113页。

眼光治经典，而将一己之理想套在孔子头上，故称我为经学研究者则可，称我为经师则犹未洽也。傅先生对我固有认识，然彼之忮刻实深，数年在渝，屡间接听得其破坏之言，只须我作一点事便加我一点攻击，故其所为与罗常培等曾无差异，我何必向之觅饭碗乎！”①纯粹出于自尊，才是顾颉刚不回北平的真正原因，家室、田产的拖累等等，概属托词。

杨时刻在关心、关注着顾，顾也同样在关心、关注着杨。尽管有隔阂、有分歧，甚至在感情上有创伤，而且在治学上已分道扬镳（一个仍疑古，一个已信古），但他们之间的为学林所知的师生关系无法改变。假如说，杨更多的是从生活上关心顾的话，那么，顾先生则仍一如既往地从治学上指导着杨向奎——尽管杨早已成名。有几封信能表明这一点。一封信在开始时已介绍过了，那就是顾劝杨专治经学的信，老实说，那是一封属于“教导”性质的信。另一封，是顾 1939 年 6 月 9 日写的，是告诫杨治学要严谨的信。在此之前，杨作有一篇《中国古代种姓与社会》的论文，大概寄呈顾先生审阅。对其中解释“封禅”起源的论断，顾先生可能感觉猜测的成分太多，话说得又太武断，所以致信杨说：

> 尊论封禅，事亦可能。但鄙意，我等今日受材料限制，仅到破坏战国以下传说之阶段，即比清代学者破坏魏、晋人所作伪史（《古文尚书》《孔子家语》……）之阶段进一级。以建设言，亦仅到凭借甲骨文字以建设商史，凭借金文与载籍以建设周史之阶段，而不能发展到商以前。商以前并非不该做，只是为材料所不许。故王静安先生诸文，说者谓《殷周制度论》写得最坏，以其中空中楼阁太多也。尊论自太古说起，以之备一

---

① 顾颉刚：《致杨向奎》五，《顾颉刚全集·顾颉刚书信集》卷三，第 112 页。

> 猜测则可,以之作一论断则不可。此一点态度,务望在文中表明,使读者勿生误会是要。[①]

杨接受了顾先生的意见没有,不知道。反正从杨的著述目录上查不到此文。

顾不但督责杨治史要严谨,也为杨的为文风格的晦涩而着急、甚至生气,乃至严厉指责。1942年7月13日,顾专门致信杨向奎,通篇谈研究成果的表达问题,主要部分如下:

> 兄之文字,松懈而辞不达意,不第刚知之,他人亦如是说。即如兄寄至文史社(《文史杂志》,时为顾颉刚主编。——引者注)之数文,编辑人并不与兄相稔,看后即对刚如此说。兄对人易不满意,而对己却易满意,此自大病,必须痛改。来函云,"学术文章写到先生和适之先生那样是不容易,此外用些力量全不是不可赶上的"。这话说来有二点可以指摘。第一,兄自己不作第一流想,甘心居第二流,故以刚与适之先生之文为不可及。其实,"见贤思齐"乃是有志气人之应有事,若见贤而思退只是没有出息者之心情耳。刚于民国初年佩服章太炎先生五体投地,然而终想用自己的努力去超过他。故自署名曰"上炎"。兄以"不容易"三字自恕,则刚与适之先生之文字遂永为兄所达不到之境界矣。第二,当代学者擅长作学术文章者,尚有王静安、郭沫若、钱宾四诸先生,其组织力、裁断力、分析精神、博大精神均值得佩服,而兄不提,将谓刚与适之先生之文为不可企及,而此诸位先生之文则均可赶上乎!老实说,刚对于此数人均赶不上也。即此可知,兄说话之随便而不负责任。刚与兄交十余年,兄之长处短处我均明白:兄之短处,在走上

① 顾颉刚:《致杨向奎》一,《顾颉刚全集·顾颉刚书信集》卷三,第108页。

专家之路太早，而对于文字之基本训练太为缺乏。因此，看作文太易，每拈一题，即信笔而书，不加点窜。因为写得太易，即觉得自己已近成功，以致顾盼自高，目无余子。鄙意，如此写文，就是写到老也不会成功，以其结构松懈，不能引人入胜，而又发挥不透，不能使人忘不了。昔崔东壁欲作"考信录"，先致力于唐宋文，待文字流畅，意无不尽，乃始动笔著书。鄙意，兄可效之，熟读唐宋八家文数十篇，勇于习作而怯于发表。二三年后，自觉挥写成熟，再与世人相见，未为迟也。谚云，"学了三年，天下去得；再学三年，寸步难行"。以刚观兄，所言所行永是"天下去得"之气概，此即学不进之验也。必须自己有"寸步难行"之感，始能有一鸣惊人之成就。以相知之深，故敢贡其忠言，幸采纳。[①]

顾颉刚真不愧为孔老夫子那样的"望之俨然，即之也温，听其言也厉"的导师！杨后来之所以能在古史和经学史研究中取得重大成就，看来与顾先生的严格、苛刻要求分不开。

面对1949年及1949年后的变化，顾颉刚经受了所谓"大有大的难处"的折磨，一度连工作、吃饭都成问题。而杨向奎那时则备享"船小好调头"的好处。何况他早就开始"信古"了——在这一点上，早与"唯物史观派"殊途同归，心心相印。假如说，1949年后的最初几年是顾颉刚一生中最难过的几年的话，那么，这几年则是杨"春风得意"的时候。杨向奎1946年秋应聘来山东大学中文系执教，后任该系系主任，1949年后，任该校历史系系主任，一度兼文学院院长。这期间，他与同仁们创办了著名的《文史哲》杂志并任主编。杨的传记作者说："在山东工作期间，他积极靠拢中国共产党，

① 顾颉刚：《致杨向奎》三，《顾颉刚全集·顾颉刚书信集》卷三，第110—111页。

要求进步。一九五〇年六月,他加入中国共产党,成为一名为社会主义、共产主义奋斗终身的先锋战士。”另一位传记作者说:“青岛解放前夕,先生是当时山东大学热情支持爱国学生运动的极少数进步教授之一。新中国诞生后,先生又是当时全山大惟一的一位最先光荣参加中国共产党的专家学者。”[①]据杨在《学述》中说,他还替中共作过事:“青岛解放前,当时地下党的两名负责人都来找我,给我两项任务,一是不要将山大迁离青岛,二是保住青岛纱厂。我在有关同志的帮助下完成了这两项任务。”这就无怪乎杨为何能赢得当局的信任了。可以说,杨是1950年代初那批具有相当旧学根柢而又迅速接受了“马克思主义”并用之于中国上古史解释的人中的典型,在当时颇为引人注目。但杨走红之后,并未忘记他那正在承受苦难的业师顾颉刚:他想把顾调到山大来。

据王煦华回忆:1949年4—5月间,著名学者蒋维乔主持的上海诚明文学院聘顾先生前来任教,秋季开学,该校欲聘顾为中文系主任,但顾先生正犹豫:因为他这时接到了山东大学文学院院长的聘书。顾在1949年8月7日的日记中说:“晚得山大信,聘予为文学院长。”[②]实际上,动员顾颉刚赴山大的工作在此之前已在进行。7月间,当诚明的人来商量就中文系主任事时,顾就表示:“下半年如不去山大,留在上海时,当继续去诚明。”该月24日的日记载:“予能不离沪固最好,因现在时代搭一家不易,拆一家亦不易,真一动不如一静也。然大中国(指‘大中国图书局’——引者注)前途甚可虑。如我仅靠诚明吃饭,而诚明之钱又不够我吃饭者将奈何?”[③]

① 栾开政等编著:《山东的第一所大学》,济南:山东人民出版社,2006年,第287页。

② 《顾颉刚日记》第六卷,第500页。

③ 《顾颉刚日记》第六卷,第491页。

说明顾仍在彷徨之中。30 日的日记又记:“诚明文学院今年招生报名者只十余人……予其决至青岛矣。”[①]然五天之后,顾接受了诚明的聘书。接着,山大的聘书也到。8 月 10 日的日记载:“与雁秋、静秋商进止。”[②]至此时仍未定。目睹了此一选择过程的王煦华说:1949 年时,上海经济萧条,各行各业都在困境中挣扎,顾先生迫于生计,在去山大就文学院长职,还是留在上海,曾犹豫不决,考虑了二三个月,最后决定不去山大留在上海。[③] 当下定决心后,顾先生在 8 月 16 日的日记中说:“写拱辰(杨向奎)等信,说明今年不去青岛之故。”[④]这就告诉我们,山大方面出面联系顾先生的是杨向奎。此时,在山大执教的教授中,有许多顾的弟子和朋友,如童书业、赵纪彬(顾先生拒聘后,由他出任文学院院长,他赴新成立的平原大学任校长后,杨接任此职)、张维华、陆侃如、冯沅君等。他们特别是杨向奎,当然希望顾先生能来山大。此事的最高决策者肯定是当时的校长华岗,而杨这时则颇受华岗信赖。尽管顾决定留在诚明,但山大对此时的他仍有吸引力。《顾颉刚年谱》记载:1949 年 9 月16 日,在北平公干的顾,“离平抵济南,欲赴青岛商山东大学事,以铁路被水冲断而不得行。乃经蚌埠返沪,二十二日抵达”。[⑤]说明顾在心目中并未完全放弃山东大学。毕竟,这里有优美的海滨环境和看起来良好的人事基础。但可惜此事未果。否则,笔者的母校特别是母系将可能会有另一番面貌,就像陈寅恪对中山大学及其历史系的影响一样。后来,顾颉刚在上海生活艰难,杨向奎

---

① 《顾颉刚日记》第六卷,第 493 页。

② 《顾颉刚日记》第六卷,第 501 页。

③ 王煦华:《顾颉刚先生在诚明文学院及对我的影响》,王煦华编:《顾颉刚先生学行录》,第 347 页。

④ 《顾颉刚日记》第六卷,第 504 页。

⑤ 顾潮:《顾颉刚年谱》,第 339 页。

和赵纪彬又伸手帮忙。顾潮在《历劫终教志不灰:我的父亲顾颉刚》一书中记道:1950 年 8 月,父亲被上海市政府聘为上海市文物管理委员会委员,从此他有了公职,生活有了保障,此事缘于赵纪彬的举荐。赵氏抗战前在父亲主持的通俗读物编刊社工作时已是中共地下党员,这时他及杨向奎均在山东大学任职,他们很关心父亲的情况,得知他当时为抚养三个幼儿而生活负担极重,欲助其一臂之力。这才有了此次文管会之聘。父亲在 1950 年 8 月 17 日的日记中说:"此事酝酿三星期余,幸而得成,不致穷饿而死,此纪彬之功也。"[①]整个 1950 年代前半期,尽管发生过童、杨联手在《文史哲》上批判顾先生的事件,但他们与顾先生之间的交往仍在继续,如我们在本章开头所引顾杨就"泰山与夷、夏之争"的信函往还就说明了这一点,在记童书业那一章里,我们也根据材料证实顾先生已经理解和原谅了他们两位的举动,这构成他们师生间继续往来的基础。杨与顾先生之间的真正感情裂痕,看来是在北京历史研究所共事期间产生的,而罪魁祸首大概是那个日趋"左"倾的时代。

也许,冥冥之中早就注定,1949 年后的顾颉刚与杨向奎"分久必合",而且顾颉刚必定得在这个他认为对他并不十分恭敬的学生的领导之下。顾颉刚是 1954 年 8 月调来北京中科院历史研究所的。杨原来并无赴京工作的打算,因为他在山东大学一切顺利,但始料未及的是,1955 年"肃反",山大校长华岗无罪罹难,置身冤狱,全校人事关系大变,大概此时杨萌生去意,北京中科院历史研究所副所长尹达闻讯亲来山大接洽杨赴京事宜。1957 年初,杨来历史所上班,担任该所学术秘书(类似于主管科研的副所长)。由于主持该所日常工作的尹达一直从政治上歧视顾颉刚,"八九年中,尹

---

① 《顾颉刚日记》第六卷,第 674 页。

达对我的说话永远是讽刺性的”[①]（顾颉刚语），顾在历史所得不到尹达的信任和最低限度的尊重，而杨又必须协助尹达从事学术组织工作，“两妇之间难为姑”，所以，这就无法使杨能随时平衡顶头上司与业师之间的紧张关系。再加上，顾颉刚是著名的“资产阶级史学家”，杨则已是一个红色史学家，而且又是中共党员，那个时代又迫使、怂恿人“大义灭亲”、坚持党性，这都使杨即使愿意也难以对顾先生“执弟子礼”了。所以，我们觉得，从1957年初至1980年底这20多年间，杨与顾尽管空间距离很近，但精神距离、心理距离却极远，两人的感情联系处在从未有过的冰点以下的寒冷期。在这时，顾颉刚很可能早已不把杨视为自己的学生，而杨也大概不敢认顾为业师了。《顾颉刚年谱》“1967年”条记：“8月末，自觉精神恍惚，睡眠益难，‘恐不久于人间’。‘所惜者，埋头七载之《尚书》工作未作一结束，五十年之笔记未整理，有负于人民为我服务而我终无以报之也。一旦奄忽，惟有寄其望于童书业、张政烺、胡厚宣、刘起釪诸同志之为我补苴成编耳。书此，以当遗嘱。’”[②]这里，恰好未把近在身边的杨向奎列入整理遗稿的名单中。杨在《怀念顾颉刚老师》一文中说：“解放后，从56年起（杨的工作关系1956年即调入历史所，但1957年初才上班，中间半年他到彝族地区搞社会调查去了——引者注），我们同在历史所工作，廿多年，几乎每日和先生见面，先生日趋衰老，而我也不年轻了……”[③]20多年时光，就这样被轻描淡写地在低沉的声调中打发过去，可能无话可说。杨在内心深处肯定有一种挥之不去的负疚感。

---

① 顾潮：《我的父亲顾颉刚》，胡平、晓山编：《冤案与名人2：中国知识界名人冤案实录》，第385页。

② 顾潮：《顾颉刚年谱》，第386页。

③ 杨向奎：《回忆顾颉刚老师》，王煦华编：《顾颉刚先生学行录》，第210页。

十、最后的结论:"《古史辨》对中国史学有伟大贡献"

应该说,杨向奎是幸运的。因为历史给了他充分释放这种负疚感从而答报师恩的机会。"文化大革命"结束之后,还是顾先生在世时,杨就开始筹备庆祝顾88岁诞辰的活动了。顾潮在她的书中记载:1980年秋冬间,历史所杨向奎等人曾主持邀集学术界一些人士,成立编委会,筹议编辑《庆祝顾颉刚先生八十八岁诞辰论文集》(后该书易名为《纪念顾颉刚学术论文集》于1990年出版),以"发扬和纪念顾颉刚先生终身勤奋治学的精神、科学研究和培养人才上的卓越贡献"①。待顾于1980年12月25日故去后,杨在各种不同的场合,反复地谈论顾先生、宣传顾先生。我们所见到的这类文字有:《回忆〈禹贡〉》(《历史地理》创刊号)、《早期〈文史哲〉》(《文史哲》1981年第4期)、《史学漫谈》(《文史哲》1982年第5期)、《师门记学》(《文史哲》1984年第5期)、《发现人才、培养人才》(《文史哲》1986年第5期)、《文化·社会·人生——访杨向奎先生》(《文史哲》1989年第1期)、《五四时代的胡适、傅斯年、顾颉刚三位先生》(《文史哲》1989年第3期)、《回忆顾颉刚老师》(收入王煦华编著《顾颉刚先生学行录》)、《顾颉刚百年诞辰纪念会上的讲话(北京)》(根据录音整理)、《自述生平》(《庆祝杨向奎先生教研六十周年纪念文集》,河北教育出版社1998年12月版)、《杨向奎学述》等。在这些文字中,杨从以下几个方面表达了他对顾先生的无限怀念:

首先,在几乎所有这些文字中,杨都以虔诚弟子的身份,由衷感戴顾先生对自己的栽培、提携和教导之恩。杨说:"我跟顾先生念过多年的书,他可算是我的启蒙老师。我后来所以在历史方面

---

① 顾潮:《顾颉刚年谱》,第400页。

能有些入门知识，全靠顾先生的引导。”“我尊敬顾先生，是他循循善诱把我引到学问道路上来的。我是个农村人，家里不是书香门第，从不知道什么叫学问；今天能从事学问研究全靠顾先生，所以我一直感谢顾先生。”[①]杨坦言：1931 年秋所以从北大文预科选入历史系，就因为读了《古史辨》（第一册）。杨在北大攻读中国古代史时，可以说名师如云，仅“研究先秦史的”，就有“顾颉刚、钱穆、傅斯年、胡适、徐中舒、唐兰等先生”，而“顾颉刚先生对我的影响最大”。[②] 所以，此后 10 年，杨一直追随顾先生研究经学，由研究经学而治中国古代史，最后成为史学大家。可以说，顾先生是一位改变了杨一生命运的人。杨晚年对自己老师顾先生的感恩戴德，绝不仅仅是个人感情的流露，而是对那种被败坏、摧残、蹂躏了的中国传统学术文化赖以传衍的“师道尊严”的敬畏与膜拜！

其次，杨在这些文字中一再强调：顾先生的贡献不仅在学问方面，“而且在造就人材方面也有很多贡献，恐怕比学问方面贡献更多”。[③] 笔者赞同杨的这一判断。而且还想进一步指出：真正的大师绝不仅仅意味着学术成就本身，还要包括他究竟造就、训练出多少学术传人。一份名刊不仅要看它登载了多少名人的文章，更要看它自己锻造出多少名人；一个名师不仅要看他提出、解决了多少学术问题，更要看他培养出多少学术名家。学术薪火相传，而学术的主体是学者。由此观之，20 世纪中国的真正学术大师，其实只三个人：章太炎、胡适和顾颉刚。杨说：“怎样判断大家、名家，就是看他是否影响一代学人，教出一大批人。我常讲章太炎，在日本办报，带出了一些学生，后来大多在北大教书，以音韵学为主，成为北

---

① 杨向奎：《回忆顾先生的几件往事及对我的影响》，第 281 页。

② 杨向奎：《史学漫谈》，《文史哲》编辑部编：《治学之道》，第 151—152 页。

③ 杨向奎：《回忆顾先生的几件往事及对我的影响》，第 281 页。

大特长,直到解放前,北大还是以音韵为主。这个学派一直影响到现在。顾先生办《禹贡》,当时参加学会的都是小人物。现在都成了名家,如谭其骧、侯仁之、史念海等,没有禹贡学会,历史地理的研究不会有现在这个样子。从这儿看,顾先生是大家,形成一个学派,影响到一代。”[①]而“禹贡学派”是从更为著名的“古史辨派”中派生出来的。顾先生不是创造一个学派,而是至少创造了两个学派。所以杨又指出:“我总觉得顾先生是中国近代的史学大师。”而在杨看来,作为一个学术大师的条件应当是:“1.学问自成体系;2.形成一个独立的学派;3.有比较完善的方法论和认识论。顾先生在这几方面都是当之无愧的。”然后杨又若有所指地说:“有些名家,他们的材料积累,他们的细致方法都可以超过某一些大师,但他们的影响不大,守成有余而开创不足,这是大家与名家之分。”杨认为,有清以来,“顾炎武是大师,王船山是大师,颜习斋也是大师,因为他们都是一派宗师,后来的乾嘉朴学,常州经学,名家辈出,但很难说谁是‘大家’了!”[②]杨言下之意,顾先生是能和顾炎武相提并论的开一代学风的大师! 杨在这一问题上的结论是:“顾先生不仅在古代史、民俗学上有伟大的贡献,在培养人材上更有了不起的贡献。”[③]

其三,杨向奎在这些文字中,阐发了他对顾先生更为公正、更为准确的认识。换句话说,杨对顾先生在学术史上的价值和地位的比较到位的判断,终于在顾先生死后作了出来。杨说:“我追随颉刚先生五十年,深知先生学问之卓越、志趣之高洁。我想在中国学术史上,顾先生是一位中国古代史大师,民间文学史大师,可以和乾嘉时代任何一位大师比美!”杨还说:顾先生在学问方面,如古

---

① 杨向奎:《史学漫谈》,《文史哲》编辑部编:《治学之道》,第151—152页。

② 杨向奎:《师门学记》,《文史哲》1984年第5期。

③ 杨向奎:《回忆顾先生的几件往事及对我的影响》,第281页。

史、民俗学和中国经学的研究上，“成就是划时代的”。中国现代历史地理学也是发端于顾先生的。杨对于自己所不赞成的《古史辨》的评价也日趋客观。他说：我并不相信《古史辨》，而且很反对《古史辨》。但不相信《古史辨》是一回事，承认“《古史辨》对中国史学有伟大贡献是另一回事，不能因为你个人不相信就贬低这个学派的伟大意义”。[①] 这种看法就心平气和多了，也公正多了。但这其中似乎仍存在着一些暧昧：既承认某种东西“伟大”，又声言不相信这种东西，较难理解这两种断语之间的逻辑联系，这就变得模棱两可。这种模棱两可也存在于下面这些评价性意见中。杨一方面说：虽然我们今天可以不相信顾先生的某些结论，“似有一点是可以肯定的，他将过去的盘古、三皇、五帝的系统打破了，这就是一个贡献”。[②] 另一方面，杨又说：顾先生从今文经学的立场发展到怀疑中国古代史，形成了“古史辨派”，“我并不相信那派的观点，我相信中国古史有四五千年的历史，从有虞氏以后进入了阶级社会。这些和我老师的意见正相反”。一方面正面肯定顾先生“破除”伪古史的意义，另一方面又相信被顾氏看做“乌有先生”的“有虞氏”以来的古史系统是真的，殊难理解。我觉得顾先生之后的杨向奎陷入一种两难境地：从感戴师恩的角度，不忍心把顾先生的疑古学说说得一钱不值，从内心深处又把顾先生看做是“今文派的学者”，不相信疑古学说，于是就只好模棱两可、异说同对了。但不管怎么说，杨向奎毕竟公正地认识到顾颉刚在现代中国学术史上的地位和价值了。

---

① 杨向奎：《回忆顾先生的几件往事及对我的影响》，第281页。

② 杨向奎：《五四时代的胡适、傅斯年、顾颉刚三位先生》，《文史哲》1989年第3期。

第七章　《尚书》研究　前仆后继

——顾颉刚与刘起釪

要点提示:余英时说:“就最后三十余年而言,他的成绩不但赶不上‘古史辨’时代,而且也不能与抗日战争期间相比”——许冠三说:“(顾颉刚)最后二十年的工夫,则完全以立为宗,已发表的《尚书》诸篇校释译论和待印行的《周公东征史事考证》……其造诣之高……已远在王国维的《尚书》研究之上”——“以选体为文,有貌而无骨;以苦吟为诗,直文人末路……只有专心治学,解决学术上的问题,才是正途”——“在接触到顾先生之后,才知道我原来之所学和他完全不同道”——“我由祖父按儒学传统授读……自不能脱古文学派的熏陶。对于经籍,基本持古文学派崇信的观点。顾先生……受今文学派影响,多持怀疑态度”——“《尚书》是五经中问题最多的一部,不能发现问题就不能做学问”——为办《禹贡》与通俗读物,向朱家骅求助——“各学校党部及工厂党部欲向蒋委员长献九鼎,而以鼎铭属予,因就起釪所草,加以改窜”——陈寅恪诗:“九鼎铭词争颂德,百年粗粝总伤贫”——1956年,顾颉刚为九鼎事向刘起釪道歉——1969年,刘起釪致信劝慰顾师——“严师之情,常媲慈父。此亦生之所以敢恃而恣肆也”——“史馆助修,在名义上虽较编辑为低,时间全由自己支配,且触目皆史料,随时可读书”——“我是顾先生门下最不争气的一人”——“发现《尚书》内容涉及全部古史”——“成与不成并无界线，只把我最后的改本算作我的定本就是了”——“此书不成，将死不瞑目”——“我的学术，别人不了解我，以为是和现实脱节的，其实则是根本摧毁旧社会的”——“尹达对予态度，一若征服者对被征服者，令人难受”——“予百骸皆衰，存日无几，而心头总有欲著之书”——“自本年起，领导指定予整理《尚书》”——“毛主席在63年说过，《尚书》这部书要整理翻译出来”——“整理《尚书》不是一件可以急见功效的事”——“生私愿固在长侍帐侧以整理古籍终其身，无他宏愿矣”——“燕子不来春寂寞，梅花未放夜凄凉”——“为起釪事，愈想愈气，愈气愈紧张”——“予命尚有几年，安能轻易放过”——王毓铨说：“《尚书》工作须赶快做，因为顾先生年龄究竟大了”——“中华书局要收回起釪任编辑，《尚书》工作势将停顿”——“曾经长期五个人挤着住……他有十几箱书，一直堆在他儿子岳家即一退休老工人的小平房搭盖的破厨房里面”——“调编制的事尚无进展，令人着急”——“我辈生于今日，其任务则为结束经学”——段玉裁说：“经惟《尚书》最尊，《尚书》之离厄最甚”——“翻译《尚书》为现代语，这是五四运动后我所发的大愿”——“三年规划：指导刘起釪同志完成《尚书》今文二十八篇的校、释、译、论的简稿”——“《尚书校释译论》170万字，则为完成顾先生未竟之业的主体著作，以二人名义发表，积我30年心力，耗20年焚膏继晷之功”——“没日没夜地赶，除了睡眠、吃饭时间外，其余全是写稿时间……如是者整整五年，断绝一切亲朋来往”——林小安说：“这一工程对中国的学术发展，无疑是里程碑式的贡献，它为科学地整理古代文献，科学地研究古代史，奠定了坚实的基础，树立了光辉的典范”

顾颉刚先生以疑古辨伪、历史地理、民俗研究、文献整理为世所知,在谈到顾先生学术的时候,人们往往将关注点集中在解放之前,而对于顾先生在新中国所取得的学术成绩,却少有人提及。即如余英时先生亦言:

> 顾先生由于早年遽获大名之累,反而没有时间去做沉潜的工夫。……最后三十多年间……顾先生受政治环境内外的影响太大,许多研究计划都无法如期实现。例如《尚书》译注的工作,在"古史辨"时代即已开始,六十年代在《历史研究》上续有新作,但全书似乎未及完篇(最近两年发表的,有关《甘誓》《盘庚》诸篇主要都是由他的助手代为完成的)。所以就最后三十余年而言,他的成绩不但赶不上"古史辨"时代,而且也不能与抗日战争期间相比;因为即使在抗战的那种困难条件下,顾先生尚能有《浪口村随笔》之作(后来正式出版的《史林杂识》即是其中的一部分)。这不能不令人为之扼腕。[①]

1949年之后的政治运动,对于顾先生的学术研究不可能没有干扰与阻碍,尤其是1966年至1971年,顾先生的学术生命更是陷入停滞,而且,顾先生1949年之后的主要学术活动,如校点整理《资治通鉴》《史记》,总校二十四史,乃至《尚书》学研究,都是以整理文献为主,且为奉命之举,表面看起来,与顾先生"古史辨"时期的大胆疑古,风格迥异。然而,联系顾先生早期的学术理想,我们可以看到,顾先生在人生后半期致力于文献整理,尤其是致力于《尚书》学研究,这跟他此前的学术理想和学术规划,不仅不是断裂与改变,反倒是必然的发展与延续。

最能体现顾先生后半程学术研究与"古史辨"时代之间的学术

---

① 余英时:《顾颉刚、洪业与中国现代史学》,顾潮编:《顾颉刚学记》,第35页。

延续性的，是顾先生的《尚书》学研究。1930 年前后，顾先生提出从帝系、王制、道统、经学四个方面来清理古史旧系统，而《尚书》不仅是清理古史旧系统的关键，也是建设新古史的关键。在《古史辨》第二册《自序》中，顾先生曾提到对古史的“破坏”与“建设”问题。如果说“古史辨”时期顾先生的工作更倾向于“破坏”一面的话，那么 1949 年之后，顾先生对于“古史”的工作，则更偏重于“建设”一面。相较而言，“破坏”工作不妨大刀阔斧、振聋发聩，而“建设”工作则落脚于考订、考据和考证，必需细针密缕，短期内很难见出大的成效，更不可能如“层累地造成中国古史”那样短时期形成轰动效应。然而，学术成就不能单纯地用轰动效应这一指标来衡量，顾先生对于古史由“破坏”而“建设”，许冠三先生用“始于疑而终于信”来概括顾先生的学术，认为“顾氏对现代史学的贡献，其实是破立相当的”[①]，事实上，我们的确很难比较，顾先生的“破坏”与“建设”，究竟哪一个成就更大，因此也就很难说，顾先生在新中国的学术成就无法跟“古史辨”时代相比。许冠三先生这样评价顾先生最后二十年的学术：

> （顾颉刚）最后二十年的工夫，则完全以立为宗，已发表的《尚书》诸篇校释译论和待印行的《周公东征史事考证》，都是这一时期的代表作。其造诣之高，无论就规模、见识、方法、资料与体例的全体或任何一方面看，已远在王国维的《尚书》研究之上。[②]

在“古史辨”时代，与顾先生在学术事业上密切配合的人，是童书业、杨向奎诸位先生，而在 1949 年之后，则是刘起釪先生与顾先

---

① 许冠三：《顾颉刚：始于疑而终于信》，顾潮编：《顾颉刚学记》，第 110 页。

② 许冠三：《顾颉刚：始于疑而终于信》，顾潮编：《顾颉刚学记》，第 111 页。

生一起,在人生的风风雨雨和悲喜际遇之中,默默而又执着地由《尚书》学研究入手,致力于将古代社会的经学转化为现代史料学的古史“建设”工作。顾先生逝世之后,刘起釪以六十至八十高龄为盛年,继续老师未了的《尚书》学研究,在“走出疑古时代”的时代里,在“古史辨派”遭到批判与冷遇时,刘起釪坚定地继承顾学,并不断撰文介绍、总结并发扬师学,成为“古史辨派”当之无愧的后劲,“继顾师之后新史学的一面大纛”。

1990 年,许冠三先生在为《读书》杂志撰写的《顾颉刚:始于疑而终于信》一文中说:“历尽六十年的沧桑与曲折,他(顾颉刚)终能合疑古、辨伪、考信为一,在刘起釪先生的协助下,写出他一生最圆熟的谨严之作。遗憾的是,迄今为止已印行的《尚书》诸篇校释译论,仅仅略当于原计划的五分之一。”[①]许先生的遗憾,也正代表了整个学界的遗憾。现在,这一遗憾得到了弥补,1999 年 10 月,刘起釪先生“历时 30 余年(1963—1999),备经交困”,撰成《尚书校释译论》。2005 年 4 月,这部巨著由中华书局出版,由顾颉刚、刘起釪两位先生共同署名,此时,距顾先生辞世已近 25 年,而刘先生也已是 88 岁高龄。

《尚书校释译论》是一部《尚书》学研究的集大成之作,是经学研究绕不开的重要基石。是书的出版,被学界誉为“《尚书》研究史的一座里程碑”[②],它代表了顾先生与刘先生《尚书》学研究的最终成绩,凝聚着两位先生之间最深挚的师生情谊。社会变迁与政治风波,可以使原本友爱的师生感情隔阂,甚至分道扬镳。政治的风雨,却未使顾颉刚与刘起釪之间生出嫌隙,他们之间的感情与合

---

① 许冠三:《顾颉刚:始于疑而终于信》,顾潮编:《顾颉刚学记》,第 117 页。

② 吴锐、刘源:《考辨经籍承先启后》,中国社会科学院青年人文社会科学研究中心:《学问有道——学部委员访谈录》上册,北京:方志出版社,2007 年,第 684 页。

作，竟然童话般地未受任何侵染，政治运动来了，顾颉刚要写检查、接受调查，刘起釪要去干校劳动，没有做研究的间隙，研究就停下来，一有可供研究的安静时间，他们又可以立即投入工作。《尚书》，《尚书》，仿佛一切都是为了《尚书》。人作为有限的存在，总不会如神般完美，《尚书》研究，却将人性的弱点以及因人的缺点而生的矛盾和枝节净化，从而益发呈现出两位杰出学者精神与品德的光辉。

一、新旧教育混合下的"童而习之"

1917 年，刘起釪出生于湖南安化崇山峻岭中的一处乡村中。既不像顾颉刚、陈寅恪等学问大家那样出身世家，也不像杨向奎那样出身农家，刘起釪所出生的家庭，应是以耕读为业。不幸的是，刘起釪出生才 11 个月，在县中学堂任教的父亲即因肺病去世，教导的重任便由祖父吟古先生承担。吟古先生为清末大儒王先谦的及门弟子，王先谦为岳麓书院末代山长，吟古先生便于岳麓书院学习多年，直到清末科举废除，才回到家乡，以读书著述为事。曾撰《小屏山年表》以记录史事见闻及个人经历。

或许是受王先谦治学与处世的影响，考虑到山村孩童受教育的现实问题，吟古先生这位保守派的弟子，在孙子五岁那年的年底，做了一件新派的大事。此时，科举虽已废除 17 年，民国也成立 11 年了，刘起釪所在的村庄，却还没有新式学堂，孩子们受教育的地方，依然以私塾为主，吟古先生遂首起倡导办学，并慷慨捐出自家大部分田产（二百石，即四十亩）作为办学基金，用来创办本村初小和资助镇上高小，又为本村初小捐房屋为校舍，捐屋旁场地为操场，捐木料以修房舍。在他的感召下，各姓族公会也捐了一些田产，庙会、土地祠会等公产中，也拨出一些田产来，共计一百多石。至

1923年,在本村成立了“安化第二学区第十国民学校”。据说,在新学校修饰一新的粉墙上,由该校第一任教师刘岳槎先生在墙上写了四个苍劲有力的大字:“仰之弥高”,以表达村人对这位捐田兴学的老人的敬意。①

在很长一个时期内,废除科举并没有一下子打断儒家传统教育方式的延续。新学堂建立了,却在十几年内没有与儿童相适应的国文教材,直到1922年,才由商务印书馆出版最早的国语课本《新学制国语教科书》,这套课本为照顾孩童的理解力并引起兴趣,第一课为“狗、大狗、小狗”,第二课为“大狗叫,小狗跳”,其浅显直白引起很多人的不满,并将这种教育称为“猫狗教育”。如霍松林先生的父亲,便认为“童年记忆力最强,应让他们读一些正经书”,因此拒绝送孩子去新学堂学习,而是在家里由自己来教习《三字经》《诗经》与《论语》等儒家传统经典。因此,20世纪上半期的教育,实际上处于一种半新半旧的混合状态,不仅在形式上,新式学堂与传统私塾并行,在学习内容上,也是儒家经典与新式教材共存。吟古先生新旧并重,让学龄后的刘起釪,白天在新式小学里读书,晚上和假期则由自己按照儒家传统教育方式循序施教。

吟古先生对于孙子的教育,乃是从《唐诗三百首》《古文观止》入手教诗文,从《文字蒙求》入手教清代小学,从《孟子》《论语》入手教经籍,从《文中子》(《十子全书》最后一部)入手教子书,从《紫阳纲目》教历史。由此施教顺序,可约略窥知,清代在学术层面上,虽以汉学反理学,但在蒙学层面,理学大家如朱熹的影响仍占据着主流地位,即使古文经学家也不能不通过朱熹等理学家的蒙学读物来接受教育。吟古先生所采用的传统施教类目,恰与中国古代经、

---

① 刘应运:《捐田兴学的刘吟古先生》,陈义初编:《安化文史资料》第4辑,1987年,第119—121页。

史、子、集之四部分类法相合，可见此四分法不仅是书籍目录分类，也影响到学科类目与学术门径。至刘起釪 14 岁时，吟古先生已教完《左传》，并要求他每年点读一遍。此后，由于吟古先生精力渐衰，而刘起釪已有读古书的能力，因此，除了《诗经》讲读其中的某些篇章作为示范外，于《尚书》《诗经》只讲大要，没有每篇讲解，而是让刘起釪自己根据《孔传》《毛传》去读，至于《易经》，则是将《易卦》编成口诀，叫刘起釪背诵，没有来得及再教。至 1942 年刘起釪于中央大学听顾颉刚讲《左传》，能用文言文做好笔记，至 1984 年整理出版，少年时的学习经历，不能不说起到了很大的作用。

对于古代经典"童而习之"式的浸润，是从前老一代学者学问人生中取之不尽的财富。顾颉刚在提抱中即开始认字，6 岁读"四书"、7 岁父亲教令读《左传》，8 岁祖父教令读《诗经》，12 岁能做经义、史论、策论，13 岁读《汉魏丛书》《二十二子》，16 岁读《尚书》《周易》，致疑于今古文《尚书》。幼时至少年时期在古代典籍中的浸润，则使顾颉刚、刘起釪等学者具备了后来的青年难以企及的深厚的古典学术涵养。顾颉刚可能也正是因此，才在 1962 年的全国政协会议上，提案请选幼童读古书，以培养古籍整理专家。在那个时代，这是一个相当浪漫的设想，但不知怎么竟有传言说此提议国务院已令上海某校实行，1963 年 7 月 7 日，刘起釪将此传闻告诉顾颉刚时，顾颉刚在日记中写到"甚可喜"，并说"盖人不须多，但须专，非有二十年功夫不上道也"[①]。"非有二十年功夫不上道"，可见在学问大家心目中，古典学术研究需要深厚的积淀，而"盖人不须多"，则显现了顾先生的切合新时期时代发展的眼光，毕竟，"幼童而守一艺，白首而后能言"的时代，已经永远地成为了历史。

① 《顾颉刚日记》第九卷，第 696 页。

从某种角度来说,正是新旧教育的结合,以及中国传统学术研究与西方科学方法的结合,才成就了20世纪前半期为数众多、成就斐然的大学者。书院式的传统教育给了刘起釪很好的古典学术滋养,新式学堂的教育则教给刘起釪一些简单有效的科学研究方法,培养了科学意识。刘起釪曾采用学堂里学到的“表解读文”的方法,据一些重要史事写成《春秋十二公表解》,令深于《春秋左传》研究的祖父十分惊喜。数十年之后,刘起釪进行《尚书》学研究时,还曾采用了大量精准的图表,以考察并展现《尚书》各篇章的流传与各传本的情况,清晰全面,要而不繁,这些图表,可见于刘起釪《尚书源流及传本考》一书。而重视天文学等科学研究成果,更对刘起釪《尚书》学某些论题的研究起到了关键作用。

对于科学方法的重视,也可以在大刘起釪24岁的顾颉刚先生身上看到。顾先生在《古史辨》第一册《自序》中也曾谈到自己对科学方法的理解:

> 进了中学,在化学课堂上,知道要辨别一种东西的原质,须用它种原质去试验它的反应,然后从各种不同的反应上去判定它。后来进了大学,读名学教科书,知道惟有用归纳的方法可以增进新知;又知道科学的基础完全建设于假设上,只要从假设去寻求证据,更从证据去修改假设,日益演进,自可日益近真。后来听了适之先生的课,知道研究历史的方法在于寻求一件事情的前后左右的关系,不把它看作突然出现的。老实说,我的脑筋中印象最深的科学方法不过如此而已。[①]

分类、比较、分析、归纳、假设,这些只是自然科学的基本方法,却成为顾颉刚传统学术研究的翅膀,使他可以站在清代吴、皖、扬、

---

① 顾颉刚:《古史辨》第一册《自序》,第95页。

常等学派的肩上起飞，并获得了质的超越。刘起釪在《顾颉刚先生学述》中这样评价科学方法对于顾先生学术研究的意义：

> 顾先生在传统的汉学环境中成长，最后却建立了与传统完全不同的学术，除了他自己的治学性格起作用外，其关键就在于受了时代影响，接受了新的东西。而他接受新东西是逐步的，由微至显的。最初使他观感一新的是对他具有启蒙性的一些粗浅的西方科学方法。①

不输于清人的古典学术涵养，再加上清人所没有的科学方法与自由精神，使他们可以超越清人，开创史学研究的新天地，达到经学研究的新高度。科举的废除与新学制的推行，使"四书五经"不再是功名之锁钥、利禄之捷径，却并未将传统学术的传承一下子打断，经学由统治者"恒久之至道"一变而为宝贵的学术资源，时代的发展，给学者读书提供了更多心灵上的自由。只有在这样的时代，从小深受古文经学熏陶的刘起釪，才会如此服膺有今文经学倾向的顾颉刚，并毫无抵触地追随终生。

二、在顾师的指引下由文而史

刘起釪最早是以文名为老师、同学们所重视。在设于安庆蓝田镇的国立师范学院先修班（这学校即钱锺书先生《围城》中三闾大学的原型）学习期间，他在语文课上用文言所做的作业，得到了授课老师张振镛先生的赞赏。张振镛欲印一部诗集，即请刘起釪写一首七律放在封面上，又将刘起釪所作的《记院中雪景》一文，拿给当时的国学大师钱基博先生看。钱基博说，他几十年来遇到有如此造诣的青年不出五名，并叫刘起釪去看看他。一个 22 岁的青

① 刘起釪：《顾颉刚先生学述》，北京：中华书局，1986 年，第 25 页。

年,第一次得到一位国学大师的肯定与垂青,内心的震动是不言而喻的。因此直到81岁,刘起釪还念念不忘当时的情景与感受,回忆说:

我当时二十二岁,第一次受到当代有名国学大师如此垂青,一种知遇之感,油然沁入肺腑。找时间到钱翁寓室叩见,他的无锡口音不能完全听清楚,但听懂其意是深所嘉许,期望甚殷。谒别后一直怀念着,以为人生获一真正知遇实在难得。他的大著《经学通志》我一直抱持不离手,以此也就增益了我研治古典经籍的兴趣。[①]

张振镛与钱基博的赞赏,一定给了刘起釪极大的鼓励。1941年,刘起釪考入重庆的中央大学文学院历史系。一年级时,正当湘北第三次抗御日军进攻,他写了一首七言长歌行鞭挞日寇进犯湘北,题作《洞庭雄涛曲》。诗曰:

洞庭雄涛何莽莽,轰輵砰訇车万辆。汹涌轩然激大波,崩渤奔澎穷跌踢。南汇万壑楚峤气,吐作千年云梦浪。浪重由来未许澄,风险翻教涛转壮。青草渚潭七百里,幕阜镵天三万丈。岳阳城高影撼波,巴陵岫险云垂嶂。东南地坼吴楚隘,闾尾流深沅澧涨。八纮风雨盛凭陵,三户雄豪飒英爽。三户从来不可陵,横刀磊落尽知兵。尝因一怒亡秦社,手决浮云六合惊。不图丑骑腾中土,豕突狼奔杂风雨。万里山川人战腥,五都冠带沦骄卤。中原父老无家别,楚郡男儿拔剑怒。一火先飞锦绣灰,终朝却拭鹇鹈羽。万骑跸跋湖南道,五年战伐军前鼓。不辞夜夜射旄头,誓将浩气凌天宇。……

① 刘起釪:《我和〈尚书〉》,张世林主编:《为学术的一生》,桂林:广西师范大学出版社,2005年,第531页。

这首诗迂回跌宕，雄浑苍茫，受到当时历史系的金毓黻、顾颉刚、丁山、贺昌群，中文系的汪辟疆、胡小石，以及师范学院的缪凤林、伍俶傥，理学院的辛树帜、欧阳翥等诸位先生的称誉。翌年主持《文史杂志》的顾颉刚先生将此诗拿去发表，引起全校轰动。当时中大分校一年级在重庆柏溪上课，国文课老师出了一道作文题《柏溪五记》，意在叫学生们仿柳宗元《永州八记》而写柏溪。刘起釪以唐宋八大家文章风格谋其篇，采《昭明文选》辞藻以腴其体，文章一出，再次轰动校园，老师们赞誉甚隆，金毓黻、缪凤林、欧阳翥等嗜古派的老师认为具有齐梁风味，可与擅写选体文的名家汪容甫（汪中）的文章相媲美。顾颉刚先生看到后，又邀刘起釪同游柏溪，并鼓励他增成《柏溪六记》，也打算编入《文史杂志》，只是因战时印刷困难，文中古字、僻字太多，最终没能刊出。[①]

事实上，在刘起釪少年时代自祖父吟古先生处所受的教育中，除了经学，最为重视的就是辞章之学了。这其中的原因，要从王先谦与桐城派的渊源说起。对王先谦，人们往往主要因他所汇刻的1430卷《续皇清经解》，以及所撰《尚书孔传参正》《诗三家义集疏》《释名疏证补》《汉书补注》《后汉书补注》《鲜虞中山国事表疆域图说》《荀子集解》《庄子集解》《管子集解》，而关注他的文献学、经学、史学成就，较少有人注意到他与桐城派的关系，以及他在文章之学方面的成就。王先谦以桐城派自居，并继姚鼐《古文辞类纂》编《续古文辞类纂》，还编有《骈文类纂》《律赋类纂》《诗义标准》，他自己也擅为文作诗，其诗被称为“得杜之神，运苏之气”，其文被称为“置之清代集中，挺然秀拔”，有《虚受堂文集》《虚受堂诗存》传世。吟古先生在王先谦担任山长的岳麓书院中潜心读书多年，他在刘起

① 参见吴小铁：《二十世纪史学界的一位大师——访刘起釪先生》，《紫金岁月》2007年第7—8期；刘起釪：《我和〈尚书〉》，张世林主编：《为学术的一生》，第530页。

釪的少年教育中,重视辞章之学以及对于诗文的练习,也就是可以理解的了。据刘起釪回忆:

> 祖父……经常督教我勤加用功的还是学做诗文,每天给我改学做的诗,一周半月改学做的古文(在学校作文用语体)。从《三百首》《观止》而《古唐诗合解》《诗比兴笺》《唐宋诗醇》《唐宋文醇》《古文辞类纂》等,务循桐城派以学唐宋八家。而我自己还从《欧阳文忠公全集》学做词(因其中有词的专卷)。①

桐城"义法"本以程朱义理与文言古文为核心,由上述回忆可见刘起釪所受桐城派的主要影响,乃在于文章之学。吟古先生去世时,刘起釪16岁,开始自己读《昭明文选》与前四史,尤其喜欢《文选》中的优美篇章与《史记》,从中获得了更丰富的文章意境。对于文章之学的重视,颇有益于刘起釪对于顾颉刚《尚书》研究的助手工作。——顾与刘的一个重要的共同特点,即笔端如有万言,一旦下笔,不能自休,这一点,也成为顾与刘合作的重要基础。

以顾颉刚对于学术、学生要求之严格,即如刘起釪之下笔万言,洋洋洒洒,在他看来,也还是有缺点。1979年3月5日,据《顾颉刚日记》,这一天,顾看刘所作之《读洪范》,"为修改,费了一整天",并发出如下议论:

> 看起釪所作《读洪范》,并为修改,费了一整天。……我写文章,每次读得它顺口,缺去发头字或结尾字必补,而树民与起釪所作皆随笔写下,不再修改,所以送到各刊物编辑部辄予退还,以其"不起看"也。吾上了十年私塾,教师每在文字上推敲,故吾之文在当时已有名,到了五四运动后更有名,这十年

---

① 刘起釪:《我和〈尚书〉》,张世林主编:《为学术的一生》,第529页。

时间，正如入了"科班"，故能随处应弦合节，而他们则以"票友"上台，不易刺激观众之感情了。[①]

在今天所能见到的资料里，刘起釪最早出现在顾颉刚日记里，是1942年5月11日，那一天，顾颉刚记到：

晚饭后冒雨到分校，赴史学系学生茶话会，十时始散。道路太泞，良久始抵家。

今晚同会：树帜、赞虞、雨亭、学生刘起釪等三十人。此会由予等四人述治学方法，而学生亦自由发言，闻学生皆极兴奋，惜以时晏，未得尽欢而散。较上课殊为有益也。[②]

此后，顾颉刚为学生讲授"春秋史"。由顾先生日记可见，自1943年1月4日起，大抵每次授课的当天，刘起釪都会去顾家拜访，有时独自一人，有时是跟同学一起。在中央大学因文名而倍受称誉的刘起釪，如果没有顾颉刚，或许他最终会走上文学创作的道路，是顾颉刚的劝说，使他放弃了桐城文章与选体诗文，扭转了他人生努力的方向。顾颉刚虽然刊出刘起釪的诗文，对刘的诗文创作鼓励有加，并且也请刘代撰应酬诗词，但对于学生的深挚爱护，又使他对这个渐有文名的学生，进行语重心长的劝导：要做学人，不做文人。

张之洞在《劝学篇・守约》中说："一为文人，便无足观。况在今日，不惟不屑，亦不暇也。"顾颉刚即用此话来启发并开导他：

不做学问，便一无是处；因此不要做文人，要做学人，肆力

---

① 《顾颉刚日记》第十一卷，第628—629页。

② 《顾颉刚日记》第四卷，第678页。

解决学术问题,才有价值。[1]

以选体为文,有貌而无骨;以苦吟为诗,直文人末路,昔人"两句三年得,一吟双泪垂",呕心沥血写出这样的句子来,这两句倒也对仗工稳,但能算什么句子呢?实在是毫无用处的文人末技。只有专心治学,解决学术上的问题,才是正途。[2]

此前,金毓黻先生曾教授刘起釪以史学系统知识,并指引他史学读书门径,使他在诗文之外,已经意识到还有治学,然而最终有力量转变刘起釪人生方向的,却是顾颉刚。诗人往往标榜风骨,桀骜不驯,何况是能写出上述《洞庭雄涛曲》这样慷慨激昂、富于力量的诗句的人。能够写出这样豪壮诗句的刘起釪,却不仅心悦诚服地接纳了老师的意见,而且,自此终其一生,都以学问为追求目标,中间屡经困厄,也没有一刻放弃过。这固然由于刘起釪本人是一个善于自省的人,恐怕也更由于顾颉刚学问及人格的巨大魅力。

1941年的重庆中央大学,文学院历史系里教授阵营十分强大:系主任金毓黻先生,教授有丁山、张贵永、沈刚伯、郭廷以、蒋孟引、白寿彝、蒋复璁、贺昌群、韩儒林诸先生及顾颉刚先生等。刘起釪以诗文在学校里闻名,不仅本系教授重视他,外系如中文系汪辟疆、罗根泽,师范学院国文系主任伍俶傥,史地系主任缪凤林,理学院辛树帜、欧阳翥、胡焕庸诸先生,也都对他关爱有加。其中以缪凤林先生和丁山先生,对刘起釪最为关切。

缪凤林先生笃信古学,与刘起釪幼承祖训所习相合,因此二人不仅谈得来,而且逢年过节,缪常招刘起釪去他家,并曾示意刘从

---

① 吴小铁:《二十世纪史学界的一位大师——访刘起釪先生》,《紫金岁月》2000年第7—8期。

② 刘起釪:《我和〈尚书〉》,张世林主编:《为学术的一生》,第530页。

他走，毕业后到史地系任教。丁山先生则热情地要刘从他学甲骨文金文，走王国维治学路数，因此每周总有一个下午或一晚两晚约到他家里去，耐心教刘起釪以甲骨文、金文知识。但是，缪凤林与丁山两位先生却互不相能，丁对刘起釪动辄诋斥缪先生，缪也常“目无余子”似的轻视丁山等人。对刘起釪来说，“有时感觉到不只是他两人之间的对立，而是另有两种不同气氛之间的对立”，这样的情形的确会给一个刚入大学校门、头脑清空的青年带来困惑。同时，缪凤林对稍具新意的事物即有反感，当刘起釪接触到更多新领域时，尽管在情谊上依然尊重，但却感到自己所追求的与缪先生所坚持的，渐难相合。在这种情况下，刘起釪接触到顾先生，看到顾与丁之间友谊深厚，却从来不对其他人有对立情绪，而且，刘起釪“感觉到他胸怀闳廓醇厚，从他问学如坐春风，恢恢乎有学术广渊之乐”，这就不能不使刘起釪更多地接近顾先生，并终于将一生都投入到顾先生所交给他的《尚书》学研究中去。①

刘起釪与顾颉刚所秉承的学术渊源不同。顾先生早期虽一度服膺并师事古文学派大家章太炎，并由太炎先生的“薄致用而重求是”，而悟到“在学问上则只当问真不真，不当问用不用”，但太炎先生之“薄致用”，乃是薄今文家之“致用”，太炎先生之“重求是”，乃是重古文家之“求是”，他心中还有一个不可动摇的“正统观念”，因了这个“正统观念”，许多站不住的汉代古文家之说，他“也还要替他们弥缝”，由此顾先生又转向今文家说，不仅在某些具体观点上深受今文家大师梁启超的影响，更秉承了康梁的怀疑精神。可以说，顾先生是取今古文学派之长而又能独立于今古文之外，而刘起釪的学问则有两个源头，用他自己在《尚书校释译论》篇首的概括

① 刘起釪：《我和〈尚书〉》，张世林主编：《为学术的一生》，第531—533页。

即是:“弱冠承王先谦先生入室弟子先祖吟古公授读,及长承恩师顾颉刚先生教导。”

吟古先生的撰著或已湮没,无法可查,只能据王先谦的事迹约略了解吟古先生的思想倾向与学问特点。王先谦为著名的古文经学家,戊戌政变时,与张之洞、朱一新、王仁俊、叶德辉等,同为著名的保守派,激烈反对康有为、谭嗣同、梁启超、皮锡瑞等维新派。作为王先谦的弟子,吟古先生自然会受影响,而罗次龙给吟古先生的赠联中,有“续宣圣之年谱,延吾道一线于空山”之语[①],可见这位保守派的弟子,乃是一位笃守师承的传统儒者。

对于这一点,刘起釪自己也有认识,他曾说:“在接触到顾先生之后,才知道我原来之所学和他完全不同道。”他这样来分析这种不同:

> 我由祖父按儒学传统授读,渐渍濡染,自不能脱古文学派的熏陶。对于经籍,基本持古文学派崇信的观点。顾先生出于清代汉学中心的苏州,原亦承古文之学,但由于他广览博收,当清末今文盛行之际,于是对待经籍态度上,除了承宋以来疑辨精神外,尤受今文学派影响,多持怀疑态度。当我向他问学之后,感到境界为之一异。虽然原所受古文之学影响不是一下就可抹去的,但眼界放宽了,知有与之迥然相异的今文说存在,获知学术领域之广,不能姝姝守一先生之说了。[②]

晚清提振子学、打击经学的潮流,以及五四新文化运动的影响,使顾颉刚的学术研究,以“疑”为前提。顾先生的“疑古”,从某

① 刘应运:《捐田兴学的刘吟古先生》,陈义初编:《安化文史资料》第4辑,第119页。

② 刘起釪:《永不能忘的春风化雨》,王煦华编:《顾颉刚先生学行录》,第280页。

一方面来说，即是“疑经”，而少年时代古文经学的熏染，使刘起釪对于经学，则偏向于“信”。下面这个事例，最有助于说明刘起釪与顾颉刚的这一区别。

在刘起釪一年级的时候，顾颉刚曾拿来一部《尚书》，命刘起釪标点。当时的刘起釪，以为老师此举可能是为了出版《尚书》标点本，或者另有别的用处。就用心地在课余时间内，标点好交去。顾看了之后，认为标点不错，又问刘有问题没有。刘回答说，按《孔氏传》释义都标点通了，没什么问题。顾颉刚笑着教导他：《尚书》是五经中问题最多的一部，不能发现问题就不能做学问，要做学问，就不能墨守传统，要善于从传统观点中解放出来，发现新问题，才能开启学问之门。此后，这个《尚书》标点本，顾颉刚就摆在案头没作别用，刘起釪才悟到，这完全是顾师对他施教的一种方式。在顾颉刚看来，这个学生是学问上的可造之才，因此乐于加以劝说和诱导；而刘起釪，则在几十年之后，犹自不断反省：在顾先生尚为学生时，胡适先生曾令顾先生标点《古今伪书考》，顾先生于其中发现了许多问题，理清了古往今来造伪和辨伪的人物事迹，看到了辨伪的必要，决心要发起编辑《辨伪丛刊》，从而走上了治学道路，而他当时却只知就标点进行标点，不知在老师诱导下稍有所感应。[①]

对于顾颉刚的教导，刘起釪也十分努力地遵从，这一点体现在顾颉刚先生的“春秋史”课上。前文提到过少年时代的刘起釪，在祖父吟古先生的指导下，曾精读过《春秋》与《左传》。尽管王先谦也曾提出长期以来的今古文之争，“展转纷纭，徒形词费”，主张“择善而从”并且在自己的著作中，兼采今文学派的观点，但王先谦毕竟是古文经学派，因此吟古先生用以教授刘起釪，也主要是相信汉

① 刘起釪：《我和〈尚书〉》，张世林主编：《为学术的一生》，第532页。

代古文经说的古文经学派的观点。顾颉刚在《春秋》学上,完全承受的却是清末今文学派之说,于是两个迥然相异的学派之说,在刘起釪这里交集,令他感到"振聋发聩,受到学术上的激荡"[①]。尽管刘起釪始终不同意刘歆伪造说等今文学派关于《左传》的某些具体观点,但顾颉刚先生精确的新考辨,使曾经习惯于墨守经说的他,开始用疑辨的目光来审察《春秋》和《左传》,从而发现,这两部自以为熟习的经学著作,他还完全没有认识,甚至可以说完全无知。顾颉刚先生的课,刘起釪都用文言文详细做了笔记,学期终了,顾先生收阅学生笔记,留下了刘起釪所记,由顾先生的夫人抄存一副本,将原本还给刘起釪。后来在生活变乱中,刘起釪的原本失去,1987 年,在顾师遗稿中觅出当时殷履安夫人所抄副本,1988 年,此笔记经刘起釪再整理,定名为《春秋三传及国语之综合研究》,由巴蜀书社出版,香港中华书局出繁体版。

就早期研究的路径来说,偏于今文经学的顾颉刚先生从"疑"出发而进行辨伪,偏于古文经学的刘起釪先生则从"信"出发而进行论证。刘先生不同意今文学派关于《左传》《周礼》为汉代刘歆伪造的观点,追随顾先生读研究生时,他选择"两周战国职官考"为论文题目,以《周礼》以外的先秦文献中官制的材料,与《周官》官制对照,得出《周礼》是据春秋时周、鲁、卫、郑等国官制写成,与其他国家官制无关,更与战国时代无关的结论。这一观点与顾先生的学术观点对立,却得到了顾先生的鼓励和支持。[②] 这既说明顾先生博大的胸襟,也说明真正的现代学术研究,必然超越了今文经学与古

① 刘起釪:《我和〈尚书〉》,张世林主编:《为学术的一生》,第 533 页。

② 参见吴锐、刘源:《考辨经籍 承先启后》,中国社会科学院青年人文社会科学研究中心:《学问有道——学部委员访谈录》上册,北京:方志出版社,2007 年,第 678—686 页。

文经学的分野，更超越了家法、师法之别，而最终顾、刘二人合作所进行的《尚书》学研究，也正是这一超越的体现。

三、九鼎铭词事件及其余波

在20世纪50年代开始的思想改造、肃反运动及其后的“文化大革命”中，给顾颉刚带来最大困扰的，是他在解放前与三个人的关系，这三个人是胡适、鲁迅、朱家骅。在顾颉刚的生前身后，唯一能对他的声誉构成威胁、引起非议的，便是发生在1943年的九鼎铭词事件，而刘起釪，也同样是此一事件的当事人。

1943年1月11日，中美《关于取消美国在华治外法权及处理有关问题之条约与换文》(简称《中美新约》)在华盛顿签字，中英《关于取消英国在华治外法权及有关特权条约与换文》(简称《中英新约》)在重庆签字，5月20日，《中美新约》在华盛顿、《中英新约》在重庆同时换文批准生效。据此，美、英两国正式废除了在华领事裁判权、通商口岸特别法庭权、英籍海关总税务局权、使馆区及一些铁路沿线驻兵权、沿海贸易与内河航行权、外人引水权等项特权，废除了1901年9月订立的《辛丑条约》，宣布将上海、厦门的公共租界及北平使馆区的各种权益归还中国。

《中美新约》与《中英新约》的签订，与太平洋战争爆发之后的世界局势有关，也是世界反法西斯战争中，中国人民坚持抗战所获得的权益。尽管《中美新约》与《中英新约》的缔结，是以战时结盟为背景，但确实是抗战以来令军民精神共振的一件喜事，国民党政府更将此视为自己的“外交胜利”。1942年10月还在与美方商讨此协议时，蒋介石接到驻美大使魏道明由华盛顿发来的电报，得知“今日美国务卿面交关于取消治外法权等问题草案约十八条”，即在日记中写道：“……接获美、英自动放弃治外法权之通告。此为总理革命以来,毕生奋斗最大之目的,而今竟由我亲手达成,心中快慰,实为平生惟一之幸事。"[①]得意之情,溢于言表。

1943年1月11日协议正式签字后,国民党中央组织部即决定借此由头,以献鼎的方式,为蒋介石歌功颂德,于是就有了1月20日至2月19日中央组织部部长朱家骅所主持召开的献九鼎筹备委员会的三次会议。九鼎好铸,但铭词难写,关键是写铭词的人难找,这个人需要有资历、有文名,还得要真正能写出妥帖的文辞,当时合乎资格的耆老大儒,闻听此必招骂名的差使,都避之唯恐不及,朱家骅只好找到了并不擅长撰写铭文的顾颉刚。

在重庆中央大学就读的刘起釪,因文名而常为老师们代撰诗文,连金毓黻等先生也托他代笔写过古典颂词,而此时的刘起釪又常随顾先生问学,师生二人过从甚密,并且也常代顾颉刚拟一些应酬诗词,因此助顾颉刚处理这件"公务",似也责无旁贷。

1943年1月28日,顾颉刚在日记里记了关于九鼎铭词的写作:

> 将刘起釪所拟九鼎文重作……
>
> 鼎铭:(一)万邦协和,光华复旦。(二)于维总裁,允文允武。亲仁善邻,罔或予侮。我士我工,载欣载舞。献兹九鼎,宝于万古。
>
> 中国与英美之新约既成,各学校党部及工厂党部欲向蒋委员长献九鼎,而以鼎铭属予,因就起釪所草,加以改窜,如上文。[②]

---

① 张益珲、欧阳云、熊国军:《蒋家王朝》,北京:经济日报出版社,1998年,第1619页。

② 《顾颉刚日记》第五卷,第18页。

在顾颉刚1943年2月28日的日记中，附有2月27日标题为《铸九鼎呈献总裁》的剪报，这应是当时“献九鼎”的官方说法：

[中央社讯]工厂矿场暨大学党部，为庆祝中美中英新约成立，纷电组织部朱部长，发起铸鼎奉献总裁致敬，全国大学暨工矿党部，曾联合举行筹备会三次，决定铸造铜鼎九座，以资隆重。九鼎式样，筹备会已聘定故宫博物院院长马衡主持设计，另请顾颉刚、杨定襄撰就鼎铭，一切技术制造事宜，均由民生机器厂承办，现在九鼎模型业已依照设计图案，妥善制成……鼎口周缘，饰以蟠螭纹，足之上端，饰以饕餮铭文八句，句四言，分铸于八鼎之正面边缘，其第九鼎，则记献鼎之缘由，尚有“协和万邦，以进大同”八字……正面鼎铭，顾颉刚所撰之正面鼎铭云：于维总裁，允文允武。亲仁善邻，罔或予侮。我士我工，载欣载舞。献兹九鼎，宝于万古。[①]

剪报所记之第九鼎文字“协和万邦，以进大同”，与顾颉刚所记之初拟“协和万邦，光华复旦”有所不同，未详此为谁所改。这张剪报中还记录了马衡所撰的九鼎设计缘起：

马衡撰九鼎设计缘起，昔禹平水土，开九州，远方图物贡金九牧，铸鼎象物，百物而为之备，使民知神奸，用能协于上下以承天休，此即周世所称为九鼎者也。是九鼎之作，乃禹甸既辟，生民□安，九州贡金以纪念禹之功绩，故自夏至周，世世保守，传为历史上之佳话。吾国近百年来，国势日蹙，外交失策，谆谆以废除不平等条约相昭示，自抗日军兴，全国军民在我总裁领导之下，经五年余之艰苦奋斗，卒于三十二年一月十一日

① 《顾颉刚日记》第五卷，第33页。

与英美两国,签订新约,解除百年来之桎梏,恢复我自由平等之地位,完成国父之遗志,协和万邦,以进大同,实肇基于今日,较之大禹平水土开九州之功,诚无多让。大学及工矿党部谋所以纪念新约成立,而足以为我总裁寿者,爰铸九鼎以献。[①]

对于“献九鼎”的性质,冯玉祥曾回忆自己当时的看法:

有一天我到重庆下边一眼望得见的一个造船厂里去讲话,这个厂的主人就是卢作孚。我对员工们讲完了话,他领着我去参观。他指给我看,这是预备献给蒋介石的九个铜鼎。我看每一个鼎高有二尺半,直径也有二尺,鼎上还雕刻着许多花纹。我问:“这是谁出的主意?”旁过一个人说:“这是蒋自己出的主意,他要这样办,谁敢驳回他呢?”我记得中国古书上有一篇书叫“楚子问鼎”,楚子是楚国的国王,他在公、侯、伯、子、男五个爵位里头,是子爵,所以称为楚子。一个子爵当然够不上做皇帝,然而他却要问九鼎,问九鼎就是想做皇帝,因为九鼎象征九州,有了九鼎就是有了九州,就是有了全国。楚子问鼎有多高,多大,多重,周家的官吏说:“在德不在鼎,不得民心,人民若怨恨你,就是有了九鼎,也不会有用的。最好,你不问鼎为是。”因为有这一篇文章,中国人多少年来,都拿着九鼎当做皇帝的象征,这个故事在中国没有一个不知道的。蒋介石虽然少读书,无知识,这个故事总不会不晓得的。但是他的脑子,非常守旧,他虽然是20世纪的人,可是他的思想,总是在17、18世纪之间,他一定暗示他的部下献九鼎,他的动机,

① 《顾颉刚日记》第五卷,第33—34页。

不问可知。[①]

即使是身为军人的冯玉祥，已对"献九鼎"持批评态度，何况是作为史学家的顾颉刚呢？程千帆先生在1995年8月3日致黄裳信中曾回忆九鼎铭文事说：

> 酷暑中静卧读尊著《随笔》及顾颉刚代朱骝先作九鼎铭文事。时弟在成都，颇多传闻。未见顾谱（方将求而读之），不知载其文否。据云，其时老辈能为传统堂皇赋颂之文者，尚不乏人，然闻以寿蒋，则皆敛手，故委之顾。[②]

朱家骅，是九鼎铭词事件的关键人物。顾颉刚做九鼎铭文，即是出于朱家骅之邀。当时比顾颉刚更能胜任此项工作的，大有人在，但是为何所有人都拒绝了，唯有并不擅长作铭文的顾颉刚却没有拒绝呢？这要从顾颉刚与朱家骅的关系说起，而要更清楚地说明顾颉刚与朱家骅的关系，又不能不谈到顾颉刚的"事业心"。这是《顾颉刚日记》中很受人注意的一段话：

> 许多人都称我为纯粹学者，而不知我事业心之强烈更在求知欲之上。我一切所作所为，他人所毁所誉，必用事业心说明之，乃可以见其真相。[③]

这段自省附于1942年5月31日日记之末，既是顾颉刚对于当时个人处境之感言，又仿佛对于未来遭遇之预言：因为仅隔不到一年，给他带来终生之"毁"的"九鼎铭词"事件就发生了。

---

① 冯玉祥：《我所认识的蒋介石》，北京：世界知识出版社，2006年，第131—132页。

② 程千帆著，陶芸编：《闲堂书简》，上海：上海古籍出版社，2004年，第359页。

③ 《顾颉刚日记》第四卷，第689—690页。

余英时先生曾对顾先生所言之“事业心”进行过思考,并指出形成此“事业心”的三层背景:

> 第一,他是五四新文化运动的参与者,从传统的士大夫向现代知识人过渡。尽管这一过渡并不彻底,但至少在显意识的层面,他希望把学术研究所取得的新知识推广到全社会,发挥一种启蒙的作用。所以 1929 年 3 月 13 日在浙江大学餐后演讲,他的题目是“怎样唤起第二次新文化运动”。很显然的,他认为第一次新文化运动并未能深入民间。第二,民族危机,特别是日本侵略,为他的文化事业提供了极重要的发展契机。最明显的例子是通俗读物编刊社(1933)和《禹贡》半月刊(1934)都是“九一八”(1931)以后创立的。通俗社是在燕京大学教职员、学生抗日会征求民众读物的基础上发展起来的,后来才由顾先生接手经营。……第三层背景则是个人的,即他与傅斯年在学术上的分歧和争衡。①

如果只做“纯粹学者”,顾颉刚可以跟别的“纯粹学者”、社会贤达一样,拒绝甚至严词拒绝撰“九鼎铭词”这样的邀请,但他却偏偏要有“事业心”,有“事业心”便不能不做事,做事便不能不需要资金、人手,用钱用人,便不能不跟当时掌握着大量经济、社会、军事等资源的国民党合作,甚至成为他们中的一员,撰“九鼎铭词”就不仅仅是邀请,还是某种难以推脱的差使。那么,追根溯源,顾颉刚同意撰“九鼎铭词”,根子在他的“事业心”上。那么,他的事业心是什么呢? 1947 年 9 月 23 日顾颉刚致白寿彝的信中,曾检讨分析过自己的这种事业心:

---

① 余英时:《未尽的才情——从〈日记〉看顾颉刚的内心世界》,《顾颉刚日记》第一卷,第 3—4 页。

> 记幼年读《读史论略》，至“范文正公做秀才时，便以天下为己任”，奋然而起，有“大丈夫不当如是耶”之感。想起孟子说伊尹“有一夫一妇不被尧舜之泽，若己推而纳诸沟中”，起了极大的共鸣。适那时《新民丛报》风行，读之起舞，愿为中国之新民。后来读了章太炎先生的文章时，懂了些研究古学的方法，入大学后又知道分工的必要，就想放弃以前的弘愿，在古学的范围中成个学者。毕业后在北大作事，颇有读书的机会，在古史学及民俗学中找得了自己的园地，更想终身致力于此。不料民国二十年游了黄河流域四省，真看见了民间，才知道老百姓过的是地狱生活，如不即加以救援，便有亡国灭种的危险。那年的秋天，九一八事变作，又感到边疆问题的切要。从此到今十六年，“民众教育”和“边疆工作”两件大事永远占据了我的心。[①]

做一个古史学与民俗学的学者，这曾是顾颉刚的愿望，在和平年代，他可以将全部精力都用于此处，然而他同时又浸润在以“修身、齐家、治国、平天下”为人生社会理想的儒家式教育氛围中，尽管他以推翻旧系统古史的帝系、王制、道统、经学四方面偶像为学术目标，但在最根本的安身立命之处，他不可能摆脱儒家式的“以天下为己任”的责任感，这种责任感，造就了他所谓的“事业心”，而这种“事业心”，又以“民众教育”“边疆工作”为主要表现形式。在给白寿彝的信中，他还分析了“事业心”如何将他与“政治”联系到了一起：

> 在北平，太天真了，想到就干，没有钱也干，也居然干成了几件事。可是，政府和党部的压力来了，使我知道要做事便不

---

① 《顾颉刚全集·顾颉刚书信集》卷三，第162页。

> 能和政治脱离关系。抗战之后,物价日高,个人的生计且成问题,何论作事业,又使我知道要做事必不能没有经济基础。如何可与政治起联系而又不受其迫害,如何可以打好经济基础而运用自如,这两个问题又侵袭了我的心。[①]

顾颉刚在北平“想到就干,没有钱也干”的几件事,能够“居然干成”,很大程度上得益于国民党政府内的朱家骅的帮助,而朱家骅又是“献九鼎”事件的主要谋划者,因此,要说清楚顾颉刚的“九鼎铭词”事件,就不能不提他与朱家骅的关系。正如顾潮女士所说:“父亲因感念过去朱氏在中山大学与自己的交谊,以及对自己通俗读物和边疆研究两项工作的支持,且十年来已不专治学,为时代需要而牺牲自己亦无不可,便同意了。”某种意义上,也正是朱家骅教给他,要做事“便不能和政治脱离关系”,并教给他不和政治脱离关系的具体路径。

1966 年至 1969 年,顾颉刚的大部分时间是在写各种检讨与材料中过活。其中,最主要也是反复修改次数最多的检讨之一,便是《我和反动派朱家骅的关系》。1968 年 12 月 31 日的日记中,附有顾颉刚所写的检讨材料《我的五十年中的罪行》,涉及朱家骅的有如下数条,可以窥见朱家骅与顾颉刚交往的主要脉络:

> (1)鲁迅反对胡适,连带反对我。1926 年,他为了反对厦大校长林文庆及我而离开厦大。1927 年,又为我离开中山大学,这事有朱家骅和傅斯年的用意。
>
> (2)为了陈立夫要封通俗社的门,求救于朱家骅,受国民党中央政权所收买,加入国民党。
>
> (3)朱家骅以英庚款补助禹贡学会。

---

① 《顾颉刚全集·顾颉刚书信集》卷三,第 162—163 页。

(4)1941年,朱家骅招至重庆,办《文史杂志》及边疆语文编译委员会。

(5)为朱家骅是中统头子,我脱离他,并举韩儒林自代,但因韩病不能来,我每星期去一天。

(6)朱家骅嗾使工矿、大学两党部向蒋匪献九鼎,我为作铭文,受了很多人的反对,我在蒋匪兼任中大校长前夕离开该校。

(7)朱家骅给一亿元,续办通俗读物,即在社会教育学院中办民众读物社,由王泽民主其事,但由我出名。1948年,我见蒋匪,请将此项刊物销向军队。①

早在1927年,顾颉刚与朱家骅之间便有了交集,与上引检讨书中所列的第一条"罪行"有关。当时顾颉刚应聘去中山大学,时任中山大学文学系主任兼教务主任的鲁迅,提出顾颉刚来,自己就走。主政中山大学的朱家骅为平息矛盾,安排顾颉刚去江浙一带为学校图书馆购书。后来,朱家骅在杭州听一位书商说:"我们送顾先生书他都不要,自己要的书也花钱买,这是为公家办事的人从来所没有过的。"以此顾颉刚给朱家骅留下了很好的印象。顾颉刚在中山大学期间,凡请求设备费、印刷费,朱家骅无不批准。②

1933年,日本进占热河,顾颉刚参加燕京大学教职员学生抗日会,办"三户书社",出版大鼓书等通俗读物宣传抗战。"三户"之名取意于"楚虽三户,亡秦必楚"的典故,隐喻抗日救亡。后由单纯的宣传抗日救亡,扩大范围而兼及史地、医药卫生、社会、工农业等常识,此社遂改组为"通俗读物编刊社","以能唤起一般民众之民族意识,

---

① 《顾颉刚日记》第十一卷,第61页。

② 顾颉刚:《顾颉刚自述》,高增德、丁东编:《世纪学人自述》第一卷,第37页。

鼓励自卫精神,激发向上意志,灌输现代常识为主旨”。编刊社出版《胡阿毛开车入黄浦》《傀儡皇帝坐龙廷》《打汉奸》《义军女将姚瑞芳》等各种爱国小册子五六百种,发行量逾五千万册。1935年,通俗读物编刊社因宣传抗日而被认为是共产党,陈立夫以此为由要将该社查封。1936年1月,顾颉刚遂带该社出版物至南京,向朱家骅求救。顾潮女士曾提过此段往事:

> 其时朱氏任交通部长,他翻了这些小书后,称赞父亲的工作,并表示支持;但他又说,因父亲不是国民党员,党内不能信任,遂问父亲能否入党?父亲为维护通俗读物社起见,就答应了。于是他加入了国民党,不过未曾办入党手续,也未曾向北平市党部有所接洽,只是以后接到朱家骅所寄入党证书,成了特别党员。朱氏帮父亲平定了风波,不久又在中央党部里弄到2万元,汇寄北平,做为该社工作经费。[①]

这便是上引检讨书中的第二条“罪行”。朱家骅不仅解决了通俗读物编刊社遇到的麻烦,还帮助该社取得一笔经费,而顾颉刚也为维护“三户书社”,听从朱家骅的意见,成了国民党的特别党员。

上引检讨书中所列,与朱家骅相关的第三条“罪行”,与“禹贡”有关。1934年,顾颉刚先生组织禹贡学会,与谭其骧合编《禹贡》半月刊,会所由地方志专家张国淦先生捐助,但除了会所,“禹贡”还需经费,张国淦遂写信给时任行政院秘书长的翁文灏,由顾颉刚带去向翁文灏寻求资助。尽管张国淦做农商总长时,曾给予做过地质调查所所长的翁文灏以帮助,翁文灏却还是拒绝资助,并说:“求人不如求己,你们自己去想法吧!”为了“禹贡”,顾颉刚只得再次找到了朱家骅:

---

① 顾潮:《历劫终教志不灰》,上海:华东师范大学出版社,1997年,第157页。

> 我没有办法，就去见朱家骅，请他想法。他说："你们学术团体的刊物，照例只有得到教育部请求补助，但这种团体太多了，教育部平均分配，所得一定不多。好在你们讲的是边疆，而中英庚款董事会正要办边疆教育，你们回去备一个正式信来请求补助，我在董事会开会的时候，替你们提出讨论。"我听了他的话就做了，居然于 1936 年夏天由董事会通过在一年度内给我们一万五千元的补助费。我们学会的工作从此有了正常的发展，有了专任的研究员，发表的文章自然有更充实的学术贡献。①

顾颉刚办《禹贡》，是"为欲使中国人认识中国"，办通俗读物，是"要使中国人知道自己是中国人"。这种"学术救国"的尝试和努力，也受到部分学者的忽视甚至反对。曾经对顾颉刚十分赞赏并支持的胡适，这样劝顾颉刚：

> 你办这东西，足见你热心。但民众是惹不得的，他们太没有知识了，你现在放一把火，这火焰会成为不可收拾的，怕你当不起这个责任呢！②

顾颉刚在 1935 年给叶圣陶的信中说："向我表同情的只有青年，而前辈与同辈则皆视若无睹，甚且目笑存之。青年只能使力气而无钱，故我所办者在稿件上决不感缺乏，而经费则大为周章。"在这样的情形下，朱家骅无论出于何种原因向通俗社与"禹贡"伸出援手，他所给予的帮助，对于通俗社和"禹贡"的存活，都是至关重要的。

---

① 刘俐娜编：《顾颉刚自述》，第 167 页。

② 顾颉刚：《从我自己看胡适》，上海《大公报》1951 年 12 月 10 日。（转自沈寂主编：《胡适研究》，第 251 页）

1939年顾颉刚至成都,任教于齐鲁大学,1941年,朱家骅邀请顾颉刚至重庆主编《文史杂志》,顾颉刚曾回忆这件事情:

见面之后,我问他办这个刊物的原因,他说:"抗战以来,物价日高,一班大学教授生活困难。政府正替他们想办法,办这个杂志就是办法的一种,要使能写文章的文学院教授们得到些稿费作生活的补助。"我又问他:"为什么一定要我来呢?"他说:"这个刊物虽是党部里办的,却是纯学术性。以前卢逮曾主编,但他没有学术地位与号召力,决不能编好,所以非请你来不可。"那时朱氏是中央组织部长,吴铁城是中央执行委员会秘书长,这个杂志社是属于秘书处的。社长是叶楚伧,我是副社长兼总编辑。叶氏多病,长住山洞林森官邸内养病,我只见了一次。当时决定社中经费每月8000元,开头是够用的,但后来就越过越难。我与吴铁城素无渊源,他又是一个标准的官僚派,气味不相投,我就不愿去看他。经费不够用时请求增加,他老是不理,所以《文史杂志》的稿费愈来愈低,落到水平线以下,所谓补助文学院教授这句话毕竟成了空话,好稿子也没得来了。……直到1945年2月我在文化界发表的要求召开临时紧急会议,组织战时全国一致政府的宣言上签了名,经费才真的停了。但我还靠了中国出版公司的资助,这杂志没有停。到胜利后这公司关了门,我还交文通书局出版。直至金圆券发行,市场大乱,书无法再出,然后咽了气。[①]

"通俗读物编刊社"与"禹贡",是顾颉刚请朱家骅予以帮助,而《文史杂志》则是朱家骅请顾颉刚予以帮助,本都是公事,却在公事中不能不有个人情谊掺杂其中,私人情谊又不能不影响到公事中

① 顾颉刚:《顾颉刚自述》,高增德、丁东编:《世纪学人自述》第一卷,第37—38页。

对于事情的处理。在公事中，主事人常常需要借助个人与其他人的私谊才能成事，反过来公事中也往往不能不培养个人之间的私谊。当其他学者对撰写九鼎铭词“皆敛手”时，朱家骅来请顾颉刚撰文，曾因公事而多次受助于朱家骅的顾颉刚，也就很难做到如其他“独善其身”的学者那样慨然拒绝了。

对于早期的国民党，顾颉刚一度抱有好感并寄予希望，他曾说：

> 在我年轻时，国民党在孙中山先生领导之下是惟一有办法、有希望的政党。中山先生在北京逝世，停灵在社稷坛，我去瞻仰他的遗容，又读了他的三民主义，心悦诚服到极度。国民革命后，我第一次看见做纪念周，感动得流泪，心想从此中国得救了。可是在那时我已走上了研究学问之路，我自觉没有政治才，我不愿参加政党，所以有人拉我进党时我都拒绝。①

何况《中美新约》《中英新约》的签订，在当时的确鼓舞了全民抗战的士气，具有强烈的救国意识的顾颉刚，为此感到欣喜，也是促使他答应撰写九鼎铭词的原因之一。在《顾颉刚自述》中，关于“九鼎”，顾先生有这样的回忆：

> 1943 年 1 月 11 日，中英、中美另定新约废除百年来的不平等条约，这是抗战以来第一件可喜事，我们精神都为之一振。全国大学党部和工矿党部议决庆祝，并由民生厂铸铜鼎九座献给蒋氏致敬。因为我在中大，所以由中大的同学邀我撰鼎铭，适有历史系学生刘起釪善作文言文，我交给他做了。铭文中有“亲仁善邻，罔或予侮。我士我工，载欣载舞”的话，

① 顾颉刚：《顾颉刚自述》，高增德、丁东编：《世纪学人自述》第一卷，第 35—36 页。

> 也是实在的情形。……再说,当时国共合作尚未决裂,共产党尚喊“拥护蒋委员长”的口号,而废除不平等条约也未始不是共产党该庆幸的事,这鼎即使是我做也并不在今天犯罪。拿这件事来攻击我,并不能使我“内疚神明,外惭清议”。[1]

从1943年2月到9月,九鼎始告铸成。1943年11月2日,中、美、英、苏四国在莫斯科签署《关于普遍安全宣言》,该宣言不仅对于世界反法西斯战争中的共同措施有所规定,而且表示决心保证战后的集体安全,这被视为国民政府外交的又一胜利,朱家骅等人决定于11月7日中央训练团举行开学典礼时,提前向蒋介石献鼎,并于6日在重庆复兴关中央训练团纪念周活动上,进行献九鼎的预演。“献九鼎”预演,最终以蒋介石大骂朱家骅而告终,蒋介石大骂朱家骅的原因,有两种说法,一种是冯玉祥的回忆:

> 过了两个月,鼎全做好了,就规定了一个日子,在中央训练团里献鼎。这件事忽然被美国的报纸登载出来:“蒋介石叫人们给他献九鼎,这是预备做皇帝。”蒋一看见这段消息,首先把美国的新闻记者和美国的报纸大骂一顿,然后在训练团把朱家骅他们假意地骂了几句。朱家骅的喽罗当然也在那里骂:“你不叫我们献九鼎,我们就会献了吗?现在美国报纸骂你了,你就发起脾气来骂我们,你骂吧,我们都不干了。”就在那几天,许多人上辞呈。蒋介石一个个地找去,对他们说:“骂你们是给别人听的,我心中还是说你们做得好,做得对。”那些人一个个地更撒起娇来。就这样过了两三个星期,才把这段事平息下去。[2]

---

① 顾颉刚:《顾颉刚自述》,高增德、丁东编:《世纪学人自述》第一卷,第43—44页。
② 冯玉祥:《我所认识的蒋介石》,第131—132页。

另一种说法，见于程千帆先生写给黄裳先生的信中：

> 顾本不长于文术，不能为扬马之文，勉成韵语，其卒章云："我士我工，载歌载舞。献之九鼎，保于万古。"朱之政敌某见之，谮于蒋曰：此四句取首一字横读之，乃"我在献宝"也。川语献宝乃出丑之意，蒋见之果然，乃大怒，云云。其文顾作，书则沈翁尹默为之。闻有人询沈以此事，沈答曰："文责自负，书责亦自负也。"此亦善解嘲。[①]

这个"我在献宝"的典故，没有如唐代李白"可怜飞燕倚新妆"的诗句，被演义成李白诗讽杨贵妃的故事那样，被时间酝酿成"顾颉刚智骂蒋介石"的传说。事实上，在此事惹起的一片批评声中，这个典故被有意无意地忽略了——即使不被忽略，这个典故也只能被用来说明"顾本不长于文术"，而没有展现出可以演化成"智骂蒋介石"之类的传奇的趋向。这个，或者也可以用顾先生的"层累说"来作一解释的吧？

献九鼎的计划在预演时即被蒋介石取消，这个被国民党政府取消了的计划，不仅在当时引起部分学者的议论，在此后政治的风云变幻中，更给顾颉刚带来了生前身后的太多困扰。

顾颉刚 1943 年 1 月 28 日的日记末尾，有这样一句话："此文发表后，激起许多方面的批评，使予自惭。"这句话很可能为后来补记，而对于顾颉刚的批评，人们常提到的，也是最为著名的，乃是陈寅恪 1943 年寄给中央研究院史语所第一组同仁的一首诗。这首诗题为《癸未春日感赋》，全文如下：

> 沧海生还又见春，岂知春与世俱新。读书渐已师秦吏，钳

---

① 程千帆著，陶芸编：《闲堂书简》，第 360 页。

市终须避楚人。九鼎铭词争颂德,百年粗粝总伤贫。周妻何肉尤吾累,大患分明有此身。

彼时陈寅恪被聘为中央研究院史语所研究员,傅斯年希望陈寅恪至重庆李庄履职,而陈寅恪却因为身体与家庭原因,不得不留在桂林就任广西大学讲座教授,大为不满的傅斯年即将陈寅恪解聘。这首诗的第二句与第四句,被认为隐含着对傅斯年的批评及对自己选择留在广西的解释,王晴佳先生在对傅、陈关系变化进行了细密的考证之后,这样解读这首诗:"他(指陈寅恪)认为傅斯年已成'秦吏',自己需要躲避一下。同时又解释他自己有家庭牵累,无法像傅斯年所要求的那样行事。"[①]这才是这首诗要表达的重点意思。这首诗的第一句、第三句写了自己由香港归来后所见时事,而与顾颉刚扯得上关系的,便是"九鼎铭词争颂德"那一句。这首本是寄给史语所同仁的诗,乃由傅斯年转告顾颉刚——尽管此时傅、顾关系早已转向冷淡,顾颉刚 1943 年 5 月 13 日的日记中记有此事:

孟真谓予作九鼎铭,大受朋辈不满,寅恪诗中有"九鼎铭辞争颂德"语,比予于王莽时之献符命。诸君盖忘我之为公务员,使寅恪与我易地而处,能不为是乎!

对于陈寅恪的一整首诗,顾颉刚日记中并未提到其他各句,似乎傅斯年向顾颉刚只强调了"争颂德"一语是将顾比作王莽时之献符命,并未提及这首诗中"秦吏""楚人"等句与自己的关系。皎皎者易污,顾颉刚在日记中的反应,遂成为后世就"九鼎铭词"事件对他进行批评的又一落脚点。

在顾颉刚那里,除了做学者,他还要办"事业",因为做学问,所

① 王晴佳:《陈寅恪、傅斯年之关系及其他》,《中国现代史》2006 年第 4 期。

以他是学者，因为要办“事业”，他又不得不充当“公务员”；对于因“九鼎铭词”而批顾颉刚的部分学者来说，顾颉刚是一个“纯粹学者”，作为一个学者，如果不能与现实政治绝缘，至少应主动保持与现实政治的距离，更不应该参与此类歌功颂德的官方行动。这种身份认知上的差异，造就了这一段众说纷纭的公案。

顾颉刚有“事业心”，但这“事业心”却毕竟是以学术为出发点，这就决定了他在本质上依然是学者而非政客。作为学者而与以朱家骅为代表的国民党政界合作，必然会遭到强调独立思想的“纯粹学者”们的批评，“九鼎铭词”事件，便恰可以成为这些批评的突破口。在付出了遭受多方批评的代价之后，顾颉刚为了“事业心”而与政界合作的结果如何呢？1947 年 9 月 23 日顾颉刚致白寿彝的信中，提到这个结果：

> 到重庆四年，我确是和政界人物往来了，可是往来的结果总觉得格格不入。追究这原因，是长官们只要别人听话，小官们都肯没有自己，而我的独立自由的性情改不过来，就无法沆瀣一气。因此，只有和他们若即若离，作点头的朋友，而作事的志愿便无法达到。为了要打经济基础，我又与商人往来，固然借此也懂得些经营的诀窍，可是他们只知道赚钱，超乎赚钱的事他们就不理会，我自己既不能一时致富，也无法求他们帮我。复员之后，整个国家的经济日即崩溃，政界商界自顾不暇，那里顾得到救人，我的志愿就更不能实现了。[①]

顾颉刚的“事业心”，是系于“国故整理”“民众教育”“边疆开发”等方面，目标是为学界、为民众、为国家做事，与政界来往是为了这个目的不得不为，并非要进入官场做官。也正是因此，1947 年

① 《顾颉刚全集·顾颉刚书信集》卷三，第 163 页。

熊天翼请他任行辕教育处处长,朱家骅请他兼任教部特派员,都被他拒绝了。[①] 然而,与政界的往来,或许可以给他带来官职,却无法实现他的"事业心"与救世理想,"格格不入"的合作结果也就是必然的了。

解放之后,"九鼎铭词"事件带给顾颉刚的,就不止是学界的议论了,还要加上政治上的审查。《顾颉刚自述》中提到,1943 年"献九鼎"一事之后,"哪知隔了六年,忽然旧事重提,说我献鼎。我哪里来的铸鼎的工料钱?倘使我存心迎合,我岂不是早做了官了?"[②]现在虽然还找不到最先就此事在政治上遭人发难的记载,但由这段回忆,"忽然旧事重提"的时间,应在新中国成立初期。今天所能见到的相关内容,还有顾先生 1956 年 2 月 19 日写给刘起釪的信,在信中,顾先生对于 13 年前请刘起釪代拟"九鼎铭词"一事,诚恳道歉:

> 在思想改造及肃反运动中,关于九鼎铭词一事,刚自认对于政治认识不足,致不能坚却而又不愿自为,玷污及兄,犯两重之错误。惟刚对于蒋贼,宿所厌恶,故彼来作中大校长,刚即去职。以彼时学界不可复留,迫致投身商界。此在当时固出于自好之心,而在今日看来,依然是个人主义之中间路线也。[③]

由信中可知,在 1951—1952 年的知识分子思想改造运动,以及 1955 年的肃反运动中,顾颉刚都因"九鼎铭词"事件而受到调查,并不得不做出深刻检讨。对于顾先生来说,1966—1969 年,就是一生中最困难的一段,这是学术活动完全停滞的四年,是被批

---

① 顾颉刚 1947 年 2 月 25 日致朱家骅助手甘家馨信。参见《顾颉刚全集·顾颉刚书信集》卷三,第 319 页。

② 顾颉刚:《顾颉刚自述》,高增德、丁东编:《世纪学人自述》第一卷,第 43 页。

③ 本书所引用顾颉刚与刘起釪之通信,未注出处者,均来自二人手稿。

判、被冷遇的四年。此时，他正在为旧社会所参加、主持的一切学术、政治活动做出深刻检讨，当时做得越多，此时“罪行”便越多，所需要触及心灵、深刻检讨并低头认罪之处便越多。而“九鼎铭词”事件，便是种种“罪行”中最严重的一种，更如一颗“定时炸弹”，随时都有可能被人拿出来揭批，并且在批倒之后再踏上一脚。

1967 年 2 月 15 日，困境之中的顾颉刚，在日记中记有“闻绍华言，起釪无大问题”①一句话，这样简单一句话，似乎含着关心，却因为太简单，而无法确认顾颉刚的心情。

刘起釪对于此事件所隐含的危险，不会不知。他在当时有什么样的态度，我们今天已看不到文字材料，唯一所能看到与政治运动有关的，是 1969 年 10 月 26 号刘起釪写给顾先生的一封信中的片断。这封信由顾颉刚录到日记中而得以保存，内容如下：

> 起釪来书云：“我交代清楚了我的历史问题，并有了基本认识后，得到毛主席的挽救，得到革命群众的挽救，能回到毛主席的革命路线上来，这是我的新生，这是我一生的幸福。你的问题虽属敌我矛盾，但只要真正认罪，交清了罪行，并作了触及灵魂的检查，就必能得到毛主席无产阶级政策的宽大，得到革命群众认真落实毛主席政策的挽救，这是可以断言的。关键就在自己真诚认罪和深刻检查当时反动立场、反动思想，态度真正诚恳老实，做到真正有了觉悟，就必能获得解放的。我在等待听到好消息。”
>
> 又说：“不要拉客观。态度要好。老实诚恳。否定自己。敢于坦白。”②

---

① 《顾颉刚日记》第十卷，第 623 页。

② 《顾颉刚日记》第十一卷，第 152 页。

写这封信时,刘起釪被下放至湖北咸宁五七干校劳动,正好一个月。在信中,刘起釪虽未提“九鼎”事件一个字,却诚挚、关切地安慰老师,从自己的经验出发,提出建议:“不要拉客观。态度要好。老实诚恳。否定自己。敢于坦白。”《顾颉刚日记》此处用了加粗加黑的字体,大概顾颉刚在录此句话时,也做了特别的标记。事实上,“不要拉客观。态度要好。老实诚恳。否定自己。敢于坦白”,也正是顾颉刚在“文化大革命”时期所采取的态度,而这种态度,使他在“文化大革命”期间虽受批判,却未遭受肉体上的直接迫害,保全了自己,获得了晚年继续进行学术研究的机会。

虽然经历了思想改造、肃反运动乃至“文化大革命”,虽然“九鼎铭词”事件还牵扯到了刘起釪,我们却不仅始终没有听到刘起釪对于顾师的任何抱怨,在今天所存的日记与书信中,反倒看到的是师生之间关切与安慰、体谅与理解。患难之中的情谊越见真挚,而顾颉刚令人心折的品质与刘起釪宽广的心地,则是培育这份情谊的土壤。

四、多年困而后学

少年时代良好的古典学术素养,大学时代所禀受的名师指点与欣赏,并没有令刘起釪的求学与为学之路一帆风顺。直到1959年顾颉刚之奉命整理《尚书》,才成为刘起釪真正进入古典学术研究殿堂的关键契机。对刘起釪来说,这个契机,不能不说,来得有点晚。

前文提到吟古先生的捐田办学,但当他让本地孩子有了近便的上学机会时,却使刘起釪在上完免费的高小之后,失去了读中学的基本物质保障。吟古先生去世后,刘起釪的中学与大学教育,只能寻求当时十分有限的公费资源。因此,刘起釪在本县师范完成了初中教育,在长沙省立第一师范完成了高中教育,这两所学校,因为免费而成为当时贫困青年的最佳读书机会。高中师范毕业，刘起釪靠老师的帮助，在当时的资源委员会当雇员，工作三年，积蓄了一点钱才去应高考。由于他所读的高中师范没有英文课，而当时的高考又需英文考试，尽管他工作期间一直在夜间私人学校补修英文，但英文成绩还是不好，只能被分配到设在安庆蓝田镇的国立师范学院先修班（抗战时创办的一种先修班制度，以便于流离耽误学业的青年有进修后考取大学的机会），在那里苦学英文，经过这样一番周折，才考取了重庆的中央大学。

在重庆读书期间，刘起釪的才华得到了很多教授学者的赏识，因此，在大学毕业之后的工作去向上，由于学校各位老师的推重，刘先生似乎存在多个可选项。当时任中大历史系主任的张贵永先生，将他推荐给中央研究院历史语言研究所的董作宾先生，在这其中，一向对刘起釪颇为关护的丁山先生，可能起到了一定的作用；第二个可能的去向，则是另几位对刘起釪也十分看重的老师，他们强烈建议刘起釪应留在中央大学；第三个可能的方向，跟伍俶傥先生有关，1941 年刘起釪读大学一年级时，时任中大师范学院国文系主任的伍先生正在招兵买马，曾对刘起釪说过，待他大学毕业后，聘他为国文系讲师，但到了 1945 年，伍先生已经不再当国文系主任，于是聘刘起釪到设在南京的私立建国学院中文系任讲师以践前言。此外，重庆还有两处行政机关邀请刘起釪做案牍工作，因为与学问无关，而被他拒绝。

由刘起釪晚年的一些处世方式来看，这是一位颇有傲骨、不乏矜持的学者，同时还有着典型的湖南人的火暴脾气，从另一方面说，襁褓中丧父的刘起釪，在 16 岁祖父去世之后，或许一直都在下意识地寻求一位在情感慰藉、事业指导等方面，可以取代父亲位置的师长，而向有爱才之名且宽宏大度的顾颉刚，很容易会在刘起釪心中激起极大的信任与爱戴,并在不经意间,至少部分地被刘起釪放到了他心中所空缺的父亲的位置上。这样就可以解释刘与顾在数十年交往中,刘对顾既敬重、亲爱、信赖,又间或会展现出些许的冒失和任性。正如1947年5月12日刘起釪在给顾颉刚的信中写到的,“严师之情,常媲慈父。此亦生之所以敢恃而恣肆也”。

我们所能见到的最早期的刘起釪先生写给顾颉刚先生的信,便是因向学校申请膳食贷款而求助于顾先生的信。1944年9月12日,刘起釪写信给顾先生,提到自己的人生理想与工作意向,并请求顾先生帮助自己预为措意:

> 生之意,明年毕业后,决寂寞读书,愿得有助进修之工作,俾使能尽心于古籍并亦得进修其文章,庶几他时能为一代宗儒,希风欧阳修、司马温公、顾炎武、钱大昕、曾文正、王壬秋于千百岁之后,近踵师门之至业而承传之,不识师座笑其狂简之余能许之而诱掖之否?若有适宜于生上项计划之其他位置,吾师能为成全之者,至祈预为措意是幸。

次年5月29日写信,除了就毕业论文大纲进行请教,又谈到自己的毕业去向:

> 生毕业后出处一俟吾师明教,生原意以生妇随在此间,惧于播迁,力望能觅留校之机会。及今观之,已毫无留校可能。而城中有两处邀生前往担任案牍工作,以皆为经济行政机关,去生所学性质太远,当已予拒绝。故刻在无径可投之情况中,生觅工作意向仍一如去年呈吾师函所称,要以学术机关便于继续读书为其所最蕲望。生有时又想及生今日之最大缺憾在英文程度太差,希望能在大学毕业后数年内觅一适宜场合,将此缺憾补足之,庶他日,然后可以语夫深入,语夫大成也。时

不我与，此等学习务当在三十以前完成，庶然后可受用无穷。然迄今已不能无时遇而后学之感，未谂吾师是否觉此已为生不必之需，或者目前毋用亟亟于此。望格赐展照，为生审处之。

此时的刘起釪尚是意气风发，以欧阳修、司马光、顾炎武、钱大昕、曾国藩、王闿运为人生楷模，一心在学问上有所作为，而当时的中央研究院史语所，也确是年轻学子们心目中的学术圣殿，因此前述三个可能的去向中，刘起釪最向往的是第一个。

1945 年 6 月底，张贵永先生告诉他，董作宾先生已应允推荐他入中央研究院史语所工作，然而，由于前一年的 10 月份，刘起釪的夫人也随他来到重庆，并于中央大学会计室觅到职位，时任史语所所长的傅斯年，以李庄不能容纳二人而表示为难。刘起釪于 7 月 9 日写信向顾颉刚求助，请顾先生代他向傅斯年说明：如他能去中央研究院工作，他的妻子可以留在中央大学，不必一同去李庄。刘起釪的信是这样写的：

上月底，致远主任告生，已介绍生于彦堂夫子之前，请推荐入中央研究院工作，彦堂师已应允，即孟真先生初亦对致远师应允，可勉安置一额，但须视论文后定去取。嗣孟真先生询知生妇随在此间，如一同前去李庄，则其间不能容纳，是以有难色。彦堂师因函致远师，特告孟真先生此意。生之意，生妇现工作中大，可以安身，因决定不偕之同去，不知吾师可否为言之于孟真先生成其事，如不能成，则生始终愿意追随师门请益。幸师座设法位置之，俾获有利继续进修之机，则实幸甚。

有“傅大炮”“傅老虎”之号的傅斯年，跟顾颉刚一样爱惜和乐于提携有才华的青年，却性格刚烈，脾气暴躁，不仅对待史语所的工作人员,向以专制闻名,对待他瞧不上的到史语所谋职的青年,更是毫不客气。一个很能展现傅氏性格的事例即是,1941 年冬,27 岁的王世襄千里奔走,行程一个多月流亡到重庆,请梁思成陪同引荐,去见傅斯年,希望在史语所谋一饭碗。傅斯年听说王世襄毕业于燕京大学(教会学校,1928 年顾颉刚因应燕京大学之聘而遭傅斥责),当面即说:“燕京大学毕业的学生,不配到我们这里来。”直到许多年后,已成为著名收藏家、文物鉴赏专家的王世襄,提起这段往事,仍然不无感慨与悲凉。[①]

由刘起釪信中所述情况,傅斯年很可能并不真正愿意接收刘起釪,至少态度并不积极,但碍于介绍人张贵永、董作宾的面子,并且很可能刘起釪身上也找不到一个可以直接批评的由头,因此没有像对王世襄那样不留情面,而是寻找别的理由来拒绝。

傅斯年与顾颉刚他们原是埙篪相应的同窗好友,1920 年代末,二人关系已臻于破裂。1928 年 11 月 13 日顾先生在日记曾记:“今日上午,与孟真相骂,盖我致适之先生信,为孟真所见……予与孟真私交已可断绝。”由于傅、顾二人的关系影响到了他们各自的学术观点,因此对于二人关系,现当代学人关注颇多,此处不再赘述。1945 年的顾颉刚,再请傅斯年相助收留自己的学生,应是很难开口的。然而刘起釪去中央研究院的心念迫切,因此我们看到继上封信 5 天之后,7 月 14 日,刘起釪再次给顾先生写了求助信,信中说:

> 彦堂师来校授课既毕,致远师当介绍生于彦堂师之前,请为推荐入中央研究院,已蒙允诺,惟彦师返院后来函于致远师,谓孟真先生询悉生有家眷,将偕往李庄,则以其间早有人

① 岳南:《1937—1984——梁思成、林徽因和他们那一代的文化名人》,海口:海南出版社,2007 年,第 242—243 页。

满之患，觅居处不易，生事尚须考虑。未谂孟真先生之意是否已决，如尚未决，则生拟恳烦师座代为关白之，生妇将不偕去，仍留工作于中大，抗战结束后，自可再图叙于首都也。如孟真先生之意已决，则生工作出处惟一恃师门教之。

或许是忙，或许是鉴于与傅斯年的关系不融洽，直到8月25日，顾颉刚才在给刘起釪的回信中，夹一便条，便条上写："请向傅孟真关说，晤时当代达。"算是顾颉刚应允帮忙。有意思的是，刘起釪两封求助信的结尾，第一封中说"不知吾师可否为言之于孟真先生成其事，如不能成，则生始终愿意追随师门请益。幸师座设法位置之，俾获有利继续进修之机，则实幸甚"，第二封信中则说"未谂孟真先生之意是否已决，如尚未决，则生拟恳烦师座代为关白之……如孟真先生之意已决，则生工作出处惟一恃师门教之"，两封信的结尾说法不同，意思却一样：请顾师推介他去傅斯年处工作，倘事不能成，他再追随顾师。如果考虑到后期傅、顾之间互不相能的微妙关系，我们就会意识到，倘顾颉刚心胸稍稍狭隘一点，即使没有生气，也会十分不舒服——这样措辞的请托信，恐怕只有率性天真而又对施助者心无顾虑的人才写得出来。读此求助信不仅未生气，还不顾自己的种种难处答应相助，恐怕也只有胸襟开阔、性格宽厚的人才能做得到。

从8月29号刘起釪致顾颉刚信中看，此时刘起釪不携家眷至李庄史语所的意思，傅斯年已经知道，于是提出要审核刘起釪的论文，并对刘起釪进行面试，在信中刘起釪再次请顾颉刚帮忙推荐：

生之出处已承致远夫子为向彦堂夫子说妥，收入中央研究院工作。但须俟论文完成后，寄交该院，经过审核，并经孟真先生面试，始可定议。其能成否，今不能前知。如能成功，实符生之初愿。特专笺驰禀师门，尚乞以生之志学微忱白之孟真先生为幸。生之论文,恐至少尚须月余始能赶成,前函呈贲论文大纲,吾师如有暇,乞指点之。

或许经过家眷问题的波折,刘起釪此时对谋职于中央研究院史语所,已经不像开始时那样有信心,因此在这一封信的页眉,刘起釪又加了一句话:"如吾师认为尚有其他处所于生较为适宜者,则生仍一惟命是听。生又及。"最终,不仅史语所没有去成,中央大学也没能留成,刘起釪做了顾颉刚先生的研究生,学籍放在中央大学文科研究所,并于 1946 年随学校东返南京,1947 年到苏州在顾先生宝树园家中随从研究。

关于刘起釪先生谋职中央研究院未成而从顾颉刚读研究生一事,刘先生在《我和〈尚书〉》一文中曾简单地解释了他眼中的原因:

大致中央大学为教授阵营中两大派系所角逐,互相争夺控制学校的重要岗位,也争夺学生。当一派知道我将随董先生的消息后,便立即出来阻挡,而这几位正是几年来一直对我好的在本系开课的及系外的老师。他们劝我并设法留我在中大,使我在夹缝中不好怎么办。这时的顾先生超然于两派之外,而他的休休有容本来就已吸引了我的,而辛树帜先生亦超然派外,又与顾先生交谊甚笃,力主我跟随顾先生。所以我就决定做顾先生的研究生,学籍关系是考在中大的文科研究所,算是接受了留我那派之意,而请顾先生为导师,可以平衡和不伤两派老师之意,而请丁山先生为副导师,又可稍慰原推荐我从董先生的那派老师之意。①

由刘起釪所解释的原因中,可以见出他是一位很注意平衡各

---

① 刘起釪:《我和〈尚书〉》,张世林主编:《为学术的一生》,第 533 页。

方面感情关系的人，不愿意伤害任何一方他认为对他是好意的人，这就使他显得多少有些优柔寡断。虽然刘起釪先生“多年困而后学”的经历，有社会变迁、人事环境等多方面的客观原因，但他性格中的这种因善良而生的优柔寡断，不能不说也是造成他一再失去实现理想的最佳机遇的原因之一。

追随顾颉刚先生读研究生，延长了刘起釪的学问时间，却没能如他所愿，带给他一个“有助进修之工作”。直到十多年后，对于没能去成史语所，刘起釪还是感到懊丧。他在《我和〈尚书〉》一文中说：

> 但对于我没去成董先生处随从治学这件事，多年后午夜梦回，往往懊丧悔恨不已！特别是青壮年学非所用于现代档案史料时，这一悔恨更甚！①

抗日战争胜利后，辛树帜先生于西北着手筹办兰州大学，刘起釪1947年研究生毕业时，正值辛树帜先生为兰州大学大力延揽人才之际。1947年至1949年之际的兰州大学流传着这样一句话：“辛校长办学有三宝，图书、仪器、顾颉老。”其中的顾颉老，即是指顾颉刚为首的一批名教授，以此可见辛树帜对顾颉刚的倚重。他们二人既相熟，辛树帜便通过顾颉刚邀请刘起釪至兰大任教。然而，1947年的兰州，尚未通火车，生活条件差，再加上战争使交通不便，被一般人视为畏途，而刘起釪的夫人彭湘绮女士，又恰于此时办理中央大学会计室佐理员之送审手续，两重原因加起来，彭女士反对刘起釪去兰州。因此，辛校长的邀请本应是好事，却令刘起釪十分为难，他数次写信向顾颉刚解释兰大不能成行之原因。在1947年9月7日的信中，他写道：

---

① 刘起釪：《我和〈尚书〉》，张世林主编：《为学术的一生》，第534页。

前闻起潜叔公[1]言吾师不久将赴兰州,生亦仍愿随往,然生妇颇惮于此行。而丁山师欲在年内为生削正出版论文,生更以留京沪一线为便于听其教诲奔走出版之事,且留京沪仍可敬为师门执役。而目前赴兰交通中绝,事实上亦有困难,不知可否以此诸意乞谅于树公夫子之前,如生论文出版后,及生再利用此期在江南多阅读要籍,力图精进,然后再赴兰,似亦较可多报答于树师之前也。

在这封信的末尾,刘起釪又有附言:"又,生妇不欲生赴兰一节,如辛师万分不悦,在生之意,仍拟赴兰也。希望辛师能许不赴耳。"这样他仍感到不安,八天之后的9月15日,又为不欲赴兰州事,再写信恳求和解释:

生平生知己专在吾两师,虽以菲材屡辜真赏,然此衷宁不知感奋,所以策其羸躯,力欲黾勉者,意诚在蕲有所以图报于吾师与辛师之前,而屡为不揣情实,忘其顾忌,妄有渎情者,皆恃在宠照,不知忸怩,率性出之。意者,两师厚爱,必原其狂简耳。今承详诲,自当束装决往兰州。上周六日,蒋慰堂师托昌群师传语,欲生往中央图书馆供编辑之职,生经已谢绝矣。惟生仍以目前赴兰之困难情形,及生妇新得主计处委中大会计室佐理员之令送审手续,正在办理中,不能遽离中大之事实,及生拟出版论文诸情由,肃函商之于辛师之前,如蒙其原情,许留京中,自当全力进行修改论文之事,不旁骛于他,一年后决当赴兰。如必须即赴兰,自当即率生妇同往也(至今所患者,仍为生妇不肯往兰而又不许生一人独往)。要之,当俟辛师来示后,再决行止。……吾师赴兰前是否来京一行,伫候面谒,毋任企切。

① 起潜叔公,顾廷龙先生,字起潜,为顾颉刚先生从叔。

在此信中，刘起釪提到蒋复璁先生（号慰堂）托贺昌群先生邀他至中央图书馆任编辑一事，因未得到顾师许可，所以被他谢绝。同时，他又提出当时去兰州应聘之种种困难，希望能够留在南京修改论文，一年之后“决当赴兰”。当时情况下，携家带口赴兰州，困难重重，不仅本人，连带家人也要跟着受苦，刘起釪的夫人不愿意赴兰，当然在情理之中。事实上 1948 年 6 月顾颉刚先生去兰州之后，尽管在家信中将兰州的环境、天气和水果都大夸一顿，最后也还是在夫人的再三催促下，于 12 月返回上海。在学术事业和照顾家人两方面出现冲突时，无论选择就哪一方，都无可指摘。当恩师的期望与家人的愿望发生矛盾时，他在信中所表现出来的诚惶诚恐，左右为难，将他在大学毕业时就表现出的那种多方考虑、唯恐伤害哪一方的性格特点，再一次显现无遗。

如果刘起釪在 1947 年不顾家人反对而决绝赴兰，也许他的人生中，会多出一些时间来做学问，然而历史不可假设，众所周知的 1949 年之后的政治风云，又会把他的人生推向何方，也很难说。重要的是，在刘起釪心目中，始终有一个学术梦想，而追随顾颉刚先生，也是他从托身顾颉刚门下之后，终生未变，也终生不悔的人生选择。人生方向一旦确立，中间无论经历何种曲折，都不过是种种偶然，只有最终所到达的境地，才是必然。

顾颉刚先生体谅了刘起釪的处境，接受他不去兰州，同意他去中央图书馆，但刘已经拒绝在先，再去就有些为难，这时蒋复璁先生又托贺昌群先生再送中央图书馆聘书，约定是年 10 月 1 日就职，恰巧金毓黻（字静庵）先生在中央大学会计室遇到刘起釪的夫人彭湘绮女士，闻知刘起釪情况，即约 9 月 18 日与刘起釪面谈，9 月 21 日即发聘书，聘刘起釪至国史馆任助修。在中央图书馆编辑与国史馆助修两个职位间，刘起釪最终选了后者，他在 10 月 4 日写给顾颉刚的信中这样解释原因：

> 生以至中央图书馆，名义为编辑，实际则担任馆长室文牍工作，整日须伏案，不容读书；史馆助修，在名义上虽较编辑为低，据马君騄程言，时间全由自己支配，且触目皆史料，随时可读书。生以此为本行，当即欣然同意，愿应金师之需。中秋后一日助修之派令发下，生遂以本月一日到馆工作。

也就是说，工作地点同在南京，刘起釪以能否读书为条件进行了取舍，也许选择国史馆还有另一层人事关系上的考虑，他在《我和〈尚书〉》中又说："研究生毕业后，因顾先生和金毓黻先生都在新成立的国史馆任纂修，就荐我去任助修。"选择国史馆，应与顾先生与金先生都在国史馆任纂修(同教授)有关系，另一方面，刘起釪去国史馆，半年后可升任协修(同副教授)，就实际待遇来说，与去中央图书馆可能有差别，但是应该不会太大。

不得不二次回绝蒋复璁先生的刘起釪，自觉十分对不起蒋先生与做中间人的贺昌群先生，"甚觉歉罪，无以为言"，这个十分老实本分的人，竟然也知道采用一种相对圆滑的处理方式，以师命为说辞请蒋、贺二先生恕罪。他在10月4日给顾颉刚先生的信中，请求顾先生原谅他的这一"矫伪"之行：

> 而于慰堂、昌群两师处，生甚觉歉罪，无以为言。以吾师为生本师，论文出师指导，一切以先听师命为宜，遂以来史馆系出吾师之命辞两师。矫伪之处，情出不已，尚乞吾师之恕之也。

这真是一种老实人的圆滑，反倒越显出老实人的憨厚。由刘起釪大学与研究生毕业两次找工作上，可见刘起釪对待顾师之外的其他先生，唯恐礼数不周，总希望可以平衡各方面的关系，而对自己最为敬爱的顾先生，却在敬重之中，又总显得冒冒失失，正可见他对顾师在内心深处毫不设防，这或许正是一个老实人对于师长的信赖使然。另一方面，顾师对此，却并不以为忤，甚至根本浑然未觉，也正是顾的阔大胸襟，鼓励了为人处事偏于谨小慎微的刘起釪，使刘敢于并放心地在顾师面前冒失。这种不拘小节，是以信任为基础的师生默契。

1947 年刘起釪选择国史馆的主要意图是可以继续读书，然而事与愿违，仅隔两年，1951 年国史馆改组为中国科学院南京史料整理处，刘起釪担任组长，整理现代档案史料。高中师范毕业后工作的 3 年，在史料整理处整理档案的 11 年，刘起釪因为生计或者社会环境的缘故，前后至少耽搁了 14 年的学问时间。这 14 年，正是人生中最年富力强、最可宝贵的时段，因此，跟杨向奎、谭其骧等学者相比，刘起釪只能大器晚成，而且，他的大器晚成，还需要仰赖他晚年的健康与意志。这也就难怪刘起釪在《古史续辨・序》中写出了这样的话：

> 我是顾先生门下最不争气的一人。顾先生很多门生都成了当今学术界第一流，成了各专业的翘楚。我在年龄上同他们相差多者六七岁，少者三四岁，而我高中毕业后工作了三年多，才继续升大学。这样，比他们在大学毕业基本晚了十年左右，而大学毕业晚十年，等于在学术上晚一辈。当毕业时，他们经过十年努力，大都已有所成就，而自己则等于初涉学坛。经过这三四十年的风风雨雨，虽在学术园地里同样胼手胝足地耕耘着，在学术上同样各有所造述，可是没有得到他们那样正规的际遇，到现在只剩下在年龄上是同辈，而一切在明显的轩轾下，不能与之相比肩，既以自愧，也自己沉思，以顾先生这

样的学术大师犹且有抑郁时,则区区如我者更不足说了。[①]

直到1962年为协助顾颉刚做《尚书》学研究而调入中华书局,刘起釪才重新获得了学术研究的机会。可以说,《尚书》学研究是顾颉刚先生庞大的学术规划中的一个部分,却为刘起釪先生带来了进行学术研究的宝贵机会,并成为刘先生一生学术事业的重要基础。

五、顾颉刚为何重视《尚书》学

1945年重庆中央大学毕业后,刘起釪追随顾颉刚读研究生,但真正将刘起釪的学术生涯与顾颉刚联结在一起的,是自1962年开始的二人共同进行的《尚书》学研究。对刘起釪来说,也可以说,是《尚书》学研究,真正开启了他的学术生涯。

《尚书》是我国最早的历史文献。在中国古代,《尚书》为"五经"之一,乃"恒久之至道,不刊之鸿教"[②],具有"与天地为终始"的神圣地位,被历代帝王和士大夫视为政治和伦理典范,对中国古代社会影响深远,同时,这部最古老的经书,引起了学界纷扰两千年之久的今古文之争;近现代以来,《尚书》又被学界公认为我国最古老的史书、政书、文章汇编,是研究我国古代语言、文字、文学、哲学、文化思想、神话、社会生活乃至天文、地理、土壤、物产等的重要史料。《尚书》学对于学术研究的重要性,自然不言而喻。

对顾先生来说,《尚书》学研究的意义远远不止这些,它还是"古史辨派""化经为史"的新汉学路径的具体体现。刘起釪在《顾颉刚先生学述》中曾指出,"顾先生一生学术全部植根于传统的汉

---

① 刘起釪:《古史续辨·序》,《古史续辨》,北京:中国社会科学出版社,1991年,第5页。

② 《文心雕龙·宗经篇》。

学”，汉学的重心是“五经”，于“五经”中，《尚书》不仅是地位最尊的一经，并且是与历史关系最为密切的一经，它甚至就是历史特别是上古史本身——“尧舜禹汤文武周公”，这一融化在以往所有读书人血液里的君统和道统，就主要是由《尚书》所确立，而《尧典》《禹贡》和《皋陶谟》，则是其中的关键篇章，尤其是《尧典》，曾经为读书人提供了关于上古的比较完整的帝王系统和古代制度，“涉及到中国古史的各个方面”[①]，尤为顾颉刚一生所倾力攻治。顾颉刚在“化经为史”中所起的作用，可以说全部集中表现在他对《尚书》的清理与转化上。[②]

1922 年，顾先生为商务印书馆编中学语文、历史教科书，为了编上古史部分而整理《诗经》《尚书》《论语》中的古史资料，从尧、舜、禹地位的演变，发现了古史记载的一个巨大秘密：

> 越是起得后，越是排在前面。等到有了伏羲、神农之后，尧、舜又成了晚辈，更不必说禹了。我就建立了一个假设：古史是层累地造成的，发生的次序和排列的系统恰是一个反背。[③]

从这时起，《尚书》学引起了顾先生的极大重视。1922 年 5 月，顾颉刚致函王国维，讨论的便是《尚书・顾命》若干问题。岁末顾先生任职商务印书馆，重温《尚书》，对于古史结构之层次，又有更深刻的理解：

> 在沪杂务亦少，又获得些余闲。我便温了几遍《尚书》，把

---

① 刘起釪：《顾颉刚先生与〈尚书〉研究》，《社会科学战线》1984 年第 3 期。

② 王学典：《新史学和新汉学：中国现代史学的两种形态及其起伏》，《史学月刊》2008 年第 6 期。

③ 顾颉刚：《古史辨》第一册《自序》，第 52 页。

> 里面关于古史的话摘出比较,由此知道西周人的古史观念实在只是神道观念,这种神道观念和后出的《尧典》等篇的人治观念是迥不相同的。……拿了这个变迁的例来看古史的结构的层次,便可以得到一个亲切的理解。我们何以感到一班圣君贤相竟会好到这般地步?只为现在承认的古史,在它凝结的时候恰是德化观念最有力的当儿。我们若把这凝结的一层打破时,下面的样子就决不是如此的了。[1]

可以说,震动学界的"层累地造成的古史"观,正是基于对《尚书》《诗经》《论语》等文献的认识才提出来的。"层累说"从根本上撼动了古史旧系统,很快顾先生发现《尚书》牵涉到全部古史。刘起釪先生这样解释顾先生《尚书》学研究的缘起:

> 其后在南北各地大学都开《尚书》研究课,发现《尚书》内容涉及全部古史,特别儒家构建古帝先王体系,设计理想的政治制度,树立道统中心,及《尚书》成为儒家五经中最尊的一经,成为牢笼百代的统治思想,都是运用《尚书》来造成的。因此以为要有效地从这四方面来清算古史,就必须用力攻破这一堡垒。因此他此后孜孜汲汲从事《尚书》研究,就按此构想进行。[2]

1930 年前后,顾先生提出清理古史旧系统的具体方案:

> 1.辨古代帝王的系统及年历、事迹,称之为《帝系考》;
> 2.辨三代的文物制度的由来与其异同,称之为《王制考》;
> 3.辨帝王的心传及圣贤的学派,称之为《道统考》;

---

① 顾颉刚:《古史辨》第一册《自序》,第 52—54 页。

② 刘起釪:《我和〈尚书〉》,张世林主编:《为学术的一生》,第 535 页。

4.辨经书的构成及经学的演变，称之为《经学考》。[①]

这便是顾先生所提出的著名的“古史四考”，而《尚书》作为“关系于两千年历史至巨”的封建意识形态的总堡垒，正是“四考”的核心对象。“古史四考”中，摧毁君统亦即“三皇五帝”、“尧舜禹汤”千古一系的是“帝系考”，摧毁道统亦即“三圣传心”、“尧舜孔孟”所传一道的是“道统考”，摧毁学统的是“经学考”，摧毁三代王制亦即中国理想的政治在夏商周、“古代为黄金世界”观念的是“王制考”。摧毁的主要方法，就是釜底抽薪、历史还原，揭出上古史是层累造成的，实际发生的次序和排列的先后恰成一个反背这一事实。君统、道统、学统、三王政治，这些对传统社会性命攸关的意识形态内容，既不是建立在“文学”的平台上，也不是建立在“哲学”的平台上，而是立足于帝系即“历史”的平台上，因为假如没有“三皇五帝”、没有尧舜禹汤文武周公这些历史人物，就根本不会有所谓“黄金世界”和“道统”；没有“黄金世界”和“道统”，“封建”的意识形态就将全部坍塌，这就是“古史辨派”考辨“三皇五帝”即考辨古史的意义。一旦认定“尧舜禹”是神话传说而不是真实的古人，经书特别是《尚书》也就失去了其他所有意义而变成一堆纯粹的史料，所谓“化经为史”，就是化经书为史料，《尚书》这部曾经的“圣经”就这样恢复了它的古文献汇编的性质。[②] 对《尚书》的研究也就自然而然地变成了对历史的研究、对历史资料历史文献的研究。传统的汉学逸出了“经学”的范畴，成为现代史学的一种形态，特别是其中的一个组成部分。[③]

---

① 顾颉刚：《古史辨》第四册《序》，罗根泽编：《古史辨》第四册，第 4 页。

② 刘起釪：《顾颉刚先生学述》，第 139 页。

③ 王学典：《新史学和新汉学：中国现代史学的两种形态及其起伏》，《史学月刊》2008 年第 6 期。

在编成《帝系考》之后，顾先生为了预备作《王制考》，在燕京大学开了《尚书》研究一课，“一篇篇地教读，想借它作中心去吸收其他方面的材料”[①]。《尚书》研究并不以《尚书》本身为目的，其指向乃是为了“清算古史”，因此，《尚书》研究只能是他的宏伟学术计划中的重要部分，却远非全部。顾先生是一位喜欢计划也长于计划的学者。除了上述“四考”，他还曾制订过不少学术计划。1924 年，顾颉刚发表古史辨伪主张后不久，曾制订了一个长达 21 年的古史研究计划，共分六个学程：

> 第一学程——从民国十四年至十九年，读魏晋以前的古书。……
>
> 第二学程——从民国二十年至二十二年，作春秋战国秦汉经籍考。……
>
> 第三学程——民国二十三年，依据考定的经籍的时代和地域抽出古史料，排比起来，以见一时代或一地域对于古代的观念，并说明其承前启后关系。
>
> 第四学程——从民国二十四年至二十六年，研究古器物学。……
>
> 第五学程——从民国二十七年至二十九年，研究民俗学。……
>
> 第六学程——从民国三十年至三十四年，把以前十六年中所得的古史材料重新整理，著成专书。[②]

在这个宏伟的研究计划后面，顾先生又有说明：“我今年三十一岁，若绝不停滞，准期完功，已须五十二岁，若以研究的困难，人

① 刘起釪：《顾颉刚先生学述》，第 158 页。

② 顾颉刚：《我的研究古史的计画》，《古史辨》第一册《自序》，第 213—217 页。

事的牵掣，稍一停留，六十岁是很容易到的。”[①]然而，顾先生的估计还是太乐观了，社会的变动、生活的动荡，以及他本人强烈的社会责任感，使这个计划一再迁延，到了顾先生四十多岁时，他又将对自己的学术期许由六十岁延长到八十岁以后，他说：

倘使我活七十岁，就以七十岁为小成，活八十岁，就以八十为小成，若是八十以后还不死，而且还能工作，那么，七十、八十时提出的问题和写出的论文又不成了；所以成与不成并无界线，只把我最后的改本算作我的定本就是了。[②]

出于这样的心理，他以“晚成”为自己的堂号。然而，尽管凭借坚强的意志与史学家特有的达观，顾先生以多病的身躯熬过了“反右”“整风”“文化大革命”，于八十七岁高龄辞世，并且一直工作到去世前一天，他的学术计划还是不得不一再缩减，最终缩减到只剩下自己的笔记整理与《尚书》研究，即使只这两项计划，最终也依然未能“展尽底蕴”，为学界留下了无限遗憾。

1954 年顾颉刚应科学院历史研究所之聘，举家迁至北京，任科学院历史研究所第一所的专任研究员，可以说，此后他的学术研究，重点在于奉命之作，其中又以古籍的整理与标点占了绝大的比重。1954 年 11 月，他奉命任标点《资治通鉴》之总校对，1955 年校点《资治通鉴》毕，即奉命校点《史记》，1957 年应中国科学院地理研究所邀，编《中国古代地理名著选读》。1958 年顾颉刚校点《史记》毕，1959 年又奉命整理《尚书》。一个在十九岁时就自问“何者为学？何以当有学？何以有今日之学？今日之学当如何”的学者，当然有着独立的学术意志，对于一个独立思考、富于批判精神、胸中

① 顾颉刚：《我的研究古史的计画》，《古史辨》第一册《自序》，第 216—217 页。

② 顾颉刚：《我是怎样编写〈古史辨〉的？》，《古史辨》第一册，第 27 页。

有着宏伟学术蓝图的学者来说,将后半生的多数时间用来整理古籍,并非幸事,然而在那个特殊的年代,这样的命令,毕竟又在政治风雨中为顾颉刚提供了一个相对安静的治学环境,这又不能不说是幸事。

对于《尚书》整理,顾先生似乎有种特别的感情与责任感。1965年,他在给杨宽的信中提到:"正努力做好《尚书》研究,希望对于建设商周史作出应有的贡献。如果此书不成,将死不瞑目。"[①]同样的心愿,同样的措辞,还出现在顾先生致蔡尚思的信中:如果整理《尚书》之作不能完成,将死不瞑目。[②] 这位"古史辨派"的领袖、1949年之前中国学术的领军人物、新史学的开拓者,他所治学问,由经至史,由上古史至清代学术,由历史地理至民俗研究,学术领域可谓十分开阔,独独对《尚书》研究念念不忘,以至于有"死不瞑目"之想,除了上述《尚书》研究本身对于古典学研究的重要性之外,还与顾先生在解放之后所经历的痛苦的思想改造不无关系。

1949年7月1日,"新史学会"筹备委员会在北平成立,发起人50名,其中多有顾颉刚曾经提携过的后辈晚学,语言学家罗常培并非以史学为专业,也位列其中,却不包括顾颉刚这位中国史学界的头牌人物,明明白白地昭示着新政权对于这位"旧"学者的冷遇。是年7月末的日记中,顾颉刚附有1949年7月8日《文汇报》关于此事的报道及名单,并评价了罗常培入选一事,压抑不住的落寞、不平与郁闷之情流露其间:

> 予前办通俗读物,攻予为共产党最力者,罗常培也。今北平入共党之手,首先钻进去者,亦罗常培也。予前主持边疆语

---

① 杨宽:《顾颉刚先生和〈古史辨〉》,《光明日报》1982年7月19日。

② 刘起釪:《我和〈尚书〉》,张世林主编:《为学术的一生》,第542页。

文会，攻击我不解边疆语文者，罗常培也。今入其所不习之史学团体者，亦罗常培也。天下乃有此无耻之徒，予甘心落伍矣！①

“甘心落伍”，只是一时愤激之语。仅隔不到一年，1950年6月30号，顾颉刚就在日记之中说：

我的学术，别人不了解我，以为是和现实脱节的，其实则是根本摧毁旧社会的，在现实上十分需要。倘使我竟不能做，将来的人要做时便当费甚大的功夫了。②

正是出于为新社会继续做出学术贡献的拳拳之心，顾先生才会对自己从事的学术做出如此的辩白。无法获得学术研究的必要条件，成为此时他最大的折磨。他在同一天日记里总结自己当时的苦痛，计有五项：

（一）年长……今则刚近六十，后头愈来愈短，现在不做更无他时，必须紧紧地把握现在，才可使一生学力不致虚掷。然而现在这个世界乃是要使尽人作政治生涯的，不容我静静地攻读，一方面又是经济压迫得紧，也无法有自由的生活。然而一天一天地过去，我的年龄将不容许我为学术而工作了。……

（二）家贫……以前先父传了一份家产给我，指望我在五十五岁以后回家著作……但解放之后，这些财产便失却了经济的价值，反而变成了我的沉重的包袱。为了家产，我须得在外面多弄钱付捐税……续娶后连生三子……为了孩子，又使

① 《顾颉刚日记》第六卷，第496页。

② 《顾颉刚日记》第六卷，第651页。

我加增了姻戚的负担。现在苏沪两方,一月实要三百万元,但辛苦的服务,每月拿不到两百万元,这样的陷入泥淖教我怎样自拔!静秋为此,时常哭泣。我虽不哭,亦心中如捣。不但学问生涯成虚愿,即一家吃饭亦成问题。现在亏得有一大中国书局,还可不饿死,否则殆矣!

(三)服务的不称心……大中国的薪金打了一个对折,诚明以捐款不到,薪水打七折,欠薪已及三月,震旦则因地价税及房捐之重,欠薪亦两月。这样牛马般奔走,而正式的薪金还得不到,我何苦做事来!

(四)无通融的朋友……在北京军阀政府时代,我在北大,欠薪达两年,但有蒋仲川处可借。今则人家皆穷,真有钱的已出国,留在国内的同陷于僵局,每个人自顾不暇,在许多亲友里,我身兼数职,还是"顶呱呱"的。人家方来求我,教我如何去求人呢?

(五)政府的不照顾……①

五个苦痛当中,除了年长,其他四项说的都是经济困难,年长使学术研究日益迫切,而经济窘迫又使学术研究失去可能。是年 57 岁的顾颉刚,对于自己的学术研究,依然有着强烈的自信与宏伟的规划,他在这一年年末的日记中,为自己一生所能达到的"理想的成就"列出了一个清单,并题名"晚成堂全集",共分甲集、乙集、丙集、古籍整理四部分。甲集为研究论文及《古史辨》自序,其中研究论文分六个部类:民族史、疆域史、思想史、学术史、社会史、其他,共列出了 62 篇题目;乙集为专著,共计列出 52 种著作,有的名为一种,其实又可析为好几部分,如《左传整理》下有相对详细的计划:

---

① 《顾颉刚日记》第六卷,第 651—652 页。

《左传》图注(先作):1.本文标点注解,2.地图(分国),3.世系表(视陈厚耀本增妇女),4.大事表,5.爵姓表、世卿表,6.器物图,7.官制表,8.天文图,9.历法表。

《左传》析(后作):1.《左传》经说(与《公》、《穀》校),2.左氏事校(与《国语》、《史记》、诸子校),3.假定本国语(分国),4.左氏预言考。成此后作"春秋学"。[①]

丙集包括笔记、年谱、日记等11种著作,最后一部分列出希望可以由自己一手整理的古代史书,包括《尚书》《春秋》《国语》《左传》《竹书纪年》《逸周书》《穆天子传》《世本》《楚汉春秋》《战国策》《史记》《汉书》《水经注》《山海经》《吴越春秋》《越绝书》《蜀王本纪》等17种,合称"古史汇函"。

这便是他"名山事业"的宏伟蓝图,以顾先生丰厚的学术积淀与丰硕的先期成果,倘若可以安下身心,不是不可以将此规划付诸现实,然而在接下来的社会动荡中,对于知识分子严酷而又密不透风的思想改造,终于将这位学术领袖改造成一颗哪里需要哪里去的"学术螺丝钉"。

与陈寅恪先生拒绝北上的态度不同,顾先生在新中国努力地进行自我改造。在顾看来,改造是为了可以更好地进行学术研究,甚至1967年他被管制期间,当顾夫人怕惹祸而抢走他的六册读书笔记时,他还固执地认为:"其实所以要学习(指政治学习),正要业务做得好也。"[②]这种精神改造,因为真诚,所以痛苦。

1951年,对顾先生来说,痛苦不仅仅来自经济上的困窘,还加上了政治上的恐慌,尤其是顾颉刚的妻兄张雁秋在镇反运动中被抓之

---

① 《顾颉刚日记》第六卷,第713页。

② 《顾颉刚日记》第十卷,第698页。

后,顾夫人陷入恐惧与担忧之中,无日不哭,顾在是年 8 月 1 日的日记中,发出了"生当此世,人人自危"的感叹。可以想见,在这种情形下,1952 年顾颉刚在"思想改造运动"中顺利过关,又闻说舒同(时任中共中央华东局常委兼宣传部部长)命学委会"对顾颉刚教授保护过关"时,心里会是怎样的感受。他将此待遇理解为"斯亦卅余年劳动成绩之所致也",并产生了"予受此优待,益不敢自懈矣"的紧迫感。[①] 1953 年 3 月 8 日的一段日记,更明确地展示了顾颉刚的这种心情:

> 昨(周)谷城谓予,至京晤徐特立先生,特立问起予著作,谓毛主席屡次提到,希望国家出版。谷城曰:"是皆纯学术性者。"徐先生曰:"无妨也。"(周)予同告予,日前开人代会,晤陈毅市长,亦询予近状。予自惭学之不进,而各方多注意予,殷殷望之,更不安矣。[②]

1949 年之后的顾颉刚,对新政权向他表示出的哪怕一点关切,都萌生了感奋之情。同时,顾颉刚对于毛泽东以及新政权其他领袖人物的认识与情感变化,对这种感奋之情,应该也起了强烈的催化作用。作为一度与国民党合作过的旧中国的学术领袖,顾颉刚对于毛泽东以及中国共产党的认识,经历了一个由不赞同到敬仰、敬服的变化过程。在 1969 年的"认罪书"中,顾颉刚做出检讨,"鲁迅一心倾慕毛主席……而我在遵义会议以前,脑筋里压根没有'毛泽东'三个字"[③],而到了 1959 年 3 月,顾颉刚参观韶山时,已在毛主席故居纪念册上留下了这样的诗句:

---

① 《顾颉刚日记》第七卷,第 254 页。

② 《顾颉刚日记》第七卷,第 358 页。

③ 《顾颉刚日记》第十一卷,第 171 页。

到韶山冲谒毛主席故居(题纪念册)

刘邦还乡时,引吭歌大风。这风是化国为家的私风,到了逍遥津,汉家的寿命合告终。毛主席还到这故乡来也该歌大风。这风是根本压倒西风的东风,它吹起了亚、非、南美火熊熊,帝国主义路途穷,世界行将化大同,功德万世长崇隆。长崇隆,长崇隆,光辉照彻全宇宙,亿兆人来瞻礼韶山冲。①

这种认识上的变化,催化了他对新政权的感奋之情,而他按照自己的理解,将这种感奋之情如数投射到学术或曰"业务"上,"不敢自懈"便萌生了"不安"。然而,百废待兴的新中国,很显然并不急于发展顾颉刚心目中的名山事业。事实上,他越是对学术"不敢自懈",便越是与现实格格不入,结果他便只能在这种"不安"之中,度过了整个后半生。

顾颉刚与尹达之间的龃龉,跟两人的个性差异以及现实的利害冲突当然不无关系,本质上更多的却是顾颉刚学术理想与现实之间冲突的集中展现,而时任历史所第一所副所长、实际掌管所务的尹达,正是作为现实政治的代表出现在顾颉刚面前的。在顾颉刚初到北京时,尹达即对他说:"你解放后住在上海,是在等待蒋介石反攻大陆。现在看着蒋介石反攻不成了,你才肯来北京。"②这与其说是尹达个人的成见,不如说是新政权对于顾颉刚所持的疑虑与不信任。1983 年 11 月,刘起釪先生在为《顾颉刚先生学述》撰写的"后记"中,专门有一段文字表述对尹达先生的哀思和谢意,刘先生这样写到:

在这里我更怀着沉重的哀思,怀念尹达同志对本书撰成

---

① 《顾颉刚日记》第八卷,第 598 页。

② 《顾颉刚日记》第十一卷,第 88 页。

所给予的支持和帮助。他从本书草拟提纲时提出重要意见，到写出全稿，始终给予关注，还准备给本书写序言，不幸病倒无法执笔。卧病医院我去看他时，还殷殷关注本书及早与学术界见面，其后又曾托同志转达他关于本书交付出版的拳拳之意。现在书印出来，尹达同志已见不到了，“悲来欲脱剑，挂向何枝好！”我怀着无尽的悲怀，谨以此书作为一瓣心香，敬献于尹达同志遗影之前。[①]

在读刘起釪先生此段文字时，我们同时还需要知道，尹达先生在1960年代对顾先生的冷淡态度，如果不能说是直接，至少也是间接造成了刘起釪先生在工作调动问题上的困难(关于刘起釪先生的工作调动问题后文有详细介绍，此处不再赘述)，联系到这一点，再来看刘先生文字中流露出的对于尹达先生的哀思之情，我们既看到刘起釪先生对顾颉刚先生全心全意的维护，同时也看到，在那些特殊的年代里，尹达先生与顾颉刚先生之间矛盾的本质在哪里。

在说到顾颉刚初入历史所的艰难处境时，人们往往会提到1958年12月顾在《从抗拒改造到接受改造》一文中所记尹达的一句话，刚入京的顾颉刚整理藏书，而尹达对他说：“我看你就害在这几百箱书上了！”顾先生自述当时的反应：“我听了骇然，心想，科学院为了我能掌握些史料，才招我来此；他竟说我为书所害，那么招我岂非多事？”[②]然而，从尹达这一方面说，这位1932年至中央研究院史语所考古组工作，1938年赴延安并加入中国共产党，1939年即尝试采用马克思主义观点撰写《中国原始社会》的革命学者，对

① 刘起釪：《〈顾颉刚先生学术〉后记》，《顾颉刚先生学述》，第382页。

② 顾颉刚：《从抗拒改造到接受改造》，《光明日报》1958年12月14日。

于顾颉刚的态度，又不能不说代表了当时主流意识形态对于旧知识分子的看法。

对于学术研究“益不敢自懈”的顾颉刚，却无法清楚地意识到这一点。他于 8 月 22 日到京，9 月已将包含编辑考订、研究专著、论文笔记三部分的工作计划交给尹达，10 月将整理好的积稿送交尹达，他的满腔学术热情，在无产阶级历史学家尹达那里，毫无悬念地碰了钉子，对于顾的计划与积稿，尹达不仅连看都没看，还将顾氏以往几十年的工作评为“大而无当”，对此顾颉刚当然“感到郁郁不乐”。尹达的高傲态度，在顾颉刚心中激起了某种“被征服者”的屈辱感。1955 年 3 月 17 日，顾在日记中写到：

> 尹达对予态度，一若征服者对被征服者，令人难受。“到此方知狱吏尊”，洵然。①

而这种“被征服者”的感觉，对顾颉刚来说，并不陌生。1952 年在“思想改造运动”中，他也曾于 8 月 9 日的日记中写到：

> 学委会派来干部，每盛气凌人，一副晚爷面目，自居于征服者而迫人为被征服者。此与思想改造有何好处，至多完成任务而已。安得毛主席化身千万亿，解除此偏差乎！②

但是，顾颉刚却未看到或者不愿看到这种感受的共通性，而是将尹达的傲慢、冷淡态度理解为尹达个人对他的防范与排斥，直到 1964 年 4 月 30 号的日记里，顾颉刚依然持此种看法：

> 是月二日昧爽，梦在北大，闻蔡校长将到，喜跃曰：我志其得酬矣，因拟研究民俗学计画，并选定翻译人才以相佐，心花

---

① 《顾颉刚日记》第七卷，第 666 页。

② 《顾颉刚日记》第七卷，第 253 页。

> 既发,遽然而醒。自悲曰:我为最能定计画之人,最知学问之大,非集体工作无以攀世界高峰,故一生拔擢能治学之青年,使其能发展潜力而又彼此合作。孰意五四年入京以来,领导学部之潘梓年,领导历史所之尹达,自身既未治学,对所领导之学术工作又无较远之理想,惟以官僚主义、命令主义驾驭朋侪,予既在旧社会得名,便在新社会得谤,尹氏虑予不安池中,所以压制之者尤严,除个人书斋生活外,更无活动余地,予度铁围山之生活十年矣,多病之躯再能维持多时,而将以此终我生乎?[①]

顾颉刚曾为改善与尹达的关系做过积极的努力。1956 年,在中国民主促进会秘书长徐伯昕的启发下,他主动找尹达谈心,希望争取尹达对自己的了解,得到的答复是:“我没有这功夫!”[②]在尹达这方面来说,他自居为党的代表,自认执行的是党的路线方针,正如他 1965 年 12 月 27 日对顾颉刚所说:“我只知执行党的政策,故受你批评,亦不辩护。”[③]而对顾颉刚来说,他自觉学习马列主义毛泽东思想著作,艰难地进行思想改造,积极地向新政权靠拢,但依然得不到理解与尊重,即使通达如他,在如铁如墙的现实面前,也不能不感到茫然与困惑。

幸好,顾颉刚对于工作上的茫然,并没有持续多久,因为 1954 年 11 月 2 日,“标点《资治通鉴》及改绘杨守敬地图工作委员会”即以毛主席的命令成立了,顾颉刚任“标点《资治通鉴》组”的总校对,并参预“改绘杨守敬地图的小组”的工作。[④] 从这个角度来说,正是

---

① 《顾颉刚日记》第十卷,第 56 页。

② 《顾颉刚日记》第十一卷,第 89 页。

③ 《顾颉刚日记》第十卷,第 185 页。

④ 《顾颉刚日记》第七卷,第 609—610 页。

“奉命”校点，为顾颉刚标识了在新社会的坐标，无论如何，在政治风雨中他有了一方学问的天空，虽然这个天空十分狭窄，并不宁静，而且还时断时续，但是相较于在政治漩涡中苦苦挣扎甚至死于非命的其他学者，已经是不幸中的幸运了。

1971年顾颉刚主持标点二十四史工作，对顾来说，这是最能体现拯救意义的一次“奉命”。跟“文化大革命”中顾颉刚面临的困境相比，他在此前所遭受的精神痛苦根本算不了什么。“文化大革命”伊始，顾颉刚即成为被管制的对象，工资减薪，书室被封，住房缩减，每天忙于写自我批判、认罪书、交代材料，有时还要到所劳动，再加上糖尿病、高血压、肺气肿、胃病、心绞痛、动脉硬化、失眠症等的折磨，1966年至1970年的日记中，他有数次讨论死亡的问题，到了1970年4月12日，这个对别人的自杀行为一贯持反对态度的历史学家，在日记中写下了“身体疲乏，精神昏愦，有自杀之思”[①]13个字，至今看来依然触目惊心。即使是这样的情形，他惦记的依然还是“欲著之书”，1970年4月30日，在起自杀之思后的第18天，他又在日记中盘点心头欲著之书及已著尚未完成之作：

> 予百骸皆衰，存日无几，而心头总有欲著之书，此非好名，乃不能自已之创造欲也。兹就春秋一事言之：1.春秋史事勘——已有成稿，在中华书局杨伯峻处。2.春秋地名汇考——已有成稿，在中华书局刘钧仁处，尚须补地图。3.《左》《国》合编——即康有为、钱玄同欲恢复之“国语原本”，但分析颇难。4.《左传》新解——将杜预《集解》补之正之，将竹添《会笺》去其繁芜。5.春秋人表——将陈厚耀《春秋世族谱》重作。《国语》合入。6.春秋大事表——将顾栋高书重作，使真成为一部大事

① 《顾颉刚日记》第十一卷，第200页。

表。7.春秋辞汇——用《辞海》例作注,以部首笔划分排。[①]

1971年3月23日,他在日记中又写到死亡:

> 予既证实是心脏病,则将如许地山然,倒下即死,免床席之苦,只是苦了静耳。著述之事,从此结束,成为废人,少年以来一片著述雄心不可复现,悲哉!此皆五年来日在惊风骇浪之中所造成者也。[②]

政治的惊风骇浪,经济的困窘无助,身体的老迈多病,三重困境已令顾颉刚走投无路,整理二十四史的命令,简直就是顾颉刚的莫大福音。顾颉刚1971年4月12日的日记中记:“上午张毅彬(时为学部领导)来,告我从本月起恢复原薪,且约明日送我到北京医院检查身体,并办转院手续。”[③]此次由中央点将请顾先生标点廿四史,当然不是偶然,1959年中华书局以顾先生所整理《史记三家注》作为国庆献礼,曾受到毛泽东的表扬,1959年10月4日顾颉刚日记中记载此事:

> 前日傅彬然见告,中华书局出版标点本《史记三家注》,国庆献礼,毛主席打三次电话索取,览后表示满意。斯我辈多人之积年辛勤收获也。[④]

有这样的前因,中央如果有意标点廿四史,再次找到顾颉刚来担纲这个任务就顺理成章了。这虽是一个带有某种政治色彩的学术任务,但这项学术任务,却在“文化大革命”中,给予了顾颉刚绝处逢

---

① 《顾颉刚日记》第十一卷,第206页。

② 《顾颉刚日记》第十一卷,第295页。

③ 《顾颉刚日记》第十一卷,第300页。

④ 《顾颉刚日记》第八卷,第696页。

生的一次机会。顾颉刚 1979 年 3 月份的日记中，附有是年 3 月 6 日《光明日报》的一篇标题为《良师益友亲人——记三位知识分子对周恩来同志的深切怀念》的报道，其中有顾颉刚对于奉命标点二十四史的回忆：

> 可是这些年来，一个好好的中国被林彪、"四人帮"一伙搅得一片混乱，人人不得安宁，哪里谈得上写文章？写不完的检讨和外调材料，使他患上了冠心病，不得不经常卧床，日子十分难熬。他并不怕死，然而工作还未作完，腹中还有文章没有写出来，怎么能死呢？可活着又不能工作，作为"反对学术权威"，只能"一批二养"，真是度日如年啊！
>
> 正当他走投无路之际，1971 年 4 月里的一天早晨，周总理派吴庆彤同志到他家里看他来了。吴庆彤同志带来了总理对二十四史标点工作的重要指示："二十四史中除了有标点者外，再加《清史稿》，都请中华书局负责加以组织，请人标点，由顾颉刚先生总其成。"总理还说，要与顾先生商量。在一次会议上，总理还提出：不但二十四史要标点，十三经也要标点。这真是风吹云散，红日当空，使顾颉刚有绝处逢生之感。……
>
> 在周总理直接关怀下，组织上及时为顾颉刚配备了助手，改善了工作环境，安排了最好的医疗条件，使他挑起"总其成"的重担。经过各方面的共同努力，二十四史终于在一九七八年全部标点完毕。这是我国史学界一件意义深远的大事。[①]

报纸中连用了风吹云散、红日当空、绝处逢生三个词语，来形容校点二十四史之令对顾颉刚学术生存的重大意义，绝非夸张。

除了对学术的负责态度，经历过新中国政治改造的顾先生，还

---

① 《顾颉刚日记》第十一卷，第 637 页。

赋予了《尚书》研究另外的意义,在 1964 年 9 月 7 日致陈慧、徐伯昕信中,顾先生说:

> 自 1959 年起,所中就指定我研究《尚书》,听说这是党中央的指示,为的是四十年前我曾大胆地译出几篇《尚书》,把诘屈聱牙的古典化为平顺的白话,这件事高级领导还记得,所以要我把这书全部译出。这本是数十年来的宿愿,我乐于奉命。但数十年前,我年轻胆大,虽是煮出来的是夹生饭,总算勉强吃得。到现在,我读书日多,胆子日小,学术界的水平又已提高了,不容许我粗制滥造。又外国人研究中国学问也有钻得很深的,尤其是日本,对中国经书设有专室研究,我若轻易下笔,则帝国主义、资本主义的国家的学者冷眼看着,如有差错落在他们的眼中,将立刻受到不容情的批判,势必有损于中华人民共和国的声誉。因此,我不得不十分小心,以期不辜负党的厚望。①

就《尚书》学来说,正是 1959 年的奉命整理,才使得刘起釪可以被调入北京作为顾颉刚的助手,而 1975 年毛泽东对于《尚书》整理的关心,又使得顾颉刚与刘起釪因"文化大革命"而一度中断的《尚书》学研究较早地得以恢复。可以说,尽管 1949 年之后的政治运动、思想改造与"奉命"整理,对于顾颉刚的学术研究方法、所得结论造成了哪些具体影响,目前尚无全面估价,但可以肯定的是,思想改造与"奉命"整理,尤其是后者,直接决定了顾颉刚晚年学术计划的变动与研究重心的转移。

---

① 《顾颉刚全集·顾颉刚书信集》卷三,第 473—474 页。

六、顾颉刚两次受命整理《尚书》

新中国成立后，顾颉刚曾两次奉命整理《尚书》。第一次在1959年，顾先生所列1959年日记纲要中说："自本年起，领导指定予整理《尚书》。点完必要之参考书。"

事实上，早在1955年，顾先生可能已向历史所领导提出《尚书》整理工作。这一年6月13日的日记中记："到所，晤尹达、吴宜俊，商《尚书今译》及治牙事。"[①]然而，此次商讨很显然没有什么结果。这一年开始，顾先生奉命整理《史记》，与此同时，他还惦记着经学研究。1957年3月接受上海《文汇报》记者采访的时候，当记者问到顾先生今后的研究计划时，他说：

> 年青时一直想写通史，现在还是先从根本上做起。今后想着重研究"经学"。"经学"是旧文化的核心，不恢复它的真面目，要研究中国思想史、政治史是很困难的。现在历史学者的任务就是把孔子这个偶像和历史分家，把"经学"变为古代历史资料的一部分。[②]

顾先生的古典学术涵养以及敏锐的史学眼光，使他看到了在新的历史时期，早已丧失了神圣地位的经学，虽已不再可能成为"恒久之至道，不刊之鸿教"，却还是不能被扫进历史的垃圾堆，相反，新时期对经学研究提出了新的任务，那就是将曾经的"经学"，变成今天古代历史资料的一部分，顾先生还提出了新时期进行经学研究的方法：

> 但做这个工作比较难，因为统治阶级窜改时也很狡猾，有

① 《顾颉刚日记》第七卷，第700页。

② 李宁：《在古书里做学问——访顾颉刚先生》，《文汇报》1957年3月5日。

的改原文,有的改解释,改得符合他们的心意。几千年错误相沿至今,把这些错误推翻就得费大劲,搞起来不但字句不懂,一句话的注解也很多,彼此冲突。很多人怕弄,常常“进得去,出不来”。我自小苦读过几年古书,稍懂一些,不过还是要下苦功,方法是用很多别的资料来比,从百伪里取一真。过去搞这个研究常只读“经书”,但现在搞这个工作,除经书以外,还要读“子书”等,并看甲骨文、金文,看地下出来的材料,更要研究现代少数民族的生活情况。①

在接受《文汇报》记者采访三个月之后,在小汤山休养的顾先生,一有闲暇,又列出了一个庞大的学术计划,包括:

甲、古籍类

1.古籍汇函——将汉以前古籍,用善本作底而标点之,分类编函,刊出白文,以利翻读。此即“十三经白文”之扩大。

2.古籍考辨丛刊——集合前人考辨古籍年代及著作人年代之文或专著,分集出版。在我生时,希望刊出十集。以后望有人继续编纂。

3.古籍年代略说——此系集合昔人考辨文字,抽其精粹,敷之系统,为后学者作启蒙工作之读物。

4.经学史——不须太完全,只将经学史中之要点抉出即可。

5.古代文类编——将古籍中成篇者拆散分类,以便各种专史家之撷取。

6.古代文类编选注——将古籍中有学术价值,为后生所必须读者,选为一集,加以注释,以供大学生及研究所实习生之讽诵。

---

① 李宁:《在古书里做学问——访顾颉刚先生》,《文汇报》1957年3月5日。

乙、古史类

1.古史勘——此可分“殷周史事勘”“春秋史事勘”“战国史事勘”“西汉史事勘”“东汉史事勘”“三国史事勘”六册，凡一人、一事而有若干种记载者，皆列为一表，使比较之下，异同之点突出，为研究古史者之必备参考书。

2.古史资料选读——凡后学者着手研究中国古史所必须读之资料，皆标点加注，分信史、神话、传说等类，且载考辨文字，使一读之下即得其钤键。

3.古史论文集——此为我研究古史所作论文之总集，须加修改。

4.三皇五帝考——此为我昔年所作《三皇考》及《五德终始说下的政治和历史》之合编，且加以修正补充，使此问题达到解决之地步。

丙、《尚书》类

1.《尚书》文字合编——此为予昔年与起潜叔合作之工作，举凡汉魏石经、敦煌写本、日本古写本、唐石经、书古文训之古文一起辑出，以利对勘。

2.《尚书》集解——将前人解释，按其主张异同而分列之，使一目朗然。其错误显著者则辨之。

3.《尚书》校释——分校勘、解释、标点、翻译、批判五步骤。

丁、《春秋》类

1.《春秋经》通检——分词作索引，使与已出版之《尚书通检》并列。

2.《春秋经》本事——以事释经，去《左传》中之不可信者与其不释经者，《左氏》以外有可释经之史料亦补入，使春秋时史迹得一整理。

3.《左传》简注——选古今注传者,并加入自己见解,成此一编,以利初学。

4.假定本《国语》——《左传》本由《国语》抽出,略经修改,今试去其羼入,还之本书。以材料不足,有些地方只能凭主观取舍,故曰假定。

5.春秋史——将童丕绳《春秋史》修改,并加年表、地图、世系表、官制表等,以备断代史之一格。

戊、《史记》类

1.标点本《史记》注——即今日所为,供今日之需要者。

2.《史记》三家注汇校——分三家注为三书,以测定其底本。

3.《史记》新注——写定一本于汇校之后,大删旧注,增列新注,一扫尘雾,希望以此接近司马氏原著。

4.《史记》索引——分人名、地名、官名、书名、器物等类,以利寻索。

己、古代史书类

1.《世本》汇辑——清代辑《世本》者多家,互有短长,兹加以比较,取其决然可信者为一书。其疑似者作附录。

2.《天问》注——集合各家说,回复其神话之真面目。

3.《古本竹书纪年》集注——王国维辑本太简,且有漏略,应补正。雷学淇虽释《今本纪年》,其中不少精密之考证,可移注《古本》。徐位山及陈逢衡书亦有可取者,应斟酌损益,成此一书。

……①

此一计划共计52种,如果全部完成,字数可达数千万,很显然

① 《顾颉刚日记》第八卷,第267—270页。

以顾先生个人力量无法完成，必须依靠集体的力量，正如顾先生在此计划后所写的日记：

如人有见予此目，必将狂笑曰："顾某某发疯耶？何年六十四五而犹作此大而无当之妄想，将谓真能工作至百岁，成此数千万言之书乎？"予将应之曰：书有以己之心得著成者，亦有集众力以编成者。上之所列，除论文集及笔记外，大抵皆可集体工作，只待予随时加以指点耳。昔玄奘译经，自据上座，弟子若干人旁座，每诵一句，经众讨论决定，有人笔受，故能译出数千卷。若予有此环境，宜与媲美。且各种资料多有关联，欲治一书须遍治他书，故得成一书亦可兼成他书，只劳写生之手耳。故苟予不逢尹达而逢一知治学且知我者，按日进展，实不甚难。不幸而悠悠苍天，无所控诉，且手头干涸，不能从失业分子中寻些助手，故此种想望遂不可实现。今毛主席号召百家争鸣，且党内整风矣，予之工作倘得一解束缚耶？企予望之！①

没有助手，这个设想只能是梦想。列出这个计划之后不到四个月，杨向奎先生即向顾先生写信询问次年的研究计划，然而，在顾先生的回信中，上述宏伟的学术狂想曲毫无踪影，信中只是十分谨慎地提到：

我平生想整理的是三部书：《尚书》《左传》《史记》。所以我买书及搜集材料时，凡是遇到和这三部书有关系的，虽穷必买。②

① 《顾颉刚日记》第八卷，第 272—273 页。

② 《顾颉刚全集·顾颉刚书信集》卷三，第 115 页。

其中《史记》已经在奉命整理的过程中,顾先生实际上想强调的应是《尚书》与《左传》整理,本来六月份在小汤山的设想中,经学方面,他选取了与上古史研究关系最为密切的《尚书》与《春秋》,作为重点研究对象,而到了 11 月份向所里提出工作计划时,52 种规划缩减到只剩下经学研究中的《尚书》与《春秋》,而且《春秋》研究还进一步缩减为《左传》整理,这样大幅度的缩减,很可能与顾先生的夫人张静秋女士的意见有关系。顾先生 1957 年 11 月 5 日的日记中记录:

> 前夕拱辰书来,嘱予定明年研究计画。予意与静秋忤,以是失眠服药。今日作拱辰长书,静秋又不赞成,吵了一天,以此又致失眠服药。
>
> 静秋之意,要我摆脱一切包袱,专心一种工作,俾病易愈,此自是好意,但有的包袱是无法摆脱的,如去了贺次君予即无助手。噫,招我到北京而不给以助手,此尹达之宗派主义,害事、害我,至于今日之局面者也。[①]

向所里提出这样谨慎的工作规划,应该也是顾先生适应现实的结果。申请《尚书》与《左传》的整理工作,说明他已开始有意识地将自己的“工作”定位为古籍整理,这也在很大程度上体现了他由一位学者向一枚学术螺丝钉转向的努力。然而,作为一位有着独立思想和深邃的历史眼光而又性情倔强的学者,他又不能不努力地使自己的学术理想尽可能地与“奉命”工作结合起来,使不得不为的工作与自己欲为的学术设想最大限度地统一起来。尽管顾先生所提出的整理《尚书》和《左传》的设想,在当年似乎并未被批准,但从日记来看,1958 年的整个 2 月份,顾先生都用空余时间在阅读或

① 《顾颉刚日记》第八卷,第 335 页。

者标点《禹贡》相关资料。1958年2月3日顾颉刚写信给任职于科学出版社的王子刚，信中说：

> 《尚书今译》一稿，1953年在上海已成一半。当时为上海人民出版社所闻，要求列入该社选题计划，遂定于五六年完成。然我自从五四年到京后，业务、开会愈来愈忙，终至未能续作。契约壹纸，由上海人民出版社转至你社，亦无由报命。去年我到汤山、青岛养病近一年，深知我体已衰，不能胜任劳剧，各方面所派予工作只得谢绝。他们知我多病，亦可不来强邀，此后当可专心写作。除今年为《史记及三家注校证》工作作一结束外，1959年年底当可将《尚书今译》搞完，特此奉闻。[①]

可见1953年顾先生的《尚书今译》一稿，曾被列入上海人民出版社的选题计划，后由上海人民出版社将稿约转至科学出版社，而历史所既对他1957年11月所提议的《尚书》整理计划没有表示兴趣，1958年3月顾先生写此信的目的，在于要取得科学出版社的支持，将他措意已久的《尚书今译》完成。

直到1959年之后，顾先生的日记、笔记与信札中，才出现了"奉命整理"《尚书》一事，小汤山的其他计划则只能留待后人去做了。顾颉刚身为中国科学院历史所的一级研究员，历史所应负有领导之责，由此后顾先生与中华书局领导金灿然、萧项平等人的书信来往看，中华书局也参与其事并提供便利条件，傅璇琮先生曾推测："这当也是上级领导之命，光是历史所、中华书局是决定不了

---

① 《顾颉刚全集·顾颉刚书信集》卷三，第416页。

的。”[①]中央是否还有指令,究竟是谁发出的指令,顾先生自己也不确定。1964 年 9 月 7 日顾先生致陈慧(陈叔通之女,中国民主促进会会员)、徐伯昕的信中说:

> 自 1959 年起,所中就指定我研究《尚书》,听说这是党中央的指示,为的是四十年前我曾大胆地译出几篇《尚书》,把诘屈聱牙的古典化为平顺的白话,这件事高级领导还记得,所以要我把这书全部译出。这本是数十年来的宿愿,我乐于奉命。[②]

顾颉刚 1959 年受命整理《尚书》,其中是否有毛泽东的意见,现在已无法确知,只有刘起釪先生的回忆,可能会提供一丝线索:

> 1962 年冬,中宣部把我从中国科学院南京史料处调北京,在顾先生指导下承助他所担任的《尚书》整理工作。他在 1965 年、1966 年两册《尚书笔记》“前记”中先后说:“自奉整理《尚书》之命”,“领导者委以《尚书》今译之工作”。都说明他是奉命担任的。后来听国家出版局局长一次报告说,毛主席曾指出:要把《尚书》整理翻译出来,否则读不懂,不好利用。这在我们当时是不知道的。[③]

在 1977 年 6 月 26 日刘起釪致顾颉刚的信中,又提到这件事,并给出了确切的时间,是在 1963 年:

> 毛主席关于《尚书》的话,是七五年徐光霄(出版局负责

---

① 傅璇琮:《启示——读顾颉刚一封论〈尚书〉的信》,顾潮编:《顾颉刚学记》,第 449 页。

② 《顾颉刚全集·顾颉刚书信集》卷三,第 473 页。

③ 刘起釪:《〈古史续辨〉序言》,《古史续辨》,第 4 页。

人，原文化部副部长）在出版局召集所属开的一次会上讲的。当时徐这样说："毛主席在63年说过，《尚书》这部书要整理翻译出来，才能读得懂，否则无法利用。"关于毛主席的话就只说了这几句，下面是徐自己的话，也没说到谁整理。

康生对顾颉刚的《尚书》整理，也曾给予过注意。1961年中华书局为调刘起釪进京助顾颉刚整理《尚书》，曾于12月1日致函文化部干部司，其中称：

前几年，康生同志多次指示我局组织顾颉刚整理《尚书》（顾是我国有数的研究《尚书》的专家）。①

与两年前（1957年）顾颉刚《尚书》整理提议所遭受的冷遇不同的是，此次对于顾先生的《尚书》整理，无论历史所领导还是中华书局，都表现出某种急迫甚至热情来。在历史所这方面，本来顾先生为提高自己的政治素养，主动要求进社会主义学院学习，而当时主持历史所工作的尹达先生也同意了，民进方面徐伯昕也就此事给予支持，然而就在顾先生要成行之际，忽然历史所又收回成命，改令顾先生留在所中做好业务了，这一变更使顾先生十分不平，也加深了他与尹达先生之间的矛盾。1959年5月31日顾先生的日记中记此事：

昨日午刻在政协中，伯昕谓予，进社会主义学院事有问题，闻之中心骤闷，下午往访尹达未晤。归与静秋言之颇愤愤。静秋劝予，谓进社院学习是为求红，而现在受组织支配，终止入院，亦是红的表现，嘱予万勿与尹达决裂。因此今晨往访，请其指示。渠谓今年所中注重业务，而青年人与老专家业

① 徐俊：《〈尚书校释译论〉引出的尘封旧事》，《书品》2005年第4期。

务水准相距过远,为做好业务计,不能让我长期离所。渠既有此亲切表示,我自当收起宿愿。所奇怪者,何以五月十三日予前往访彼时,彼叫我自己决定,而今日则不许我自己决定也。为了他这句话,害得民进、政协、社院三机关为我入院事忙了一阵。此无诚意之过也。[①]

在"文化大革命"中,顾先生与尹达先生都遭到批判。而在顾先生 1969 年 3 月 31 日所写的《批判尹达书》中,再次提到此事,此次有了更多细节,将不被批准去社会主义学院学习一事,直接与《尚书》整理联系到了一起。

1957—58 年的反右整风运动,触动了我的灵魂,因为许多右派分子是我的熟朋友,有相同的思想意识。我在民进里学习之后,深有体会,知道自己是漏网之鱼,应当努力改造。当时请求尹达,许我到社会主义学院脱产学习一年,俾得改过自新;承他面允。我即把这事报告全国政协和民进,由两机关向社会主义学院介绍,办妥了手续。哪知我正打好铺盖、准备上车的时候,突然接到民进的电话,说尹达不许可,这事吹了。我的一肚子热忱受到这冰冷的打击,万分失望。当即到尹达处面询变卦的原因,他说:"关于你的事情,我都请示上级。上级说:'顾颉刚年纪大了,不必学习了。而且他整理《尚书》,业务也很要紧,这事作罢了吧!'"[②]

尹达所称的"上级"为谁,顾颉刚在批判书中说:"至于尹达所谓'上级',我不知道是潘梓年、刘导生,还是陆定一、周扬。"[③]由刘起釪的

① 《顾颉刚日记》第八卷,第 629 页。

② 《顾颉刚日记》第十一卷,第 89 页。

③ 《顾颉刚日记》第十一卷,第 89 页。

调动得到周扬的支持一事来看，周扬至少也是关心《尚书》整理工作的“上级”领导之一。

去社会主义学院被拒之后的第五天，1959 年 6 月 3 日，《历史研究》编辑部的卢善焕先生又承尹达之命，向顾先生提出，欲将《尚书今译》载入《历史研究》，然而此时在现实政治中已学习到几分谨慎的顾颉刚，想的却是“然今日之事不比往年，水平不当不高，终不敢早日发表，以自重罪戾也”[①]，于是拒绝了。在历史所方面，与之前领导们对《尚书》整理的冷淡相比，此时表现出来的这种热情，很显然是有些不寻常的。

《历史研究》的约稿过去半个多月，1959 年 6 月 19 日，顾先生接到中华书局信，信中称：

> 为了使《尚书》工作能及早完成，最近我们已和上海人民出版社谈好，您交给该社出版的《史林小识》(原名《浪口村随笔》)一稿的修改工作，目前可以暂缓进行。特此函告，请即集中精力从事《尚书今译》工作，工作中有需要帮忙之处，请见告。[②]

《史林小识》为反映顾先生学术见解的学术笔记，向为顾先生所看重，中华书局以公函的方式通知顾先生为了《尚书今译》而暂停《史林小识》的修改，令顾先生十分不快。这一天顾先生的日记中说：

> 得中华书局信，谓予为上海人民出版社所编《史林小识》一稿，以欲使《尚书今译》及早完成，已和沪社谈好，该书可暂缓工作，欲予专为中华作工，而该局悭吝特甚，无以济急，奈何奈何！该局于我不为直接领导，然不经商量，径下命令，此颇

---

① 《顾颉刚日记》第八卷，第 638 页。

② 《顾颉刚日记》第八卷，第 651 页。

使我不快,意其后面尚有人乎?[1]

尽管对中华书局的行政命令式的做法有所不满,然而对《尚书》整理的热情,还是使顾颉刚在1959年6月25日,就《尚书今译》的具体工作计划,给金灿然(时任中华书局总经理兼总编辑)、萧项平(时任中华书局副总编辑)、张北辰(时任中华书局古代史编辑室负责人)写了一封四千多字的长信,并且在信中首先对中华书局表示了感谢:

> 接读你局编辑所6月19日来信,知道你局为了希望我的《尚书今译》及早完成,已代向上海人民出版社谈好,把《史林小识》一书的修改工作暂缓进行,嘱我集中精力来搞《尚书》的工作,你们的厚意我十分感谢![2]

然后提出了《尚书》研究的困难及研究设想,在信中,顾先生甚至还提出了《尚书今译》工作的具体的时间安排:

> 其五,我的今年工作,前已答应姚绍华同志,于十二月底交二十万字,作为《〈尚书〉今译》第一册,是从《尧典》到《微子》,共九篇。我所以敢于这般答应,因为我在燕京大学任教时曾对《尚书》首数篇下过一番功夫,比较有把握,而且"虞夏书"和"商书"的绝大部分都出于"周书"之后,需用甲、金文作比较处还少,觉得稍轻松些。然而其中《禹贡》一篇,地理问题特别复杂,其中大部分是实际性的,小部分是传说性的,应该作适当的分析。我前年在青岛养病时,曾把这篇翻译了四次还没有译好,就因在解释上不曾彻底下分析工夫的缘故。今

---

① 《顾颉刚日记》第八卷,第646页。

② 《顾颉刚全集·顾颉刚书信集》卷三,第424页。

年八月，我又要到青岛度休假一个月，届时必在这静谧的环境中集中了力量来搞《禹贡》。……至于“周书”各篇，因为甲文、金文、古代文法、古代成语四种工作必须齐头并进，方可杀出一条血路来，希望你局肯给我较长的时间处理，不要限期太紧，否则既总结不好，我自己的创造力也用不出来了。我绝不是一个贪懒的人，您应当信我。[①]

在这封四千多字的长信中，顾先生详细地说明了《尚书》整理的困难以及《尚书今译》书稿完成的具体计划，强调了《尚书》的彻底整理需要时间：

总之，整理《尚书》不是一件可以急见功效的事：必须集中了版本校勘之后方始可以写出一个定本；必须把各时代的解释细细研究之后方始可以有所取舍，确定经文的意义；经文有了确定的意义之后方始可以着手标点和翻译。又《尚书》是哪种社会的上层建筑，它成书之后又在封建社会里起过怎么样的作用，我们该把这些情况列举出来，为中国历史增加些资料；《尚书》是怎样编定的，各篇的文字和它的出现有些什么问题，它的事件先后和写作先后又有些什么样的矛盾，我们也该细细地批判，为古文籍校订学增加些资料。……[②]

在信的末尾，顾先生还开列出一个长长的参考书目和所需邀请参与的各方面专家的名字。鉴于这份书目与名单的学术及学术史价值，故全文转录于下：

---

① 《顾颉刚全集・顾颉刚书信集》卷三，第420页。

② 《顾颉刚全集・顾颉刚书信集》卷三，第424—425页。

附件一:重点取材书目

甲,经学开创时代(战国—汉)

阮元:诗书古训

王绍兰:周人经说

乙,经学形成时代(汉—唐)

皮锡瑞:尚书大传疏证,今文尚书考证

陈乔枞:今文尚书经说考,尚书夏侯欧阳遗说考

孔安国(?)、孔颖达:尚书注疏

王先谦:尚书孔传参正

王鸣盛:尚书后案

孙星衍:尚书今古文注疏

段玉裁:古文尚书撰异

陈寿祺:五经异义疏证

魏源:书古微

陆德明:经典释文

赵在翰等辑:尚书纬

郦道元:水经注

成蓉镜:禹贡班义述

丙,经学变化时代(宋—清)

林之奇:尚书全解

夏僎:尚书详解

蔡沈:书集传

黄伦:尚书精义

王柏:书疑

吴澄:书纂言

王夫之:尚书稗疏

康熙敕撰：书经传说会纂

程大昌：禹贡论、禹贡山川地理图

胡渭：禹贡锥指、洪范正论

丁，古籍整理时代（清—现代）

刘淇：助字辨略

王引之：经义述闻、经传释词

段玉裁：说文解字注

阮元：积古斋钟鼎款识、尚书校勘记

李遇孙：尚书隶古定释文

戴钧衡：书传补商

俞樾：群经平议、达斋书说、古书疑义举例

吴大澂：字说、愙斋集古录

孙诒让：尚书骈枝、古籀拾遗

章炳麟：文始、古文尚书拾遗

王国维：观堂集林

杨树达：积微居尚书说、高等国文法

郭沫若：甲骨文字研究、金文丛考、中国古代社会研究、青铜时代、奴隶制时代

于省吾：尚书新证、殷契骈枝

杨筠如：尚书核诂

裴学海：古书虚字集释。

以上暂定书58种。其他文集、笔记、杂志论文中有关于《尚书》研究者甚多，当逐一翻览，择善而从。

又《尚书》各种写本、刻本均须全部搜集，兹不列。

附件二:拟联系之专家名单

郭沫若、尹达、胡厚宣、张政烺、杨向奎、侯外庐、李学勤、范文澜、钱宝琮、丁声树、郑奠、李亚农、翁文灏、孙人和、唐兰、赵万里、胡吉宣、顾廷龙、杨宽、金兆梓、陈乃乾、尚钺、翦伯赞、王力、魏建功、游国恩、齐思和、高名凯、容庚、刘节、商承祚、方孝岳、周谷城、蒋天枢、谭其骧、于省吾、张西堂、高亨、童书业、蒙文通、徐中舒、谭戒甫、刘盼遂、李平心、裴学海、史念海、吴毓江。以上暂定46人,其中研究版本、声韵、文字、训诂、语法、历史、地理、天文、经学、子学的人都有。[①]

傅璇琮先生曾专就这封信写了一篇文章,题为《启示——读顾颉刚一封论〈尚书〉的信》,以揭示此封长信的学术价值与对当代人为学的榜样意义,指出“信中提出的这个问题,其意义已超出于《尚书》整理的本身,而是涉及学术的严肃性与规范性的问题”,“表现了一个真正做学问者的气度和责任感”。[②]

顾先生对于《尚书》整理的焦灼态度,使他战胜心中因不受尊重而产生的不悦,给中华书局写了长信,或许是因为这封长信没能从中华书局处得到顾先生理想中的及时回应,在顾先生心中进一步激起了某种情绪,也可能因为《尚书今译》是一件需要慢功夫的艰巨任务,绝非数日之功即可完成,《史林小识》一书却是呼之欲出,1959年7月3日,顾先生在日记中说:“今日决心不受中华书局束缚,重行整理笔记。”[③]果然,由日记中看,从7月4日开始,顾先生就放下《尚书》,开始整理旧笔记并修改《史林小识》了,这样改了

① 《顾颉刚全集·顾颉刚书信集》卷三,第425—428页。

② 顾潮编:《顾颉刚学记》,第450、451页。

③ 《顾颉刚日记》第八卷,第653页。

4天。7月8号，中华书局的领导金灿然、姚绍华亲自到顾家谈《尚书今译》事，顾先生日记中这样记当天的谈话：

> 今日金灿然同志来，态度甚好，允配给助手二人，帮助抄写，搜集资料及学习整理工作，此殊解决我心事。①

金灿然此次拜访，很显然使顾先生的一切不悦都烟消云散，尤其是金灿然答应为顾先生配两名助手，更是解决了顾先生当时学术工作的燃眉之急。从这一天开始，顾先生恢复了循序渐进的《尚书》整理工作，11月，中华书局派尹受来帮助顾先生任抄写，从日记中可以看到，尹受工作努力，学习刻苦，顾先生对他十分满意，还在学术上寄予厚望。此后，中华书局更按照顾先生的意见，专为协助顾先生的《尚书》整理，而将刘起釪自南京调至北京。

顾颉刚1960年7月10号日记中写道："昨闻伯昕言，我作《尚书今译》系党中央之命令，故中华书局对此极重视。"②关于党中央对于《尚书》整理工作的命令，至此依然全是听闻与猜测，并不像1971年整理廿四史，是明确传达了党中央的文件的。无论怎样，在历史所与中华书局的催促下，顾先生对《尚书》展开了全面整理。次年4月6号，上海人民出版社为要出版顾先生的学术笔记，愿意每月供给50元，作为顾先生延请助手整理笔记的抄写费。③ 1961年，顾先生的《尚书》整理工作，还受到了舆论关注，4月30号《人民日报》报道了顾先生的《尚书》整理工作进展，5月10号《光明日报》又接着作了报道。

顾先生对于学术工作，是既要大刀阔斧，又要细针密缕，而《尚

---

① 《顾颉刚日记》第八卷，第655页。

② 《顾颉刚日记》第九卷，第109页。

③ 《顾颉刚日记》第九卷，第60页。

书》整理,恰是他心目中需要细针密缕的工作。即使《尚书今译》工作很可能因中央指令而带有一定的政治献礼的色彩,金灿然、萧项平等中华书局领导也并没有强迫顾先生“多快好省”地去做,相反,以学术为出发点,对于顾先生提出的《尚书》研究的细密而又庞大的计划,他们反倒表现了最大限度的支持。仅举1960年5月10日顾先生一则日记为例:

> 张北辰、萧项平来,谈《尚书今译》事。……萧项平原在教育部,今调至中华书局,为金灿然代表。张北辰为中华党支书,皆核心人物也。今日谈得很好,渠等知我工作之不易,不逼我定期交稿,为之一慰。①

可以说,虽然免不了要参加“反右倾机会主义”等种种运动,1959—1965年,算得上是顾先生后半生学术的黄金时期。这一时期,从《大诰》着手,《尚书》整理工作在紧锣密鼓地进行着,而顾先生最为看重的学术笔记也在持续不断的整理过程中。《史林杂识·初编》、70万字的《尚书·大诰译证》,以及《〈逸周书·世俘篇〉校注写定与评论》等论文都是在此期间完成的(《大诰译证》工作持续到1966年8月)。《尚书·大诰译证》曾择要发表于《历史研究》1962年第4期,而其中的史事考证部分,以单篇论文的形式于1984年以后陆续刊出,其中包括《“三监”人物及其疆地》(《文史》22辑,1984年)、《周公执政称王》(《文史》23辑,1985年)、《三监及东方诸国的反周军事行动和周公的对策》(《文史》26辑,1986年)、《周公东征和东方各族的迁徙》(《文史》27辑,1986年)、《康王以下的东征和北征》(《文史》29辑,1988年)、《三监的结局》(《文史》30辑,1988年)、《奄和蒲姑的南迁》(《文史》31辑,1988年)、《徐和

① 《顾颉刚日记》第九卷,第77页。

淮夷的迁留》(《文史》32辑,1990年)、《祝融族诸国的兴亡》(《燕京学报》新8期,2000年)、《鸟夷族的图腾崇拜及其氏族集团的兴亡》(《史前研究》,2000年)、《周公东征胜利后东土的新封国》(《中国史学集刊》1辑,江苏古籍出版社,1987年)等一系列论文。

顾先生对于《尚书今译》工作,是有着长久而细密的计划的。他在1960年12月31日的日记中写道:

> 予着手的《尚书今译》是一个极沉重的负担,但做出来时也是一件极愉快的工作。以此次译《大诰》为例,专心致志,需时一个半月,则二十八篇共需三年半,尚须不休息,不生病,不参观。这是做不到的。故预计需四年余。《大诰》篇四万字,廿八篇约一百十二万字,但《尧典》《禹贡》恐须十万字,《洪范》亦必甚多,则当有百卅万字也。此一大事业也,勉之,慎之!如能谨慎将事,不因劳致病,则全书脱稿予已七十二三岁矣。昔日自榜曰"晚成堂",倘能不负宿愿乎?[①]

顾先生选取了《大诰》作为全面整理的开端,打算将《大诰译证》做成一个样板。在1964年9月7日致陈慧、徐伯昕信中,顾先生表达了这个意思:

> 《尚书》这部经典虽只二十八篇,不到两万字,但因它上起于商,中经两周,下终战国,既有古今字的不同,也有东西语法的不同,又有错字、错简的牵缠,所以必须集合语音、文字、训诂、语法、版本、历史、地理、天文、历法诸学,方可说明其问题,挖掘其真相。其中每一个字可以牵涉到几个问题,要全部讲通,便须研究好几万个问题。我现在已成病人,决不可能完成

① 《顾颉刚日记》第九卷,第196页。

这个任务,我只有选择几篇,打出一个规模,好让后人接力做去。

自1960年冬至于今天,这四个年头里,我尽力于"周书"中的《大诰》一篇,这是周公东征,压迫东方民族大迁徙,并俘虏东方人民作为奴隶,以奠定周王朝基业的一篇誓师之辞。我从语言方面寻出头绪,译成今语;又从历史方面求其因果,作成考证。这一篇书,本身只有六百字,我为它写了四十万字,总算竭尽了我的全力,讲明白了。这篇单印一册,名为《尚书大诰译证》,约明春可出版。序文,我正在这儿起稿,俟归后再查书修改。

这一篇是我的"示范"之作。这样做去固然彻底,但二十八篇做完当有一千万字,我不但无此力量,也不可能有此时间,而且这样大规模的著作只适于专家的参考,不适于一般人的学习,不是党所期望的。所以从明年起,我决定用三年的功夫,把二十八篇翻译一过,不加考证,使成为大学文科及同等程度的人们的读本。如果这部《尚书今译》完成后,我尚能做工作,则《尧典》《禹贡》等篇是我一生精力集中研究的,我还把《译证》做下去,直到我离开这个世界。[①]

顾洪女士曾回忆顾先生对于《尚书·大诰》篇的整理:

他(顾颉刚)把《尚书·大诰》篇的整理当作"学术的遗嘱"来作,调动了几乎所有的古文献和相关的"传""注"材料,采纳以清代学者为主的前人的研究成果,结合考古学、古文字学材料,从语言方面寻出头绪,译成今语,从历史方面探讨周公东征迫使东方民族大迁徙的史实,作成考证,为后人成功一个

---

① 《顾颉刚全集·顾颉刚书信集》卷三,第474页。

"示范之作"，终于在1966年8月中旬完成了70万字的《大诰》译证。其中《周公东征史事考证》，系统地研究鸟夷族，确定尧与陶唐的传说起自济水流域，与舜的传说极近，尧、舜或为彼地两部族中之酋长，或为鸟夷族所崇奉之上帝或祖先，由是确定唐、虞、商均出于鸟夷，夏则有扈及顾亦是鸟夷。这些结论，使他40余年前考辨古史传说的设想有了一个归宿。[①]

不仅顾先生自己对于《尚书》整理要求谨严，中华书局也力求精益求精。1961年8月25日，顾先生日记中写道："《大诰》一稿，自谓甚细心，经中华书局仔细审核之下，提出若干问题，予就其应改者改之，而自己看出不妥处又有一些，甚矣写文之难也。"[②]1961年12月22日，《大诰史事考证》第二章《周初年代》历时近两个月完成，这已是第三次改稿，约36000字，顾先生还因自己不通历法，提出"必更请专家审查，方可放心发表"。[③]

谨慎、细致的工作，本是学术研究的基本要求，然而顾颉刚与金灿然、萧项平等人，此时都意识不到在1966年，会有一场惨烈的文化与政治浩劫守在那里，他们只是尽自己所能地要将《尚书》整理工作做得尽可能细致入微，尽可能全面完美，于是，《尚书今译》的出版成为美好然而遥远的工作目标，即如《尚书·大诰译证》的出版时间，也为了要精益求精，要达到完美，而一拖再拖，直至拖到"文化大革命"而被迫中止，不要说《尚书》全部篇章的译证，连《大诰译证》的出版，也变成了一个幻影。

由前文提到的顾先生1969年3月31日所写《批判尹达书》可

---

① 顾洪：《为创建中国现代史学奠立第一块基石》，《顾颉刚学术文化随笔》，北京：中国青年出版社，1998年，第518—519页。

② 《顾颉刚日记》第九卷，第311页。

③ 《顾颉刚日记》第九卷，第372页。

知,第一次奉命整理《尚书》与中宣部周扬有关系,“文化大革命”初期周扬被打倒,继而对刘少奇“黑线”进行批判与揪斗,《大诰译证》精密、细致的工作,也变成了“烦琐哲学”,顾先生不得不对此做出辩解和检讨,如1969年11月24日致学部、历史所工军宣传队的信中如此检讨:

> 从1959年起,本所领导上派给我的工作是整理《尚书》,而把领导的任务交给中华书局,由该局副总编辑萧项平主持其事。《尚书》本是一部最难读的书,我受清代考据学的指导,喜欢把材料搜得多,问题钻得深,萧项平也是走的这一条路,他希望我作出最详尽的解释和最妥当的翻译。因此,我每次作完送去,总不能合他的意,要我再加修改。直到1966年,该局准备付印时,适值无产阶级文化大革命起来,就搁下了。在运动中经过批评,我知道我做得太烦琐,不合于工农兵的需要,应当彻底改造。[①]

顾颉刚第二次奉命整理《尚书》,已是《尚书》整理工作被迫停顿将近十年之后的1975年了。此次所奉之命,有了明确的出处,那就是毛泽东。顾颉刚1975年9月20日的日记中说:

> 起舒言,中华书局所拟出版计画,本定四年,送至毛主席处审阅,主席言:中华专出古书,而古书有极难解者,如《尚书》非有十年时间不可。因令重拟。为此,这个工作又将落到我身上。[②]

1975年11月28日的日记中又说:

---

① 《顾颉刚全集·顾颉刚书信集》卷四,第497页。

② 《顾颉刚日记》第十一卷,第406页。

又闻毛主席对整理《尚书》工作定为五年，亦以书中问题太多，非短时期所能竣工也。[①]

据《顾颉刚日记》，1975年10月21日，顾颉刚改刘起釪《尚书今译》计划书，自此顾颉刚与刘起釪的《尚书》研究工作，开始逐渐恢复。

七、刘起釪的两次调动

与顾先生两次受命整理《尚书》相关的，是刘起釪先生的两次调动。在1959年6月25日顾先生为《尚书今译》工作写给中华书局金灿然、萧项平、张北辰的信中，已提到《尚书》研究的助手问题：

其四，我的年龄已六十七岁，不免受到自然规律的影响，抵抗力薄弱，各种病都侵袭拢来。虽然我很想像青壮年时代一样不休不歇地工作，事实上毕竟心有余而力不足。我现在每天上午八时至十二时是可以正常地工作的；到下午精神就差，倘使再一加劲，晚上一定不能成眠。一夜失了眠，第二天就无精打采，提不起笔来了。所以我现在每天下午，除科学院、政协、民进等处开会之外，常到公园散步，在轻松的空气中作些理论的学习……但是以这样的重头工作如果每天只做四小时，究嫌不够。你局来信说："工作中有需要帮忙之处，请见告。"我记得半年前姚绍华同志曾来转达您的意思，说关于这项工作可以配给我助手。我现在诚恳地请求您，务必配给我两个人：一个是高级助手，他读过《尚书》，并对于研究古籍有些门径，可以帮我搜集材料，整理材料，使我能在短时期里加速地工作；一个是低级助手，他能规规矩矩地写楷字，也能学

① 《顾颉刚日记》第十一卷，第432页。

写篆书,除了钞资料和稿件之外还能写钢板蜡纸,这因在《尚书》里有不少古文和少见的字,如果字迹写不清楚就会增添不少麻烦。这两个人,先尽你们想,如你们想不出来再由我帮着想。人选决定后,他们俩就每天到我家内来做工作,先尽我的书籍用,不足则更到北京图书馆等处搜集钞写。所用卡片纸张,由你局供应。这样,以他俩每天八小时工作,加上我的四小时,一天有二十小时的工作量,这个工作就可正式地开展了。他们钞集的材料,现在供《尚书今译》之用,等到《今译》工作完了,就可以像日本泷川资言编《史记会注考证》一样,编一部《尚书集解》,这是具有总结性的书,可以供给读者作进一步研究之用,是《今译》的副产品。《今译》主于裁断群言,归于一是;《集解》主于百家争鸣,不掩一善:二者相辅相成,是两条腿走路的办法。又这两位助手,既经长期地做了最艰难的《尚书》工作,将来为你局整理别的古书时就容易多多,这也是你局培养人才的一个机会。[①]

1959年7月,刚奉命整理《尚书》的顾先生至青岛疗养,偶遇刘起釪先生,刘起釪表示愿意追随顾先生进行《尚书》研究,就这样,开始了刘起釪的第一次调动。

新中国成立后,刘起釪先生所在的国史馆改组为中国科学院南京史料整理处,刘先生担任组长,整理现代档案史料。他曾这样回忆自己那段时间的工作:

自己原有的古典学术造诣完全搁置,但因承受革命激情,一心为革命工作,生怕自己所受旧的思想影响改造不彻底,根本不计较什么,这在当时是真心真意的。一个劲主持整理三

---

① 《顾颉刚全集·顾颉刚书信集》卷三,第423—424页。

百多个单位的历史档案，编目四百多册，选编史料汇篇三千多万字，撰写《历史档案的整理方法》一书出版。以此每年年终总结总以第一名被表扬，1956 年受中国科学院奖金。①

在这样一种叙述中，整理史料是革命工作，古典学术研究则是个人心愿，在 1957 年反右整风运动中，刘起釪先生虽没有被戴帽子，却也受到了批评，这在那个年代的知识分子中，已是幸运者，但对于爱较真、一心要干好工作的刘先生来说，却依然是沉重的打击：

然而到 1957 年后渐觉不对，我们是诚心实意、实事求是的，可领导并不实事求是，虽没给我戴帽子，却捕风捉影，横加批判，鸡蛋里找骨头，硬叫你检讨，怎么也没法说清。就在脑子里开始怀疑我这样卖力，做得对吗？（因一般同志未这样批斗）②

当革命激情因被迫检讨而受到打击时，刘先生想到的是："自己的学术造诣完全虚抛，换来一个一无是处，值得吗？"③可以想见，1959 年在青岛与顾先生偶遇，当顾先生谈到自己《尚书》工作需要助手时，刘起釪必是欣然应承。

然而在计划经济时代，调动工作相当不易。在调至北京协助顾先生做《尚书》研究之前，曾有别处单位试图调刘先生去做古典学术研究，都没成功。刘起釪先生这样回忆当时的情况：

金毓黻先生请近代史所调我去同他整理古代地震资料，不放我走；蒋孟引先生请南大历史系调我，也未成。这两处我

① 刘起釪：《我和〈尚书〉》，张世林主编：《为学术的一生》，第 534 页。

② 刘起釪：《我和〈尚书〉》，张世林主编：《为学术的一生》，第 534 页。

③ 刘起釪：《我和〈尚书〉》，张世林主编：《为学术的一生》，第 534 页。

> 事后才知道。另有罗根泽先生则我先向他谈到我的处境,他设法请南大中文系调我,也未成。才知道我已困在藩篱里了。想起了"伤仲永"的故事,很有点类似。忆起未跟随董作宾先生治学,很感怅惘。[①]

事实上,刘起釪先生在南京史料处的职称虽然因种种原因只是副研六级,但住房、医疗等方面,却享受高级知识分子的待遇,用他自己的话说:

> 当时科学院在南京九个单位,独我单位无科研职称,只给了我相当副研六级也安之。但因我是本单位业务第一把手,也给了高级知识分子待遇,包括住房和医疗及名胜地区休假等都和其他八单位高研全同。我感谢受到领导器重。[②]

然而,不能使自己自幼所习的古典学术造诣有所施展,即使有高级知识分子待遇,刘先生也还是将这种生活视为"藩篱",而调至北京随顾先生做《尚书》研究,则具有解脱"藩篱"的意义。

刘起釪先生的第一次调动并不顺利,1959 年顾先生从青岛回京,即与中国科学院近代史所副所长刘大年先生(南京史料整理处归属近代史所)与中华书局总经理兼总编辑金灿然先生商谈,请他们帮助,调刘起釪进京协助自己进行《尚书》工作。顾颉刚 1960 年 2 月 8 日致刘起釪信中,对此事有说明:

> 《尚书》工作,去年到京即与刘大年副所长及中华书局总经理金灿然同志商谈,请其调兄至京,共同将事。当时两公均已允可,刚方自幸,以为兄来助我,行见计日程功,可作一九六

---

① 刘起釪:《我和〈尚书〉》,张世林主编:《为学术的一生》,第 534 页。

② 刘起釪:《我和〈尚书〉》,张世林主编:《为学术的一生》,第 534 页。

〇年之献礼矣。不意刘公见告，南京方面谓已定跃进计划，不能抽调人员，只得作罢。闻此意沮。

南京史料处所属的近代史所与顾颉刚所在的历史所，同为中国科学院下属单位，刘起釪如果由南京史料处调至历史所，只能算是同一单位内部调动，但由于前文已提到顾颉刚与尹达的分歧和矛盾，刘起釪由南京调至北京，要落入历史所，很显然缺少可能性，而恰好金灿然为了《尚书今译》工作，曾答应由中华书局为顾先生配助手，中华书局就成了刘起釪入京最好的落脚单位。

1959 年的调动，因南京史料处不放人而功亏一篑，顾先生却并没有放弃努力。1962 年，在广东从化休养的顾颉刚遇到周扬，谈到《尚书》整理，遂向周扬推荐刘起釪协助自己。刘起釪这样回忆调动的过程：

1962 年，中宣部把我从南京调到北京助顾颉刚先生整理《尚书》，被安置在中华书局《尚书》研究专职。顾先生告我，因与当时历史所领导关系不善，唯中华书局全力支持此工作，故做此安排。其时我四十五岁，正精力旺盛，原嗜古典学术，好容易获此机会回到自己梦寐以求的故业，又得到书局给以良好的环境与条件，因此惬心适意，心情怡然地投入工作。[①]

1962 年周扬同志在广东从化休养地和顾先生谈此项工作，由顾先生推荐我协助他，周扬同志把我的名字带回中宣部，在一次会上决定调我来京的。而当时之所以调我来，是因为我在大学时曾随顾先生治过《尚书》。[②]

可以说，1959 年开始，"文化大革命"前中华书局的支持与合

---

① 刘起釪：《我和〈尚书〉》，张世林主编：《为学术的一生》，第 535 页。

② 刘起釪：《〈古史续辨〉序言》，《古史续辨》，第 4 页。

作,对顾先生的《尚书》整理研究意义重大。刘起釪第一次调动能够成功,除了周扬自上层所起的决定性作用,金灿然先生也付出了极大的心血和劳动。徐俊先生曾于“文化大革命”前中华书局人事组档案中,见到商调刘起釪先生进京协助顾颉刚先生从事《尚书》整理的旧档,并根据旧档撰成《〈尚书校释译论〉引出的尘封旧事》一文。徐俊先生所见旧档中“除存有顾颉刚先生、刘起釪先生的书信外,更多的是中华书局及金灿然先生向周扬、齐燕铭等领导人以及中宣部、文化部、中国科学院近代史所南京史料整理处等部门请调、商调的往返文书”。据他所说,1960 年刘起釪的入京因原单位不同意而失败之后,大约 1961 年上半年,金灿然与南京史料整理处主任王可风面谈,同年 12 月 1 日致函文化部干部司请调刘起釪,并附“请调干部登记表”一份,表中“拟调至何单位任何职务”一栏所填为“中华书局作社外编辑顾颉刚先生的助手”。1962 年 1 月,文化部干部司同意调刘起釪入京,同时在批示中说:“按徐部长批示,今后应积极处理精简人员,一般不再从部外调进人员,更不能从外地调进人。请你局严格掌握。”①

从顾颉刚与刘起釪通信中看,刘起釪是 5 月 12 日接到获准调京的通知,他在这一天写给顾先生的信中说:

> 生渥蒙师门关怀,俯赐提挈,于本日得组织上正式通知,谓调往北京中华书局服务,并谓目前业已将生家庭人口情况函告书局,接洽迁移户口诸问题。一得覆音,即可成行。多年来至盼能随侍师门,问学请业,一旦获尝其愿,快幸何似。一俟组织通知成行日期,当即襆被入都,以亲教诲。但在临行以前,生至盼能明了有关具体情况,是否生入京后即随吾师从事

① 转引自徐俊:《〈尚书校释译论〉引出的尘封旧事》,《书品》2005 年第 4 期。

《尚书》整理工作，而非在书局担任一般编辑工作？是否生即随侍左右而不必随局中同仁进退？生私愿固在长侍帐侧以整理古籍终其身，无他宏愿矣。①

顾颉刚5月15日收到此信后，在日记中写道："得刘起釪书，渠已由领导通知，转职中华书局，助我整理《尚书》，此真可喜事也。"②顾颉刚在5月20日给刘起釪的回信中又说：

日前又接五月十二日赐函，欣悉文旆可移北京，从此刚得有助力，不致终日在迫促中矣，快甚快甚。承询各节，须待刚到中华书局，与领导上面商，方得作覆，近方修饰一稿，局又在复兴门外，去必费一日功夫，尚未能即行也。总之，本月内必可前往。

兄来后当住中华，其地即前之农业大学，今名翠微路，颇有长林丰草，可资盘桓。我家东城，只能一星期来一二次耳。刚所急切需要者，为《尚书》方面文字与文法之研究。此关打通，则《诗》《易》《礼》等古籍不难迎刃而解矣。

5月27日，刘起釪再次写信给顾先生：

拜奉教言，知生来京后当可侍帐侧，佐《尚书》整理之役，快幸之至。一俟师门将其具体问题与领导方面商妥后，生当即耑行入京。立雪匪遥，至感欢忭。……生所不知者，是否所有本人需用行李书籍均需随带？生置有图书七八架，是否目前即需携之备用？中华藏书故当不少，是否取用方便？敢请便中赐告。现不论情况如何，生已决心入京，待命即行，以能

① 徐俊：《〈尚书校释译论〉引出的尘封旧事》，《书品》2005年第4期。

② 《顾颉刚日记》第九卷，第466页。

服弟子之劳,得问学之益,分师门宵旰之勤,为至大乐幸也。

顾先生对于有刘起釪相助整理《尚书》而“快甚快甚”,刘起釪以可以继续从顾师进行学术研究为“至大乐幸”,师生二人的欢喜之情溢于言表。刘起釪的信中,所询问的主要是两个问题:一是入京后是否“即随吾师从事《尚书》整理工作”,二是自己是否需要带书,中华书局藏书取用是否方便。至于职称、待遇、住房诸问题,竟然都不关心。然而由于当时正严格控制入京人口,因刘起釪的户口等问题,调动又起波澜。

据徐俊先生所见,6 月 11 日,金灿然再次致函文化部齐燕铭、徐光霄二位副部长:

> 关于为顾颉刚配备助手的问题,几年来我们一直在积极进行,但苦于没有适当人选,此事至今没有得到解决。去年经顾本人提出,我们通过组织了解结果,曾请求干部司批准调中国科学院近代史研究所南京史料整理处刘起釪同志来京担任这一工作。……最近顾颉刚又对我们提到此事,并将刘最近给他的信交给我们,我们才知道刘调京事在他工作单位内部已正式宣布。我们考虑到顾著述丰富,为他物色助手,颇不容易,且他近几年来体弱多病,确实十分迫切需要助手帮助他工作。又考虑到顾在国内外有相当影响,他的助手问题似仍不能不加考虑。因此重申前请,请考虑在目前可否将刘调来。[①]

原函有徐光霄批示:“目前自外地调人有困难。”可见在当时中央精兵简政、压缩城市人口的政策下,刘起釪先生能获准调京,并非一件简单易行的事情。原函又有 10 月 5 日中华书局副总编辑丁

① 徐俊:《〈尚书校释译论〉引出的尘封旧事》,《书品》2005 年第 4 期。

树奇的批注："此事国庆节前已解决，不必送灿然同志了。"[①]

1962年6月13日，顾颉刚为此事给周扬写了一封长信，当天的日记中，他记录了此事：

> 前日得刘起釪来信，谓中华事迟迟不定，事恐中变。昨与项平通电话后，晚得张北辰电话，知北京报进户口极难。今日因与周扬同志函，请其由文化部与北京市人委洽办，又连带说黄永年、王煦华两人。[②]

顾颉刚致周扬信的内容如下：

> 周扬部长：
>
> 今年二月在广州奉晤，承您的厚意，要为我配置助手，推进研究工作的进行，铭感五内。嘱开名单，所以迟迟未能送上，固由我的忙迫，亦以此类专家都有固定的工作岗位，就使我开出也很难如愿。
>
> 我再三考虑，觉得北京为高级知识分子所荟萃，我要请教的人都可以在北京找到。所最感痛苦的，就是我没有时间去找他们（尤其是北大路远），他们也不会有时间到我这儿来，所以虽是极熟的人也不容易见面。现在所急需的，就是有几位学问根柢坚实的壮年学者，可以和我商榷问题，可以为我到各图书馆搜罗资料，也可以代我到各专家处征询答案或请提意见。
>
> 这类的人，就我过去的学生里想，有三个人是合适的。
>
> 其一，是刘起釪同志，籍湖南安化，年四十余，前中央大学历史系毕业，现在科学院南京分院历史研究所档案整理室工

① 徐俊：《〈尚书校释译论〉引出的尘封旧事》，《书品》2005年第4期。

② 《顾颉刚日记》第九卷，第487页。

作。他的中文写作和历史常识都好。三四年前,我即向中华书局提起,承金灿然同志一再和科学院接洽,荏苒至今,方得宁方许可。可是正在他整装待发的时候,适逢北京市严格疏散人口,不能报进,因此中华的党支书张北辰同志感到踌躇。不知可否由您通知文化部,转商市人委,特许迁入?这事如谓可行,请即办理!

其二,是黄永年,籍江苏武进,年约卅五,复旦大学历史系毕业。他毕业时周谷城主任要留他作助教,但华东教育部不允,被派到交通大学任近代史教师。交大一部分迁西安,他随着前往。不幸于57年整风运动中,该校近代史教研组六人全划为右派,他亦在内。嗣后即少通讯,不知现在已脱帽否。他天分甚好,早岁即从吕思勉先生受学,研究历史已入门,甚能解决问题。倘得一适当环境,容其进修,将来一定会有较高成就的。

其三,是王煦华同志,籍江苏江阴,年约三十三,诚明文学院中文系毕业,现任上海图书馆编目员,参加《丛书综录》的编辑。他人极踏实,精力充足,搜罗材料不厌不倦,对马克思主义亦有较深的修养,是极好的助手。

以上三位,前一人的来京已到了成熟的阶段,只要市府一批准就可来;后二人则仅由我提出意见,请您考虑,如果认为可行,我当和中华书局正式接洽。

至于我自己的工作,除论文、笔记,已由中华书局嘱我陆续整理付印外,《尚书译证》是我的岗位工作,自当集中力量进行,不负党的期望。其它积稿,在100万字以上的有下列各种:

1.古代地名汇考:已由中华介绍刘钧仁同志和我合作,将来拟分代出版。

2.史记校证：一部分稿件已由科学出版社转至中华。许多在国外的古本，必须尽力搜罗。如王煦华同志能来，则担当此事最为相宜。

3.战国秦汉文类编：此书宗旨在于综结当时各家思想及其学术上之成就，分类排列，兼加注释，必须有讨论之功。如黄永年能来，则可望其作秩然之整理，彻底弄清楚这一时期百家争鸣的状况及其留与后人的症结。

4.三百年来著述考：已由中华介绍科学院图书馆武作成、刘世凯两同志来接洽，现尚未着手整理。

(尚有《古史勘》忘写)

专此布达，敬祈得暇见覆。我的住址是东城区干面胡同31号，电话5,2654。如须面谈，请示知，当即走谒。

敬祝健康！

顾颉刚

1962.6.12①

6月25日顾颉刚致函金灿然，信中谈到户口问题的解决："彼意，如京中户口一时困难，个人可先行入京，以临时户口进行工作；眷属北行，将来再办。"②

金灿然接到顾先生信以及周扬办公室转来的顾先生的长信，"于7月8日致信齐燕铭同志，转述了周扬同志的意见：'周扬同志意见，顾的助手无论如何要解决，调不来，可以借。'7月18日，顾先生赴中宣部开会，以7月12日刘起釪来信面呈康生。康办7月20日

① 《顾颉刚全集·顾颉刚书信集》卷三，第458—460页。

② 《顾颉刚全集·顾颉刚书信集》卷三，第430页。

转交齐燕铭,齐燕铭 8 月 1 日在康办函件上批示:'此事已解决,各信送中华存。'"①

刘起釪的第一次调动,虽然前后历时四个年头,一波三折,用顾颉刚 1962 年 11 月 21 号日记中的话来说,"此事接洽四年而成,可见北京添一干部之难,盖市人委、文化部、宣传部各关都须打通之故,而近代史所南京分所之不放为其主因"②。但由于顾颉刚、金灿然的共同努力,以及刘起釪本人不计待遇、户口的决心,最终算是顺利完成,1962 年 11 月 21 日,刘起釪到京。此时,顾先生尚不足 70 岁,而刘先生 45 岁,正是年富力强的时候,由 1962 至 1965 年,成为顾颉刚与刘起釪合作进行《尚书》研究的黄金时段。

1965 年,刘起釪到河南林县从事"四清"工作,顾颉刚 1966 年 1 月 22 日的日记中记:"起釪到河南林县从事'四清'工作,春节暂归。工作将于今年七月讫。"1969 年 9 月,刘起釪又被下放至湖北咸宁五七干校劳动。顾颉刚这方面,从 1966 年 8 月之后,研究工作也完全停顿。

1971 年 4 月,顾颉刚自己刚因奉命总校廿四史而恢复了学术活动,即惦记调刘起釪回京协助自己。1971 年 7 月 4 日的日记中记:

> 闻青年出版社编辑周振甫已调至中华点廿四史,此予未计及者,亦足见傅振伦、刘起釪之不召还,实欲其多些日子改造也。

由前文所引顾颉刚 1975 年 9 月 20 号日记可知,这一年毛泽东亲自审阅中华书局所拟出版计划,并专门就《尚书》整理提出意见,

① 徐俊:《〈尚书校释译论〉引出的尘封旧事》,《书品》2005 年第 4 期。

② 《顾颉刚日记》第九卷,第 578 页。

而这一任务又再次落到了顾先生肩上。此时，顾先生年迈体衰，比以往任何时候，都更需要有一个学术团队来支持他的学术研究。他在9月20号的日记中，就第二次受命整理《尚书》一事写到："但我体已衰，只能帮起釪找些资料，由他作主干，而训练工农兵青年，使作辅佐耳。"[①]在这样的情况下，刘起釪对于顾先生《尚书》整理的作用，就更加重要。然而，顾先生隶属于中国科学院历史所，刘起釪却列名为中华书局的职工，由中华书局为历史所的人提供助手，这样的人事关系，显然不利于刘起釪用全部精力投入到《尚书》整理工作中。事实上对于这种错位，早在1963年，中华书局就已有人贴出了批判的大字报，顾颉刚1963年6月28号的日记中记载了此事：

> 起釪告我，中华书局此次整风，有人贴大字报，谓科学院历史研究所一位高级研究员的助手，要来局占据一个席位，指予及起釪也。夫我为研究员，整理《尚书》为所中工作，而偏要中华为我助手，此均尹达摆布下之现象也，真不知他怀了什么心理？害得起釪在局受了歧视！

刘起釪的第二次调动应始于1975年10月份，目标是由中华书局调至中国科学院的历史所。此时，曾经对顾先生《尚书》学研究大力支持的萧项平与金灿然两位先生，因在"文化大革命"中受到迫害，分别于1970年、1972年因病辞世，中华书局中人事关系大变，而刘起釪作为中华书局员工，却为科学院历史所的顾颉刚做助手，失去了主事人的倾心支持，这样的身份更显尴尬，在顾先生二次受命整理《尚书》后，正式调入时属中国科学院历史所，对于刘起釪来说，似乎势在必行，何况刘起釪入京前，工作关系就隶属于中

---

① 《顾颉刚日记》第十一卷，第406页。

国科学院近代史所。尽管如此,与第一次调动相比,这次调动虽不需考虑户口问题,却因种种原因,比第一次调动显得更加困难,也给时年82岁的顾先生和年近60岁的刘先生带来了更大的焦灼与痛苦。

在白寿彝先生的建议下,顾先生先是就刘起釪调动事向胡绳求助。1975年10月25号,顾先生日记中有简单记载:"刘起釪来,送代拟致胡绳函。"[①]刘起釪代顾先生所拟致胡绳函的内容为何,1975年11月5日的日记对此又有记录:

> 寿彝嘱寄胡绳同志一函,将刘起釪调至历史所,专助予研究《尚书》,俾此项工作有一结束。起釪亦愿如此办,上星期由彼代草一函见交。予因彼所作函专述自己事,而《尚书》研究实为我事,不当反客为主,因口授洪儿,嘱其代草,并由她送至寿彝处,征其同意。[②]

顾颉刚对自己口授,顾洪改作的信函还是不满意,于是又自己动手,1975年11月6号的日记中记:

> 洪儿所草函嫌空虚,未将予之《尚书》工作作详细说明,因自己动手,约二千字。久不为文,自己觉得竭蹶了![③]

顾颉刚、白寿彝与刘起釪、顾洪的共同努力很快就有了成效,1975年11月28日,刘起釪告诉顾颉刚:"学部已派人到中华书局商调回起釪事,但尚待总经理金沙考虑。"[④]

我们必须要随时记住,此时的顾先生已是82岁高龄的老人,

---

① 《顾颉刚日记》第十一卷,第419页。

② 《顾颉刚日记》第十一卷,第423页。

③ 《顾颉刚日记》第十一卷,第423页。

④ 《顾颉刚日记》第十一卷,第432页。

身体又长期被各种疾痛所困扰，此时，他太急于在自己辞世之前，将学问所得尽可能多地留存后世，不仅是《尚书》研究，还有他的数量浩瀚的读书笔记，都急需要助手来帮助他整理。关于顾先生的笔记，他在1960年7月4日的日记中，曾有一个说明：

> 整理笔记，实为予生一大事。五十余年来所记，共约一百五十册，三百余万言，拟大加删汰，约之为百二十万言，编成下列六册：1.民族与地理，2.历史与传说，3.制度与风俗，4.名物，5.文艺，6.载籍。每册约二十万言，第一册于明年出版。依近日经验，每册抄前之整理与抄后之校对，至少费予一天功夫，则一年中须费一百五十天，实为今日社会所不许。至于分类、并合、修改，更无此时间。施啸岑君优于文学，未遑考据，不能望其负全部责任。幸得于鹤年君下决心助我成事，故以1956年所抄之五册及近日所抄而为施君所校者寄之，彼尚有一友可仗义相助，则此书必有成功之望矣。上海人民出版社之必欲出此书，与于君等之乐于相助，皆至可感也！
>
> 予之笔记：甲集，大学时代，十七册——无甚可用，只可备写自传。乙集，在北大、商务、厦门、广州任职时代，卅四册——小半可用。丙集，在燕京任职时代，十九册（佚去一册）——大半可用。丁集，自抗战至解放，十一册——大半可用。戊集，在上海任职时代，三十册——大半可用。己集，在北京任职时代，现已有卅三册——大半可用。以上六集，共一百四十三册。外加零星资料，共约一百五十册，三百七十五万字，去其半数为一百八十七万五千字。[①]

顾先生十分重视他的读书笔记，解放后他用了很大一部分精

① 《顾颉刚日记》第九卷，第106—107页。

力来整理古籍,而他个人学术观点的表现,则主要依仗读书笔记。他的《浪口村随笔》出版后,1957 年 9 月 1 日,他的日记中记录了尹达对他所说的“外人”的议论:

尹达谓予:“外人说你对古史已忘怀了。今观《浪口村随笔》,乃不然。”即此可知予负谤之重。[①]

也许在顾颉刚心目中,整理古籍是革命工作,而读书笔记体现的则是他个人的学术思考,一个将生命投入到学术研究中的人,不可能不对自己的学术思考不加珍惜。谭其骧了解顾颉刚读书笔记的学术价值。顾颉刚 1977 年 8 月 17 日在日记中发出感慨:

最望我将笔记编辑成书者为谭季龙。惜彼不能常留北京,每次开会均匆匆来去,否则必易推进此一工作,使我无恨于此生也。[②]

1977 年 9 月 25 号,顾夫人请章郇女士来帮助顾先生整理笔记,顾颉刚又在日记中感叹:

章郇(女士,为静秋请来)年六十五,周明年三十八,精力旺盛,如真能助予整理笔记,使予生存时能出至第六编,则死亦瞑目矣。予自省此书价值不在《日知录》之下,以一生随处留心也。[③]

无论是《尚书》研究,还是笔记整理,这样浩大的工程量,对于年迈体衰而又满腹学术规划的顾先生来说,有无得力助手,以及助手之多寡,已经成为他的学术规划能否实施、能实施多少的最关键要素。

---

① 《顾颉刚日记》第八卷,第 303 页。

② 《顾颉刚日记》第十一卷,第 481 页。

③ 《顾颉刚日记》第十一卷,第 493 页。

早在 1957 年 5 月 31 日，顾先生在日记中即写到对助手的迫切需要：

> 我自己要做的事情很多，别人要我做的事情更不少。我性不能拒绝人，因此永远忙，也永远负了工作的债。我的神经衰弱由此益深。最好有几个人帮助我：
>
> 一人——为我写信。（公私皆有）
>
> 一人——为我整理书籍文件。（公）
>
> 二人——为我抄写资料。（公）
>
> 二人——为我整理资料。（公）
>
> 一人——为我代写酬应文字。（私）
>
> 一人——根据我研究的心得和所集到的资料为我作研究文字。（公）
>
> 有了这八个人，我才可以喘气。可是在今日的情况下，尤其是在领导方面不了解我的情况下，如何能有人来帮我！能来帮我的，都是无处投奔，力不胜任的人。因此，一切事都得由我自己作。可是，年纪日高，体力日衰，自己是作不了的了。这真正是一个悲剧！异日，有人可惜我未尽其才者，当知在伟大的时代里，尚不容尽我之才也。古人云："惺惺惜惺惺，好汉惜好汉。"今日"外行领导内行"，怎么可以知人，怎么懂得为国家爱惜人才！书至此，痛心极矣！①

此后，"助手"问题与学术规划、思想改造，几乎成为顾先生日记的三条主旋律。我们在此一阶段《顾颉刚日记》中可以看到，1949 年之后顾先生对于助手的迫切需要，简直可以跟刻骨"相思"的恋情来比拟，因为得力的助手，即意味着他学术规划的落实，意

---

① 《顾颉刚日记》第八卷，第 250—251 页。

味着他学术生命更有效的延续。

在助手问题得不到解决的情况下，顾先生一直断断续续自己出资来请人担任助手。在1957年6月7日致于省吾的信中，他说：

我到北京，政治待遇受得太厚，既是政协全国委员，又是民进中央委员，于是就有开不完的会。然而我实不是干政治工作的人，且余年无几，这仅有的一点时间真是“一寸光阴一寸金”，不该尽在会场里钻出钻进，“过了一天又一天”，落得个到死无成。同时，学术待遇却是受得太薄。第一所的领导方面，自己既提不出一个方案，别人提的合理化建议又一概拒绝，弄得死气沉沉，使我怕走进门。我的工作，只有自己作，没有一个助手，为了校勘《史记》本文及三家注，自己请了一个助手、一位钞写员，做了三年尚未完工，已耗费三千余元，这是我用尽方法弄的钱。其实，这个工作正是所里十分应该担起的业务。这两个原因都是使我血压高的。如何可使厚者薄而薄者厚？这便是我的症结的一个大问题。①

当看到谭其骧、郭绍虞等人在上海都有自己的学术团队时，他十分羡慕，并在羡慕之余对自己的处境越发感伤和郁郁。1977年12月19日因翻郭绍虞新著，他又发出如下感叹：

略翻绍虞新著。……绍虞在沪，有助手八人，故能大干，其所作《语法修辞》一书，有四册之多。近又为《历代文论选》，亦大书也。惟足已不良于行，手亦颤与予同。厚宣有助手十人，故能编《甲骨文合编》。季龙有一班绘地理人员，故能编《中国历史地图》。思泊有助手五人，故能编《古文字总汇》。

① 《顾颉刚全集·顾颉刚书信集》卷三，第413页。

绍虞有助手八人，故能编这编那。余乃仅有一起釪，两三年来用尽全力，自乔木任院长乃办成，此皆尹达龄龁我二十余年之所致也。推其主因，固由郑振铎、陶孟和、罗常培之诋毁，亦缘于范文澜之倾轧，此事说来话长，当别记于一九五四、五五两年之空白日记上，俾后人知其底细。总之，如无毛主席、周总理、陈毅副总理之保护，予必已被打倒二十余年矣！[①]

甚至连在梦中，顾先生也因缺少得力的学术助手而郁郁寡欢。1975年11月24日的日记中记录：

今晨梦中得诗云："燕子不来春寂寞，梅花未放夜凄凉。"似觉萧瑟，然如有助我工作者可成若干总结性之著作，则甚有其积极性存焉。[②]

顾颉刚晚年对于学术研究的急迫心情，以及因缺少助手而进展缓慢的工作，使他的脾气越来越急躁，林小安先生回忆说："耄耋之年的顾颉刚先生此时已无力亲手完成他为之奋斗一生的夙愿，因此，他时时催促刘起釪先生。尽管刘起釪先生已很尽心了，顾先生仍然嫌他努力不够。"[③]也正出于这个原因，在1976年3月15日的日记中，顾颉刚先生抱怨：

刘起釪到南京去，说十天，到今二十天迄未来。这个人好松懈也，如何能帮我工作？想起来真使我伤心，我可如何得到一个好帮手？[④]

---

① 《顾颉刚日记》第十一卷，第522—523页。

② 《顾颉刚日记》第十一卷，第430页。

③ 林小安：《"欲罢不能"——深切怀念顾颉刚先生》，王煦华编：《顾颉刚先生学行录》，第412页。

④ 《顾颉刚日记》第十一卷，第451页。

第二天,刘起釪还没回来,令他更加生气:

> 为起釪事,愈想愈气,愈气愈紧张,他哪里能帮我整理《尚书》! 因此,《元曲选》看不下了。[①]

事实上3月17号,刘起釪就来到顾家。也是这一天的日记中,顾颉刚记:“起釪已暂入历史所,在甲骨组工作。”[②]刘起釪至甲骨组,似与胡厚宣的帮助有关系。1976年6月6号的顾颉刚日记中记:

> 起釪告予,胡厚宣欲来看我,商量同事《尚书》工作。彼肯相助,自是佳事。又言起釪住所内,可由他办。[③]

然而,刘起釪至历史所只是“借调”,工资依然要从中华书局领,位置还是尴尬。因此,顾颉刚又拼着病体,勉力为刘起釪向各级领导写信求助。1977年7月4号,顾颉刚在日记里对于此事,已有凄苦之意:

> 静秋、湲儿坚欲予写向所领导信,予不堪紧张,心脏病又发,服硝酸甘油二次,并吸氧气,至三时许起床。……予已甚衰老,经不得紧张,而家人不谅解,因起釪重托,必欲予写信,致旧病重发。此心摇摇,恐不能久于世矣。[④]

虽然因为刘起釪向所领导写信而紧张致旧病重发,事隔四天,顾先生再次为刘起釪向学部写信求助:

> 为起釪调职事,写学部信,受静秋干涉,心疾又作。……

---

① 《顾颉刚日记》第十一卷,第451页。

② 《顾颉刚日记》第十一卷,第452页。

③ 《顾颉刚日记》第十一卷,第457页。

④ 《顾颉刚日记》第十一卷,第464页。

天热，流汗多，入眠愈难。服安眠药多，则翌日头晕，无力工作。过一夏天真非易事。

起釪本科学院工作人员，调至北京，助予整理《尚书》。乃尹达以私心令入中华，遂为书局编辑。年来予累函学部，请将其组织关系调至学部，然仅办到"借调"，工资仍由中华拨给，此真"名不正"也。予今日正为作函，请领导办此事，而静秋看我函稿，横加干涉，使我一紧张，冠心病又作，只得输氧气及服硝酸甘油矣。[①]

1977 年 7 月 20 号再次感叹：

起釪本近代史研究所工作人员，调到北京助我任《尚书》工作，当然是历史所人。乃尹达因对我有成见，不愿起釪入所，纳之于中华书局，遂为彼局编辑员。年来我两致函与学部，请将其组织移转，乃仅办到"借调"，工资依然从中华发，故今日去函极论之，然而累矣。[②]

偏巧此时"中国科学院"改组，历史所隶属新建之"中国社会科学院"，而新任院长究竟为谁，尚无法确定，因此顾先生为刘起釪所写信，没有得到任何答覆。这一阶段，顾先生也因为助手问题得不到解决，变得越来越焦虑。他在 1977 年 9 月 5 号的日记中自省：

魏大夫谓予向来乐观，今日为何一变常态，入于焦躁。盖一则予老年慢性病太多，体不能任，再则以整理笔记事急，而迄无一得力之助手。倘今年找不到人，则《史林杂识》明年即不能出第二册矣。予命尚有几年，安能轻易放过。是则予性

① 《顾颉刚日记》第十一卷，第 465—466 页。

② 《顾颉刚日记》第十一卷，第 470 页。

情急躁之总原因也。[①]

“予命尚有几年,安能轻易放过”,这便是顾颉刚晚年的最激扬的心声,也是他性情急躁的根本原因,他真变得越来越爱生气了。1977 年 9 月 24 日,他“为章郇明日来,今日整理一生笔记册,孰意皆为起釪翻乱,幸每册首批明甲乙,尚易理耳。终因此生气不止”[②]。9 月 26 日,又因为刘起釪将所借书散失而不悦:

> 起釪十余年来随手取余书作参考,然不负责任还书,经文化大革命,遂至散失。问之则茫然。[③]

即使别人对刘起釪的夸奖,也并不能令顾先生感到开心了:

> 程文杰甚称道刘起釪用功,此亦衬出社会科学院用功人之不多也。[④]

关于刘起釪由顾先生处所借书散失一事,今天我们可以读到 1977 年 10 月 3 日刘起釪为此事写给顾先生的信:

> 我利用国庆假期,到我儿子岳家去清找我那些堆积在一起的乱书,清出了吾师的下列八本书:
>
> 《春秋经传集解》一函十二册,旧中华书局小本
>
> 《书传补商》一册(这是我上次想用它,找了很久没找到的)
>
> 《尚书骈枝》一册,刻本
>
> 《古籀拾遗》二册,刻本
>
> 《籀庼述林》六册,上海千顷堂石印本

---

① 《顾颉刚日记》第十一卷,第 487 页。

② 《顾颉刚日记》第十一卷,第 493 页。

③ 《顾颉刚日记》第十一卷,第 494 页。

④ 《顾颉刚日记》第十一卷,第 495 页。

《新出三体石经考》一册，(吾师所特别指出的那本，现送上)

《两周金文辞大系》一册，昭和七年日本平装本

在我的记忆里记得清清楚楚的《周礼正义》石印本，我已在上面标点了一些的，可是就是没有找到，而在我没有印象的该书初刻本，更是没有找到。我想，只要书还在，迟早一定会找出来。目前主要困难是我没有住处，书没法集中和上架清理，所以无法彻底清找。另外，一个情况就是，文化大革命中，放在办公室的书弄丢了不少，例如我写的《甘誓》《汤誓》等四篇草稿，就和办公室里一些书都不知弄到哪里去了。

我回到王府井住处也清查了一下所有的乱书，清出了吾师的下列一些：

皮锡瑞《尚书大传疏证》四册，刻本

龚道耕《唐写残本尚书释文考证》一册，排印本

《古经解汇函》九一十八册(共十册)，上海石印本

计为：《方言》《释名》《广雅》《急就篇》《说文解字》《说文系传》《说文篆韵谱》《玉篇》《干禄字书》《五经文字》《九经字样》《广韵》《五经异义》《尚书马郑注》《尚书逸文》《鲁诗故》《齐诗故》《韩诗故》《薛君韩诗章句》《月令章句》《字林考逸》《仓颉篇》《原本玉篇》

《章氏丛书续编》之一一册，民22北平刻本(现送上)

计为：《广论语骈枝》《体撰录》《太史公古文尚书说》《古文尚书拾遗》

上次吾师提到的一字一行本《说文》，我似有这个印象，可是这次两处都没找到，只有我自己的那本缩印本。我深信，只要书还在，定能找到的。

一些目前手头正用的书，都带到了学部办公室里，等我上

班后一定再清理登记出来。

10月9日,刘起釪又写信向顾先生汇报在学部办公室所找到的书籍:

查点了一下带到办公室里的图书,属于吾师的如下:
《尚书集注音疏》八册,古体字原刻本
《尚书后案》十册,刻本
《尚书注疏》十册,嘉庆南昌府学本
邹季友音释《蔡传》六册,坊刻本
《尚书孔传》三册,四部备要线装本
内野本(前三册),日本影印本
《钦定书经传说汇纂》,全函
牟庭《同文尚书》六册,写本
《古文尚书注》二册,岱南阁丛书本第一、二册
《尚书大传》一册,《古经解汇函》第三册
《尚书释文》一册,《涵芬楼秘笈》第廿五册
吴闿生《尚书大义》二册
缪祐孙《汉书引经异文录证》二册,刻本
裴学海《古书虚字集释》一册,精装排印本
何定生《尚书文法及其年代》二册,中山大学周刊本
此外如剪贴的《尚书》资料之类,及吾师关于《尚书》的一些零散的笔记散片等。

刘起釪由南京调至北京后,我们只大略了解他的学术工作,在此期间的生活状况,他自己从未在任何回忆文字中有所流露,我们可以找到的文字资料十分少,由刘起釪关于书籍散失一事所写给顾先生的信中,至少约略窥知,他在北京缺少一个固定的住所,因

此所用书籍只能到处散放，甚至有部分书籍不得不存放到儿子的岳父家的厨房里，由此住处之窘迫，便可推想刘起釪生活之艰苦。由这一点生活景况的蛛丝马迹，我们便可以更加理解1978年，已经61岁而仍然过着“漂泊”生活的刘起釪，为何忽然对于调动、对于固定的住处，如此的焦虑了。

1977年11月份，刘起釪的调动因社会科学院刚成立而得不到答复，因“予命尚有几年，安能轻易放过”而万分焦急的顾先生，给中央高层写信，请调王煦华先生来做自己的助手：

> 社会科学院牌子虽挂出，然迄无负责之人。予致林修德两函，为起釪正式入所事，迄不得覆，今闻林君已返侨务机关。又前闻刘仰峤将任副院长（正院长仍由郭老兼），而今闻刘氏将任中央党校校长。又闻胡乔木将任副院长，而胡氏党中央事忙，亦不实际负责。如此虚左以待，而迄无人实任。余年日长，身体日衰，迄不得一有力助手，稿子如何整理。故静秋、湲儿商量，只得由我自己出面，写信与党中央，请求两事：一、调上海图书馆王煦华来京助我；二、换住一所有暖气之房屋，使我减轻冬季之气管炎。不知有效否耳。[①]

与刘起釪先生的二次调动相比，王煦华先生的调动相对顺利得多，12月2日（星期五），历史所政工科即有人向刘起釪了解王煦华的情况。或许由王煦华的调动上，刘起釪又看到了中国社会科学院新领导班子下自己正式调入的希望，12月4日，刘起釪写信请顾先生帮助：

> 已经向群众正式传达了中央文件，任命胡乔木同志任中

---

① 《顾颉刚日记》第十一卷，第511页。

国社会科学院院长,于光远、邓立群同志任副院长。

星期五历史所政工组的同志来找我,问顾先生要调的姓王的同志的情况,说准备去调。我回答只知道这件事,不知道王本人情形,可以回去问问顾先生。那位同志就说,我直接打电话去问。大概后来他给您打了电话。

就这件事可看出:1.新的院领导办事抓得很紧,要办就办。2.对吾师的意见非常尊重,不会不支持。因此我的调院问题,吾师也须趁此抓紧办才好。师意以为何如?

据顾先生的日记,12 月 24 日王毓铨先生至顾先生家,劝刘起釪先生"《尚书》工作须赶快做,因为顾先生年龄究竟大了","又说我十年前发表的文字,如《大诰》《世俘》《史林杂识》等均非常切实,能解决问题"。[①] 12 月 29 日,顾先生又在日记中记录:"中华书局要收回起釪任编辑,《尚书》工作势将停顿。此皆尹达之'厉阶'也。予必当争之。"[②]可能跟王毓铨先生的劝解与中华书局的态度有关,12 月 31 日,在如往常一样的汇报进度之后,刘起釪在信中对工作缓慢的原因做了解释,再次急迫地提到调动,以及与调动密切相关的房子问题,原信全部内容如下:

颉刚师:

天寒,敬祝健卫。

这周抄写《盘庚》稿,全稿 93 张草稿纸,估计字数超过四万,以我平时的抄写速度,本来可以四天抄完,但由于三个原因:(一)不是单纯的抄,有时要推敲一下;(二)感冒,身体不适,晚上无力赶,白天也影响精力;(三)思想波动,心绪不宁,

---

① 《顾颉刚日记》第十一卷,第 524 页。

② 《顾颉刚日记》第十一卷,第 526 页。

因中华拒绝调出，很伤脑筋，所以无心抄写。以致第一篇的“校释”部分都没誊抄完。

希望吾师抓紧替我办调职的事，稍纵即逝，这一批房子分完，又赶不上分房子了。

敬祝

安好！

生刘起釪

77.12.31

大约1977年底或者1978年初，刘起釪在为顾先生所留纸条中又写到：

颉刚师：

这件事要抓紧进行才行。我看再给院部写信是没有用的，因为中华书局不买院部的账。给“中华”的上级写也将没有用，因为他只能站在中华立场考虑问题。他不支持他的下属也不好办。我的意思是只能向上面请求，上次您给国务院关于上海王同志的信，我就想您一道请求，一道办妥。现在看样子只能再向国务院请求一次才行。

生起釪上　即日

大约因为是便条，所以比写信要随意一些，因为随意，可以看到刘起釪先生的急迫心情。在刘先生的请求下，顾先生再次向上级请示，请求将刘起釪由中华书局正式调入历史所：

我一生致力于《尚书》研究，垂老之年亟图所以报答党的关怀爱护者，也就是如何搞好这一研究工作。因为《尚书》是我国最艰深难读的一部最古的史料，不整理翻译出来，我国社会主义文化建设中新的历史科学就没法参考使用它。后来听说伟大领袖毛主席曾指示过要把《尚书》整理翻译出来,因此倍感鼓舞。五九年我接受了党所交付的这一光荣任务,就提出请求调一得力助手。到六二年底得到康老批准,从科学院近代史所南京史料处调用刘起釪同志来京担任此项工作。当时因中华书局承印此书,愿承担此员额,就把刘的编制调在"中华",明确他是专职整理《尚书》。我把一生所积累材料和对《尚书》研究所有收获都交给了他。他工作两年后到农村参加四清,然后进入伟大的文化大革命。七二年从干校调回"中华",遂被派担任一般编辑工作,忙于琐碎的书样、清稿等的阅读校对等事务,而不让他干原定的专职任务。他虽向书局领导书面提出恢复搞《尚书》整理,也不蒙准许。我感到既然在"中华"不能进行《尚书》工作,只有把他调来历史研究所和我在一起,才能有希望把《尚书》工作完成。便在七五年冬请于当时负责领导学部业务胡绳同志,得到他的支持,才于七六年三月把刘借调来所。事实证明,只有调来我所,才能很好地开展此项工作。在这将近两年的时间里,他已完成了十篇《今文尚书》整理翻译工作,还有十八篇,即可用二至三年的时间赓续完成。今文完成后,还有廿五篇古文有待继续从事。完成后还有《逸周书》及和《尚书》有关的金文需要整理。以刘的年龄体力,现在正是搞工作最适宜的时候,估计他这一生还可工作十多年以至二十年,也只能把这项工作的主要任务完成,还有更多的任务有待他培养接班人接着做。我前已几次请于学部领导,将刘的编制调来历史所,很感谢院部对我的关怀和对这一工作的重视与支持,已抓紧去和"中华"洽办调来手续,而且还准备给他安排住处,可是听说"中华"拒不允调,还说因工作需要,希望他回去,这是完全没有理由的。刘由康老批准调来“中华”,原不是担任一般编辑工作,而是担任助我整理《尚书》的专职。既在“中华”不能整理《尚书》,自然应当调出。而且此项《尚书》完稿后,仍回“中华”出版,已列入“中华”出版规划之内。调出他而及时写好《尚书》,正所以完成书局规划,不让调出,反而不能完成规划,这是非常明显的事。刘在“中华”编辑岗位上不能搞《尚书》还有一原因,就是书局所有编辑,都只做一般编辑加工业务,事实不许可搞研究写作。如果刘一人搞研究写作,不仅与其他编辑发生矛盾,而且与出版社“编辑”这一职务的固定任务亦不相协。所以把这一有别项专职业务的留在“中华”编辑队伍中实亦不相宜。而对编辑业务又是外行,连批格式、区别铅字号码这些都不懂,学非所用,极端严重,以致不能胜任愉快,因而就使他在“中华”工作不受重视,生活不受照顾,表现为可有可无的人。(生活不给应有的照顾这一点最为突出。刘在科学院南京史料处时受高研究人员待遇,但在中华书局除了没法减低他的工资外,所有待遇都取消了。让他和几个出版事务人员挤在五层楼上四个人一个套间的很小的集体宿舍里,曾经长期五个人挤着住。不仅他在北京的亲属〔儿子、孙子等〕不能住在一起照顾他的生活,更主要的是他有十几箱书,一直堆在他儿子岳家即一退休老工人的小平房搭盖的破厨房里面,没法展开使用,影响他的研究业务很大。而“中华”组织上明确对他讲过:“将来到了有多房子的时候也不分配给你,到时你不能提出请求要房子。”我看他实在不方便,只好叫他到我家来,挤出一个铺位给他住。但由于他每天在所里工作夜深才回来,因我家是大杂院,叫门不开,往往又只好跑回“中华”爬到五楼上睡。)以此种种来看,更非调离“中华”不可。当今华主席为首的党中央号召搞好科研

> 工作,我老骥伏枥,感奋不已,只想趁其余年及见《尚书》工作之有成,以期报答党的厚遇。因此恳请大力支持帮助将刘起釪同志的编制从中华书局调来历史所,将是对《尚书》研究工作之赐,不仅是个人感谢而已。

在顾先生的这封请示上级的信中,我们对刘起釪当时的生活状况了解得更多一些。他为了《尚书》研究而由南京史料处调至中华书局,不仅原来享受的高级研究员待遇被取消,而且曾经长期五个人挤住在一间很小的集体宿舍中,人没有固定住所,书也只能寄居别人家里,这对于一个需要随时查阅大量书籍才能得以进行的《尚书》整理研究来说,的确是极不方便,同时,这种居无定所的生活,如果对一个二十岁左右的单身青年,可能还算不了什么;但我们应该想到,刘起釪先生此时已经是61岁,也算得上是老人了。

1978年1月7日刘起釪先生致信顾先生,再次谈到调动工作的进展,

> 颉刚师:
>
> 祝您好。
>
> 这周五天时间里,花了两天写致中华党委的报告,用一天时间去找中华找了陈原同志面交了报告,提出了我的看法,请求根据客观实际同意我调历史所,然后又去找了白先生,请他找陈原同志说说。最后礼拜六一天纪念敬爱的周总理逝世周年,上午开座谈会,下午到天安门送花圈,所以这一周没有来得及做业务。
>
> 调过来的理由是充分的,不调过来是没道理的,所以我坚信一定会调成功的。
>
> 敬祝
>
> 安好!
>
> 生刘起釪
>
> 78.1.7

1月15日刘起釪在给顾颉刚写信汇报《尚书·盘庚》"校释"的进度时，在信的末尾又提到"调编制的事仍有待抓紧办"，1月22日在汇报《尚书·盘庚》"附论"部分的进度时，信的末尾又说："调编制的事尚无进展，令人着急。"

顾先生除了《尚书》学，他的大量读书笔记也需要人整理，他还有更多的学术规划要实现，所以他需要尽可能多的学术助手。由顾先生此一阶段的日记中，刘起釪与王煦华的调动，也是他最挂心的事情。1978年1月22日，日记中记"起釪来，为组织关系事，为写陈原信"[①]。1978年3月16日的日记中又记："与起釪谈。予上月写陈原信，说明起釪调京，原为助我整理《尚书》工作，与中华书局本不发生关系，乃不得覆，仍要他前往审稿，此真无理取闹矣。起釪欲予致周扬一函，以彼时周任文化部副部长，中华属彼管辖，当能发生作用也。"[②]

六十多岁时还过着居无定所的漂泊生活，以及历四年而无结果的艰苦调动，如果不能令人发狂，那至少也可以令一个正常人郁郁不乐。1978年的8月份，很可能王煦华先生由上海至北京的调动，对于刘起釪先生也是一个很大的触动。我们看到1978年8月6号的顾先生日记中，记有"与刘起釪谈，劝之"[③]一语，8月17号，顾夫人派人整理西屋，以迎接王煦华先生20号左右的到来，而8月19号，在王煦华先生约定到来的前一天，顾先生的日记中，记录了刘起釪先生与顾夫人之间的冲突：

> 静秋因起釪说她"欺负人"，大生气，肝胃炎突发，大吐，入阜外医院，两天后出。我为起釪事生气，为静秋病着急，终夜

① 《顾颉刚日记》第十一卷，第535页。

② 《顾颉刚日记》第十一卷，第542页。

③ 《顾颉刚日记》第十一卷，第580页。

服安眠药五次无效,耿耿到晓,湲儿量予热,为三八度。[①]

在顾先生的坚持下,在白寿彝等先生的帮助下,刘起釪先生与顾先生,以及顾先生的家人,经历了种种心酸与波折,最终刘先生还是正式调入了历史所。然而就在刘起釪先生正式调入后两年多,顾先生便长辞人间,自此,"古史辨"的旗帜,只能交给刘起釪、王煦华两位先生了。

八、化经学为史学的《尚书》学研究

化经学为史学,顾颉刚先生视此方向为学术之必然趋势,又以此取向为自己经学研究之鹄的。1951年9月5日,与王伯祥书云:

> 窃意董仲舒时代之治经,为开创经学,我辈生于今日,其任务则为结束经学。故至我辈之后,经学自变而为史学。惟如何必使经学消灭,如何必使经学之材料转变为史学之材料,则其中必有一段工作,在此工作中我辈之责任实重。

经学时代之结束,并不意味着经学的一切都消失,将经学之文献变为史学之材料,才是消灭经学最彻底的途径。《尚书》由于与上古史的密切关系,成为顾先生"化经学为史料学"的首要对象。

史料学以"求真"为原则,顾先生心目中所应重建的上古史,是一个符合历史真实的上古史,而非由经学家观念改造后的"尧舜禹汤、文武周公"的圣人史。拨开数千年经学观念对于《尚书》这部最早历史文献所制造的重重迷雾,将《尚书》学中由经学迷雾笼罩下的"观念史",还原成为上古史,如顾先生所说,"非把它彻底整理不可"。1930年代顾先生在《尚书通检序》中说:

---

① 《顾颉刚日记》第十一卷,第585页。

《尚书》是中国上古史的资料中最重要的一部书，那是谁都知道的了。只因这部书流传的年代太长久，以致其中生出许许多多的问题来。我们若要研究商周史，非把它彻底整理不可。

自 1930 年代始，顾先生先后数次修订过《尚书》学研究计划，都以彻底整理和全面总结为指向。

段玉裁曾将《尚书》学历史总结为"七厄"：

经惟《尚书》最尊，《尚书》之离厄最甚：秦之火，一也；汉博士之抑古文，二也；马、郑不注古文逸篇，三也；魏晋之有伪古文，四也；唐《正义》不用马、郑用伪孔，五也；天宝之改字，六也；宋开宝之改《释文》，七也。七者备而古文几亡矣。[①]

事实上漫长的历史与曲折复杂的流传过程，给《尚书》学带来的层层迷障，远不止"七厄"，这使《尚书》的研究"困难成堆，问题累万"。[②] 刘起釪先生曾将这些困难概括为四方面：

(1)文字的艰涩，随之以认字释义的纷歧。

(2)竹简的易毁，造成各种错乱。

(3)历代不断的造伪。

(4)封建时代的反动思想统治，给《尚书》蒙上种种霾雾。[③]

《尚书》文字艰涩、诘屈聱牙，由古至今都被认为是难以释读。其中的原因，刘起釪先生认为，《尚书》中西周初年的几篇诰词，是当时统治者口语的纪录，"他们讲话用的是岐周方言，与东方广大地区的语言原不一致。到战国时，对于以东方语言为基础形成的

---

① 段玉裁：《古文尚书撰异·序》，上海：上海古籍出版社，1996 年。

② 刘起釪：《顾颉刚先生学述》，第 204 页。

③ 刘起釪：《顾颉刚先生学述》，第 196—204 页。

‘普通语’来说,它已经是死文字。它所使用的当时岐周词汇、成语、语法、词义及一些习惯用语,以及衬字、虚词等等,大多数人已不懂了,因此诸家引用时,除了像‘若保赤子’等平易好懂的语句外,一般不引‘周诰’来论事”[①]。

西汉文帝曾诏求能研究《尚书》的人,在经历过秦的“焚书坑儒”之后,全天下只找到了一位曾任过秦博士的伏生,伏生此时已经九十多岁,不能远行,西汉朝廷只好令晁错至齐地向伏生学习(《汉书·儒林传》)。关于晁错随伏生习《尚书》,还有一段传说,是说伏生因年老口齿不清,由其女儿转述解说,而齐地方言,晁错不能完全索解。这样的传说,恰映照了即使在西汉初年,《尚书》已经难以读懂。西汉初年的司马迁,写《史记》,“只把好懂的写成或加工于战国时的几篇文件全文译载在《史记》里,而对那些明明更重要的原始史料‘殷《盘》周《诰》’,却只提到一下它的篇名,对它的内容无法使用,有些宁可引《逸周书》而绕过‘周诰’不用”[②]。同时,“司马迁著《史记》,用当时的浅近文字转述《尚书》诸篇,就有不少误解。王莽集团仿《尚书》所作的诰辞,也有很多错抄谬摹之文。两汉人援引《尚书》文所作的解释,不符原意的例证,更是不胜列举”[③]。

到了唐代,韩愈《进学解》中称“周诰殷盘,诘屈聱牙”,宋代朱熹说“某尝患《尚书》难读,后来先将文义分明者读之,聱讹者且未读”(《朱子语类》),近代王国维也说自己“于《书》所不能解者殆十之五,于《诗》亦十之一二,此非独弟所不能解,汉魏以来诸大师未

---

① 刘起釪:《顾颉刚先生学述》,第196页。

② 刘起釪:《顾颉刚先生学述》,第197页。

③ 李平心:《从〈尚书〉研究论到〈大诰〉校释》,吴泽主编:《李平心史论集》,北京:人民出版社,1983年,第41页。

尝不强为之说，然其说终不可通，以是知先儒亦不能解也”①。

除了难读，《尚书》研究的困难，还在于《尚书》版本的复杂。《尚书》在传本方面大致经历了石经、写本、版刻本三个时代，再加上独特的“隶古定”奇字写本，使《尚书》版本显得格外紊乱。除《尚书》最早以竹简流传（可能也用过缣帛）而现在已无法知其情况外，自汉末以来作为《尚书》版本传世的，先有石经及其传抄本，其次有隶古定古写本，然后又有各种版刻本。汉代用隶书写的《尚书》今文，今天虽没有完整的本子，但它刻在《汉石经》里，现存《汉石经》残字中，约有《尚书》近千字，分属 23 篇，汉末用蝌蚪文字书写的《尚书》古文，有一些字保存在《说文解字》的古文中，其全文刻在《魏三体石经》中，现存残字中，有《尚书》经文 1147 字，三体共 2793 字，分属《尚书》中的 17 篇。《尚书》伪古文本是用隶古定字体写成，自晋至唐天宝年间流行，在敦煌与日本保存有这种隶古定写本。隶古定本奇字太多，阅读不方便，唐天宝年间，卫包用楷书改写成“今字本”，这便是《唐石经》中的《尚书》，完整保存在今西安碑林中，有拓本和翻刻本行世。② 版刻本始自五代，至两宋时已很发达，刘起釪先生将《尚书》各种刻本区分为单经本附音注本、单注本、单疏本、注疏本、集传本，由宋至近代共统计到 291 种刻本，虽然《尚书》五代刊本早已不存，宋刊本今天也只有少数几种，但元、明以后的各种《尚书》刻本却数量众多③，因此，《尚书》研究很难，总结性的整理

---

① 王国维：《与友人论〈诗〉〈书〉中成语书》（一），《观堂集林》（一），北京：中华书局，1959 年，第 75 页。

② 参见刘起釪：《尚书源流及传本考》，沈阳：辽宁大学出版社，1997 年，第 127—181 页；刘起釪：《尚书与群经版本综述》，《史学史研究》1982 年第 2 期。

③ 参见刘起釪：《尚书源流及传本考》，第 127—181 页；刘起釪：《尚书与群经版本综述》，《史学史研究》1982 年第 2 期。

工作则更是难上加难。而顾颉刚与刘起釪两位先生欲对《尚书》学进行彻底的清理与研究,所做的只能是总结性的整理工作,为此,他们需要最大限度地搜集历代石经残字及现存的各种《尚书》刻本,加以考订、斟别、判断,要完成这项工作,如果没有丰厚的资料积累、穷年累月的辛勤劳作和深厚的学术素养,根本就是无法想象的。

自汉迄今两千多年间,历代经学家和近现代学者对于《尚书》的传承、校理、章句、训诂,积累了繁富的著作。这些著作中,很多恰如上引王国维所言,是“强为之说”,“终不可通”,据李平心先生估计,“单就注解来说……估计错误率至少占七成,正确率决不到三成”[①]。造成这种现象的很大原因在于历代儒家思想的投射,扭曲了对于《尚书》的训释,如“今文家以汉代的神学‘阴阳五行说’解释《尚书》,给加上种种灵光;古文家以‘圣道王功’说《尚书》,如释‘稽古’为‘同天’之类;宋代理学家又凭伪古文鼓吹‘三圣传授心法’,把君统、道统、学统以《尚书》为中心结合起来,等等”[②]。但即使只有不到三成的正确率,对于《尚书》的总结性整理,也绝无可能对前人已有的研究忽略不计,尤其是清代人,在辨伪、校勘、注疏、音读、考证、辑佚等方面远远超过了前代,取得了丰硕的成果,必须将其中的真知灼见自汗牛充栋的著作中遴选出来并加以吸纳,这是一项不仅考较学养,还同时考较毅力的艰苦工作,顾颉刚与刘起釪的《尚书》学研究,正是在最大限度地吸收前人成果的基础上进行的。

《尚书》学之所以疑难问题是十三经中最多的一经,还在于它

---

① 李平心:《从〈尚书〉研究论到〈大诰〉校释》,吴泽主编:《李平心史论集》,第43页。

② 刘起釪:《尚书学史》,北京:中华书局,1989年,第504页。

所经历的今文、古文、伪古文之争。我们知道，永嘉之乱西晋倾覆，官方所藏文物散失，两汉的今文、古文《尚书》都不见了，东晋要恢复“五经”，注意求书，当时的豫章内史梅赜献了一部古文《尚书》，计五十八篇，与汉代刘向、桓谭、郑玄所说的古文五十八篇之数相合。梅赜所献五十八篇《尚书》中，包括西汉《今文尚书》二十八篇，但从《尧典》中分出下半为《舜典》一篇，《皋陶谟》中分出下半为《益稷》一篇，《盘庚》分为三篇，《顾命》中分出下半为《康王之诰》，共成三十三篇。在此之外，梅赜所献《尚书》还多出二十五篇，这二十五篇，累经后世尤其是清人考证辨析，一般认为乃是从《百篇书序》中采十八个篇题，从当时的古籍中搜集文句，连缀成篇，其中《太甲》《说命》各有三篇，于是共成二十二篇，还有《泰誓》三篇，也是新撰伪书，近现代以来，这二十五篇就被称为“伪古文《尚书》”，此外，梅赜所献《尚书》中，还有一篇《孔安国序》，以及被称为《孔安国传》的注，此《孔安国序》为别于《书序》，被称为“大序”，而经清代与近代辨伪，《孔安国传》也被认为是东晋伪造，因此近现代以来，也有人称其为“伪孔传”。唐代孔颖达等人修《五经正义》，《尚书正义》取五十八篇伪《古文尚书》，从而确立了《尚书》伪古文的正统地位，宋代承用并据伪《古文尚书》建立理学，发展出“道统”与“心法”，成为此后数百年间的统治思想[①]，伪《古文尚书》并不因其“伪”而丧失了它在思想史上的重要地位，与二十八篇《今文尚书》一样，它们都是中国古代重要的思想资源。因此，宋之后的《尚书》学史，既是一个对于伪《古文尚书》思想价值的阐发史，又是一个《尚书》辨伪史，这种错综复杂的情况，极大地增加了《尚书》学研究的难度。

顾先生自 1922 年归乡侍养祖母时，为编《中学本国史教科书》

① 参见刘起釪：《尚书源流及传本考》，第 49—80 页；刘起釪：《尚书学史》，第 156—334。

而开始研究《尚书》。1923 年,顾先生在给胡适的信中,已提到对《尚书》中可信的今文二十八篇的看法和考辨计划:

> 第一组(十三篇):《盘庚》《大诰》《康诰》《酒诰》《梓材》《召诰》《洛诰》《多士》《多方》《吕刑》《文侯之命》《费誓》《秦誓》。这一组,在思想上,在文字上,都可信为真。
>
> 第二组(十二篇):《甘誓》《汤誓》《高宗肜日》《西伯戡黎》《微子》《牧誓》《金縢》《无逸》《君奭》《立政》《顾命》《洪范》。这一组,有的是文体平顺,不似古文,有的是人治观念很重,不似那时的思想。这或者是后世的伪作,或者是史官的追记,或者是真古文经过翻译,均说不定。不过决是东周间的作品。
>
> 第三组(三篇):《尧典》《皋陶谟》《禹贡》。这一组决是战国至秦汉间的伪作,与那时诸子学说有相连的关系。那时拟书的很多,这三篇是其中最好的;那些陋劣的(如《孟子》所引"舜浚井"一节)都失传了。
>
> 但我虽列出这个表,一时还不能公布,因为第三组我可以从事实上辨他们的伪,第一组与第二组我还没有确实的把握把它们分开。我想研究古文法,从文法指出它们的差异,但这是将来的事情。对于第三组,我想做两篇文字:《〈禹贡〉作于战国考》《〈尧典〉〈皋陶谟〉辨伪》。[①]

1925 年,顾先生做《盘庚》与《金縢》今译,先后刊载于《古史辨》第一、第二两册。1926 年,顾先生于厦门大学授"经学专书研究"课,讲《尚书》,编《尚书》讲义,"搜集自汉代至近代研究《尚书》的主要各家之说六十二种,编为《尚书学参考资料》八巨册,这是研究

---

① 顾颉刚:《论〈今文尚书〉著作时代书》,《古史辨》第一册,第 201—202 页。

《尚书》最根本的物质建设”。[1] 1927 年至中山大学，开设“书经研究”课，1929 年起到燕京大学，为摧毁古史旧系统而开“《尚书》课”，编《尚书研究讲义》，这段时期还与顾廷龙先生合编《尚书文字合编》，主编《尚书通检》。自 1930 年代前后，至 1970 年代的 40 多年间，随着顾先生对于《尚书》学认识的不断深入，以及现实情况的不断变化，顾先生不断地调整着自己的《尚书》学研究计划，但所有的调整，都以全面总结和彻底整理《尚书》学为基本方向。不仅顾先生的《尚书》学研究是对学术界的重大贡献，顾先生的《尚书》学研究计划，虽然至今没能全部实现，但却因其前瞻性和示范性，也一样是中国古典学术研究的宝贵财富。

1936 年，顾先生主编的《尚书通检》编成，在《尚书通检序》中，顾先生提到 1931 年，在燕京大学讲授“《尚书》研究”，曾制订过编辑《尚书》学的计划，具体方法如下：

> 编辑的方法，第一是把各种字体的本子集刻成一编，看它因文字变迁而沿误的文句有多少。第二是把唐以前各种书里所曾引用的《尚书》句子辑录出来，参校传本的异同，并窥见《逸书》的原样。第三是把历代学者讨论《尚书》的文章汇合整理，寻出若干问题的结论。第四是研究《尚书》用字造句的文法，并和甲骨文金文作比较。最后才下手去作《尚书》的全部考定。[2]

顾先生认为，《尚书》学的研究，需要有一个先后次序，必待先对文字、异文、逸文、文法等方面进行了彻底整理，并全面搜讨了历代《尚书》学文章，“最后才下手去作《尚书》的全部考定”，而这正是

---

① 刘起釪：《尚书学史》，第 505 页。

② 顾颉刚：《尚书通检・序》，北京：书目文献出版社，1982 年。

“他长期忙于《尚书》研究，却一直未作《尚书》全书的撰述”的原因。[1] 只有着眼于《尚书》的全面总结，这样的一个先后次序才是必须的。

1951 年 1 月，顾先生在《法华读书记》(一)中，提出了“《尚书》十种”计划：

> 1.《尚书文字合编》;2.《尚书文字比较表》;3.《尚书集释》;4.《尚书章句及译文》;5.《尚书学史》;6.《尚书学书目》;7.《伪古文尚书》;8.《金文选》(择其与《尚书》有关者，以原拓加注释，俾治《书》学者可取作比较。或名为“尚书比较材料”，而扩大之及于群经、诸子);9.《尚书通检》(分别今文及伪古文);10.《尚书学论文选》。[2]

《尚书》十种之意义，在顾先生设想中，还有为其他古书的整理做出示范的意义。在这个《尚书》十种之后，顾先生说：“总名为《尚书》十种。有此一部，则此后整理古籍者有绳准矣。”[3]因此，是超越了《尚书》学研究本身的意义的。

三个月之后，顾先生在笔记中又做了一个更为详细的《尚书》十种计划：

> 拟整理《尚书》学，为以下十书：
>
> (1)《尚书》校文——分别今、古文，伪古文，唐人改本，分格书之。
>
> (2)《尚书》文字合编——前已为之，当完成之。
>
> (3)《尚书》集说——分别今、古文，伪古文等等，以注语点

---

① 刘起釪:《我和〈尚书〉》，张世林主编:《为学术的一生》，第 538 页。

② 顾颉刚:《法华读书记》(一)，《顾颉刚读书笔记》第五卷(上)，第 2701 页。

③ 顾颉刚:《法华读书记》(一)，《顾颉刚读书笔记》第五卷(上)，第 2701 页。

经文，分别列出。

(4)《尚书今译》——就今日认为最好的注释集合起来，将二十八篇全译出来。

(5)《伪古文尚书》集证——将前人辨伪古文语系统地编辑，使人易览，并将此案作一结论。

(6)《尚书》学史——将前人研究的结果系统地叙述出来。

(7)《尚书》通检——前已为之，但未分析今、古文，当补作。

(8)《尚书》学论文选——前已为之，已全失，当补作。

(9)《尚书》简注——给后人作读本。

(10)《尚书》学书录——如《经义考》例。①

与1月份《尚书》计划相比，4月份所列除了更加详细，还有三处明显的调整或者变动，一是原来的"《尚书章句及译文》"变成了"《尚书今译》"，并附有"就今日认为最好的注释集合起来，将二十八篇全译出来"，二是去掉了《金文选》，三是加上了意图给后人作读本的"《尚书简注》"，除此之外，其他变动都只是称呼或者排序有些小小的变化。去掉《金文选》，或许是因为顾先生认为眼下不急于做，或许顾先生认为做的时机还不成熟，原因今天已无从考究，但很明显，第一处与第三处变动，使得《尚书》学研究成果，可以更便于为现代各学科的研究所利用。顾先生的计划变动，可能跟他在诚明文学院教授《尚书》学时，对学生的认识有关，1950年下半年，顾颉刚在上海诚明文学院教授《尚书》，1951年1月份的《法华读书记》中，有这样一条笔记：

华东教育部命作上学期课业总结，最后提到：《尚书》一

① 顾颉刚：《法华读书记》(一)，《顾颉刚读书笔记》第五卷(上)，第2774—2775页。

书,分量虽不多,但因若干篇著作时代太早,其言语已非后人所易解,若干篇则为战国、秦、汉及魏、晋间人所拟作,必须予以驳辨始能判别真伪,不使时代淆乱,故全书中问题之多遂远非他书所可及。1950年度第一学期,本拟偏重《尚书》学史方面,使学生明白其地位与演变,及百余年来借甲金文之研究而走向科学化的途径。惟因学生未读各篇,不易即言学史,故仍先就各篇逐一讲解。计此一学期中,将虞、夏、商三书讲毕,第二学期当专读最真最难之《周书》。又因学生对于古书今译颇感兴趣,当偏重在翻译方面。[①]

这条笔记是排在前引第一份"《尚书》十种"计划书之后第19条,时间上也应在第一份"《尚书》十种"计划之后。我们知道,尽管早在东汉魏晋以后,以文言文为主的书面语与口语即已日渐分离,但一般读书人都理解并能使用文言,五四运动尤其是"白话文"运动以后,书面语言由文言文渐渐改成了白话,对顾先生和稍晚于顾先生的那代人来说,首先《尚书》是必读书目,其次读懂《尚书》的历代传注疏释都不成问题,但对于五十年代的大学生来说,大部分学生已对《尚书》十分陌生,古代典籍的平均阅读能力,也不能跟前代学者相比,顾先生看到了学生的这一变化,因此将《尚书》今译与简注提到了重要位置上来。在第二个"《尚书》十种"计划之后,顾先生又将"十种"计划分为五类书:

甲、文字	一、文字合编	二、校文
乙、解说	一、集说	二、论文选
丙、考证	一、伪古文集证	
丁、工具书	一、通检	二、书录

① 顾颉刚:《法华读书记》(一),《顾颉刚读书笔记》第五卷(上),第2719—2720页。

戊、读本　　一、简注　　　二、今译　　三、学史[①]

对于《尚书》今译与简注工作的强调，这不能不说是顾先生的远见卓识。此后，除了顾先生一直重视《尚书》今译的工作，其他古籍的今译工作，又有郭沫若选译《楚辞》，余冠英选译《诗经》，杨伯峻译注《论语》《孟子》，都影响深远。直到今天，古籍的简注与今译，也依然是一项重要的文献整理工作。

由于《尚书》本身的重要地位以及它的复杂情况，学术界对于顾先生的《尚书》今译工作，可以说是翘首以待，顾先生自己也十分重视此事。1959 年 6 月 25 日，顾先生在写给中华书局金灿然、萧项平、张北辰三位先生的信中说：

> 翻译《尚书》为现代语，这是五四运动后我所发的大愿，四十年来我没有一天忘掉，只是为了生活的动荡始终没有正式进行。解放初，我在上海诚明文学院担任“《尚书》研究”课，为了教学的需要，我又翻了几篇；那时书籍分散，仅就手头所有凑集成文，不自满意，故未发表。许多朋友们知道我这件事，都劝我把这事做完，因为如不译为今语，一般人对这部书就不能读；可是学校功课一停，我又忙于别事，不能做了。现在这件事已定为我在科学院的工作，我欣幸这个愿望会逐渐接近实现。[②]

《尚书》本身的难度，使今译工作也受到一些学者的怀疑。钱穆先生于 1969—1971 年，为台湾中国文化学院历史研究所博士班设“中国史学名著”课程，开课第一讲，先说《尚书》是一部很难读的书，汉代“去古未远”，“但这部《尚书》已没有完全讲，当然以后会更

---

① 顾颉刚：《法华读书记》(一)，《顾颉刚读书笔记》第五卷(上)，第 2775—2776 页。

② 《顾颉刚全集 · 顾颉刚书信集》卷三，第 420 页。

讲不通”,紧接着就判定顾先生的《尚书》今译工作“会是徒劳无功的”,甚至认为“这些都是做学问走错了路的”。[①]

对于《尚书》今译的困难,顾先生当然有充分的认识,但与钱穆先生的态度不同,顾先生并不因为《尚书》研究之难而悲观。他有“古史辨”时期大刀阔斧的勇迈,有考辨工作所需要的蚂蚁搬山、点滴积累的决心,还有制定大规模学术规划和指挥学术团队的魄力,同时,自1920年代开始,他不断地实践并修订着自己的《尚书》研究计划,至1950年代,积30余年的资料积累和学术思考,顾先生已经做好了全面整理《尚书》的准备。1959年6月25日顾先生在写给中华书局金灿然、萧项平、张北辰三人的信中,解释了《尚书今译》的困难,同时提出了切实的解决办法:

> 但这是一件非常细致和复杂的工作,不能像你局希望的赶得太快。现在把困难的情形和解决的办法条举如下:
>
> 其一,《尚书》的“文字”是一个首要问题,我们必须决定了是不是这个字,然后可以决定该不该这样解。然而本书中有错简,有缺文,有衍文,有误文,又有注文混入本文的,问题多得很。又它的“本子”在汉朝已闹了很严重的今古文问题,今文本和古文本是各别的,例如《盘庚》里的“心腹肾肠”,似乎很讲得通,但这是后出的古文本,在较早的今文本里是作“优贤扬”的,意义太不同了,究竟应当用哪个本子,应当怎样去解释它呢?固然,清代以前的本子,清儒已经用了极大的努力,作成许多种的校勘记,并批判了它的是非,我们可以接受他们的成果;但自乾嘉以后直到今天,又有不少新发见的本子,如汉石经、魏三体石经、敦煌古写本、日本古写本等等,我们如不仔

① 钱穆:《中国史学名著》,北京:生活·读书·新知三联书店,2008年,第2页。

细校勘一番，岂不是辜负了这个丰富多彩的时代，岂不是放弃了前代学者的优良传统，岂不是将会被世界各国的汉学家所嗤笑？所以这一个基础工夫是省不得的。

其二，《尚书》是我国最早的历史文献，离开现在已有二千多年到三千多年的时间，“语法”和“成语”早已变了样子，所以其中的诘屈聱牙的“殷盘、周诰”在西汉时已读不懂，这只消看司马迁的《史记》，对于这些文字只能作一些空泛的叙述，或竟避而不书，书而多误，不能用汉代的语言文字译出，就可明白。但《尚书》是一部向来认为讲“圣道王功”的经书，在封建社会里是从皇帝到士人们必读的一部书，因此必须解释。实际上不能解释，而在应用上必须解释，那就只得用极度的主观，以意为解，各说各的。那时谁能独出心裁，讲得它似乎通顺，就成为他的一家之学。为了这样，所以汉与汉已不同，汉与宋更不同，宋与清又不同。汉儒离经文的时代较近，当然有他们占便宜的地方；宋儒求文理通顺，清儒求言之有据，又当然后出转胜。我们对于他们的说法，有的错误得太可笑的，无疑把它拨弃；有的实在决不定经文的真意义，而某些说法觉得还有些理由，也只得数说并存，凭了我们的主观选取一个。直到清代中叶以后，古文字学很发达，古文法学也已有了萌芽，始有惬心餍理的解释；尤其自清末到今，因为金文和甲文的深入研究，《尚书》是它们最好的比较资料，因此有些经文得到了空前的精确解释。但是这些发现究竟太零碎，只能对于某篇中的几个字或几句话确定它的意义，远不够全面化，我们决不能根据了这些专家的成绩做全部翻译的底本。现在我着手翻译全部《尚书》，大部分只得向汉、宋、清诸家的解释中讨针线。我们自已有力量时，当然可把这二千余年来的许多猜测之辞来批判接受;如果我们没有力量,那就只得“强不知以为知”,挑取一个比较妥贴的解释来塞责(《尚书》中有很多懂不得的词句,如《盘庚》篇的“吊由灵”“宏兹贲”,《大诰》篇的“考翼”“敷贲”,谁也没有把握来作决定性的解释;又如《梓材》《洛诰》诸篇章义不明,有些话竟决不定是谁说的。在这种情形之下,我们只有勉强择取一家之言来作某章某句的解释、标点和翻译的标准)。这项工作为有这样大的困难,所以最好先有一个充分的读书时间,把大量的书读了,再来作翻译。但我知道,我的工作时间不可能太长,所以只得“重点”地读书。依据现在的计划,该重点读的书约有50余种(目录另列附上),其实,这已经要耗费很多的功夫了。

其三,我现在做这《尚书》的工作和前数年做《史记》《通鉴》的工作不一样。《史记》《通鉴》只消在原书上标点,为要好好地为读者服务,做得细致一点就可以少错一点。这是客观性的整理工作,所负的责任不重。至于《尚书》,处处是盘根错节,须要步步为营;各家的注释要凭了自己的眼光而选用它;如果各家说都不对而自己有新见解,还须自己另做解释;最后才顺条顺理地译成流利的现代语:这样,主观的成分就多,所负的责任也就重。从前我翻译《盘庚》《金縢》的时候只三十二岁,年轻胆大,凭着一股勇气,几天之内就译出来了。现在呢,年纪大了已不止一倍,读书越多,胆子越小,而且这是中国科学院的工作,自有其当代的学术水平,也有其国际的汉学水平,不容许我轻率从事,否则就对不起党和人民政府以及一般读者对我的期望。所以我计划,每译成一篇,即由你局油印分发给各专家评定,这是《尚书今译》的群众路线,非走不可。(专家名单,另列附上。)这一事,我以前已对你局说过,希望你局能照办。我如能得到这几十位专家的指导和纠正，重行定稿，那么我不仅胆子可以壮起来，我的工作劲头也就更可以大起来了。①

在两个"《尚书》十种"计划中，还有一个比较显著的特点，就是以"疑古辨伪"而闻名的顾先生，对于已由清代学者定谳的伪《古文尚书》，并未忽视。早在顾先生1933年《尚书研究讲义》中，他所提出的讲义计划，已包括了今文二十八篇和伪《古文尚书》两部分：

去年初讲本书时，拟分讲义为六种：甲种为《二十八篇》本文；乙种为《伪古文尚书》本文；丙种为对于《二十八篇》之评论；丁种为对于《伪古文尚书》之评论；戊种为参考材料；己种为对于本讲义之讨论。其后尽半年之力，仅得粗将《尧典》探索一过，即觉此事大难，非一二年中所得蒇事，拟另定体例，使《二十八篇》不与《伪古文》间杂。故今所定，以关于经本文者，文字、校勘、书目、解释之属，为甲种；以比较材料为乙种；以问题之讨论为丙种；以批评为丁种。

可能出于重建上古史的迫切心愿，顾先生由《今文尚书》入手做整理工作，因为毕竟在没有更多考古发现的情况下，今文二十八篇还是比伪《古文尚书》跟上古史的关系更为紧密。但这并不是说，伪《古文尚书》就可以放弃不需要研究，顾先生的历次计划中都包含了伪《古文尚书》，充分说明顾先生对于伪《古文尚书》学术价值的认识。

1951年的《法华读书记》中，有《尚书析》一书的写作计划，计划分六项：

---

① 《顾颉刚全集·顾颉刚书信集》卷三，第420—422页。

甲、白文　以唐石经为主,以今存之本最完全者惟此为最早也。

乙、校文　据段玉裁《撰异》、陈乔枞《经说考》以分析汉今、古文,据《经典释文》以录汉以下异文,据阮元《校勘记》以录唐以下异文,并广集新发见之本以校之。

丙、解释　择其有历史性者及有创见者,分别异同,综为若干派系,以见思想之径路,并批判其立说之是非。

丁、标点　以予主观择取其一说,据以点读经文,并为分段。

戊、译文　根据上项所决定者以事翻译,凡加入之字句以[]号别之。

己、批判　指出各篇之历史地位,残脱痕迹,羼厕与伪造之证据,及其遗后之影响,著于篇。①

在这个计划最后,顾先生写道:"此书而成,则二千年来之《尚书》学得一总结束矣。予其能成此专精之业耶?跂望之矣。"②这一体例,将文字、校勘、考证、训解、章句、译述、论说综合为一体,确实足以使"二千年来之《尚书》学得一总结束",为顾先生《尚书大诰译证》的体例雏形。1959年起,顾先生恢复《尚书》研究,决定进行《尚书通检序》中所说的"最后才下手去作《尚书》的全部考定"的工作,对《尚书》按篇进行校释整理。顾先生选择了最难读而又为研究周代历史最重要的《大诰》篇入手,做《尚书大诰译证》。《尚书大诰译证》至1962年写出初稿,分校勘、解释、章句、今译、考证五个部分,为对应《历史研究》的约请,将《尚书大诰译证》择要写成《尚书大诰

① 顾颉刚:《法华读书记》(一),《顾颉刚读书笔记》第五卷(上),第2700—2701页。

② 顾颉刚:《法华读书记》(一),《顾颉刚读书笔记》第五卷(上),第2701页。

今译(摘要)》，刊载于《历史研究》1962 年第 4 期。这也作为研究整理《尚书》的样本，受到学术界极大的重视。

《尚书大诰译证》为总结性的整理《尚书》创立了著作体例，刘起釪撰著《尚书校释译论》，即依此体例，而《尚书校释译论》，无论其著作体例还是撰著过程，都是为总结性的整理其他传统经籍做出了示范和样板。

前文已述，版本源流十分复杂，是《尚书》整理的难点，这一问题不解决，《尚书》学研究就如同盲人摸象，而《尚书》学的全面整理只能是一句空话。1962 年刘起釪先生调至北京后，最先解决的便是这一问题。由于《尚书》版刻往往又与其他经书不可分割，因此他“先花了半年时间录访北京市内所有图书馆、旧书店(当时北京旧书店还很多)，搜集群经所能见到的各种版刻本记下来，归而取自宋明至今各种书目相对勘，撰成《尚书及群经版本录》，又取中华书局图书馆所藏各种有关石经图书及北京图书馆、科学院图书馆有关图书，撰成《历代石经》，最后据顾先生所藏及中华、北图、科图所能见到的隶古定写本影印本缩微胶卷本及有关记载，撰写《尚书隶古定古写本》。这三种都是从来没有过的全面地系统地力求做到巨细无遗的总书目”①。这三种书目，就如《尚书》学研究的精细地图，使研究者可以全面、详细地占有《尚书》与群经的资料情况。1979 年春，刘起釪先生应邀到辽宁大学历史系讲《尚书》，扼要介绍了《尚书》源流大要，1980 年至 1984 年的《史学史研究》上刊载了刘起釪先生关于《尚书》版本的几篇文章，其后以这两部分资料为基础，撰成《尚书源流及传本考》一书，刘先生初到北京做三种书目时所取得的研究成果，在这部书中应该有所反映。

---

① 刘起釪：《我和〈尚书〉》，张世林主编：《为学术的一生》，第 536 页。

在绘制了上述《尚书》学研究的精细地图，全面详细占有有关《尚书》与群经的资料情况之后，刘起釪先生开始依照顾颉刚《尚书大诰今译(摘要)》的体例撰写夏商几篇中最短的，包括《高宗肜日》《西伯戡黎》《微子》等篇(“文化大革命”时期，所撰写的各稿全毁，唯《高宗肜日》存有印本，石经、版本诸篇有原始卡片或原草稿，“文化大革命”后据以恢复)。《高宗肜日》篇印出后，曾邀集当时二十四史点校专家二十余人座谈，请专家们提意见。专家们提出，可将顾先生文章五部分中的“章句”部分并入“解释”部分。刘起釪先生采纳了此一意见，将顾先生《尚书大诰今译》中的五部分“校勘、解释、章句、今译、考证”省为“校勘、解释、今译、考证”四部分。[①]

1976 年，《尚书》研究恢复，刘起釪先生最先开始写的是《尧典》篇，将原定的“校勘、解释、今译、考证”四部分，又进一步省并为“校释、今译、讨论”三部分，定书名为“尚书校释译论”，各单篇发表也称“校释译论”。后来，由于《尧典》《禹贡》篇幅太大，顾先生建议选后面较短的诸篇。这一建议，可能与顾先生对自己年龄和健康状况的考虑也有关系。

刘起釪先将顾先生已有的《大诰》篇，按“校释、今译、讨论”三部分改写，此后又按此体例写《甘誓》篇，以与顾先生合名发表于《中国史研究》1979 年第 1 期。《〈尚书・甘誓〉校释译论》中提出：甘在洛阳西南，扈为东方鸟夷族(旧注疏家以甘及有扈皆在今陕境)；五行原始意义为天上五星的运行(旧说以此篇“五行”为阴阳五行说五行)；据甲金文，正为正长、大臣，三正即二三大臣(旧说以此篇“三正”为三统说之建子建丑建寅三正)。这篇论文的发表引起了学术界的重视，1979 年 7 月 12 日，周谷城先生写信说：“拜读

---

① 刘起釪：《我和〈尚书〉》，张世林主编：《为学术的一生》，第 536—537 页。

一遍，觉得专家学问之渊博，令人惊讶。拙著《中国通史》如能重印，当采尊者有关有扈之材料，届时自当征得足下及顾老同意也。”[①]《〈尚书·甘誓〉校释译论》中的“三正”与“五行”说发表后，刘起釪又进而撰《释尚书甘誓五行与三正》一文（载于《文史》第七辑），对“五行”与“三正”问题详加论证，尤其是对于“五行”，提出“五行一词必在认识了五星中最后一星土星之后，而且在与此相联系的制定二十八宿之后。因而论定二十八宿的划定是根据土星二十八年一周天的周期来的”。顾先生对人说：“此文深有创获，解决五行问题，是一篇好论文。”[②]

在对《尚书·甘誓》的研究中，刘起釪先生论定夏后氏居地在晋境，东进遇到豫东的有扈氏抵抗战胜之，而后夏王朝在豫境建立并继续发展，后来刘起釪先生又因见考古学大都以为夏族一开始就在豫境发展起来的，因而撰《由夏族原居地纵论夏文化始于晋南》一文，提出“夏文化始于晋南”说[③]，与傅斯年、杨宽等人的学说相呼应。

1979年1月31日，顾先生在日记后附有1979年1月20日中国社会科学院历史研究所科研处的科研简报，载有顾颉刚工作规划，《尚书》研究计划在每一阶段，都被列为第一条：

> 三年规划：指导刘起釪同志完成《尚书》今文二十八篇的校、释、译、论的简稿。
>
> 五年规划：《尚书》整理工作：指导刘起釪同志对《尚书》中

---

① 刘起釪：《我和〈尚书〉》，张世林主编：《为学术的一生》，第537页。

② 刘起釪：《我和〈尚书〉》，张世林主编：《为学术的一生》，第538页。

③ 夏民族起源于西方（山西），最早由傅斯年先生提出，杨向奎先生则认为夏民族起源于东方（今山东兖州、泰山一带），傅、杨争论详见本书《“吾爱吾师，吾更爱真理”——顾颉刚与杨向奎》一章。

一些专题进行系统研究。

八年规划:指导刘起釪同志从事伪古文廿五篇的疏证工作。

然而次年12月25日,"三年规划"还没来得及完成,顾先生就离开了人世,由刘起釪先生继续完成顾先生未竟的《尚书》整理与研究事业。

九、备经交困撰成《尚书校释译论》

刘起釪先生在顾先生的关注和指导下,共计完成了《尚书》中的《甘誓》《汤誓》《盘庚》《高宗肜日》《西伯戡黎》《微子》《牧誓》《洪范》《金縢》《大诰》《康诰》《酒诰》诸篇的整理,其中经顾颉刚先生审阅,师生二人合名发表的,除了前文提到的《甘誓》,还有《汤誓》(《郑州大学学报》1980年第1期)、《盘庚》(《历史学》1979年第1期、第2期)、《西伯戡黎》(《中国历史文献研究集刊》第1辑)、《微子》(《社会科学战线》1981年第2期)。① 顾先生不幸弃世之后,刘起釪先生以60至80高龄为学术盛年,用近20年的勤苦劳动,承担起顾先生《尚书》学研究的遗愿。

在《尚书校释译论》的序言中,刘起釪先生在谈到1980年顾先生去世之后自己的学术生涯时,有意无意地使用了一个标准来划分自己的学术活动,这个标准就是:与《尚书》有关,还是与《尚书》无关,比如他说:

可是有时为外力所引,走得稍远一点,就不能不耽误《尚书校释译论》工作较大。这样的外力,有些是友情所托,碍于情

① 参见刘起釪:《尚书校释译论·序》,《尚书校释译论》第一册,北京:中华书局,2005年,第8页。

面，不便推却；有些则是国家任务，有不容不接受之势。粗举有下列几项：（一）1981 年历史所有同志编《中国古代史料学》，邀我担任其第二章“西周、春秋、战国史料”，这是友情所托，不便推脱之例，然耗了我不短的时间写成。（二）同是 1981 年，《中国大百科全书》约写辞条，写的是重要古籍的辞条；1985 年又约写了重要古史辞条。二者合共十余条，其简约者千余字，长者达两万字，这是国家任务不能不接受之例，其耗我时间之多可知。（三）1983 年老友杨伯峻君以体衰托我去接替他在北京大学历史系研究生班开的《左传》课，我以这样正式开课，必然影响我的主业《尚书》工作，因而婉谢之。他说：“每周只有半天课，以你对《左传》之熟，不需要备课，学校又有专车迎送，耽搁的就是这半天，而且已同系主任邓广铭先生讲明，请接替他来开《左传》课的，只有刘某才适宜，因此务请你勉力相助。”接着邓先生也来函诚意邀请……在这种情况下我无法再推辞，只是向邓先生提出，希望将我在大学时所记顾颉刚师《左传》课的笔记作为讲义印发，供学生参考，邓先生也接受了。但由于顾先生讲课内容受清末今文学派影响太大，主旨谓《左传》是刘歆改编成的。为了“补偏救弊”，因而我就着手较全面系统地搜集自先秦以迄近世与《左传》有关的各种材料，汇成《春秋左传研究辑证》一稿，与顾师之书相辅相成，作为讲义一道印发。至课程开始前的春节前一天，来了另一位研究生，入门即说：“你要到北大讲课，系里派我来联系具体的乘车时间诸问题。”我一听，明明是杨先生力邀我去，邓先生亦热情相邀，我才在影响《尚书》本业情况下勉强答应去的，现在在他们心目中是我要去的，是我钻营要到这所名牌大学去的。而开课日子就在春节后的初七那天。这时天气寒冻，我正受寒转成肺感染,在服药养息,因此就对这位研究生说:"我正病不能前去讲课了,请代向邓先生致歉。"承邓先生答覆说:"可以稍缓几周,等天气转暖身子好了再去。"我以为这样会更耽误青年学子时间,影响学业,仍歉告不能前往,所以终于未去。其深层原因,显然是我怕多耽误《尚书》时间。可是就是这搜集《左传》的"辑证"资料,已经花去了我两个多月时间,我想真到上课时,还不知道要多花多少时间。到1985年巴蜀书社出版我用文言写的顾师《左传》课的笔记,我又花了一点时间,据《辑证》资料简要写了一篇《春秋左传之演变递嬗》附于书后。①

1981年,刘起釪先生入住劲松中国社会科学院宿舍,这位64岁的老人和他做研究所需要的书籍,在北京终于有了一个安稳的所在。此后,他所写的文章末尾,常常会标注"写于北京劲松寓楼"。对他来说,除了《尚书》学研究,其他都是次要,而生活,可能是次要中又次要的,也因此,他才能对此前漂泊的生活,以及晚年简朴的生活处之坦然,甚至表现出乐观和感激的态度。2003年,他在为吴锐先生《中国思想的起源》一书所作的序中,是从党对顾先生学术的关心的角度,来描写自己在生活待遇上所受的照顾:

胡乔木同志从学术上特别关怀和重视顾先生用力一生的《尚书》研究工作,因为乔木同志自己就是深于中国古典学术的学者,因此懂得《尚书》一书的重要性,因而也就懂得《尚书》工作的重要性。现在顾先生老了,精力就衰,深恐顾先生一生钻研的心血无法留下。当他知道顾先生找了我来继承他的《尚书》之学,能将顾先生未走完之学完成,就爱屋至乌,连带我和顾先生一起关怀爱护,为了更好的给顾先生创造条件,给安排

① 刘起釪:《尚书校释译论·序》,《尚书校释译论》第一册,第12—13页。

了南沙沟部长级住宅，叫我也和顾先生住在一起。1980 年顾先生逝世，乔木同志亲自给我安排住所，由他身边秘书经手，由中国社会科学院房产局给了劲松新住宅楼，当我到房产局办手续时，明确获知我这房子是乔木同志给安排的。使用面积虽只有 50 平方米左右，但其中获得一较宽大的书房，使原散在几处的书，能集中恣我坐拥取用，自 1981 年 1 月入居 20 余年间，我 11 部著作都在此书房中写成。其中《尚书》著作 5 部，实怀感激奋发心情所写。最后 1999 年 10 月完成的作为“九五”重点图书的《尚书校释译论》170 万字，则为完成顾先生未竟之业的主体著作，以二人名义发表，积我 30 年心力，耗 20 年焚膏继晷之功，在“九五”期间没日没夜赶成，所幸不负中央付托之重及师门属望之殷，粗以有成，而全在中央领导同志的直接关怀下完成。这反映中央领导对顾学的始终支持，其所加的关怀爱护直贯顾先生身后。[①]

在顾颉刚先生去世之后，刘起釪先生承顾先生遗愿所做的《尚书》学研究，一直深受学界关注。如杨伯峻先生生前给刘起釪先生的最后一封信中，还鼓励刘先生完成《尚书》工作说：“要注意，千万不可使千秋万代有所责望！”[②]但另一方面，这位晚年失聪的学者，他的学术盛年，却实实在在是“熬”出来的。由刘起釪先生 2000 年 3 月 19 日写给吴锐先生的长信中，可以了解到他的日常生活状况：

我的房子如您所说是光线不好的一层，因为在楼房的底层，特别显得阴凉。……平常日子也总要比别人多穿几层。……我

① 刘起釪：《评当前文明起源研究的虚骄之风——序吴锐〈中国思想的起源〉》，《古史考》第九卷，海口：海南出版社，2003 年，第 245 页。

② 刘起釪：《尚书校释译论·序》，《尚书校释译论》第一册，第 15 页。

房子还由于居住面积只有35平米,书就放不下。书房四壁书架图书自底层直挤到天花板,还有不少书只好塞在书桌下、屋的角落、两扇门的背后,以及卧室的床的一端的墙下和床的一侧的墙下,层层叠叠的堆满了书以致有时急切要找某本书,一下找不到。有时想到某本书在那里,也要大动干戈,翻它半天。还有,我的卫生间只有一个抽水马桶和一个洗拖把的小的水泥方盆,我曾想把洗拖把盆改装成可坐着洗澡的小浴盆,可是房管所坚决不答应,以致我七十多八十多岁的老人要洗一个澡,就只好烧一壶水,用脸盆打了,站在卫生间抹洗一下而已,正像在干校时洗澡一样,不过干校时是一盆冷水,现在是热水而已。一个人梦想得到的而得不到,便成了渴望。……自81年入住劲松,近二十年岁月在劲松熬过来了,自己所写如学术界颇不弃的七八部著作和百余篇论文都在这拮据的环境中写成,每书的"前言"或"后记"都记明"写于劲松寓楼",则这里对我也有纪念性,况一住近二十年,也是我此生居住期最长的地方,而我学术的盛年就在这里熬出来(我把60到80岁为我学术的盛年)。……就此终老对我有纪念性的劲松这块地方,有书足以传世,也就无憾了!而当我读到您的信时,才知有这么的好朋友,在如此深挚热诚的关心我,我怎么不感动得老泪盈眶呵!——语云:"酒逢知己千杯少,话不投机半句多。"因为话的投机,竟就自己的生活小事啰嗦了这么多,昔者"刘郎才气"所瞧不起的求田问舍,现在自己竟堕落到此境地,亦复无法自己解嘲,算是"酒逢知己"作尽情的倾泻吧![1]

---

① 吴锐、刘源:《考辨经籍 承先启后》,中国社会科学院青年人文社会科学研究中心:《学问有道——学部委员访谈录》上册,北京:方志出版社,2007年,第686页。

前引刘起釪先生自叙在最终回绝北京大学历史系的讲课邀请时，以天气寒冻、身体受寒而转成肺感染为理由，这封信恰为这个原因提供了具体场景。如果没有这封私人信件，或许我们不会想到，在刘起釪先生扎实的学术成就与乐观的态度之后，隐藏着这样寂寞和艰苦的晚年生活。

顾先生逝世之后，刘起釪先生助白寿彝先生在报上写哀悼之文，应各方刊物之请写顾先生小传及介绍某方面学术成就之文，1983 年恢复《尚书》研究工作，开始整理《禹贡》。《尧典》《禹贡》与《洪范》并为《尚书》三大篇，《禹贡》的问题很多，顾先生曾说："胡渭的《禹贡锥指》可以说是一部具有总结性的书……已经二百多年了……地理学正式成为一门科学，我们应该对于《禹贡》再来一个总结。"[①]刘起釪先生对于《禹贡》的整理，即是以此为目标，由于"校释译论"的体例无法容纳考订清楚每一问题所需要的篇幅，刘先生决定另撰《禹贡地理丛考》。当 1985 年，第一篇《〈禹贡〉冀州地理丛考》在《文史》第 25 辑上发表后，日本《尚书》学大师池田末利致函刘起釪先生说："拜读贵论《禹贡地理丛考》，博洽精致之论证洵为敬佩之至。"[②]其后，刘起釪先生又陆续完成了"兖州"篇（《文史》第 30 辑）、"青州"篇（《文史》第 37 辑）、"徐州"篇（《文史》第 44、45 辑）。除了按州写"丛考"，遇到争论多、资料繁处，又另写专题，如写"冀州"时，遇到"碣石"问题复杂，又另写《碣石考》，写"兖州"时另写《九河考》（二文收入《古史续辨》）。

这样写下来，中间又不断地有别的工作干扰，如"1983 年秋中华书局《史记译注》工作小组约我写《夏本纪译注》……我运用《尚书》知识于 1984 年译注了《夏本纪》"，"1989 年应日本学术振兴会及东京

① 刘起釪：《我和〈尚书〉》，张世林主编：《为学术的一生》，第 541 页。

② 刘起釪：《我和〈尚书〉》，张世林主编：《为学术的一生》，第 541 页。

大学之邀访问四个月,在四五所大学讲《尚书》和顾先生之学,相继应京都大学之邀访问两周,讲《周礼》"等事情[①],直到 1995 年,才只完成冀、兖、青、徐四州。

白寿彝先生了解到这一情况后,对刘起釪先生说:"这不只关系于国家之委用,老师之付托,而且是你自己的事业,现在谁不知道有刘某的《尚书》,你不把自己的事业抓紧完成,也辜负了自己。"中华书局的张烈和张忱石两位先生看到刘起釪在写《尚书校释译论》之外的稿子,也说:"应该完全摒弃一切外边邀请写的东西,从今天起消除干扰,杜绝一切外骛,全心全力写《尚书》。外面请你写的东西,没有一篇比《尚书》重要,没有一篇比《尚书》有价值,因此你应有决心断绝一切外来影响。"这些话语无疑对刘起釪先生有很大的劝勉和鼓舞作用,刘起釪先生自言"使我感到惭惧,自知必须束心归到《尚书》本身篇章的工作上来"。[②]

1995 年 7 月 5 日,刘起釪先生开始整理《尧典》,近 30 万字,经一年多时间完成,接着将《禹贡》冀、兖、青、徐诸州以下成其全篇,近 23 万字,又接着是《皋陶谟》,计 9.4 万字。年近八十的刘起釪先生,真正是"两耳不闻窗外事,一心专弄圣贤书",他自述这段时间的生活:

> 没日没夜地赶,除了睡眠、吃饭时间外,其余全是写稿时间,也没有了一定的作息时间,写困了倒头就睡,睡醒来立即就写。如是者整整五年,断绝一切亲朋来往,经常压着几十封信不回覆,国外朋友的信也常积压,往往收到他们数次来信后才回一信,说明我的窘况,托他转告其他国外朋友谅解,惟在

---

① 刘起釪:《尚书校释译论·序》,《尚书校释译论》第一册,第 9 页。

② 刘起釪:《尚书校释译论·序》,《尚书校释译论》第一册,第 15 页。

> 收到他们寄赠著作及新年贺柬始必奉覆。对国内亲朋更然，也只有寄赠著作及新年贺柬才奉覆，有时连寄赠著作也暂不作答。我知道这样要得罪很多朋友，也顾不得了。不这样，这点紧迫的时间，怎能完成这么重的任务呢。[①]

这是名副其实地跟时间赛跑。造物给予每个人的生命都是有限的，与此相应，每个人所拥有的视觉、听觉、思维能力等，也都是有保质期的。刘起釪先生备经困顿才于晚年辗转得到一个静心进行学术研究的机会，这对于一个学者，无疑是不幸，但他又是幸运的，他赶在失去视力、思维能力和写作能力之前，完成了《尚书校释译论》这样一部巨著，使顾先生关于《尚书》研究的遗愿基本得到了实现。

综合顾先生1951年的两次"《尚书》十种"计划，可以列出11种，包括：(1)《尚书文字合编》；(2)《尚书通检》；(3)《尚书校文》；(4)《尚书集释》；(5)《尚书今译》；(6)《尚书学史》；(7)《尚书学书目》；(8)《伪古文尚书集证》；(9)《尚书学论文选》；(10)《尚书简注》；(11)《金文选》。顾先生曾经梦寐以求完成的《尚书》研究规划，大体可以具体为上述11种书目。其中，《尚书文字合编》由顾颉刚和顾廷龙先生合编于1936年，由北平文楷斋木版摹刻完工，未及印出，后来由顾廷龙先生继成其业，于1996年1月由上海古籍出版社影印出版；《尚书通检》由顾先生自己编成，于1936年出版；刘起釪先生积多年资料撰《尚书学史》，其中内容涵盖了顾先生"《尚书》十种"中的《尚书学史》与《尚书学书目》两种，1989年由中华书局出版；《尚书校文》《尚书集释》《尚书今译》三种，合为《尚书校释译论》一书，由刘起釪先生最终完成，并且增益了"问题讨论"的内容。至此，顾先生"《尚

---

① 刘起釪：《尚书校释译论·序》，《尚书校释译论》第一册，第16—17页。

书》十种”计划所列的 11 种著作,只剩下《伪古文尚书集证》《尚书学论文选》《尚书简注》《金文选》四种尚待完成,其中,《尚书简注》可由《尚书校释译论》简化而成,在电子检索日益发达的今天,《尚书学论文选》已非急务,《金文选》不必由《尚书》学者来完成,因此,除去《伪古文尚书集证》,顾先生的《尚书》研究计划,可以说大致完成。

刘起釪先生的《尚书》学研究及古史研究,是对顾先生学术的继承与发展。吴锐先生在谈到刘起釪先生的《尚书》学研究时说:

> 刘先生走上《尚书》研究道路,是顾先生一手促成的。他整理《尚书》的工作,也是按照顾先生的研究计划去做,也就是遵循《尚书大诰今译(摘要)》样本去做。顾先生研究《尚书》的成果,刘先生也尽量吸收。如 1998 年,他在《文史》33 辑上看到王煦华先生整理的顾著《酒诰校释译论》一文,访得顾先生 1951 年在上海写了周诰八篇,存下来《酒诰》《梓材》《召诰》《多士》《无逸》五篇及《洛诰》篇后部的零散材料,刘先生在取得复印件后,即按新的体例改写、增订,融入全书。(其中《酒诰》取尾部续在已写的《酒诰》篇之后。)顾先生在整理《尚书》方面已做完的工作,对刘先生也有较大帮助,如与顾廷龙先生合作的《尚书文字合编》一书,虽然出版较晚(1996 年),但所收隶古定文字齐全,翻检方便,此书一出,刘先生撰稿时校定隶古定文字的工作就变得简略。在治学方法上,刘先生也深得顾先生的精髓,即搜集材料详尽、考据精细、行文严谨。顾先生写文章往往将材料一网打尽,后人要增加一两条也很难。刘先生在这一方面也达到很高的水平,他曾写信给我说“(要记住)要详细占有材料,加以科学的分析和综合的研究,得出固有的而不是臆造的结论”。他整理《尚书》时,征引了不少甲骨、金文

材料，可见搜集材料的面很广。

……

在考证方面，刘先生也做到决不回避问题，尽可能还其真相，如整理《尧典》《禹贡》时，可以说是一句一词地分析研究，用他的话来说，“扫清尘障的有五服、六宗、三江、九江、云土梦等，复其本源如羲和四子、观象授时、四方神名风名、巡狩封禅、虞廷九官及尧命百工的神话来源等，释其谛义如四仲中星、四宅地名、协时同律、声依永律和声、象刑、陟方等”，可以说对任何难题都在广泛搜集材料的基础上尝试解决。

刘先生在发展乃师学术方面，最为突出的表现就是他敢于破除今文经学家的一些观点，并能在细致分析材料的基础上推进师说，如上述对《周礼》成书过程的看法，即完全反对刘歆伪造说，又如对《禹贡》的时代，他看到文中不少内容不能晚于春秋，又常有战国新情况以前的事，因而指出《禹贡》初稿反映的是春秋之世的地理情况，流传到战国又增加了当时才有的地理情况，并非一下子成于战国时期。

总的说来，顾先生的研究领域有经学、古史、历史地理及民俗学四个方面，刘先生涉猎了其中经学、古史和历史地理三个方面，继承了顾先生的治学的广度，在治学的深度方面也多有创见，这是很难得的。[①]

许冠三先生曾这样评价顾先生的《尚书》学研究：

就以发表的各篇校释而论，当以晚成的《盘庚三篇校释》为上上之作，是篇无疑乃顾氏毕生功力的凝聚。它不但会通

① 吴锐、刘源：《考辨经籍 承先启后》，中国社会科学院青年人文社会科学研究中心：《学问有道——学部委员访谈录》上册，第685页。

> 了汉魏以后各类专家学说的精华,而且抉择准当,论断公允,其疏证之详明精确与绵密细致更在王国维之上。至于资料繁富,体例创新与双重证据配搭的挥洒自如,犹在其次。顾氏所以有此空前创获,关键仍在方法,文法语意演进观点的运用尤为成功。①

许先生的上述评价,也可以移用到刘起釪先生在顾先生数十年积累的基础上,再加上自己数十年的心血,所完成的《尚书校释译论》这部著作。正如林小安先生所说:"这一工程对中国的学术发展,无疑是里程碑式的贡献,它为科学地整理古代文献,科学地研究古代史,奠定了坚实的基础,树立了光辉的典范。"②臧克和先生在其《尚书文字校诂》一书的"内容说明"中写道:"全面继承并科学发展了顾派'《尚书》学'的为其嫡传刘起釪先生,刘先生的《尚书学史》《尚书源流及传本考》《古史续辨》以及正在结撰中的《尚书校释》等一批'《尚书》学'专著,不啻是总结,而且若干领域都是创辟。"③吴锐先生认为:二十世纪的史学研究(即"新史学"),以顾颉刚先生的《与钱玄同先生论古史书》为开端,而以刘起釪的《尚书校释译论》作结束。此说如能成立,顾派开其端,结其尾,亦是一佳话。④

顾颉刚先生和刘起釪先生无疑是现代《尚书》学的集大成者,他们二人代表了现代《尚书》学研究的最高峰。李平心先生曾评价顾先生的《尚书大诰译证》说:

> 第一,试图把校勘、考证、训解、章句和译述,有机地综合

① 许冠三:《顾颉刚:始于疑而终于信》,顾潮编:《顾颉刚学记》,第118—119页。

② 刘起釪:《我和〈尚书〉》,张世林主编:《为学术的一生》,第529页。

③ 臧克和:《尚书文字校诂》,上海:上海教育出版社,1999年,第2页。

④ 吴小铁:《二十世纪史学界的一位大师——访刘起釪先生》,《紫金岁月》2000年第7—8期。

起来,组成一个既有分工又有协作的研究体系。

第二,试图在上述体系的基础上,广泛地搜集材料,依据不同的《尚书》本子和石经残文,以及群籍的引《书》异文,从事校勘考释,对照不同文献,吸取各方精华,以丰富《尚书》学的内容。

第三,试图打破经学史上传统的门户之见,结合自己的研究心得,对于各派各家的校勘、考证和注释,择善而从,并加以发展,不拘一格,不囿一隅。

第四,试图把各种问题的专门探索同《尚书》的一般研究结合起来,使钻研得来的各科专门知识和经过分析的特殊材料,为整个校释工作服务。

第五,试图处处从历史角度进行考索,以求全面地、具体地弄清楚《尚书》各篇的历史背景和史事脉络。①

《尚书校释译论》除了具备上述五个特点之外,它堪称"《尚书》学研究的里程碑",还在于它既全面吸取了前代《尚书》学研究的精华,又充分利用了现代学术的独有研究成果。

在《尚书学史》一书中,刘起釪先生认为,"在清末开始的近代《尚书》研究基础上展开的现代《尚书》研究,从各方面来说,又比清末前进了一大步"。他将这"一大步"主要归结为三个方面:首先是新的考古资料的日益丰富和现代甲骨文、金文研究的日益成熟,使现代的《尚书》研究从根本上比之过去大大不同了;其次是现代科学知识的移植,提高了现代《尚书》学的自然科学水平,丰富了它的研究内容,使《尚书》研究的面貌与旧《尚书》学根本不同了;最后是

---

① 李平心:《从〈尚书〉研究论到〈大诰〉校释》,《李平心史论集》,北京:人民出版社,1983年,第44页。

由传统的古文、今文两派经学发展而出的《尚书》研究也取得了新的成就。[①]

顾先生与刘起釪先生在这三方面具有高度的自觉性。与清代精研《尚书》学的经学家相比，顾、刘二位先生虽有不同的学术渊源，却都打破了今文经学和古文经学的门户之见，具有与前人完全不同的学术视野。他们又都十分重视甲金文对《尚书》学研究的作用，如有人提出，殷墟甲骨文简短，因此不可能有那么长的《商书》诸篇，刘起釪先生《谈高宗肜日》中据《周易》卦爻辞简短而周初诸诰为长篇，论证自然可以有《商书》诸长篇，不过《商书》各篇在流传过程中受了些周代文字影响而已，及周原甲骨发现，进一步证明了他的观点。又如周初诸诰中的“王曰”，旧注以为是成王，但《康诰》中有“朕其弟小子封”句，康叔封为成王叔，称为弟显然不对，自宋至清学者寻找各种弥缝理由，异说纷陈，刘起釪据金文及现代学者多人之说，论定周公实称王，诸诰中之王即周公，纠正了西汉中期以来的误说。

同时，顾先生和刘先生还十分重视采用考古学、天文历法、自然地理、农业科学、历史地理、社会科学等方面的研究成果来解决《尚书》学研究中聚讼千年的问题，如在考订牧野之战的年月问题时，在广泛搜集了古今中外关于这问题的研究资料及数不清的各家自称的研究成果后，刘起釪先生指出“在文献中绕圈子是永远找不到答案的，只有采特别谨严的态度，依靠天文学的进展来解决。在没有真正完全成熟前，不要急切于去求得在哪一年”[②]。其他如用土壤学新知识来解决《禹贡》中的问题，利用天文学知识解决《尧典》中的问题等，在《尚书校释译论》中可以说是不胜枚举。

---

① 参见刘起釪:《尚书学史》,第429页。

② 刘起釪:《我和〈尚书〉》,张世林主编:《为学术的一生》,第539页。

1982年7月19日,《光明日报》载杨宽先生所撰《顾颉刚先生和〈古史辨〉》一文,文中提到顾先生的《尚书》学研究,其中说:

> 解放以来,顾先生长期努力于各篇今文《尚书》的校释研究。尽管清代以来学者作了很多校释,存在的问题还很复杂,学者对此很难掌握。现在顾先生这样做法,真正做到了王国维所说的"著为定本,使人人闻商周人之言,如今人之相与语,而不苦古书之难读"(见《尚书核诂序》)。这真是古史领域的重大建设。不但便于学者充分运用《尚书》以建设商周史,还便于用《周书》与西周金文作比较研究。顾先生对这项工作十分重视。1965年我把新出版的拙作《古史新探》寄给他,请他指教,承蒙他回来长信,加以奖饰。他还说:正努力做好《尚书》研究,希望对于建设商周史作出应有的贡献。如果此书不成,将死不瞑目。虽然他没有等到全书完成而离开我们了,庆幸的是,规模已具,培养的人才已经成长,肯定不久可以按计划完成。

刘起釪先生不负学界厚望,在晚年大致完成了顾先生的遗愿,然而,他自己并不满足。在2005年5月24日写给吴锐先生的信中,他说:

> 不过实际上心绪常陷非常沉重之中,与所得愉快不大相协。感到幼受先祖教导异于常儿,平生不离书本,及长又受业于名师,应该有较大成就,甚至可要求必须有较大成就。而现实所成就戋戋如此,实在远负自己之所秉受!所以午夜梦回,往往惭惧愧赧,有时甚至感到惶恐无比![①]

---

① 吴锐、刘源:《考辨经籍 承先启后》,中国社会科学院青年人文社会科学研究中心:《学问有道——学部委员访谈录》上册,第686页。

"《尚书》十种"中有《伪古文尚书集证》,顾颉刚先生1979年9月所拟的"工作计划"中,也有"指导刘起釪同志从事伪古文廿五篇的疏证工作"的规划,但这一计划最终未能完成,也不能不成为刘起釪先生的遗憾。

十、"古史辨派的后劲":刘起釪对顾学的传承与弘扬

新中国史学较之1949年之前,发生了天翻地覆的变化。新旧中国史学的巨大差异,用1951年郭沫若在中国史学会成立大会上的发言来说,那就是新中国的历史学"在历史研究的方法、作风、目的和对象方面","已经开辟了一个新纪元",具体表现是:由唯心史观转向唯物史观,由个人研究转向集体研究,由名山事业转向群众事业,由贵古贱今转向注重研究近代史等。[①] 自1949年至1958年,随着毛泽东史学思想权威地位的确立,唯物史观派史学取代史料考订派而成为新中国史学的主流。[②] 在经历了"思想改造运动"、胡适批判、"史学革命"等历次所谓"批判资产阶级学术"运动后,胡适派早已声名狼藉,甚至成为"反动"的代名词,与胡适曾关系密切的"古史辨派",也不可避免地成为批判的对象,在巨大的政治压力和生存危机中,甚至昔日"古史辨派"的几位主力,也不得不撰文揭批《古史辨》的阶级本质和顾先生的学术思想。疑古派的史学思想,被看成"是资产阶级斗争的工具"[③],而顾颉刚先生则被归为"资产

---

① 郭沫若:《中国史学会成立大会上的发言(摘要)》,《光明日报》1951年7月29日。

② 唯物史观派与史料考订派的消长易势,参见王学典:《近五十年的中国史学》,《历史研究》2004年第1期。

③ 童书业:《"古史辨派"的阶级本质》,《文史哲》1952年第3期。

阶级学者"而成为思想改造的对象。虽然相较于其他"资产阶级学术权威",顾先生因受命主持标点二十四史,在 1971 年之后得到一些生活上的照顾,但昔日勇于打倒古史"四个偶像"的史界领袖,已被改造为古典文献整理的学术螺丝钉,而"古史辨"作为一个学派,更是销声匿迹,"古史辨"的学术思想,似乎更多地作为批判对象而为学界所认识。

学术解禁的春风刚刚刮起,1980 年 12 月 25 日,顾先生却不幸因病辞世。此时年轻一代的学者对于"古史辨"和顾学大多已不了解,"顾颉刚是国际承认的现代中国史学的奠基人,同时也受到数量日益增多的国外学者的研究。有讽刺意味的是,顾在他的同胞中却很少有人知道,特别是 1949 年以后出生的人"。"三十多年来,中国历史著作总把顾称为资产阶级历史学者,比较忽视他的成就。"[①]对于顾先生,很多人因受鲁迅小说《理水》的影响,简单地将顾先生的学术等同于"禹是一条虫"。"古史辨"的学术思想,如一颗沉积在历史沙砾中的明珠,而令这颗明珠重新闪耀,则成为刘起釪与王煦华、顾潮、顾洪等顾门后学的终生使命。

1981 年起,刘起釪先生除了助白寿彝先生在报上写哀悼之文,还应约为多家书刊撰写顾先生小传或顾先生某方面学术成就之介绍,包括为《社会科学战线》撰写《顾颉刚先生与〈尚书〉研究》,为《文史哲》"纪念顾先生专号"作《顾先生卓越的〈尚书〉研究》,为《历代地理学家评传》一书撰写《作为地理学家的顾颉刚先生》(其中,《顾颉刚先生与〈尚书〉研究》一文为《新华文摘》1984 年 12 月转载),此外,还有《中国历史学年鉴(1982 年)》、《光明日报》社编《中国史学家评传》、"中国历史文献研究室"编《中国史学家传》、《国际

① 吴玫:《重新发现的历史学家》,1987 年 6 月 22 日英文《中国日报》,转引自刘起釪:《古史续辨·序言》,北京:中国社会科学出版社,1991 年,第 3 页。

著名史学家大辞典》、中国社会科学院编《当代中国社会科学名家》等多方面的约稿。

在此期间,为了更多地让当代人了解顾先生的学术,刘起釪先生写作了《顾颉刚先生学述》一书。这本书1982年完成,1986年出版,是第一本全面叙述顾颉刚先生学术生涯的著作,对顾先生的学术渊源、学问理路、学术成果及影响,进行了全景式的描绘和分析。在学术渊源方面,提出顾先生学术植根于传统汉学,他由熟练掌握清代汉学全貌进而熟练掌握先秦学术全貌,并兼揽众长地采用吴、皖、扬、常及浙东史学等清代汉学各派的不同治学方法和研究成果,在此传统汉学的深厚根基上,又受五四新文化运动学术自由与思想革命的影响;在学问理路上,分析了由服膺章太炎的古文经学,而转向梁启超的今文经学,再到以古文家之说攻击今文经,以今文家之说攻击古文经,受戏剧与民俗研究、胡适实验主义以及王国维学术的影响,从而由辨伪而疑古,为清算古史而辨"五德终始"与"三皇",为推翻旧系统古史的帝系、王制、道统、经学四方面偶像而选中《尚书》作为需要进击的首要堡垒;在学术成就方面,主要述及顾先生在辨伪、疑古、《尚书》学研究及历史地理等方面的成绩;在学术影响主面,主要介绍了新中国成立以来顾先生学术在国外的影响。

熊德基先生于1987年1月19日《人民日报》书评中说:"此书实在是我五六年来所少见到的好书","惊讶作者对经学和汉学的素养甚深……把顾老方面那么广内容那么丰富的学术活动的每一发展阶段展现在读者面前","此书为我国所作学者传记中的佳作,不仅显示了作者的学术修养而已"。其后国际港台不断有研究顾先生的专著出现,至1991年止共有六部之多。1993年台北出版的陈志明《顾颉刚的疑古史学》"自序"中在引述了这五六部专著后说："除了刘起釪先生外，其余学者皆未曾针对顾氏在各篇文章的具体主张作过较深入的彻底的剖析。"[①]直到今天，《顾颉刚先生学述》依然是论述顾学最系统、最深入的资料之一。

如果说1980年代刘起釪先生对顾学还主要是介绍和弘扬的话，那么1990年代，当"走出疑古时代"的口号响彻学坛时，刘先生则担负起捍卫顾学的重任。1992年，李学勤先生在北京语言学院组织的座谈会上，发表了题为《走出"疑古时代"》的演讲，这篇演讲刊于当年《中国文化》的第7期。"走出疑古时代""进入释古时代"的口号即由此正式提出，并在学术界产生了越来越大的影响。在《走出"疑古时代"》中，李学勤先生指出：

> 从小我就读过《古史辨》，小时候我有一次走到旧书摊上，买到一本《古史辨》第三册的上本，看过之后就着迷了，后来把整个《古史辨》都买来看。从晚清以来的疑古思潮基本上是进步的，从思想来说是冲决网罗，有很大进步意义，是要肯定的。因为它把当时古史上的偶像一脚全都踢翻了，经书也没有权威性了，起了思想解放的作用，当然很好。可是它也有副作用，在今天不能不平心而论，它对古书搞了很多"冤假错案"。

在列举了三门峡虢国墓地铜鱼、良渚文化玉琮、张家山汉简等现代考古发现对于古典学术研究的意义，尤其是甲骨金文、简牍帛书对于考订古籍的意义之后，李先生提出："咱们今天的学术界，有些地方还没有从'疑古'的阶段脱离出来，不能摆脱一些旧的观点的束缚。在现在的条件下，我看走出'疑古'的时代，不但是必要的，而且也是可能的了。"这篇文章之前的"编者按"中明确提出：

---

① 刘起釪：《我和〈尚书〉》，张世林主编：《为学术的一生》，第544页。

> 本文是李学勤先生在一次小型座谈会上的讲演,着重谈到了现代考古发现对中国古代思想文化研究的意义,讲演者尤其痛感“疑古”思潮在当今学术史研究中产生的负面作用,于是以大量例证指出,考古发现可以证明相当多古籍记载不可轻易否定,我们应从“疑古”思潮笼罩的阴影下走出来,真正进入“释古”时代。

1995 年,李先生以《走出“疑古时代”》为题名,将相关论文辑为一书,由辽宁大学出版社出版,1996 年“夏商周断代工程”正式启动,“走出疑古时代”旋即成为一股强大的思想潮流席卷学术界。“疑古”被认为在当今学术研究中产生了负面作用,“疑古”思潮对学界的影响成为“疑古思潮笼罩下的阴影”,“疑古派”被否定,作为“疑古派”的领军人物,顾先生自然也成为被批评的对象。

对于“走出疑古时代”的提法,刘起釪先生 1993 年即做出反应,写《关于“走出疑古时代”问题》一文进行反驳,指出《走出“疑古时代”》一文所说的“疑古时代”,不符合顾颉刚先生学术的实质,也不存在“疑古阴影”需要走出。这篇文章发表于 1995 年第 4 期《传统文化与现代化》。在文中,刘起釪先生在列举了对于顾学的种种否定和批评之后,认为这些批评都不符合顾先生学术的实际,“在从不正确的理解下提出的所谓‘疑古思潮笼罩下的阴影’纯是子虚乌有的东西,只能说它完全是一个虚构的阴影”。“顾先生一生所进行的就是冷静地对大量历史资料作批判地审查的工作”,曾提出信古、疑古、释古之说的冯友兰先生也曾说过,“疑古一派的人所作的工夫即是审查史料,释古一派的人所作的工夫即是将史料融会贯通。就整个史学来说,一个历史的完成,必须经过审查史料及融会贯通两阶段。而且必须到融会贯通的阶段,历史方能完成。但就一个历史家的工作说,他尽可只做此两阶段中之任何阶段……

分工合作在任何事都须如此”。刘先生还简述了自汉代以来历代学者对于文籍所载古事的怀疑与考订，说明顾学植根于传统学术，而又受五四新文化运动影响，“于是才有《古史辨》作为主力对准封建史学展开摧毁性进攻，两千多年来作为封建护符的古史体系才受到致命的打击。这是历史的要求，也是历史的必然”。针对“走出疑古时代”的提法，刘起釪先生认为，对史料批判地审查是永远需要的，即使提出这样口号的人自己，也显然需要对于古籍进行辨伪，因此，不存在是否“走出”的问题：

> 实际上你要离开它也离开不了，要“走出”也走不出去。例如《走出疑古时代》文中有云：“古书是历史遗传下来的东西，它是被歪曲和变化的，不管是有意无意，总会有一些歪曲。”接着说考古发现的书，是“可以直接看到古代的书，这就没有辨伪的问题”。这就明白无误地说明对古代遗传下来的书，必须有辨伪的问题了。又文中指出马王堆帛书《周易》的《系辞》与今本有出入，《老子》书也与今本次序相反，这些显然都需要进行批判地审查的工作。文中又说“学术史要重写，这不仅是先秦和秦汉的问题，而是整个学术的问题”。那就是要对先秦两汉和整个的旧学术进行疑辨来求得正解了。还提到《鹖冠子》一书，明确说“所谓唐写本《鹖冠子》是假的”，那就是对唐写本进行疑辨了，怎么又说“和疑古思潮相反”呢？即已肯定的《鹖冠子》一书，《汉书》载为一篇，唐韩愈所见本为十六篇，宋晁公武所见本十九篇外尚多五卷，都相信它是原本吗？其实自唐宋以来说疑古书者，大都持司马迁所说“信以传信、疑以传疑”的精神，顾颉刚先生疑古，尤着重于信信、疑疑。凡以为可信者不疑，可疑者始疑之。或原来所疑之书，后来发现新证据，则随时改变旧的疑辨，务在求得其真（例如原采纳今

文家《周礼》由刘歆伪造之说,后经过自己的考辨,以为是战国齐法家之作)。真正的疑辨态度就是这样,不需要疑的就不疑,需要疑的就必须疑,这些对顾先生之学有异辞的学者,自己实践的就是这点,怎能说有什么"疑古时代"需要走出呢?

刘起釪先生还提到学界有将顾先生之学与考古学对立起来,或者与马克思主义历史科学对立起来的倾向,而这都是不符合实际的"门户之见"。最后,文章除了对"走出疑古时代"的主旨进行了反驳,还在"附记"中对《走出"疑古时代"》一文中的几处具体内容提出了疑问,主要有几下几点。

李学勤先生在《走出"疑古时代"》一文中说:"孔安国作隶古定,那时候他对战国文字毕竟不大懂,所以弄出很多问题。"孔安国作隶古定一事,见于伪《古文尚书》中的"孔安国序",其中称"定其可知者,为隶古定",而刘起釪先生认为此"孔安国序"为伪托,"隶古定"《尚书》并非孔安国作,而是东晋出现的由伪古文作者依据一些字书异体与各种奇字,加上向壁虚造,所构成的一种假古董。

《走出"疑古时代"》一文还提到"如日本的白鸟库吉,他不是写过《尧舜禹抹杀论》吗?"刘起釪则提出,白鸟库吉没有写过一篇《尧舜禹抹杀论》,而是于1909年写《中国古代传说的研究》,1912年撰《尚书之高等批判》,提出尧、舜、禹是儒家思想的产物,被称为"尧舜禹抹杀论"。李学勤先生在文中还提到:"那段话是周公和申徒狄的对话,周公不是周公旦,恐怕应该是西周君,因为申徒狄是战国时人。"而刘起釪先生认为,周公旦除了长子伯禽世袭了鲁侯爵位之外,还有一子世袭了周公爵位,历西周、春秋、战国之世都有周公不绝,因此,与申徒狄对话的周公,"不能与分裂了的衰周王室君主误合为一"。此外,李文中还提到"河图洛书",说"不可能是宋人发明的",而刘起釪则认为"学术史上并无人说河图洛书是宋人发明的”,“究竟‘河图’是什么?‘洛书’是什么?作者也搞不清楚”。但此一问题,刘起釪在《关于“走出疑古时代”问题》一文中并未展开论述。

1995 年 9 月 25 号,李学勤先生致信《传统文化与现代化》,就刘文附记中所提到的几个问题作了答复,这封信以《对〈走出疑古时代〉的几点说明》为题,发表于《传统文化与现代化》1995 年第 6 期。对于刘起釪先生文中所提到的“隶古定”问题,李先生指出,自己不赞成清代学者关于隶古定非孔安国作的论断,并提出马雍《〈尚书〉史话》也主张孔安国曾为隶古定。对于白鸟库吉未作《尧舜禹抹杀论》,李先生解释:“白鸟氏该文以尧舜禹抹杀论著名,所以我在发言时用了这个词,记录内未能详细注释。”关于周公问题,李先生认为,“周公旦子君陈及其后裔世袭周公,春秋时周公即其统绪,但由此并不能推知战国时周公是什么人”。关于“河图洛书”问题,李先生认为,自己文中所涉及的河图、洛书卦图,是指宋人《易》学著作中的图,和河图、洛书究竟是什么无干。[①]

对于李学勤先生的说明,刘起釪先生又做《关于隶古定与河图洛书问题》一文,载于 1997 年第 2 期的《传统文化与现代化》,这篇文章只谈孔安国是否做隶古定及河图洛书是什么两个问题。关于隶古定,刘先生解释了“隶古定”之名,简述了《尚书》西汉古文、东汉古文以及东晋古文的分别,提出“隶古定”为东晋伪古文,并对马雍《尚书史话》中孔安国曾为隶古定并开创了新的古文学派的观点进行了简单批评。由于刘起釪先生在《尚书学史》中,对于马雍先生的观点已有辩说,因此对于“隶古定”这个复杂问题,在此文中只是做了相对简要的解释。这篇文章的另一重点,应是在于对“河图

---

① 李学勤:《对〈走出疑古时代〉的几点说明》,《传统文化与现代化》1995 年第 6 期。

洛书”问题的辨析，在刘起釪先生的专著《尚书研究要论》中，收入此篇文章，只是删掉了“隶古定”部分，只保留了“河图洛书”部分，题为《关于河图洛书问题》。在这篇文章之后，1997 年 3 月，刘起釪先生又做一篇专门谈河图洛书的文章，题目为《黑白点子河图洛书》，近十年之后，这篇文章由《中国史研究》2006 年第 4 期刊载，其后这篇文章也收入《尚书研究要论》，由此可见刘起釪先生对于“河图洛书”问题的重视。

然而，无论是在《走出疑古时代》的演讲中，还是在《对〈走出疑古时代〉的几点说明》中，“河图洛书”都没有被李学勤先生作为重点来论说，只是很简单地一笔带过，而刘起釪先生却用了很大的篇幅对“河图洛书”进行考辨，并且还另外专写了一篇文章来论述“黑白点子河图洛书”，与其说刘起釪先生这两篇文章，针对的是李学勤先生的上述两篇文章，不如说刘先生更关注的是 1990 年代学界泛起的“信古”与“证古”潮流，以及在此潮流中为“河图洛书”重建神坛的趋势。刘起釪在《关于隶古定与河图洛书问题》一文中提到这股潮流以及自己谈“河图洛书”的起因：

> 李先生“说明”中只说“刘先生《古史续辨》关于河图洛书的观点，我的看法也有不同”，没有说明不同之处，而李君另有《黄帝与河图洛书》一文，竟把黄帝和河图洛书扯上了。……如果轻信没有经过批判地审查过的资料，就大谈河图洛书，难免不出问题，把黄帝扯上河图洛书，就是这一表现。而这反映了目前学术界甚至社会上浮动着的一种趋向。如近年举行的一次“炎黄文化与河洛文明”的学术会上，竟然“多数学者论证了河洛地区是河图洛书的发源地。……不少与会专家对河图洛书与易经八卦具有浓厚的兴趣，从不同角度对这个重大课题展开了热烈的讨论，学者们大都认为河图洛书是确确实实

存在的”。下面接着绘影绘声地说伏羲到黄河边上，狂风大作，河上有三丈二长、背广九尺的黄龙马前来，背有旋毛如图形。又在洛汭的水上有巨龟背负文字。伏羲由是受到启发，画出了八卦云云。这是二十世纪最后年代一次大的学术会上的盛况，这些学者们是不是回到二十个世纪以前仰承伏羲、黄帝盛德的西汉盛世去了？实在令人诧异不已。这与研究《易》学的热潮下，有人高唱依据《易》理“科学算命”，社会上也就有了“电脑测命”，毫无二致。不是“沉渣的泛起”，“僵尸的出祟”吗？我原想打住不说，实在打不住了。被逼不得不出为学术请命，从繁多的资料中力求扼要简明地澄清一下河图洛书的实质。

刘文指出，先秦没有后代所说的河图、洛书，只有珍宝玉器天球、河图，而根本没有洛书。战国末至西汉方士术数家创造“九宫图”，成为后来河图洛书依托之祖。西汉方士与方士化儒生始创“河图”“洛书”二词加以鼓吹，以《周易》的八卦为河图，《洪范》的九畴为洛书，而且是上帝分别令龙马在河水上令神龟在洛水上赐给的。东汉至东晋，有以河图依托于九宫图者，也有以洛书依托于九宫图者，进而又以九宫数改造河图洛书之卦画为数字，宋儒因马背龟背上载有数字不太可能，又改龙马神龟背上的数字为黑白点子(白为阳，黑为阴，一绘一点，九绘九点)。

在《传统文化与现代化》所刊发的李学勤先生《对〈走出疑古时代〉的几点说明》中，只对刘起釪《关于“走出疑古时代”问题》“附记”中对于李先生演讲中具体内容的疑义进行了回应，而对刘文的主旨——“走出疑古时代”不符合顾先生学术的实质，未作答覆。这方面的争论，似乎也不了了之。然而，随着 1996 年“夏商周断代工程”的启动，“走出疑古时代”的口号也随之响彻学界。1996 年

5月16日,“夏商周断代工程”的发起者、时任国家科委主任的宋健先生,在工程座谈会上发表了题为《超越疑古,走出迷茫》讲话。宋先生在讲话中特别提到李学勤先生的《走出疑古时代》一文,并对“疑古派”提出批评:“有近代史学家自称为‘疑古派’,索性改名为‘疑古’,与十宿道人形成对照。”[①]尤其在关于黄帝的问题上,宋先生指出:

> 在炎黄子孙的眼里,古代那么多而详的关于黄帝的纪录,名谥世次,妻、子名姓俱全,史实清楚,可信可鉴。有些历史学家的著述与此迥然不同,很煞风景。[②]

而“民间巷里”已经“快史学界之迟疑,怨众贤之蹒跚,无奈自编三代纪年”了,在这种情况下,史学界没有理由不出来承担责任,启动夏商周断代工程,“以飨社会之急需”。对于工程的实施,宋先生提出几项建议,其中包括“实施断代工程,宜集中注意力于任务目标,不再引发大的辩论”;“坚持重大科学问题上的民主集中制原则”。“走出疑古时代”成为“夏商周断代工程”的基调,而李学勤先生作为工程专家组组长、首席科学家,也在很多场合强调工程的一个主要目的就是改变疑古思潮影响下对中国古代文明估计得偏低、偏晚的倾向,“作为工程的领军人物,李先生很明确地把工程看做是‘走出疑古’的一个实质性步骤”。[③]

借着“夏商周断代工程”这一强势活动,“走出疑古时代”不再仅限于学术界的口号,还对整个社会产生了重大影响,此时,很多

---

① 宋健:《超越疑古,走出迷茫》,《文史哲》1998年第6期。“十宿道人”为李约瑟。

② 宋健:《超越疑古,走出迷茫》,《文史哲》1998年第6期。

③ 杨春梅:《去向堪忧的中国古典学——“走出疑古时代”述评》,《文史哲》2006年第2期。

学者开始出现“一边倒”地批评顾学，在这种情势下，2003 年，刘起釪先生在为吴锐先生《中国思想的起源》一书所作的序中，将《走出疑古时代》一文称为“讨顾檄文”，对这一文章提出了更加尖锐的批评。[①] 这篇措辞激烈的文章，虽然看起来没有引起多大反响，但以“走出疑古”为旗帜的“夏商周断代工程”，在促进了众多学术门类，尤其是考古学的发展的同时，还激发起人们对于“疑古”的聚焦和反思以及对顾学的重新探讨，而王煦华、顾潮、顾洪等诸位先生对于顾颉刚先生遗稿所做的默默无闻的整理工作，使《顾颉刚全集》终于可以在近期得以出版，那时，对于顾学的研究，将更加广泛而深入，关于顾学的种种误解和谜团，也将随之冰释。

顾颉刚先生制定了《尚书》研究这一宏伟工程的蓝图及“施工”方法[②]，却只做了“示范”，未能完工，在顾先生身后，刘起釪先生以宗教般的热诚弘扬师学，并在困厄之中，完成顾先生的整理《尚书》的遗愿。陶行知曾有诗云：“人生天地间，各自有禀赋。为一大事来，做一大事去。”如果说，顾颉刚的一生，是为“疑古”而来，则刘起釪的一生，则是为《尚书》学研究而来。正如刘起釪自己所说：

> 我近几十年的精力都集中在《尚书》一书上，语其远，则是由于我早岁承祖父授读，进大学后受顾颉刚先生教导这两方面的深远影响；语其近，则是由于四十五岁时由上级调来协助顾颉刚先生完成他整理《尚书》的宏愿，就是秉其整理《尚书》的意图与规划，担任考释译证《尚书》全书的任务。所以只得

---

① 参见刘起釪：《评当前文明起源研究的虚骄之风——序吴锐〈中国思想的起源〉》，《古史考》第九卷，第 239—280 页。

② 林小安：《“欲罢不能”——深切怀念顾颉刚先生》，王煦华编：《顾颉刚先生学行录》，第 412 页。

竭其所能地以“靖恭尔位”的精神来从事此专业。①

人生能为一大事者,需要禀赋与机缘。祖父授读、先生教导,是刘起釪所受《尚书》学研究的“禀赋”,1962年奉调北京,担任顾颉刚的助手,协助顾颉刚进行《尚书》的考释译证工作,则是刘起釪《尚书》学研究的“机缘”,始终如一地致力于《尚书》学研究这一领域,则是刘起釪先生最终取得成功的关键。著名历史地理学家、同为顾颉刚弟子的谭其骧,在写给刘起釪的信中盛赞“顾门传人,兄为翘楚”。刘起釪先生曾引用顾亭林的话来说明为人与为学的理想,他说,“一个学者必须‘博学于文,行己有耻’,一部著作必须‘必古人所未及就,后世所必不可无’”,而他也用自己的实际行动,践行了自己的学术理想。

① 刘起釪:《我和〈尚书〉》,张世林主编:《为学术的一生》,第529页。

初版本后记

校完清样之后，感到有些事得略作交代。

深入浅出、轻松散淡、雅俗共赏，是本书追求的风格。与这一点相关，本书不着眼于学术问题的探讨本身，而是致力于学术背后师生关系的挖掘。学术是非的争论，在我们的笔下只是媒介和铺垫。所以，许多比较专门的学术问题，如黄帝、尧、舜、禹、启等的有无，包括“古史辨”运动自身的功过，均一笔带过。除非某些学术是非直接牵扯到人际交往，如杨向奎先生之就经今古文问题、《左传》和《周礼》的真伪问题批评老师等，稍加铺叙外，其余只作为背景问题点到为止。本书对引文和参考资料的目前的这种处理方式，也同此例。

阅读过本书之后，相信许多读者都会认可下面这一点：若无顾氏姐妹在资料上的帮助，本书是无法完成的，即使勉强写就，也会大为失色。顾潮曾给我们讲了这样一件事：1964 年暑期，她随顾先生在青岛住了较长一段时间。第一次来到海滨的她，竟一次也没有去看海，而是整天闷在旅馆读“毛选”写笔记。顾先生大受感动，说：“你真是我的女儿！”顾潮待人极诚笃，她的确太像顾颉刚先生了！出于种种考虑，顾潮曾就某些敏感问题的处理有所建议，但我们并未完全接受。文责自负，是我们拒绝接受她的部分规劝的理由。

笔者有幸,在草拟本书的过程中曾先后得到几位女性的帮助。除上述顾潮、顾洪姐妹外,还得到童教英教授的支援,她对乃父的介绍使我们得以深入童书业先生的心灵。刘瑞琳女士是本书的责编兼创意人。当她读到我的《痛苦的人格分裂——五十年代初期的史界传统学人》一文后,即以一个编辑的应有敏感,认为此一题材有进一步开发的价值,遂命我暂停其他工作,撰写本书。中间,笔者屡屡困于一些复杂问题难以处理,要求终止写作,均未得许,只好硬着头皮写下来。现在,我真的相信世界上有所谓"精诚所至,金石为开"的故事了。唯一感到愧疚的是,限于才识,本书可能无法完全实现瑞琳女士当初的策划设想。

另外,本书在写作过程中,还得到杨向奎太先生、王煦华先生、葛剑雄先生和谭德睿先生的赐教和支持,谨此一并拜谢!研究生周国栋冒着酷暑为本书抄写资料,在此向他致意。

本书系我和孙延杰合作完成。撰述思路、框架安排、人物选择、评判口径,由我提出,孙延杰君提供了一、三、四章的初稿,其余章节由我执笔;对全书的贯通、最后的删削、修补和定稿,也由我来进行。若有什么问题,概由我来负责,当在情理之中。

王学典

2000 年 5 月 9 日

增订本后记

本书能在顾颉刚先生逝世三十周年及《顾颉刚全集》出版之际发行新版，实在是令作者感到欣慰和幸运的一件事情。

整整十年后的这次增订再版能够实现，首先要感谢中华书局尤其是本书的责编俞国林先生。2006 年 10 月，在山东大学与中华书局联合主办的“上古史重建的新路向暨《古史辨》第一册出版八十周年国际学术研讨会”上，俞兄就约我修订再版本书，当时他提出的修订建议是：增写“顾颉刚与刘起釪”章，补充新材料，使用脚注处理引文，总之，要使本书更加学术化。当时感觉他所提诸条与我对第一版的看法不谋而合，遂一口答应下来。四年来，尽管各种研究任务缠身，完成本书的增订仍是“念兹在兹”的一项工作甚至是一项使命。其间，尽管俞兄屡屡催问检查进度，但还是在最后时刻，才将修订稿交上。可以说，没有俞兄的催逼，增订本书的工作还不知要拖到何时才能完成。俞兄是我所接触到的少数献身精神和学术头脑兼具的出版编辑。六年来，他日夜兼程，主持完成了两千五百万字《顾颉刚全集》的编辑工作，实在让人感佩不已。一生为人作嫁衣裳的顾颉刚先生，在身后竟然遇到了这样一位知音来主持编辑他的全集，也算是出版界对他老人家的最好回报了！正是出于这种感佩，才使我拒绝了至少五家出版社原样重印甚至与新版同步重印初版的提议。

如果说俞国林是本书新版的助产士的话，那么，说此版直接出自李梅博士，丝毫也不过分。增写“顾颉刚与刘起釪”在《尚书》学研究上的薪火传承，假如没有古典文献学的专业训练，是不可想象的。所以，我必须找一个合作者来弥补我的缺欠。李梅，硕士读古典文献专业，博士读文艺美学专业，博士后在四川大学参加《儒藏》的编纂工作，有良好的写作训练，又是我编辑部的同事，于是成为《尚书》学传承一章的最佳合作者。这一章虽然是在我对顾刘关系一些基本认识的基础上起草的，但不能不承认，李梅博士作为执笔者，完美地呈现了此章的写作意图，相信所有读者看后都会为顾刘之间那种“前仆后继”研究《尚书》的精神所感动！李梅不仅提供了本章的初稿，还查对了全书的引文并加注出处。为十年前的一部旧作加注，耗时之多难度之大超乎想象。同时，根据台湾版的《顾颉刚日记》《顾颉刚读书笔记》和其他新见文献，为本书其他部分补充材料，此一工作也为李梅所承担。李梅为此版贡献之多难以缕述，在最紧张的时候，甚至连她的先生俞艳庭博士(古典文献学博士，济南大学副教授)也参加进来。在此，我要感谢这对古典文献学界年轻有为的伉俪！顺便在此一提，本书初版的合作者孙延杰君，自研究生毕业后就到地市工作去了，如今已是一个司法局的干部。交代此事的原因是，至今还有人向我打听这位当年的合作者，仍有海内外的朋友托我向他赠书。

顾潮女士仍是我要在这里特别感谢的。是她再次慷慨地提供了刘起釪先生写给顾先生的所有能找到的信件，没有这批珍贵信件，新增的这一章写不到当前的水平，许多细节根本无法复原和再现。本章完成后，她和她的先生应我的请求又连夜阅看，在给予鼓励之外，还帮助我们纠正了许多错误。从涉足顾颉刚研究之后，我就对顾潮女士一直怀着一种崇敬之情，这并不是指她在研究上给了我多少帮助和方便——事实上，她一直在帮助所有有意研究顾学的人——而是为她没日没夜、一丝不苟地整理编辑《顾颉刚全集》的辛勤所感动。如果说《全集》的出版是对顾颉刚先生一生学术事业的总结，那么，顾潮则是为这个总结画上最后一个句号的人。没有她的努力和汗水，《全集》能以今天的质量和规模出版是不可想象的！在这个意义上，顾潮可以说是上苍对顾先生一生不公命运的最后补偿！

需要在此致谢的还有：台北"中研院"文哲研究所的林庆彰先生和政治大学中文系的车行健博士。虽然此前就有联系，但他们2010年11月17日的山东大学之行还是让我欢喜莫名：林先生赠我的《中国文哲研究通讯》第20卷第2期上竟然辟有"何定生教授纪念专辑"，内刊七篇相关回忆和整理的资料，这可以说是本书初版发行以来有关何定生先生材料的最大发现了。当年我和孙延杰起草"顾颉刚与何定生"章时，除了若干封信件和一份何自填的简历外，没有任何传记材料可凭，尽管那一章写得还算饱满，但顾1930年"挥泪逐爱徒"之后，何的生平资料就可以说一点也没有了。现在，根据这个"专辑"所提供的比较丰富的资料，我们已经足以把何先生后半生的大体轮廓勾勒出来了。一个完整的《诗经》学专家的形象能呈现在世人面前，这不能不感谢林庆彰先生和车行健兄在新版杀青之际的"雪中送炭"！

还要感谢中国社会科学院历史研究所吴锐先生的热情帮助，他将自己所收集的刘起釪先生的资料复印后寄给我们，使我们对刘起釪先生的学术与晚年生活，有了更为切近的理解。

另外，在新版撰写过程中，陈峰、李扬眉、李吉东、郭震旦、黄广友和姜萌等诸位学友，也都不同程度地提供了宝贵支持，谨在此一并表示感谢!

史念海和侯仁之两位先生,与谭其骧先生并称历史地理学界的“三驾马车”,黄永年先生也是顾颉刚先生杰出的弟子。此次增订,因时间仓促,未能对三位先生的事迹作专章记述,是此版的一大遗憾!完整的《顾颉刚和他的弟子们》一书,还必须包括王煦华、顾潮和顾洪,笔者将来也一定要为这批容易被红尘湮没的顾门弟子作一篇像样的合传!这些都只能留待本书再次增订的机会了。

王学典

2010 年 12 月 2 日

于山东大学寓所